国家社会科学基金重点资助项目
"多态叠加下的中国劳动力市场新表现与新挑战研究"
（项目批准号：15AZD022）

经济新常态与中国劳动力市场效率

蒲艳萍 著

中国社会科学出版社

图书在版编目（CIP）数据

经济新常态与中国劳动力市场效率 / 蒲艳萍著 . —北京：中国社会科学出版社，2021.8
ISBN 978 - 7 - 5203 - 8966 - 2

Ⅰ.①经… Ⅱ.①蒲… Ⅲ.①劳动力市场—市场效率—研究—中国 Ⅳ.①F249.212

中国版本图书馆 CIP 数据核字（2021）第 169746 号

出 版 人	赵剑英
责任编辑	刘晓红
责任校对	周晓东
责任印制	戴　宽
出　　版	中国社会科学出版社
社　　址	北京鼓楼西大街甲 158 号
邮　　编	100720
网　　址	http：//www.csspw.cn
发 行 部	010 - 84083685
门 市 部	010 - 84029450
经　　销	新华书店及其他书店
印　　刷	北京君升印刷有限公司
装　　订	廊坊市广阳区广增装订厂
版　　次	2021 年 8 月第 1 版
印　　次	2021 年 8 月第 1 次印刷
开　　本	710×1000　1/16
印　　张	21.75
插　　页	2
字　　数	346 千字
定　　价	118.00 元

凡购买中国社会科学出版社图书，如有质量问题请与本社营销中心联系调换
电话：010 - 84083683
版权所有　侵权必究

序

改革开放以来,中国经济社会的快速发展与转型,使中国劳动力市场经历了巨大的变迁。改革开放的前30年,中国经历了国有企业职工下岗、民工潮涌动的冲击,承受着劳动力过剩的巨大压力。那时,我们关注如何实现劳动力充分就业。既有研究的一个共识是,中国经济的高速发展在很大程度上得益于充裕劳动力供给带来的人口红利,以及大规模城乡劳动力流动产生的配置红利。然而,伴随生育率下降和劳动年龄人口增长的放缓,中国劳动力市场从劳动力无限供给阶段逐渐进入劳动力资源相对稀缺阶段。

在21世纪初,从来不愁招不到工人的中国企业却遭遇了"技工荒""民工荒"的困扰,由此引发了学界对劳动力市场结构性短缺的广泛关注。2008年国际金融危机爆发后,世界经济的"大调整""大过渡"与中国的阶段性因素相叠加,使中国进入了一个新的发展阶段。

在这个新阶段,中国经济发展新常态与人口转型同步进行。在经济新常态下,中国经济由高速增长转向高质量发展,经济增速减缓、发展方式转变、经济结构优化、增长动力转换,对中国劳动力市场的需求产生了深刻影响。人口转型使中国传统的二元劳动力市场逐步让位于新古典的竞争性劳动力市场,由此带来劳动力供给状况、工资形成机制、劳动力市场分割层次、工作搜寻方式、工作搜寻成本、岗位匹配模式、劳动力市场关系等的深刻变化。

经济新常态与人口转型的叠加,引发了社会各界对中国劳动力市场供给是否与劳动力市场需求相匹配,以及劳动力市场供求不匹配对经济社会发展影响的广泛担忧。此时,学者对如何提高劳动力市场效率以实现更充分和更高质量就业，给予了前所未有的关注。

在经济新常态与人口转型导致劳动力市场供求关系发生深刻变化的现实背景下，劳动力市场化改革滞后、市场治理组织缺失、相关法律制度不健全以及政策体系不完善，都会造成劳动力市场摩擦增加、效率下降，加剧劳动力市场的结构之困、流动之囿、就业之难。因此，顺应经济新常态与中国劳动力市场新变化，构建积极有效的劳动力市场治理结构与治理体系，降低劳动力市场搜寻成本，加快劳动力流动速度，切实提高劳动力市场匹配效率，有效减少摩擦性失业和结构性失业，既是经济新常态下实现劳动力市场有效治理的系统工程，更是构建和谐社会的民生工程。

《经济新常态与中国劳动力市场效率》，作为国家社会科学基金重点项目的主要研究成果，立足于中国情境，甄选劳动力市场效率探讨过程中社会上广泛关注的重点、难点和热点问题展开深入研究。包括中国劳动力市场供需协调性、劳动力市场多重分割下的工资收入差异、劳动力工资扭曲及其对企业创新的影响、最低工资制度对劳动者就业及其劳资双方收入分配的影响、劳动争议对劳动收入份额的影响、工会组织与和谐劳动关系的构建等。通过对上述问题的实证研究与理论探索，深入揭示了经济新常态下中国劳动力市场存在的效率损失并逆向追溯了深层次原因，探索了符合中国经济发展与人口条件的有效劳动力市场治理体系。

《经济新常态与中国劳动力市场效率》是一部在劳动力市场效率研究领域可圈可点并富有创新的著作。如今，学者在中国劳动力市场匹配效率的衡量与效率现状、影响中国劳动力市场匹配效率的因素、提高中国劳动力市场匹配效率的对策等方面已经进行了广泛的探索，并取得了诸多共识。然而，回过头来看，作者在这部著作中对经济新常态下中国劳动力市场效率系列问题的探讨，仍具有前瞻性、创新性和学术价值。

有兴趣的读者一定可以读出著作的主要创新。我想说的是，经济新常态已经是一种不同于以往的、趋势性的发展状态，如何通过制度设计、组织建设、政策创新来提高劳动力市场效率，以实现更充分就业和更高质量就业，不仅是重要的理论议题，也是极具现实意义的实践领域。劳动者提供劳动既是创造社会财富的主要源泉，也是劳动者获取劳动收入、体面而有尊严地生活的基本保障。劳动力市场效率的提高，意味着劳动力市场上雇主与雇员的匹配能快速反映劳动力市场环境的变化，最大限度地减少结构性失业和摩擦性失业，这无疑对社会财富的创造和劳动者生活质量、消费理念及自我发展需要都会产生积极效用。

传统经济理论认为，经济的较快增长会扩大对劳动力的需求，更高质量的增长带动更高质量的就业。在中国工业化过程中，大量农村劳动力转移到城市，从农业转移到工业，从隐蔽失业变成为正规就业，与之伴随的是就业质量与劳动力市场效率的提高。

但是，伴随经济与人口转型，中国劳动力市场正在经历着一系列无序和冲突，失业与岗位空缺并存，工资的低期望与岗位难觅并存，青年大学生与高龄农民工就业难并存，更高质量的增长与更高质量劳动者的失业并存。经济增长方式的转变与结构优化，在对高素质劳动力产生更大需求的同时，劳动者的职业却变得越来越不稳定。在劳动力市场尴尬的背后，反映的是劳动力市场越来越凸显的结构性失业与摩擦性失业，以及劳动力市场匹配效率不高的客观事实。如何通过畅通岗位信息、降低搜寻成本、增加匹配渠道、创新匹配模式等手段提高劳动力市场效率，有效缓解结构性失业和摩擦性失业，已经成为政府迫切需要解决的问题。在对经济新常态下中国劳动力市场效率问题进行深入研究的基础上，寻求建立符合中国劳动力市场环境和制度安排的治理体系，有效提高劳动力市场效率，既是劳动经济学面临的一个永恒的主题，也是经济学家所面临的一个严峻挑战。

北京大学中国社会与发展研究中心　邱泽奇
2020 年 9 月

目　录

第一章　绪论 ………………………………………………………… 1

　　第一节　问题的基本背景 ………………………………………… 1

　　第二节　研究的意义 ……………………………………………… 4

　　第三节　研究的主要内容、思路与方法 ………………………… 7

　　第四节　研究的创新点 …………………………………………… 10

第二章　相关概念界定与文献综述 ………………………………… 13

　　第一节　相关概念界定 …………………………………………… 13

　　第二节　国内外研究现状 ………………………………………… 20

　　第三节　文献评述 ………………………………………………… 42

第三章　经济新常态下中国劳动力市场的现状分析 ……………… 44

　　第一节　中国经济增长就业弹性的现状分析 …………………… 44

　　第二节　中国劳动力工资收入差距的现状分析 ………………… 55

　　第三节　中国最低工资标准变动的现状分析 …………………… 66

　　第四节　中国劳动收入份额变动的现状分析 …………………… 72

　　第五节　中国劳动争议处理制度及劳动争议的现状分析 ……… 76

　　第六节　本章小结 ………………………………………………… 90

第四章　经济新常态下中国劳动力市场供需协调性研究 ………… 92

　　第一节　经济新常态对中国劳动力需求影响的实证分析 ……… 92

第二节　人口转型背景下的中国劳动力供给预测分析 …………… 101
第三节　中国劳动力市场供需协调性测度与评价 ………………… 120
第四节　本章小结 …………………………………………………… 130

第五章　中国劳动力市场多重分割下的工资差异及其分解 …… 133

第一节　模型、数据与变量 ………………………………………… 134
第二节　劳动者工资收入方程的构建 ……………………………… 142
第三节　劳动力市场多重分割下的劳动者工资差异分解 ………… 145
第四节　本章小结 …………………………………………………… 153

第六章　中国劳动力市场工资扭曲及其对企业创新影响的
　　　　　实证研究 …………………………………………………… 155

第一节　劳动力工资扭曲测度及结果分析 ………………………… 156
第二节　劳动力工资扭曲影响因素的实证分析 …………………… 167
第三节　劳动力工资扭曲与企业创新关系的实证分析 …………… 173
第四节　劳动力工资扭曲影响企业创新的传导机制分析 ………… 191
第五节　本章小结 …………………………………………………… 200

第七章　中国最低工资制度影响效应的实证研究 ………………… 202

第一节　最低工资制度对中国工业行业就业影响的实证
　　　　　分析 ………………………………………………………… 202
第二节　最低工资制度对中国企业利润率影响的实证分析 ……… 219
第三节　最低工资制度对中国劳动收入份额影响的实证
　　　　　分析 ………………………………………………………… 234
第四节　本章小结 …………………………………………………… 244

第八章　劳动争议对中国劳动收入份额影响的实证研究 ………… 246

第一节　理论模型与研究假说 ……………………………………… 247
第二节　劳动争议对劳动收入份额影响的实证分析 ……………… 249
第三节　本章小结 …………………………………………………… 262

第九章 多重角色定位下的工会对和谐劳动关系的作用研究 ………… 263

第一节 理论分析与研究假说 …………………………………… 264
第二节 工会参与对和谐劳动关系影响的实证分析 …………… 270
第三节 工会参与对和谐劳动关系影响机制的实证检验 ……… 279
第四节 本章小结 ………………………………………………… 286

第十章 提升中国劳动力市场效率的对策 …………………………… 288

第一节 提高劳动力有效需求 …………………………………… 288
第二节 增加劳动力有效供给 …………………………………… 295
第三节 推动实现更充分就业 …………………………………… 301
第四节 推动实现更高质量就业 ………………………………… 306

第十一章 研究结论与研究展望 ……………………………………… 314

第一节 研究结论 ………………………………………………… 314
第二节 研究展望 ………………………………………………… 319

参考文献 …………………………………………………………………… 322

后　记 ……………………………………………………………………… 338

第一章

绪 论

第一节 问题的基本背景

劳动力是一个国家经济社会发展最重要、最能动的稀缺性要素资源，劳动者提供劳动既是创造社会财富的主要源泉，也是劳动者获取劳动收入、体面而有尊严地生活的基本保障。因此，提高劳动力市场效率、实现劳动力资源优化配置和充分利用成为经济学追求的永恒主题。各国劳动力市场的实践也证明，积极有效的劳动力市场能充分发挥市场信息功能，提高劳动力流动速度和劳动力市场匹配效率，降低市场搜寻成本，有效减少摩擦性失业和结构性失业。由于体制、制度等原因，中国劳动力市场建设和发展相对滞后，不仅已经成为中国经济社会发展中的重要制约因素，而且直接影响劳动就业这一关系民生的重大经济社会问题的有效解决，影响和谐劳动关系与和谐社会构建的进程。

世界经济面临"大调整""大过渡"的时代背景与中国阶段性因素的叠加，使中国经济进入增速阶段性回落的"新常态"时期。经济新常态下，经济增速减缓、结构优化、经济增长方式从要素和资本驱动转向创新驱动、外部环境变化等多种因素的相互叠加，对中国劳动力需求产生重要而深远的影响。伴随经济转型与人口转型，中国传统的二元劳动力市场结构逐步让位于新古典的竞争性劳动力市场结构，由此带来劳动力市场工资形成机制、市场分割层次、工作搜寻方式、工作搜寻成本、岗位匹配模式、劳动力市场关系等的深刻变化。与此同时，构建由政府、工会、企业三方协调的积极有效的劳动力市场机制、建设和谐劳动关系成为全面建成小康社会、全面深化改革、全面依法治国战略布局的重要内容。因此，客观认识经济新常态下经济增速减缓、结构优化、经济增长方式转变、外部环境变化、人口转型等多因素共存叠加对劳动力市场需求与供给的影响，实证评估中国劳动力市场转型过程中面临的劳动力市场效率问题，并通过相关制度创新、组织完善及政策选择，构建积极有效的劳动力市场治理体系，提升劳动力市场效率，主动迎接经济新常态给中国劳动力市场带来的新挑战，促进劳动力市场向新常态顺利转型，已成为经济新常态下政府高度关注、学界积极呼吁的重要课题，成为经济新常态下构建和谐劳动关系的当务之急。

一 中国经济迈入多态叠加的新常态

2014年11月，中国国家主席习近平在亚太经合组织（APEC）工商领导人峰会上阐述了新常态下中国经济的三大特征：经济增长速度从高速增长转向中高速增长；经济结构不断优化升级；经济增长方式从要素驱动、投资驱动转向创新驱动。目前，中国经济正处于经济增长速度换挡期、结构调整阵痛期、前期刺激政策消化期"三期叠加"的新阶段。新常态是不同于以往的、相对稳定的状态，是一种趋势性、不可逆的发展状态。新常态意味着中国已进入一个与过去30多年不同的发展新阶段、新时代。中国经济增速减缓、结构优化、增长驱动力变化的经济新常态，将对劳动力市场的需求规模与需求结构产生深刻影响。

二 中国人口转型不断演进

受改革开放以来中国经济高速增长、计划生育政策严格实施及生育观念转变等多种因素的影响，中国在相对较短的时间内完成了人口转变过程，已从"高出生率、低死亡率、高增长率"阶段进入"低出生率、低死亡率、低增长率"的人口发展阶段，并具有较低的人口转变乘数。① 这一阶段早期，由于出生率下降速度快于人口老龄化速度，劳动年龄人口比重不断增长，经济发展过程和人口红利产生过程相吻合，通过劳动力要素的积累延缓资本报酬递减的时间，为中国经济发展创造了极为有利的人口条件。随着人口老龄化进程加速，中国将由人口红利阶

---

① 人口转变乘数是指人口转变结束时的人口规模与开始时的人口规模之比。

段转变为人口负债阶段。劳动年龄人口占总人口比重以及人口绝对数量增长放缓、就学时间延长导致新加入劳动年龄人口的人群劳动参与率低、劳动年龄人口内部老龄化导致劳动参与率逐步下降等人口转型，将对未来中国劳动力市场的人口供给规模与供给结构、劳动力供给规模与供给结构产生深刻影响。

三 中国劳动力市场进入矛盾凸显与频发期

中国劳动力市场的矛盾主要表现在三个方面：一是劳动力数量与质量的结构性矛盾成为劳动力新常态的基本矛盾。劳动力数量矛盾主要体现在劳动力供给，尤其是青年劳动力供给开始下降，而经济发展对青年劳动力的需求依然处于高位。人口转型带来的劳动年龄人口的下降是中国人口结构老龄化的体现。劳动力数量矛盾的后果是劳动力成本上涨迅速。劳动力质量的结构性矛盾体现在劳动力供给与需求在产业结构、地区结构、企业结构、行业结构等方面难以匹配，集中表现为就业的结构性矛盾突出。中国部分劳动者教育程度不高或缺乏专业技能，而大学生供给体系改革相对滞后，与市场多样化的异质性需求相比，高等教育提供的毕业生同质性强，就业效率不高。劳动力供求信息不畅、搜寻—匹配机制不健全，使劳动力市场"有岗无人做"和"有人无岗位"现象并存。二是劳资双方矛盾凸显，劳动争议频发。四十年的改革开放使中国已形成比较完善的商品市场，但包括劳动力市场转型和发育在内的生产要素市场还存在严重的市场化程度不高以及市场治理组织缺失等相关问题，劳动力市场处于改革相对滞后地位，劳资双方矛盾凸显，劳动争议频发。劳动力市场建设的配套措施不完善，《中华人民共和国劳动法》《中华人民共和国合同法》等劳动者权益保护的相关规定执行不力，一些用人单位侵害劳动者合法权益的现象比较严重，劳动争议案件居高不下，严重影响和谐劳动关系的构建。三是多层次劳动力市场分割严重。户籍制度、人事制度以及社会保障制度等制度体系仍制约着劳动力的自由流动。中国劳动力市场城乡分割、所有制分割以及地区分割严重，同工不同时、同工不同酬、同工不同权、劳动力工资扭曲等现象较为普遍。由此可能刺激一系列"寻租"行为及违规行为，增加社会交易成本，扭曲生产要素配置，阻碍劳动力市场效率的提高。当劳动力市场分割严重时，尽管就业需求存在，劳动者也可能因为难以获得就业机会而退出劳动力市场，产生"沮丧工人"效应，抑制劳动有效供给的增加。

四 建立积极有效劳动力市场迫在眉睫

传统二元经济结构下，中国经济增长会更多地创造"生产性"岗位以及劳动密集型的"服务性"岗位，对知识和技术密集的"服务性"就业岗位拉动作用弱，劳动力的价格不取决于劳动力的边际贡献，而主要取决于农村中的生存工资水平，劳动力市场表现出更多的粗放型特征，缺乏议价机制、福利保障和有效的劳动力市场制度支撑。在经济结构不断优化升级，经济增长方式从要素驱动转向创新驱动的经济新常态，以及中国经济由高速发展阶段转向高质量发展阶段的时代背景下，对低技能劳动力的需求减弱，对高技术人力、高教育水平劳动力的需求增加。人口转型过程中劳动年龄人口占总人口比重及人口绝对数量增长放缓、就学时间的延长而导致新加入劳动年龄人口的人群劳动参与率低、劳动年龄人口内部老龄化导致劳动参与率逐步下降，以及农村富余劳动力由无限供给转向有限供给，都将使中国劳动力市场供求结构发生根本性的转变。此时，工会组织功能缺失、集体议价能力不足、人力资本保障机制相关法律制度缺失等，都可能造成劳动力市场运行摩擦增加，降低劳动力市场运行效率，使中国经济发展缺乏动力来源。因此，建立符合中国劳动力市场现状和政治社会制度安排的劳动力市场治理体系，构建积极有效的劳动力市场已成为当务之急。

第二节 研究的意义

在经济新常态与人口转型的大背景下，研究中国劳动力市场在就业弹性、工资收入差异、最低工资标准、劳动收入份额、劳动争议、工会参与等劳动力市场呈现的基本特征，深入揭示与实证评估经济新常态下中国劳动力市场存在的效率损失问题并逆向追溯其深层次原因，探索与构建符合中国经济社会发展与人口条件的有效劳动力市场治理体系，具有重要理论价值和实践意义。

一 理论意义

（1）深化与拓展劳动力市场理论的内涵。一是基于经济新常态多态叠加与人口转型相互交迭，深入揭示中国劳动力市场供求变动的规律与变动趋势，探寻经济新常态下有效劳动力市场治理体系的构建，深化与拓展了劳动力市场理论。二是基于中国人口转型的现实国情，就人口转型过程中的人口与劳动力供给变动趋势进行预测分析，为中国人口转型研究提供基础性数据支撑。三是基于中国特有的户籍制度对中国劳动力市场分割产生的深刻影响，就经济新常态下劳动力市场城乡分割、区域分割、所有制分割、职业分割等横向分割以及不同人力资本层次的劳动力市场纵向分割形成的多层次劳动力市场分割格局对劳动者收入、工资扭曲的影响进行实证评估，丰富和拓展了已有劳动力市场分割理论。

（2）丰富与完善劳动力市场理论的研究内容。目前对中国劳动力市场问题的研究，主要集中于劳动者就业、劳动力供给、劳动力转移、劳动者工资等的某一方面。本书综合考虑经济新常态多态叠加与人口转型对劳动力市场供求的影响，建立经济转型与人口转型背景下影响劳动力需求与供给的框架体系，为构建符合中国特色的劳动力市场治理体系搭建理论平台；通过对二元劳动力市场向新古典劳动力市场转变内在机理和特征事实的分析，揭示现有劳动力市场结构的效率问题及其背后的深层次原因，为构建通过政府行为和市场机制结合的中国特色劳动力市场治理体系，完善政府、工会、企业共同参与的协商协调机制，构建和谐劳动关系提供理论依据。

（3）从总量和结构双重视角就劳动力需求弹性的变动趋势进行分析，科学预测人口转型对劳动力供给规模与供给结构的影响，构建基于经济增长、结构优化、增长方式转变、外部环境变化等多态叠加与人口转型因素交叠的劳动力供需协调发展模型，实证考察新常态多态叠加对劳动力市场供需协调性的影响及其演化特征，为政府部门监测经济新常态下劳动力市场供求协调性的变动趋势，并通过制定适宜的劳动力供给与劳动力需求政策，促进劳动力市场供需协调发展、提高劳动力市场匹配效率提供可参照的量化依据。

二 实践意义

（1）对经济新常态下中国劳动力市场效率问题进行深入、系统性研究，是新时代构建和谐劳动关系的重要内涵和现实实践。和谐劳动关系的构建，关系到经济从被动适应新常态向主动迎接新常态的转型。一方面，随着人口结构变化等因素导致劳动力市场格局的变化，以及新一代劳动者主体意识和权利意识的加强,客观要求劳动关系能够与新的现实相适应。另一方面,新时代中国经济要实现高质量发展,建立和谐劳动关系,充分激发劳动者的创新能力,提高全要素生产率,促进产业转型升级,是经济主动向新常态转型的重要途径。本书以提升经济新常态下劳动力市场效率为目标,在对经济新常态多态叠加下劳动力市场效率问题进行深入揭示与实证评估基础上,寻求提升劳动力市场效率的对策,对构建和谐劳动关系具有重要战略意义与实践价值。

(2) 在中国面临人口规模与人口结构失衡、劳动力供求规模与供求结构失衡以及社会矛盾进入凸显期和多发期的大背景下,本书从长期经济发展战略出发,就经济新常态对劳动力需求影响的实证分析,就人口转型对劳动力供给进行的预测分析,从战略高度上有助于通过相关政策制定与制度创新,促进劳动力市场供需协调,减少结构性失业,提升劳动力市场效率,实现经济社会长期可持续发展。

(3) 重构中国劳动力市场改革、收入分配与经济增长的"铁三角",提高劳动收入比重,促进收入分配平等与国民经济高质量、可持续发展。改革开放以来,由于农村富余劳动力的无限供给,中国长期实行以低劳动力成本为核心的"比较优势"发展战略,劳动者就业质量不高,劳动收入在国民收入初次分配中所占份额偏低,这不仅不利于实现发展成果的合理分享和收入差距的缩小,也不利于刺激内需和拉动经济增长结构升级。伴随人口转型带来的劳动力市场供给变化,劳动力工资形成将从制度工资向更多主体参与的协商机制转变,劳动者与企业的关系也将在不断调整与重塑的过程中,逐渐改变传统劳动力市场资强劳弱的局面,走向劳动者与企业利益的协调和统一。劳动力市场工资形成机制转型的实质是劳动者与企业间收入分配的调整,其直接结果将改变发展成果中的劳动收入占比。本书从工资形成机制以及劳动关系双重视角就最低工资、劳动争议对劳动收入份额的影响进行实证评估,有助于基于法律制度、劳动力市场组织、和谐劳动关系构建等框架,积极探索并构建中国有效劳动力市场治理体系,重构劳动力市场改革、收入分配和经济增长的"铁三角",实现中国劳动力市场改革中经济效率改善与发展成果分配平等的统一。

(4) 对经济新常态下中国劳动力市场效率问题进行实证评估,为建立更加有效的劳动力市场治理体系提供政策方案支持。随着中国劳动者群体日益复杂和多元化，同质劳动力逐渐被异质劳动力替代，以及多层次劳动力市场分割带来的劳动力流动性障碍，建立更加有效的劳动力市场治理体系已成为广泛共识，但是劳动力市场的治理是劳动力市场运作过程中一系列制度、组织与政策关系的总和。构建合理的劳动力市场治理体系，涉及如何建立符合中国国情的制度和组织框架，如何探索合适的集体议价机制和恰当的工会参与模式等问题。本书在就中国劳动力市场效率问题进行多维揭示与实证评估基础上，尝试探讨经济新常态下完善劳动力市场治理体系的对策。从最低工资制度、劳动争议制度、劳动合同法律、工会参与等，研究建立符合中国劳动力市场新常态的制度安排；从财政政策、货币政策、税收减免政策以及产业政策等，设计适合中国劳动力市场新常态的就业促进政策；从工会组织职能、集体协商机制等，提出完善经济新常态下中国劳动力市场的治理组织。

（5）为完善政府、工会、企业共同参与的协商协调机制，构建和谐劳动关系提供政策支撑。在政府、工会、企业"三位一体"视角下，构建和谐劳动关系治理结构体系，既是经济新常态下实现劳动者市场有效治理的系统工程，更是社会福利工程、民生工程。在劳动者群体日益复杂多元化、价值判断日趋多元化、社会阶层利益分化日益明显的背景下，通过构建和谐劳动关系，保障劳动力的合法权益，提升劳动力市场运行效率，既是集制度建设、组织建设和政策选择为一体的系统工程体系；又是提高劳动力市场匹配渠道、降低劳资双方搜寻成本、减少岗位信息不对称、促进劳动力资源优化配置、提高社会整体效用水平的社会福利工程；更是为企业与职工平等博弈创造大环境、改变传统劳动力市场单个职工面对企业时的力量弱势与信息不对称局面、促进工资市场供求形成机制、改善初次收入分配、提高劳动收入占比、促进经济发展成果平等分享的民生工程。

第三节　研究的主要内容、思路与方法

一　研究的主要内容

（1）理论借鉴与文献综述。对国内外劳动力市场供求理论、劳动

力市场均衡理论、劳动力市场分割理论、工资决定理论、劳动关系理论等相关基础理论进行回顾与梳理，奠定本书的理论基础；将规制理论、机制设计理论等引入劳动力市场理论，尝试对中国劳动力市场结构的特殊性进行深层次揭示与解读，拓展现有理论的内涵；对国内外相关研究文献进行回顾与梳理，为实证研究中相关变量的选择、研究假设的提出以及实证结果的分析与解释提供理论依据。

（2）现状分析。从经济新常态下造成中国劳动力市场效率损失的重要因素出发，就中国劳动力市场就业弹性、工资收入差距、最低工资标准、劳动收入份额、劳动争议等的现状进行统计性描述分析，把握影响中国劳动力市场效率重要因素的变动趋势及其基本特征。

（3）实证分析。从不同视角、采用多种研究方法、多维度就经济新常态下的中国劳动力市场效率问题进行实证评估与解读，并逆向追溯其深层原因。首先，基于劳动力市场供需协调视角，就经济新常态对中国劳动力需求的影响进行实证评估，就人口转型背景下的中国劳动力供给进行预测分析，就经济新常态与人口转型相互叠加对中国劳动力市场供需协调性的影响进行实证评估。其次，基于工资与就业形成机制的视角，对中国劳动力市场多重分割下的劳动者工资差异及其成因进行实证分析；对劳动力市场工资扭曲及其影响因素进行实证评估，就劳动力市场工资扭曲对企业创新产生的影响及其形成机制进行实证评估与解读，深入揭示中国劳动力市场效率问题背后的深层次原因。最后，基于中国劳动力市场制度与市场组织的视角，就最低工资制度对就业、企业利润率以及企业层面劳动收入份额的影响进行实证评估；就劳动争议对劳动收入份额的影响进行实证评估与解读；就工会参与对构建和谐劳动关系的作用进行科学判断与实证验证，深入揭示劳动力市场相关制度对劳动力市场效率及和谐劳动关系构建产生的深刻影响。

（4）对策研究。在理论分析和实证分析基础上，从制度保障、组织保障、政策保障等视角，探讨符合中国经济发展和人口条件、提高劳动力市场效率的相关对策支撑。

二 研究的基本思路

本书秉承理论研究→特征事实研究→实证研究→对策研究的总体思路。首先，对劳动力市场相关基础理论及国内外相关研究现状进行回顾与梳理，并吸收经济学、人口学、社会学、管理学等相关学科的研究成果，奠定经济新常态下劳动力市场效率问题研究的理论基础。其次，基于历史统计与不同机构的微观调研数据，综合运用统计性描述分析、归纳演绎分析等方法，对就业弹性、工资收入差异、最低工资标准、劳动收入份额、劳动争议等经济新常态下影响中国劳动力市场效率的重要因素的现状进行分析，揭示影响中国劳动力市场效率问题重要因素的变动趋势及其基本特征。再次，就经济新常态与人口转型相互叠加对中国劳动力市场供需协调性的影响、劳动力市场多重分割下的工资收入差异、劳动力工资扭曲及其对企业创新的影响、最低工资制度对劳动者就业及其劳资双方收入分配的影响、劳动争议对劳动收入份额的影响、工会组织在和谐劳动关系构建中的作用等问题进行实证研究与理论解读，深入揭示经济新常态下中国劳动力市场存在的效率损失，并逆向追溯其深层次原因。最后，运用总体设计思想，从制度保障、组织保障、政策保障等视角，探索符合中国经济发展与人口条件、提升中国劳动力市场效率的相关政策支撑。

三 研究的方法

本书采用理论分析与实证分析相结合、定性分析与定量分析相结合的方法，综合运用劳动经济学、人口学、管理学、社会学等跨学科研究方法进行系统性综合研究。具体研究方法主要包括：

（1）文献分析法。包括对劳动力市场供求理论、劳动力市场分割理论、工资决定理论、劳动关系理论等劳动力市场相关基础理论进行回顾与梳理；就经济增长、技术进步、产业结构、外部环境变化等对劳动力需求影响的相关文献梳理；就人口预测方法以及人口转型对劳动力供给影响的相关文献梳理；就劳动力市场效率测度指标、工资形成机制以及劳动力市场相关制度的梳理；对影响劳动力市场效率的因素、劳动力市场多重分割下的工资差异与工资扭曲相关文献梳理；就最低工资制度、工会组织、劳动合同法、劳动争议等相关市场制度、市场组织、市场摩擦对劳动力市场效率影响的相关文献进行回顾与梳理；对有效劳动力市场构成要素等相关文献的研读；等等。

（2）统计性描述分析。包括对经济增长就业弹性、工资收入差异、工资扭曲、最低工资标准、劳动收入份额、劳动争议等的变动趋势及其特征分析；工资扭曲程度测度结果的描述性分析；中国未来人口供给规模与供给结构、劳动力供给规模与供给结构的预测分析。

（3）实证分析。综合运用随机前沿分析（SFA）、Neumark 与 Brown 分解法、双重差分（DID）、两阶段最小二乘法（2SLS）、分位数回归、中介效应、调节效应等多种方法，实证评估经济新常态与人口转型对劳动力市场供需协调性的影响，劳动力市场多重分割下的工资差异及其成因，劳动力市场工资扭曲及其对企业创新的影响，最低工资制度对就业、企业利润率及劳动收入份额的影响，劳动争议对劳动收入份额的影响，以及工会参与对构建和谐劳动关系的作用。

（4）归纳与演绎分析法。根据经济新常态对劳动力需求影响的实证评估结果，演绎出相应的挖掘中国劳动力需求潜力、优化劳动力需求结构、促进劳动力需求有序调整等增加劳动力有效需求的政策举措；根据人口转型背景下的劳动力供给预测结果，演绎出挖掘中国劳动力供给规模、提高劳动力供给质量等增加劳动力有效供给的政策举措；根据对劳动力市场效率问题的实证评估结果，演绎出提高劳动力市场效率、推动实现劳动者更充分和更高质量就业的政策举措。

第四节　研究的创新点

一　理论框架创新

本书构建了一个多重角色定位下的工会参与对和谐劳动关系影响的理论分析框架。中国制度背景下，工会承担着来自政府、企业和职工三方主体的角色期望，不仅是职工权益的维护者，也是社会稳定的维护者，还是企业生产的管理者，兼具维权、维稳和经济建设三重职能。中国工会的非单一利益驱动和边界模糊化，使其在改善劳动关系方面的有效性受到质疑。本书遵循工会职能承担到工会职能耦合的思路，探讨工会对劳动关系的影响，提出多重角色定位下的中国工会对和谐劳动关系影响的理论分析框架。认为中国工会维权、维稳和经济建设职能的履行均可改善劳动关系，且不同职能间存在内在耦合关系，是三位一体的辩证统一。工会巧妙地将维权、维稳和经济建设三重职能结合在劳动关系调整中，使职工、企业和政府符合利益一致假设，积极建立规范有序、公正合理、互利共赢、和谐稳定的劳动关系。

二 研究视角创新

(1) 从微观视角多层面地对中国劳动收入份额下降进行解读。现有研究主要从技术因素、市场结构和经济发展三个维度解读中国劳动收入份额的下降。本书从劳动力市场效率视角，分别考察最低工资制度、劳动关系对劳动收入份额的影响，丰富和拓展了劳动收入份额的研究成果，有助于全面认识中国劳动收入份额下降这一特征事实，推动在经济增长的同时实现居民收入同步增长。

(2) 从劳动力市场扭曲的视角解读中国制造业企业创新能力不足的成因，从理论上识别出工资扭曲作用于企业创新的内在传导机制，并为传导机制的有效性提供了最直接的经验证据，补充和拓展了现有对企业创新影响因素的研究，揭示了劳动力工资扭曲抑制企业创新背后的深层次原因，明确了微观作用机制，既为通过相关政策的制定与制度创新有效激发企业创新活动提供了经验证据，也为当前深化劳动力市场改革路径的选择提供了微观证据，并有助于加深对转型经济体更为一般性的要素市场价格扭曲与创新关系的认识和理解。既有考察劳动力市场对企业创新影响的文献主要基于劳动力成本视角展开，对工资扭曲与企业创新的研究停留在对相关关系的检验，对传导机制的实证验证付之阙如。本书将边际产出与工资水平纳入同一框架下，基于劳动力工资与边际产出的偏离这一视角考察企业创新行为，更能探悉劳动力成本的真实变化，有助于深入揭示劳动报酬与劳动贡献的系统性差异对企业创新的影响效应及其微观传导机制。

(3) 从资本深化视角实证考察中国劳动争议与劳动收入份额的关系，弥补了现有实证文献忽视中国劳动争议矛盾所产生的经济效应的不足之处，为中国过度资本深化与劳动收入份额持续下降的特征事实提供了一个新的解释，为构建和谐劳动关系提供了决策依据。既有文献更多地从劳动争议的特点、劳动争议处理制度的有效性等方面展开讨论，缺乏就劳动争议产生的经济影响进行的实证研究。本书基于资本深化视角，对中国劳动争议与劳动收入份额的关系进行理论推演与实证检验，发现中国劳动争议的增加促使企业选择利用资本替代劳动，产生资本深化现象，进而对劳动收入份额的增加产生显著抑制作用。

（4）从劳动力供需两端发力，探讨提升劳动力市场效率的相关对策建议。

三 研究方法创新

（1）首次将耦合协调度模型应用于劳动力市场供需协调性研究。基于经济新常态下经济增速减缓、技术进步、产业结构优化与外部环境变化对劳动力市场需求潜力产生的影响，人口年龄结构、人口教育结构、人口城乡结构和人口性别结构变动对劳动力市场供给规模产生的影响，对中国劳动力供需耦合协调度进行定量评价。耦合协调度模型的应用，不仅有助于从时间和空间的角度进一步把握中国劳动力市场供需协调发展的特征，而且为基于劳动力市场供需协调度的检验结果，进一步建立实证模型考察影响劳动力供需协调的因素提供了基础数据，为提高中国劳动力市场供需协调程度提供决策依据。

（2）采用随机前沿分析方法（SFA）测算劳动力个体层面的工资扭曲。既有测度劳动力工资扭曲的文献大多基于宏观数据或企业数据，采用生产函数法，通过参数校准过程，根据总产值和要素投入量估计生产函数的参数，然后计算劳动要素的边际产出，将其与劳动力的实际工资水平进行比较，得到劳动要素的工资扭曲程度。本书利用大样本劳动力个体数据，采用SFA测算劳动力个体层面的工资扭曲程度，不仅可以克服基于宏观数据或企业数据可能存在的加总谬误，提高研究结论的可靠性，也可对劳动力工资扭曲的省际、行业、所有制与地区差异等进行考察，把握劳动力工资扭曲的异质性特征。

第二章

相关概念界定与文献综述

本章对本书涉及的核心概念进行界定，对国内外相关研究文献进行回顾、梳理与评述，构建本书的理论基础。

第一节 相关概念界定

一 经济新常态

经济的"常态"是一个经济体在"某一特定时期或阶段"运行的"经常性状态"或"稳定性状态"。经济"新常态"是有别于"上个时期或阶段"的经济运行状态，是一种不同于以往的、相对稳定的状态，是一种趋势性的、不可逆的发展状态。经济新常态下，中国经济在增长速度、经济结构、经济增长方式等方面，具有与"上一个时期或阶段"不同的特征。2014年11月，中国国家主席习近平在亚太经合组织（APEC）工商领导人峰会上阐述新常态下中国经济的三大特征：经济增长速度从高速增长转向中高速增长，经济结构不断优化升级，经济增长方式从要素驱动、投资驱动转向创新驱动。本书中的经济新常态包括经济增长速度、经济结构、经济增长动力以及外部环境变化等方面表现出的基本经济特征和趋势性状态。

二 人口转型与人口结构

1. 人口转型

传统的人口转型指生育率、死亡率的高低转变过程（Thompson，1929）。根据人口出生率、人口死亡率和人口增长率的特点将世界各国的人口发展模式划分为三类：第一类，出生率和死亡率都没有受到控制且水平比较高，同时人口死亡率比出生率下降得更快，因此这些国家的人口增长率呈现逐渐上升的趋势，这也是人口潜力最大的阶段；第二类，人口出生率和死亡率都以较快的速度下降，人口自然增长率从很高的水平降到很低的水平，并且不久将变成静止人口，甚至出现人口数量的萎缩；第三类，人口出生率和死亡率通过增加生存的机会加以人为控制，处于低出生率和低死亡率，人口低增长、稳定或减退的阶段。

Landry（1934）将人口转型划分为原始阶段、中期阶段和现代阶段三个阶段，认为经济因素是人口转型的决定性要素。原始阶段，经济因素主要体现在食物供应上，食物供应决定人口死亡率，人口死亡率决定人口出生率；中期阶段，经济因素通过影响婚姻关系影响生育决策；现代阶段，经济因素通过影响科学文化和社会风气，进而影响人口生育率的变化。

Notestein（1945）提出人口转型三阶段。在"高出生率、高死亡率、低自然增长率"的原始人口再生产类型中，由于死亡率的先行下降而过渡到"高出生率、低死亡率、高自然增长率"的传统人口再生产类型；而后因出生率随之下降，人口增长减速，从而进入"低出生率、低死亡率、低自然增长率"的现代人口再生产类型。

Blacker（1947）在人口转型三阶段论基础上，更为细致地划分为高位静止阶段（高出生率、高死亡率）、初期扩张阶段（高出生率、逐渐下降的高死亡率）、后期扩张阶段（出生率、死亡率共同下降，死亡率下降速度更快）、低位静止阶段（低出生率、低死亡率）和减退阶段（出生率与死亡率均降低，死亡人数超过出生人数）。因此，随着人口转型接踵而至的是人口结构的深刻变化，人口年龄结构渐次形成"金字塔形""橄榄形"和"倒金字塔形"。

Becker等（1990）从人力资本的角度阐述人口转型过程。认为人力资本收益是递增的，在人力资本有限时，人力资本回报率低，经济体倾向于选择较大后代数量；在人力资本存量丰富的时期，较高的人力资本回报率导致经济体更有可能选择小规模的家庭，使每个家庭成员获得较多的人力资本投资，从而实现人口转型。因此，伴随人口转型的是人均受教育程度的提高以及人均技能水平的上升，所以有学者认为人口转型是指人口生产由数量偏好（高生育率）向质量偏好（高人力资本积累率）转变的过程（杭帆和郭剑雄，2017）。

2. 人口结构

人口转型不仅影响人口规模，也影响人口的结构状况。在人口学中，人口结构指按照一定的人口内部不同特征将人口划分为不同的群组。人口结构可分为人口自然结构、人口社会结构和人口地域结构三大类。

人口自然结构指按人口自然标识将人口划分为各个组成部分而形成的人口构成。人口自然结构是人口最基本的结构，它包括人口年龄结构和性别结构。人口自然结构同人口再生产有密切的联系，现有的人口自然结构既是过去长期人口自然变动的结果，又是今后人口自然变动的基础。

人口社会结构指按一定的社会经济标志将人口划分为各个组成部分而形成的人口构成。主要包括教育程度结构、婚姻家庭结构、劳动力资源结构、在业人口的行业结构和职业结构、阶级结构、民族结构、宗教结构等。人口社会结构是按某一时点的人口数计算的，对比不同时点的人口社会结构，可以反映人口社会结构的变动情况。人口社会结构由社会经济制度和条件决定，它既是社会经济长期发展的结果，也是当前社会经济发展水平在人口结构上的反映。人口社会结构对人口出生率和死亡率具有重要的影响。

人口地域结构指按地域标志将人口划分为各个组成部分而形成的人口构成。它说明人口的空间分布，主要包括城乡结构、自然地理结构、行政区域结构、经济区划结构等。人口地域结构同地区气候、地形、自然资源等自然条件和社会经济发展状况有密切关系。人口迁移往往会改变人口的地域结构状况。

三 劳动力市场分割

劳动力市场分割指由于政治、经济等外在因素或经济内生因素的制约，使劳动力市场划分为两个或多个不同领域的现象。

劳动力市场分割一般分为纵向分割和横向分割。劳动力市场纵向分割是由于劳动者在个人素质、受教育程度、培训程度等个体特征方面的差异导致的劳动力在职业等级上存在客观界限；劳动力市场横向分割指劳动者就业时存在的单位分割、产业分割、城乡分割、地区分割。中国的劳动力市场分割主要是横向分割。

依据造成劳动力市场分割的成因不同，劳动力市场分割还可分为社会性分割、内生性分割和制度性分割。社会性分割主要指由歧视和社会习惯等社会因素的影响造成的劳动力市场分割；内生性分割主要指由内在经济因素造成的劳动力市场分割，如效率工资；制度性分割指由于法规或政策性因素造成的劳动力市场分割。在造成中国劳动力市场分割的各种成因中，制度因素发挥着主导作用。其中，经济体制、户籍制度、产业政策、就业体制和所有制结构等制度因素，是造成中国劳动力市场分割的主要力量。

中国劳动力市场在不同时期呈现出不同的分割特征，计划经济时期，中国劳动力市场分割主要表现为城乡分割、地区分割、行业分割等制度性分割，改革开放初期，不同所有制企业之间的劳动力市场分割逐步凸显。随着20世纪90年代以来中国市场化改革进程的逐渐深化，由制度因素造成的劳动力市场横向分割有所弱化，但城市中内部劳动力市场与外部劳动力市场之间的纵向分割逐步凸显。

四　劳动力工资扭曲

劳动力工资扭曲指劳动者的实际工资偏离其均衡工资的现象。由于在完全竞争的市场上，均衡工资水平等于劳动力的边际产出。因此，工资扭曲也可定义为劳动者的实际工资偏离其边际产出的现象。即工资扭曲＝实际工资－均衡工资。若差额为正，说明工资向上扭曲；反之则向下扭曲。若差额部分为0，则说明工资未被扭曲。

在完全竞争的劳动力市场，资源通过市场化路径配置，在规模报酬不变的情况下，利润最大化原则促使竞争性企业在工资低于边际产出时增加雇员；反之减少雇员。长期来看，均衡工资水平等于劳动力的边际产出。但在现实中，信息不完全、交易成本以及非市场因素的存在，均会导致工资水平偏离边际产出，出现"工资—边际产出缺口"，即工资扭曲现象。要素市场处于扭曲状态时，要素价格偏离要素边际产出，总产出低于潜在产出，进而造成社会效率损失（Jones，2011）。

五　最低工资制度与最低工资标准

最低工资制度是国家通过一定立法程序所规定的、为保障劳动者在履行必要的劳动义务后应获得的维持劳动力再生产的最低工资收入的一种法律形式。

最低工资标准指劳动者在法定工作时间或依法签订劳动合同约定的时间内提供了正常劳动的前提下，用人单位支付的最低金额的劳动报酬。最低工资标准可采用月度最低工资标准和小时最低工资标准两种形式。最低工资标准不包括加班工资、特殊工作环境或特殊调价下的津贴以及劳动者保险、福利待遇和各种非汇报收入。

中国的最低工资标准由各省、自治区、直辖市人民政府劳动保障行政部门会同同级工会、企业联合会/企业家协会研究拟订，并报经中华人民共和国劳动和社会保障部同意。确定最低工资标准一般要考虑当地城镇居民生活费用支出、职工个人缴纳社会保险费、住房公积金、职工平均工资、失业率、经济发展水平等因素。最低工资标准的调整周期及调整幅度由地方政府根据当地的经济社会发展状况自行决定，一些地方最低工资标准每年均进行调整，一些地方最低工资标准 2 年甚至 3 年才调整一次。

六　劳动收入份额

劳动收入份额是指国民收入中归属于劳动者的部分占国民收入的比重，反映劳动这一生产要素投入生产过程后在最终的财富分配中所占的比重大小。

在不同文献中，劳动收入份额的定义和度量方法有所不同。Kuczynski（1928）认为，劳动收入份额等于总工资乘以工业增加值的倒数。Kravis（1959）将国民收入划分为雇员收入、自营收入和财产性收入，劳动者报酬为雇员收入加上自营收入中的劳动所得，劳动收入份额为劳动者报酬占国民收入的比重。Gujarati（1969）将雇员的总报酬与总增加值的比重作为劳动收入份额。

在国民收入账户中，收入法 GDP 是基于生产过程创造收入的视角反映最终生产成果的一种计算方法，包括生产过程中生产要素应获得的报酬份额和从事生产活动向政府支付的报酬份额。中国国民收入核算体系中，收入法 GDP 包括劳动者报酬、生产税净额、固定资产折旧和营业盈余四部分。因此，劳动收入份额可直接用劳动者报酬与国民生产总值（GNP）或国内生产总值（GDP）的比值来表示。但由定义可知，中国收入法 GDP 核算体系并不是严格按照要素收入的归属划分的，如果将国民收入分配格局当作劳动和资本对最终成果的分割,那么生产税净额既不属于劳动收入也不属于资本收入,其份额变化将会高估或低估劳动收入份额的变动,因此在分析劳动收入份额时,有必要考虑剔除生产税净额。① 为此,国内外学者采取相关调整方法以更精确地计算劳动收入份额。

首先,由于生产税净额既不属于劳动者收入又不属于资本收入,故Gomme 和 Rupert(2004)认为,在计算劳动收入份额时应将生产税净额从 GDP 中剔除。其次,个体经济中劳动所得和经营所得难以区分,国外学者主要采用"经验法则"对其划分,即由于发达国家的劳动收入份额一般保持在 65%—70%,因此将个体经济增加值的 2/3 划分为劳动收入,1/3 划分为资本收入,以此计算劳动收入份额。也有学者采用就业结构更精确地修正劳动收入份额。Gollin(2002)直接采用就业结构和劳动力的相关数据处理劳动报酬中属于个体经济的部分,从而避免了区分个体经济中的劳动所得和经营所得,直接修正劳动收入份额,但使用此方法的前提假设是,个体经济与其他部门就业人员的劳动报酬一致,当两者差距较大时会导致劳动收入份额较大程度向上偏离真实值。此外,2003—2004 年中国收入法 GDP 核算方法的两大调整②将对劳动收入份额产生较大的影响。一是个体经济业主的收入在 2004 年之前计入劳动报酬,之后记为营业盈余。不区分个体经济业主的劳动报酬和经营利润,将在一定程度上低估非农部门的劳动收入份额。二是农业收入不再统计营业盈余。不区分国有和集体农场的经营利润和劳动报酬,全部记为劳动者报酬,将在一定程度上高估国有和集体农场的劳动收入份额。

虽然由收入法 GDP 直接估算的劳动收入份额存在一定的缺陷,但由于其计算简便且在一定程度上仍能代表劳动收入份额的变化趋势,因此大部分研究均直接采用这一方法。也有部分学者选择使用剔除生产税净额后的劳动收入份额进行研究(白重恩和钱震杰,2009;罗长远和

---

① 剔除生产税净额,即排除政府部分影响后,资本和劳动的收入份额之和为 1。
② 国家统计局出版的《中国国民经济核算体系(2002)》,国家统计局国民经济核算司(2007b,2008)。

张军，2009)。本书对中国劳动收入份额现状的分析，分别考察一般意义的劳动收入份额①和剔除生产税净额的劳动收入份额，并对不同序列的劳动收入份额变动趋势进行对比分析。

七 劳动争议与劳动争议处理制度

劳动争议是指劳动关系的当事人之间因执行劳动法律、法规和履行劳动合同而发生的纠纷，即劳动者与所在单位之间因劳动关系中的权利义务而发生的纠纷。根据劳动争议涉及的权利义务的具体内容，劳动争议包括因确认劳动关系发生的争议，因订立、履行、变更、解除和终止劳动合同发生的争议，因除名、辞退和辞职、离职发生的争议，因工作时间、休息休假、社会保险、福利、培训以及劳动保护发生的争议，因劳动报酬、工伤医疗费、经济补偿或者赔偿金等发生的争议，以及法律、法规规定的其他劳动争议。

劳动争议处理制度是指用劳动立法的形式将劳动争议处理的机构、原则、程序等确定下来，专门用以处理劳动争议的一项法律制度。劳动争议处理制度就其内容看，它是解决在劳动争议处理方面的原则、程序等规定；就其任务和作用看，它为贯彻实体法提供法律保障。具体包括《中华人民共和国劳动法》《中华人民共和国民事诉讼法》《中华人民共和国企业劳动争议条例》《企业劳动争议调解委员会组织及工作规则》《劳动争议仲裁委员会组织规则》《劳动争议仲裁委员会办案规则》等制度。劳动争议处理方式包括协商、调解、仲裁及诉讼等。

八 劳动力市场效率

劳动力市场效率是指劳动力市场的雇主（需求方）与雇员（供给方）的匹配情况能快速地反映劳动力市场环境的变化。提高劳动力市场效率，意味着通过降低劳动力市场劳动力需求方和供给方的搜寻成本，让劳动力供求双方能最大限度地匹配，减少信息不对称与信息不透明对劳动力市场供求双方的影响，有效减少结构性失业和摩擦性失业，提高劳动力市场招人与求职的效率，做到劳动力资源人尽其才，用人单位用工需求的满足便捷、高效。

---

① 一般意义的劳动收入份额 = 劳动报酬/收入法 GDP。

第二节 国内外研究现状

一 劳动力市场供需协调性相关研究

20世纪80年代,中国劳动力就业制度由传统的"统包统配"模式转向"劳动者自主择业、市场调节就业和政府促进就业"模式(李天舒,2014),劳动力市场化配置方式在劳动力市场中的作用逐步显现。尽管在均衡条件下可以保证劳动力市场出清,但中国经济发展实践中的一个特征事实是劳动力市场的非均衡性,即劳动力市场供需协调的失衡(冉光和和曹跃群,2007)。一是中国劳动力市场总体上表现为劳动力供给大于劳动力需求,但局部劳动力市场供不应求的矛盾开始显现。20世纪80年代末,对农村劳动力进城就业不合理限制的取消,农业现代化的发展使所需要的农业劳动力数量大幅度减少,以及中国东部沿海地区劳动力密集型产业集群发展获得的巨大成功,吸引了大量农村富余劳动力向非农产业和城镇地区转移,中国劳动力市场供大于求的矛盾十分突出,对劳动力市场构成巨大的就业压力。与此同时,伴随改革开放40年来农村富余劳动力持续向非农产业与城镇的转移,中国农村可跨区域流动的富余劳动力,特别是年轻富余劳动力已由过去的充裕变为有限富余或有限供给(崔传义,2006)。与改革开放初期农村青壮年劳动力的"无限"供给相比,目前农村劳动力的供给状况发生了根本性变化,越来越多的农村青壮年富余劳动力已被吸收殆尽,农村劳动力供给不再是无限的,农村劳动力特别是青壮年劳动力转移已处于边际状态,由此带来中国大中型城市劳动力要素的供求关系随之发生了重要变化。近年来,中国制造业特别是劳动密集型产业在区域间的"飞雁模式"逐渐形成,劳动密集型产业已经开始由东部沿海地区向中西部内陆地区转移(曲玥等,2013)。2004年年初,中国东部沿海等经济发达地区首次出现"用工荒"现象,随后这种现象开始由沿海地区向部分内陆省份蔓延(都阳,2008)。2015年,广东省劳动力市场的供求关系调查显示,有普工缺口的企业超过调查样本的1/3(魏巍和王林辉,2017)。齐明珠(2010)通过2010—2050年劳动力供给与需求预测数据,发现中国劳动力供不应求的矛盾将会愈演愈烈,到2020年劳动力缺口将超过2000万人。二是随着经济结构和产业结构的深度调整，劳动力供给不能适应劳动力需求，结构性失业问题加剧。伴随中国特色社会主义进入新时代，中国将长时间处在经济增速调整、经济结构优化、经济增长动力转换的时期。产业转型升级和结构深度调整优化，一方面将带来传统劳动密集型行业用工需求萎缩和低端就业岗位空间压缩，另一方面伴随产业升级与结构优化催生的新行业或新岗位需要大量的高技术专业技能人才，由此使大量处在低端劳动力市场、人力资本与技术水平较低的劳动力，难以适应中高端劳动力市场的发展趋势，就业困难群体的失业风险进一步加剧。据估计，在整个"十二五"期间，对过剩产能的调整将影响1200万人的就业（人力资源与社会保障部，2011）；2012—2015年，中国技术人才需求量由367.883万人增加至523.447万人，累计增长率为42.29%，但技术性人才市场的人才满足率仅维持在70%左右（人力资源与社会保障部，2016）。同期，一般性人才的需求量由578.234万人缩减至510.063万人，累计减少68.171万人，但市场上对一般性人才的供应量为需求量的1.7倍到2.5倍（陈丽萍，2016）。可以看出，中国劳动力市场技术性人才供不应求，一般性人才供过于求，由此造成结构性失业规模扩大。根据2016年《中国劳动力市场技能缺口研究》的估计，"十二五"期间中国结构性失业人口规模约为1397万人，"十三五"期间结构性失业人口增加至1425万人，其中大学生失业人口规模约364万人。

国内学者分别基于经济因素、公共政策和制度层面，积极探讨提升中国劳动力市场供需协调度的对策。冉光和和曹跃群（2007）构建基于劳动力供需协调率的AK模型，实证发现资本投入与劳动力供需协调存在稳定的正相关关系，技术进步与劳动力供需协调存在较为稳定的负相关关系。谭璐（2016）指出，有效的就业服务体系，可减少就业市场的信息不对称，缓和劳动力市场的结构性矛盾，有效解决求职者的技能与空缺岗位需求不匹配的问题。都阳（2014）通过对比分析不同劳动力市场制度和政策对劳动力市场结果的影响，结合中国劳动力市场发育的现状，提出中国劳动力市场制度的目标模式，强调必须确保市场机制配置劳动力的基础地位。

二 劳动力市场分割与工资收入差异的相关研究

1. 劳动力市场分割的成因及其对工资收入差异的影响

Mill（1848）最早从劳动力市场分割视角考察劳动者的工资差异，认为社会制度与文化等因素会造成工人在劳动力市场间的转移困难，从而造成劳动力市场分割。劳动力市场的分割属性、制度因素和社会性因素影响劳动力工资与就业。Piore（1970）进一步将劳动力市场分为一级市场和二级市场，认为一级劳动力市场工资较高，工作条件好，就业稳定，工作安全，呈层级式结构；二级劳动力市场工资低，工作条件差，晋升机会少，就业不稳定，易于进入。一级劳动力市场与二级劳动力市场的工资水平具有明显差异。Becker（1957）从歧视视角研究工资差异，认为歧视是人们的一种偏好，人们为了满足这种偏好，宁愿承担工资差异的代价。Bergmann（1986）根据劳动力市场中妇女和黑人受歧视的现象，考察劳动力市场的性别与种族工资歧视，认为企业垄断是造成性别与种族工资歧视的重要原因。此外，劳动力在选择工作时，除考虑工资水平外，还会考虑工作安全性、员工福利、工作成就感、工作社会声誉和工作地点等非工作特征，非工作特征和工资水平共同决定个体的劳动供给，由于不同个体劳动供给行为以及不同企业生产经营特征存在差异，在劳动力与工作的匹配过程中，会客观出现工资差异（Rosen，1974）。从人力资本回报的角度看，由于先天禀赋的差异，接受教育的质量、数量和结构的差异，劳动力之间拥有不同的人力资本存量，人力资本的差异及无法完全替代性，使不同劳动力具有不同的生产率，由此导致工资差异（Schultz，1960），具有较高人力资本存量的劳动力需要用更高的工资补偿其在受教育期间付出的人力资本投资，工资差异是对劳动力人力资本投资的补偿（Samuelson，1947）。从企业角度看，企业在追求产出最大化的同时，为降低监督成本，常常会支付给劳动者高于完全竞争市场条件下的工资，以激励劳动者提高劳动生产效率[①]

[①] Solow（1979）在论文 *Another Possible Source of Wage Stickiness* 中首先提出在成本最小化工资水平下，相对于工资的工人努力弹性（the elasticity of effort）是单位弹性。这一命题后来被称为"索洛条件"（Solow condition）。虽然当时索洛提出这一理论的目的是表明除大多数宏观经济学家提出的传统观点外，还存在其他能够解释工资黏性的理论，但他却开创了现代经济学家研究效率工资机制的先河。

(Solow，1979)。Krueger 和 Summers（1988）利用效率工资理论①解释不同行业具有同样特征的劳动力其工资形成机制不同的原因。由于产业和行业具有异质性，不同行业经营特点的差异将导致行业间的工资差异，在监督成本高、工人偷懒粗心会给企业造成重大损失的行业，企业为降低工人偷懒粗心行为给企业带来的风险和损失，通常支付给工人较高的工资以增加失业的机会成本，提高工人责任心（Borjas，2000）。

20 世纪 90 年代以来，中国持续深入的市场改革，使城乡二元经济体制的隔离效应得到削弱，城乡不公平现象有所缓解，但现实依然严峻（田丰，2010）。由于中国劳动力市场仍然存在城乡、户籍、行业、所有制、职业与地区等多重分割，城乡户籍劳动力的工资差异客观存在。现有研究普遍认为，劳动力自身特征差异以及户籍歧视是造成城乡户籍劳动力工资差异的主要原因（Meng and Zhang，2001；蔡昉，2005；郭继强和陆利丽，2009，2013；田丰，2010；李骏，2011；马欣欣，2011）。李骏和顾燕峰（2011）认为，户籍制度是一直以来影响中国社会分层的重要因素，户籍制度不仅导致城乡户籍劳动力之间职业隔离，而且导致严重的社会歧视。表现为在城市内部，农村户籍劳动力大多从事体力型、低技能、声望度比较低的职业类型（Yang and Guo，1996），由此造成城乡户籍劳动力在就业机会上存在差异。如一些地方的政府要求本地工作单位优先或者仅雇用本地居民（刘智强，2005）。Meng 和 Zhang（2001）认为，城乡户籍劳动力收入差异中不可解释的部分（歧视部分）更多地来自职业内部的同工不同酬而非职业之间。蔡昉（2001）认为，中国劳动力市场城乡分割现象，由包括户籍制度在内的更广阔的制度因素造成，户籍制度虽然已不再是分隔城乡户籍劳动力市场的主要制度障碍（李建民，2002），但在新旧体制转轨过程中，旧体制的惯性作用与新体制成长的不足，特别是户籍制度对人口流动的限

---

① 效率工资理论认为，在劳动力市场信息不对称情况下，厂商有动机主动将工资提高到高于市场出清水平的程度，以诱使职工努力工作，由此产生了内生性市场分割。由于产业的非同质性，一些技术密集领域或依赖于智力的厂商，由于难以对员工的实际能力和工作过程进行监督，更倾向采用较高的效率工资以防止员工"出工不出力"；同时，这些厂商还利用"锦标制度"激励员工，使其在一个"职业阶梯"中获得晋升，由此形成一个典型的内部劳动力市场运作方式。另一些劳动密集领域的厂商，由于很容易对员工的劳动情况进行监督，便可以根据劳动力市场供求关系确定工资和雇用数量，由此二元劳动力市场分割现象产生。

制,导致不同区域之间、城乡之间、不同企业之间,甚至同一企业内部不同身份劳动力之间,仍然具有鲜明的体制性分割特点(吕建军,2002)。计划经济体制下,中国社会以国有部门和非国有部门之间的分割为特征,进入国有部门能显著提升劳动力包括职业声望和工资水平在内的社会经济地位(Lin and Bian,1991)。近年来,学者们重点关注行业垄断对收入不平等的影响,认为国有部门和市场部门之间的分割效应正在弱化,但行业垄断已经或将成为中国城市经济结构分割的主要动力机制(聂胜,2004)。张展新(2004)运用全国数据分析,发现迁移劳动力作为"外来人"进入垄断行业就业的机会比未迁移劳动力小,李骏和顾燕峰(2011)通过实证验证了行业分割的存在性。在劳动力市场分割程度的变动趋势方面,学者们认为,中国二元制的劳动力市场分割程度逐渐减弱(郭丛斌,2004),但城市劳动力市场出现了行业分割与职业分割,行业分割造成不同劳动群体进入垄断行业的机会差别(张展新,2004),职业分割造成白领职业城镇居民和移民的工资水平显著高于同类蓝领职业(孟凡强,2014)。

2. 户籍歧视对城乡劳动者工资差异的影响

从劳动力市场分割视角就造成城乡户籍劳动力工资差异的成因分析,由于分解方法和数据来源不同,结论迥异。王美艳(2003)用Oaxaca分解的结果认为户籍歧视解释了76%的城乡户籍劳动力工资差异。邢春兵(2008)使用全国人口普查数据,发现户籍歧视仅造成10%的城乡户籍劳动力工资差异。郭继强等(2009,2013)分别采用不同数据并综合多种分解方法,发现户籍歧视解释了70%左右的城乡户籍劳动力工资差异。谢嗣胜和姚先国(2006)采用Oaxaca - Blinder及Cotton分解,发现户籍歧视中同工不同酬解释55.2%的城乡户籍劳动力工资差异。田丰(2010)采用CSS2008数据,发现城乡户籍劳动力在公有制单位就业机会不等[①]造成城乡户籍劳动力工资差异。孟凡强和吴江(2014)采用CGSS2006数据,用Neumark分解方法得出同工不同酬可以解释中国城乡户籍劳动力工资差异的27.11%。

---

① 田丰(2010)发现,农村户籍劳动力在国有企业就业的比重仅为5.51%,如果农村户籍劳动力享有与城市户籍劳动力同样的进入条件,这一比重将提升至28.34%。

三 劳动力工资扭曲及其对企业创新的影响相关研究

1. 劳动力工资扭曲的测度

劳动力工资扭曲测度方法目前主要有生产函数法和随机前沿分析法（SFA）两类。前者基于不同形式的生产函数，通过参数估计校准，计算宏观层面更为精确的边际产出（朱喜等，2011；冼国明和徐清，2013）；后者通过比较实际生产水平与可能性边界的距离测度生产效率。近年来，SFA拓展应用于微观劳动经济学领域，以实际工资与工资可能性边界的偏离表征工资扭曲程度。

现有从不同数据层面对工资扭曲的测度结果在扭曲方向上大致相同，即劳动力工资水平偏离边际产出呈向下扭曲的特征。Lang G.（2005）基于2000年德国就业数据，研究发现德国市场上劳动力工资扭曲程度约为16%；Polachek等（2005）采用11个OECD成员国劳动力的就业和工资信息，发现样本期间平均工资水平低于潜在工资30%—35%；Vera A. Adamchik和A. E. King（2007）采用2001年波兰全日制工人就业数，发现波兰在转型经济中劳动力工资扭曲程度为14%；Judith K. Hellerstein、David Neumark和Kenneth R. Troske（1996）根据1990年WECD数据，研究种族、性别、年龄、婚姻的工资效应，发现未婚劳动者工资扭曲度高于已婚劳动者，黑人的工资水平和边际产出与白人没有表现出显著差异，55岁及以上劳动者的生产力比年轻人更低但工资更高，女性工资扭曲程度显著高于男性。国内学者大多从全国、行业、地区等宏观视角考察工资扭曲程度，从劳动者微观角度研究工资扭曲程度的文献较少。王宁和史晋川（2015）采用1978—2011年中国整体时间序列数据，测算出的各年份实际工资均低于劳动力边际产出；冼国明和徐清（2013）采用2004—2009年286个地级市面板数据，测算出劳动力工资扭曲均约为3.321；魏下海和董志强（2014）将规模以上工业企业数据库与城市数据相匹配，结果显示除煤炭开采和洗选业、水生产和供应业两个行业出现工资向上扭曲外，其余36个行业工资均出现向下扭曲现象；庞念伟等（2014）根据中国城镇居民收入调查数据CHIP 2007，基于SFA测算出城镇劳动力市场工资扭曲程度高达45%—60%；朱志胜（2016）采用中国综合社会调查CGSS2005—2013数据，发现中国城镇劳动力市场上工资扭曲均值达25%—35%。基于

1999—2007年中国工业企业数据库的研究显示劳动力边际产出约为实际工资的3—4倍（施炳展和冼国明，2012；张明志等，2017）；罗知和刘卫群（2018）借助工业企业数据库，研究发现大部分行业均存在劳动力工资向下扭曲。

2. 劳动力工资扭曲影响因素研究

国内文献集中研究户籍制度、社会保障、公共服务、外资和外贸等宏观因素对劳动力工资扭曲的影响。伴随改革力度不断深化，户籍制度对劳动力市场的扭曲逐渐隐藏在部门差异、岗位差异等形式下，劳动力的城乡和地区流动仍然面临"玻璃幕墙"（陆铭，2011），不断推进的户籍制度改革由于未深入涉及福利效应，对劳动力短期流动的作用有限（孙凯文和白重恩，2011）。程杰（2014，2015）关注城镇过早退休再进入劳动力市场的"40后""50后"群体，认为他们一方面通过内退领取养老金，另一方面年富力强再就业，出于总收入最大化考虑，他们对工资的要求比正常劳动者低，由此影响劳动力市场上的均衡工资，降低保留工资水平，对劳动力要素配置造成扭曲效应。部分学者考察了公共服务与工资等城市特征（夏怡然和陆铭，2015）、企业的经营行为与工资谈判能力（魏下海和董志强，2014）对工资扭曲的影响。邵敏和包群（2012）认为，工资和劳动条件向下竞争式的引资竞争模式，加剧了国内工资向下扭曲程度，但在引资力度较大的行业，外资进入同时产生显著的劳动力竞争效应，由此缓解工资向下扭曲。国际贸易背后隐含着资本和劳动力的跨国流动，相对于高技能劳动力，中低技能尤其是低技能劳动力的流向扭曲程度较低（程大中，2014）。冼国明和徐清（2013）认为，中国劳动力禀赋充裕，资本相对匮乏，在买方垄断的市场上，劳动者处于工资"竞价"的劣势地位，由此导致工资向下偏离。

随着劳动经济学相关研究文献将劳动力的同质化假设拓展到异质化，劳动力市场分割与劳动者个体特征对工资扭曲的影响成为研究的热点。Doeringer P. 和 M. Piore（1971）将劳动力市场分为主要市场和次要市场，主要劳动力市场的工资水平取决于组织内部的供求关系而非整体市场（Osetmran，1984），次要劳动力市场上，企业通过劳动力边际产出与边际成本的比较随时增减雇用人数。中国劳动力市场的主要特征是存在城乡分割（田永坡等，2006）、户籍分割（都阳和王美艳，

2001）、区域分割（蔡昉等，2001）等多重分割。随着改革的不断推进，中国劳动力市场出现了垄断与竞争部门分割（Sylvie Démurger、Martin Fournier 和李实等，2009）、正规部门和非正规部门分割（吴要武，2009）、所有制分割（叶林祥等，2011）、学历分割（吴愈晓，2011）等更加细化的分割形式。

在微观层面，Contreras 和 Landeau（2003）认为，劳动者信息不完全、议价能力和市场歧视是劳动力工资向下扭曲的主要原因。部分学者认为劳动力就业信息不对称（Polachek and Xiang，2006）、劳动力市场信息不完全（Kumbhakar and Parmeter，2009）、搜寻匹配成本（赖德胜，2001）、社会资本（桂勇等，2002）等因素均对劳动力工资扭曲与个体就业产生影响。信息不对称导致的搜寻成本能够解释工资扭曲的62%（周先波等，2015），劳动者婚姻状况、子女数量、是否外来人口、失业保险状况、性别、工作单位性质与规模等均影响劳动力工资扭曲程度（庞念伟和陈广汉，2014），签订劳动合同、加入工会、家庭经济条件好，有助于减轻工资扭曲程度（朱志胜，2016）。随着对劳动力工资扭曲研究的逐渐深入，社会性和制度性因素也越来越多地进入工资扭曲的分析框架中。

3. 劳动力市场对企业创新的影响研究

关于劳动力市场与企业创新的关系，现有文献多集中于劳动力成本对创新的影响，Romer（1987）指出，较高的工资水平是诱致企业内生性创新的机制之一。Kleinknecht 和 Naastepad（2005）基于荷兰企业数据，发现低工资使低创新企业得以生存，由此降低企业家的创新动力，阻碍熊彼特"创造性破坏"机制的发挥。张庆昌和李平（2011）提出创新工资门槛假说，认为工资水平上升促进生产率和创新能力提高，但存在门槛效应。林炜（2013）借助内生增长模型，发现劳动力成本上升推动企业创新能力提升。

长期以来，中国要素市场发育程度远远滞后于产品市场，导致劳动力工资水平存在不同程度的低估，对企业而言，要素市场扭曲带来的寻租机会可能会削弱或抑制企业 R&D 投入，不利于企业技术研发和创新（张杰和周晓艳，2011）。要素市场扭曲程度低的地区，政府补贴更能激发企业创新活动（杨洋和魏江，2015），在工资水平低于劳动贡献的情况下，企业很难留住高素质人才，不仅导致具有高生产率、高创新能力的劳动者外流，而且低于边际产出的收入水平，将通过缩小创新产品的市场需求规模（戴魁早和刘友金，2016）抑制企业创新，但工资扭曲对不同性质企业创新的抑制作用存在差异性。陆正飞等（2012）认为，所有制层面的劳动力市场分割是中国经济转轨阶段的基本特征之一，工资扭曲对不同所有制企业创新活动的影响具有异质性。伴随全面深化改革的推进，企业间市场竞争日趋激烈，国有企业、民营企业、外资和港澳台投资企业共同存在、相互竞争（Peng，2000），但国有企业相比民营企业，可以凭借垄断地位获取超额利润（蔡莉和单标安，2013），进而降低其投资于长周期、高风险创新活动的动力，工资扭曲程度越严重，国有企业的创新激励越弱。相反，缺乏政治关联，倒逼民营企业在激烈的市场竞争中不断提高生产率，追求创新利润。劳动力成本优势是外资企业落户的重要因素，且在中国知识产权保护薄弱的现实情境中，外资企业更倾向于将研发创新环节安排在母公司（龙小宁等，2018），劳动力工资扭曲对外资企业创新活动的抑制作用有限。

工资扭曲对企业创新的影响在异质性行业中仍然存在。理论上，工资扭曲意味着企业支付了低于劳动贡献的劳动报酬，产出一定的情况下，理性企业家追求成本最小化，企业有足够的激励去充分利用工资扭曲带来的利润空间，削弱对新技术和新产品的投资意愿。工资扭曲有助于增强劳动密集型行业的比较优势，那么工资扭曲是否仍然抑制此类行业的创新？劳动密集型行业通常依靠生产要素投入累积的增长模式，路径依赖使其在工资扭曲时更倾向于通过"扭曲租金"获取利润，而非投资于研发创新。倪骁然和朱玉杰（2016）研究发现，《中华人民共和国劳动合同法》的实施显著推动劳动密集型企业的创新行为，从劳动保护视角提供了佐证。鲁桐和党印（2014）认为，不同行业的创新需求内生于要素密集程度，研发创新对劳动密集型、资本密集型和技术密集型行业的重要程度依次上升，三类行业的创新需求、人力资本水平逐步提高。相比劳动密集型行业，资本和技术密集型行业更加依赖人力资本的主动性和创造性，工资扭曲对创新的抑制程度也更为严重。

四 最低工资制度影响效应的相关研究

1. 最低工资制度对就业的影响研究

20世纪80年代之前,国外大多数实证研究表明,最低工资上涨10%,就业约减少1%—3%(Gramlich,1976;Mincer,1976;Ragan,1977),最低工资标准提高将损害低收入群体的经济利益,致其失业(Machin et al.,2003;Flinn C. J.,2006)。王光新和姚先国(2014)借助2000—2010年省际面板数据,发现最低工资相对于平均工资每提高10%,其他人员就业比重下降约2.3%,马双等(2012)利用规模以上制造业企业面板数据也得出类似结论。上述研究均支持最低工资上涨抑制就业的学术观点,与竞争性模型理论预期一致,即人为制定高工资将导致劳动力市场无法出清,劳动力供给大于需求,进而产生失业。然而,Card(1992)、Katz和Krueger(1992)采用快餐行业数据,发现最低工资制度的就业效应为正;罗小兰(2007)对上海农民工的数据分析显示,买方垄断条件下提高最低工资标准会增加就业。Xiao和Xiang(2009)利用中国6个城市1995—2006年的数据,结果显示最低工资上涨将增加劳动者的工作时间,但不影响就业人数。戴小勇等(2014)、马双等(2017)的研究结论与之类似。上述结论与竞争性劳动市场理论相悖,这一矛盾促使更多的学者将注意力转移到买方垄断劳动力市场模型。在买方垄断假设下,在资方主导型劳动力市场上,企业边际劳动成本与平均劳动成本相分离,企业最优雇用人数低于市场出清时的就业人数,提高最低工资标准将会增加就业。但现实劳动力市场往往处于完全竞争与完全垄断之间,因此Burdett和Mortensen(1998)引入搜寻与匹配模型有效地综合了两种极端劳动力市场。随后学者们不断丰富其研究内容,Ahn(2005)提出内生搜寻模型,认为最低工资标准增加劳动力供给,能够提高总体就业,但低生产率劳动者将会失业。Flinn(2006)则认为,最低工资制度提高劳动者议价能力,就业和失业可能同时增加,总体就业变动方向不确定。

随着研究的深入和数据完整性的提高,学者们越来越关注最低工资制度就业效应的异质性。基于劳动力异质性角度的研究发现,最低工资标准上涨将导致低技术和高龄个体失业,高技术劳动者因最低工资上涨受益(Abowd and Killingsworth,1981;Heckman and Sedlacek,1981;

MB Stewart，2015）。贾朋（2012）的研究发现最低工资制度对女性，尤其是低技术中年女性的就业造成更加不利的影响。区域异质性研究大都基于省际面板数据，罗小兰（2007）发现，最低工资上涨对中部和建筑业农民工就业效应为负，对东部、西部以及制造业就业效应为正。Ni等（2011）却发现最低工资制度抑制东部就业，促进中部和西部就业。然而，运用空间数据分析方法的研究结果显示，东部和中部最低工资上涨会促进就业，西部受东部、中部最低工资标准的空间负影响，最低工资会抑制就业（杨翠迎，2015）。各个地区由于最低工资标准的高低、执行力度、产业结构等因素不同，导致最低工资制度就业效应存在区域差异，但上述研究由于省际面板数据样本量少，无法通过细分样本对造成最低工资制度就业差异的原因进行深入考察。

最低工资制度行业就业效应的研究大多基于微观数据展开，但研究成果相对较少。借助服装、纺织品、鞋业和皮革业数据的研究表明，提高最低工资标准显著抑制小型企业就业，但对大型企业就业无影响（Alatas and Cameron，2003）。张军（2017）的研究发现，最低工资上涨带来批发和零售业、住宿和餐饮业中的正规化部门扩张，非正规化部门收缩，制造业和房地产业则出现"逆正规化"趋势。在买方持续存在的劳动市场条件下，最低工资上升造成上海多数制造业行业就业增加，江苏就业减少（李晓春和董哲昱，2017）。基于微观数据的研究，由于样本的局限性和较窄的针对性，结论不宜推广。目前，尚未有从最低工资政策视角系统分析中国工业细分行业就业效应的相关研究。工业细分行业由于要素密集程度、行业规模、国有资本比重等存在差异，最低工资制度的就业影响效应也可能不同。最低工资制度带来劳动力成本上涨的同时，降低了资本要素相对价格（Belman and Wolfson，1999；马双等，2012；等等），各行业会根据这一外部变动对其要素投入策略进行不同程度的调整（翁杰和徐圣，2015）。高资本密集度行业研发力度更大，技术水平更高，创新能力更强，具备更强资本利用能力，对资本依赖性更大（林炜，2013）。此外，在中国金融市场中，资本密集型行业相较于劳动密集型行业，更容易满足银行贷款要求，面临较小融资约束（康志勇，2013）。资本要素相对价格下降，将导致资本密集型行业进一步增加资本投入，资本化进程的加快使资本对劳动的替代效应更显著。劳动密集型行业面临资金约束和运用能力等方面的限制（李艳虹和刘栩，2015），资本替代劳动的空间有限。此外，相比资本密集型行业，劳动密集型行业工人议价能力较弱，企业通过延长工作时间、压缩加班工资等方式抵消最低工资制度带来的成本压力的现象更加普遍（叶林祥等，2015；盛丹和陆毅，2017）。

最低工资对就业的影响还会受行业规模大小的影响。尤其是发展中国家，规模较小的行业，资本通常较少，使用的劳动力偏非技术型，其管理能力和生产率相对于规模较大行业更低（姚先国和王光新，2008），劳动力成本占生产成本比重较大（Alatas and Cameron，2003），最低工资上升带来劳动力成本增加，将进一步挤压规模较小行业的生存空间，对其就业产生较大冲击。此外，低收入劳动者主要分布在规模较小行业，最低工资制度带来的溢出效应或者波纹效应对低收入劳动者产生挤出效应（Acemoglu，2002；Bhaskaret et al.，2002；Huanget et al.，2014），最低工资上涨对规模较小行业就业造成较大冲击。规模经济理论认为，规模大的行业生产率更高，单位产品成本更低，利润空间更大，具备更高抵抗成本冲击的能力（Oi and Idson，1999；Dickens et al.，2012）。此外，发展中国家的地方劳动力市场通常聚集规模较大的制造业，企业经常出现就业短缺，这种状况与垄断竞争模型一致，最低工资上涨将吸引劳动力进入规模大的行业（Rama M.，2001）；规模小的行业更适用于竞争性模型，最低工资提高使规模小的行业难以承受劳动力成本压力，将削减就业人数（姚先国和王光新，2008）。

由于所有权性质差异，非国有资本以市场机制为导向，相对国有资本，非国有资本对劳动力成本反应更加灵敏。非国有资本面临最低工资上升带来劳动成本增加时，更有可能通过"用脚投票"方式逃离本地市场，由此导致最低工资制度对其就业有显著负向影响（Wang et al.，2012；Sun，2015；翁杰和徐圣，2015）。赵瑞丽等（2016）认为，外资企业和我国港澳台企业主要利用国内廉价劳动力从事低端产品的生产，最低工资提高难以激励此类企业提高效率，同时最低工资上涨显著提高我国港澳台企业的平均工资（叶林祥等，2015）。这些企业在面临最低工资制度的约束时，可能转移至劳动力成本更低的国家以规避风险，因而最低工资制度对非国有资本占比较高行业的就业会产生负向影响。国有企业因职能性质的特殊性，更积极高效地执行最低工资政策从而稳定就业，且国有企业规模较大以及工资水平基本处于最低工资标准之上（赵瑞丽等，2016）。此外，国有企业在资源分配和国家政策方面占据优势地位，相比于非国有企业，最低工资制度对国有企业的冲击可能不明显。

2. 最低工资制度对企业利润率的影响研究

国内外学者就最低工资制度与企业利润或利润率之间的相关研究较为匮乏，且未达成一致性结论。Pacheco 和 Naiker（2006）基于新西兰的数据进行事实研究发现，青少年最低工资标准变动和投资者改变与低工资企业的利润预期之间没有相关关系；Lin（2012）对美国的研究发现，由于最低工资制度对企业利润的负面影响被正向的市场业绩所抵消，1989 年美国最低工资标准提高对企业利润无显著影响；Cuong（2013）使用双重差分法和倾向得分匹配法对越南的研究表明，企业利润率不受最低工资标准影响；Harasztosi 和 Lindner（2015）对匈牙利的研究发现，最低工资标准上涨并没有带来企业利润率下降。但是，Draca 等（2011）基于英国 1999 年在全国范围内实行最低工资政策的背景，采用双重差分法却发现，最低工资制度导致英国企业利润率下降。国内仅有极少数文献研究最低工资制度对企业利润率的影响，邓曲恒（2015）使用包含滞后期最低工资的动态面板模型，发现当期最低工资对企业利润率具有负向影响，但滞后期最低工资对企业利润率的影响在不同分位点上存在差异。

国内外缺少最低工资标准对企业利润率影响机制进行研究的直接文献。考虑企业利润是企业收入扣除成本后的差额，理论上，最低工资标准的提升会通过影响劳动者雇用规模与企业平均工资影响企业工资成本，通过影响劳动生产率影响企业收入，进而影响企业利润或利润率。为此，本书通过重点梳理最低工资制度影响企业收入和成本的相关研究文献，间接考察最低工资制度对企业利润或利润率的影响。由于企业劳动力成本等于企业劳动力雇用规模与企业平均工资的乘积，因此最低工资制度对企业劳动力成本的影响可分解为最低工资制度对企业雇用规模的影响和最低工资制度对企业平均工资的影响两个方面。伴随最低工资标准上调，企业不得不支付高于最低工资标准的工资，原先低工资水平的工人工资上涨，导致企业总工资成本上升。最低工资标准提升对厂商同时产生成本效应与就业替代效应，最低工资10%的提高伴随企业平均工资成本0.3%—0.6%的增加（马双等，2012），理性生产者采取诸如减少雇用人数、用资本或技术代替劳动等措施，减缓最低工资标准上升带来的工资成本上涨压力，由此减少企业劳动力雇用规模。最低工资制度将导致底层劳动者失业率增加（张五常，2002；Neumark，2004），最低工资上升10%，青少年就业降低1%—3%（Brown et al.，1982）。马双等（2012）的研究发现，最低工资上涨10%会带来企业雇用人数下降0.6%左右。在众多研究企业利润的文献中，企业劳动力雇用规模通常作为控制变量，企业雇用人员越多，企业规模越大，企业分工更精细，管理更现代化，更有利于企业规模经济的实现，推动企业利润增加。刘海洋（2012）、陈艳莹（2013）、耿晔强等（2018）研究发现企业雇用人数对企业利润具有正向影响。周末等（2017）的研究发现劳动力成本上升，企业利润率下降；陈斌开等（2018）的研究验证了企业人力成本与企业利润率之间的负向关系。

效率工资理论认为，企业支付高工资可以分辨出更高质量的工人，也可以对工人工作积极性产生激励作用，二者相互作用使劳动生产率得到提升，因此最低工资制度对企业劳动生产率具有积极影响。Wadhwani 和 Wall（1991）利用美国企业层面的微观数据，对效率工资和公司生产率的关系进行验证，发现相对工资水平上升，企业生产率随之增加。Huang 等（1998）研究发现，支付高于市场上正常工资的效率工资将提高工人生产率，效率工资高于市场正常工资水平10%，产出将增加2%—6%；Bassanini 和 Venn（2007）发现最低工资标准提高促进OECD国家劳动生产率提高。国内学者借助双重差分模型发现，长期内最低工资制度促进生产率提高（肖守中，2005），王阳（2012）应用中国工业经济的数据，为最低工资制度与企业劳动生产率之间的正向关系提供了经验证据。伴随企业劳动生产率的提高，企业产出更高，企业收益增加，企业利润也会相应上升。刘红梅和王克强（2000）的研究发现，劳动生产率与中国工业企业资金利润率正相关，汤二子和孙振（2011）的研究发现中国制造业企业生产率与利润规模显著正相关，刘海洋和汤二子（2012）运用中国制造业2005—2008年的样本分行业检验企业利润的决定因素，结果表明，企业生产率水平对企业利润有提升作用。

3. 最低工资制度对收入分配的影响研究

劳动力市场的收入分配由就业量与劳动者工资共同决定。最低工资标准的实施将直接改变劳动力要素的价格，提升劳动力收入份额，但要素价格的变动会通过影响厂商生产要素投入决策和雇用决策，影响用人单位对劳动力的需求，进而影响劳动收入份额。Stigler（1946）最早从理论上论述了完全竞争的劳动力市场最低工资制度的收入分配效应，认为最低工资制度通过影响劳动力市场供求关系影响收入分配，最低工资制度对收入分配产生正向影响还是负向影响，取决于劳动力供求曲线的斜率或劳动力供求曲线的弹性。Robinson（1969）和Brown（1999）提出的垄断竞争模型，分别就厂商提供无歧视工资水平以及完全歧视工资水平下最低工资对收入分配的影响进行理论分析。Welch（1974）将劳动力市场分为最低工资制度覆盖部门和非覆盖部门，认为最低工资标准提高将造成覆盖部门劳动力失业率上升，被最低工资上涨挤出的覆盖部门的剩余劳动力将转移到非覆盖部门，由此缓和覆盖部门失业状况。Rebitzer（1995）和Taylor（1995）认为，稍高于均衡工资的最低工资水平将提高劳动力被解雇的成本，使厂商花费更少的资源对劳动力的工作努力程度进行监督，花费更多的资源用于雇用额外劳动力，从而增加就业，Shapiro和Stiglitz（1984）通过数学推导验证了Rebitzer（1995）的结论。Burdett（1998）和Mortensen（1998）通过分别分析最低工资制度对劳动力就业和工资的影响，考察最低工资制度对收入分配的影响。Paweł Strawiński（2017）认为，最低工资制度的收入分配效应对年轻职工会产生影响，对中年职工影响甚微。部分学者认为，最低工资制度作为一项公共政策，其收入分配效应与政府其他政策相关，最低工资制度与政府扶贫政策相结合有利于缓解贫困（M. Yus of Saari et al.，2016），最低工资制度随美联储实行的货币政策差异对收入分配产生异质性影响，温和的货币政策使最低工资制度对收入分配产生较大效应（Radek Šauer，2018）。Nidhiya Menon等（2017）则从寻找改善印度"童工"现象泛滥的政策出发，通过实证发现，最低工资提高降低了印度童工就业水平，对收入分配影响较小。

国内学者罗小兰（2007）选用各省份最高档次的最低工资标准，利用加权平均法测算出最低工资制度对收入分配影响的最优解，但其结论受到国内学者的质疑。张明丽等（2011）认为，合理测算并设定最低工资标准，完善最低工资标准的执行环境，是最低工资制度发挥改善收入分配作用的重点。在通过最低工资政策改善收入分配不平等过程中，政策执行力度的作用大于最低工资提升幅度本身的作用（王丹，2013），因为政府实行最低工资制度既可提高劳动者福利，也可在一定条件下提高资本所有者福利（叶静怡等，2014）。付文林（2014）认为，最低工资制度对低工资部门的就业产生负面影响，造成经济欠发达地区就业机会损失，目前最低工资尚未发挥缩小收入分配差距的作用。实证研究方面，柯慧飞（2012）从微观视角就最低工资制度对农民工收入的影响进行研究，发现最低工资上涨有助于降低收入不平等，最低工资上升与收入不平等下降正相关（贾朋，2012），田青久等（2015）利用宏观面板数据，验证了最低工资制度与劳动者收入占比之间的正向关系。但是，翁杰和徐圣（2015）利用工业企业省际面板数据进行研究，发现最低工资标准的提高显著降低劳动收入份额。都阳和王美艳（2008）、胡远华（2012）、温济东（2009）分别就最低工资制度对整体收入分配、对农民工收入分配的影响进行了相关研究，基于 CHNS 微观数据，研究发现最低工资制度对低收入群体有一定正向影响，对高收入者具有负向影响，对整体劳动者收入份额不具有显著影响（王湘红和汪根松，2016）。张世伟和贾朋（2014）实证发现，短时期内最低工资提升会提升低技能劳动者的收入水平；长期内最低工资提升在25%以内，收入分配效应为正，若提升超过30%，对收入分配结果的影响不确定。

五　劳动收入份额变动及影响因素的相关研究

1. 劳动收入份额变动趋势研究

20 世纪 20 年代，Bowley 和 Stamp（1927）发现，英国劳动收入份额稳定不变，并开创性地提出"劳动收入份额是经验稳定的鲍利法则"。Cobb 和 Douglas（1928）的研究支持劳动收入份额经验稳定的结论。Kaldor（1955）提出，当经济处于稳定状态时，劳动收入份额趋于稳定，这一现象被称为"卡尔多特征事实"。20 世纪 50 年代前，经济学家广泛认同劳动收入份额在长期内为常数的特征事实（Kalecki，

1938；Kuznets，1937；Clark，1932；Keynes，1936；Kaldor，1955）。此后，随着对更多国家的要素分配份额测算，经济学家们发现在新时期要素分配份额明显违背"卡尔多特征事实"，要素分配份额不断变化。Kuznets（1957）对美国、英国、德国、法国、瑞士等国要素分配份额测算，发现各国要素分配份额并非都保持不变，自20世纪50年代以后，美国农业劳动收入份额呈明显下降趋势（Ruttan et al.，1960；Lianos，1971）。特别是20世纪90年代以来，随着对劳动收入份额稳定性研究的逐渐深入与丰富，越来越多的学者开始质疑劳动收入份额的经验稳定性。在美国、英国等发达国家，Kaldor特征事实基本成立，但发展中国家的劳动收入份额更多表现为下降趋势（Krueger，1999；Harrison，2005）。部分研究认为劳动收入份额的变动与经济和工业化发展阶段有关，即使在工业化发展成熟的发达国家，劳动收入份额也并非稳定不变（Samuel and Saint – Paul，2003；Elias，1992；Rodrik，1999）。Blanchard、Nordhaus和Phelps（1997）运用OECD企业部门数据库考察美、英、法等国家的劳动收入份额，发现美国、英国等国家的劳动收入份额基本稳定，法国、德国等欧洲大陆国家的平均劳动收入份额有先升后降的趋势（Diwan，2001；Bentolila and Saint，2003）。Glyn（2007）和Stockhammer（2013）分别运用OECD和ILO两种数据库进行研究，发现OECD国家1980年以来的劳动收入份额均下降。B. Neiman和Karabarbounis（2014）对1975—2012年56个国家企业部门劳动收入份额的研究发现，包括美国、德国、日本和中国四大经济体在内的38个国家的劳动收入份额呈下降趋势，且关键行业和部门的劳动收入份额也有明显下降。国内学者李韬葵等（2009）基于新古典理论视角，通过分析联合国统计署提供的大型数据库，发现劳动收入份额与人均实际GDP之间存在"U"形演进规律，罗长远和张军（2009a）的研究得出相似的结论。钱晓烨和迟巍（2011）发现劳动收入份额的"U"形演变规律具有不稳定性；[1] 张车伟和张士斌（2010，2012）的研究发现，

---

[1] 钱晓烨和迟巍（2011）在研究劳动收入份额的地区差异时，发现2003年以前北京的劳动收入份额下降，而后转为上升，与"U"形演进规律相符，但2005年以后，北京的劳动收入份额又开始下降，偏离"U"形规律。

改革开放以来中国的劳动收入份额一直较低,并非 Kaldor 所描述的高水平稳定。郝枫和肖红叶(2009)、郝枫(2012)通过横向和纵向比较美国、英国、瑞典、日本、荷兰等发达国家的劳动收入份额,发现在经济发展早期,劳动收入份额下降且稳定在较低水平,随着工业革命完成,劳动收入份额持续上升,当工业化步入成熟阶段,劳动收入份额相对稳定,劳动收入份额存在"$\sqrt{\ }$"演进规律,姚宏鑫和王红领(2012)对英国与美国劳动收入份额演进规律的研究得出相似结论。

2. 影响劳动收入份额的因素研究

Acemoglu 等(2006)将影响要素分配份额的因素分为技术因素和非技术因素两大类。在新古典生产函数 F(K、L、t)中,生产技术对要素分配份额的影响体现在现有技术的选择(对资本 K 和劳动 L 投入比例的选择)与引进新技术(技术 t 的变化)两个方面。对于现有技术选择,要素相对价格变化将导致最优边际技术替代率发生变化,企业将更多地使用相对价格较低的要素,从而导致要素投入比发生变化,要素相对价格和要素投入比将共同决定要素分配份额的变化。对引进新技术,Sato 等(1968)认为,技术创新和技术选择对要素分配份额的影响均与要素替代弹性有关。当要素替代弹性为 1 时,资本收入份额不随要素相对价格和技术创新而变化;当要素替代弹性小于 1 时,劳动相对价格上升导致劳动相对投入量下降,但下降的程度小于劳动相对价格上升的程度,因此劳动收入份额将增加;当要素替代弹性大于 1 时,情况相反(Ferguson,1968;Sato,1970)。基于技术变化的新古典要素分配理论被广泛用于分析要素分配份额变化的原因(Ferguson et al.,1969;Lee,1970;Sato,1970;Lianos,1971)。Zu 等(2008)研究偏向性技术进步对劳动收入份额的影响,认为资本节约型技术进步会增加劳动收入份额,劳动节约型技术进步会减少劳动收入份额。Acemoglu(2003)认为当劳动—资本的替代弹性为 1,且劳动与资本的相对深化速度等于增强速度时,劳动收入份额保持稳定;当资本—劳动的替代弹性小于 1 时,劳动增强型技术进步将偏向资本,劳动收入份额下降,资本增强型技术进步将偏向劳动,劳动收入份额提高;当资本—劳动替代弹性大于 1 时,则出现相反的结果。资本—劳动替代弹性小于 1,意味着资本和劳动是互补关系,资本需求受劳动增强型技术进步的影响增加,资本边际回报也增加（Acemoglu，2002；Bentolila S. and G. Saint – Paul，2003）。Bentolila 和 Saint – Paul（2003）对 OECD 国家的研究发现，全要素生产率、资本—产出比与劳动收入份额负相关，资本与劳动为替代关系。实证方面，Klump 等（2008）发现，美国劳动与资本替代弹性显著小于1，技术进步总体上偏向于资本。Leonard 和 Johannes（2007）发现，要素价格均等化下的技术进步方向将导致各国日益专业化于密集使用本国丰裕要素进行产品生产。① Stokhammer（2013）在实证模型中引入资本深化变量，深入考察技术进步偏向性对劳动收入份额的影响。

除技术进步外，产业结构变化是影响要素分配份额的另一重要技术因素。国外学者将劳动收入份额的波动分解为行业自身劳动收入份额的波动（行业内效应）和各行业占经济总量比重的变动（行业间效应）。众多学者从产业结构变化视角研究要素分配份额的变化（Solow，1958；Serres et al.，2002；Young，2004；Morel，2005；Ruiz，2005）。Morel（2005）、Boldrin 和 Ruiz（2006）等通过对劳动报酬进行分解，得出产业结构变化是要素收入份额变化的重要原因。Yong（2010）对美国1958—1996年35个细分行业数据的研究，发现行业间效应对劳动收入份额影响较小，行业内效应显著引起劳动收入份额波动，且各行业劳动收入份额的相关变动将强化劳动收入份额波动。Karabarbounis 和 B. Neiman（2014）的研究发现，除农业和金融业外的其他行业，劳动收入份额下降的90%可由行业内效应解释。Collin D.（2002）对国家间劳动收入份额差异进行分解发现，各国行业内效应是影响国别间劳动收入份额波动的主要因素，但 Morel（2005）、Yong（2005）、Boldrin 和 Ruiz（2006）运用 Solow 分解发现，产业结构转型是导致劳动收入份额波动的关键因素。

非技术因素对劳动收入份额影响的研究主要集中在市场垄断（Kalecki，1938）、企业对成本、产出和价格关系的调整模式、影响利润—成本加成比的市场环境，以及工会能力（Brown and Hart，1952；Kalle-

---

① Leonard 和 Johannes 认为，发展中国家相对丰富的资源是低技能劳动力，资本和高技能人才相对稀缺，如果技术进步偏向于其相对丰富的低技能劳动力，资本积累将增加而不是减少对低技能劳动力的需求，通过提高低技能劳动生产效率，不仅可以改善收入分配，推动经济结构转型，还能保持经济高速增长。

berg et al.，1984）、失业率（Blanchard，1997）、政府对经济的干预（Lee and Jayadev，2005；Jayadev，2007）等方面。总体而言，与产品市场和劳动力市场相关的因素，主要通过影响要素市场供求关系影响要素相对价格，进而影响要素分配份额；市场管制、国际贸易等因素则通过影响要素需求曲线（Diwan，1999；Serres et al.，2002；Spector，2004），劳动保护法案、工会组织、劳动力谈判能力等通过影响要素供给曲线影响要素相对价格（Giammarioli et al.，2002；Blanchard et al.，2003；Harrison，2005；Glyn，2007；Stockhammer，2013），进而影响要素分配份额。

针对20世纪90年代中后期以来中国劳动收入份额不断下降的客观事实，国内学者从不同视角进行了解释。部分学者认为产业结构变化（肖红叶和郝枫，2009；罗长远和张军，2009b；白重恩和钱震杰，2009a，2010；肖文和周明海，2010a；王丹枫，2011；石涛和张磊，2012）[①] 与产业结构转型（白重恩和钱震杰，2010）是影响劳动收入份额的重要原因，但也有学者认为产业结构调整对劳动收入份额无显著影响（王永进和盛丹，2010；翁杰，2011；方文全，2011）。[②] 部分学者认为，劳动节约型技术进步是中国劳动密集型和资本密集型部门劳动收入份额变动的最主要原因（黄先海和徐圣，2009），中国偏向资本的技术进步，提高了资本的边际产出（戴天仕和徐现祥，2010；张莉等，2012；王燕和陈欢，2015），加大了对技能劳动的替代，加剧了在分配上资本与技术对劳动的掠夺性（张月玲和叶阿忠，2014）。特别是中国占有大量资源的国有企业选择资本偏向型技术，"逆资源禀赋"的技术偏向使经济增长的就业吸纳能力降低，劳动力工资长期处于低增长状态，致使中国劳动收入份额长期低位运行甚至恶化（陈宇峰等，2013）。部分学者从资本深化和物质资本积累方面解释中国劳动收入份

[①] 白重恩和钱震杰（2010）采用系统GMM方法，对1985—2003年中国劳动收入份额波动的决定因素进行分析，发现1996年以前，三次产业内部劳动收入份额的变化和整体产业结构变化对劳动收入份额的影响相互抵消，使劳动收入份额相对稳定，随后，产业内部和产业之间的两种效应同时使劳动收入份额下降。

[②] 方文全（2011）运用中国省际面板数据，对1993—2006年中国劳动收入份额变动的原因进行分析，发现第一产业与第三产业发展对劳动收入份额具有正效应，第二产业发展对劳动收入份额具有负效应，整体产业结构变迁对劳动收入份额波动并无显著影响。

额的变动，认为中国资本深化（K/Y）发展过快，偏离要素禀赋结构（杨俊和邵汉化，2009），资本—劳动比下降和资本—产出比提高（翁杰和周礼，2010；邵敏和黄玖立，2010；魏下海等，2012），导致劳动收入份额下降。罗长远和张军（2009a）、唐东波（2011）、黄先海和徐圣（2009）则认为，资本深化和物质资本积累对劳动收入份额提高具有促进作用，但促进作用会被乘数效应削减（黄先海和徐圣，2009）。现有文献得出进出口提高劳动收入份额（姜磊和王昭凤，2009；翁杰和周礼，2010；唐东波和王洁华，2011）、降低劳动收入份额（李坤望和冯冰，2012；张杰等，2012）、对劳动收入份额无影响（杨俊和邵汉华，2009）三种结论。相较于外部环境变化对劳动收入份额影响的不确定性，现有文献较多地支持FDI通过负的工资溢出效应、地方政府在招商引资竞争中压低劳动成本、减少劳动保护等行为，阻碍劳动收入份额提高（罗长远和张军，2009a；唐东波和王洁华，2011；王舒鸿，2012），并认为产品市场垄断和国有部门改制（白重恩，2008）、FDI以及民营化（罗长远和张军，2009）会降低劳动收入份额。国内学者还从国有经济比重和税负水平（白重恩和钱震杰，2010）、地区经济结构和所有制构成（钱晓烨和迟巍，2011）、企业面临的融资约束（罗长远和陈琳，2012）、工会参与导致的企业工资率和劳动生产率变化（魏下海等，2013；姜磊和陈坚，2014）等方面对中国劳动收入份额的下降进行解读。

六 工会效应的相关研究

国外对工会效应的相关研究主要聚焦于工会工资溢价、工会与工资不平等、工会与生产率的关系等方面，但尚未形成一致性结论。Lewis（1986）基于美国横截面数据的实证研究发现工会工资溢价接近20%，Hirsch和Schumacher（2004）的研究得出了一致性的结论。Booth（1986）对英国的研究发现工会与非工会平均工资差异为8%，Carlo，Aringa和Lucifora（1994）估计出意大利机械工业的非技术工人，工会与非工会工资差别是4.4%，技术工人工会与非工会工资差别是7.4%；Blanchflower和Freeman（1992）、Blanchflower和Bryson（2002）的研究得出相同的结论。国外研究虽然得出存在工会工资溢价的结论，但一些经济学家怀疑工会工资溢价是否纯粹来自工会的影响，因为工资溢价除受到工会影响和未被观察到的生产力差异外，还可能部分源于特定工作情况的报酬，尤其是结构性工资设定、工作时间的灵活变动、超时工作以及工作节奏的加快（Duncan and Stafford，1980）。部分学者认为工会虽有垄断工资的影响，但不存在所谓的工会和非工会差别，工资差异主要源于教育程度的差异（Freeman and Medoff，1984）。Masayuki Morikawa（2010）认为，现有关于工会工资溢价的研究样本只考察了少数公司，其研究结论存在局限性。关于工会与工资不平等的关系，Lewis 认为，工会扩大了行业内平均工资的不平等，但 Freeman（1980）、Freeman 和 Medoff（1984）认为，工会缩小了蓝领与白领阶层之间的工资收入差距以及管理者的自由裁量权，因而缩小了工资不平等。Hyclak（1979）和 Hirsch（1982）也认为，工会的存在有助于缩小工资不平等，Meng（1990）对加拿大行业数据的实证研究为工会缩小工资不平等提供了经验证据。现有文献就工会与生产率关系的研究结论存在较多争议。Addison 和 Hirsch（1989）、Wessels（1985）认为，工会对生产率具有正面影响，但根据 Freeman 和 Medoff（1984）的双面孔理论，工会的垄断限制了管理自由裁量权，会对生产率产生消极影响。因为工会对企业的雇用、解雇行为的限制，对遣散、停业的法律限制，将导致低效率要素的使用，进而降低生产率；工会对工作的限制性要求，将拖慢生产节奏，减少工作时间，阻碍技能形成和新技术的引进（McKersie and Klein，1983）；工会的罢工行为会造成工作时间损失，并引发大规模的不合作行为，进而降低生产率（Flaherty，1987）。

在工会与劳动关系的实证研究方面，现有文献主要聚焦于工会对改善劳动权益和提升企业绩效等方面（Chen and Chan，2004；Lu et al.，2010；孙中伟和贺霞旭，2012；王永丽和郑婉玉，2012；单红梅等，2014；李明和徐建炜，2014；李敏和蔡惠如，2015；李龙和宋月萍，2017）。也有文献通过定性分析和案例研究，考察工会对劳动争议的影响（徐世勇等，2014；袁凌等，2014；胡恩华等，2016；陈维政等，2016）。徐晓红（2009）、庄文嘉（2013）采用省际面板数据，从劳动仲裁机构调解能力和地区经济发展等角度，就劳动争议规模进行实证研究与讨论。

第三节　文献评述

第一，在劳动力市场供需协调性研究方面，已有文献主要存在以下两个方面的不足：一是对劳动力市场供需状况的分析主要基于定性分析和描述分析，缺乏从协调发展视角对中国劳动力市场供需协调程度的系统归纳和量化分析。二是对中国劳动力市场供需协调性的研究，侧重于对整体劳动力市场的供需状况分析，针对地区劳动力市场供需协调问题的研究，尤其是定量研究相对不足。

第二，国内外在工资差异评价指标、评价方法、影响工资差异的因素等方面取得的丰富成果，为研究劳动者工资差异及其影响因素提供了有益的借鉴，但现有研究仍存在以下不足：一是研究数据较为陈旧，研究结论缺乏新的数据支撑，尤其是近年来中央一系列户籍制度改革方案，以及促进社会公平的相关政策的实施，劳动者工资差异，尤其是城乡工资差异问题是否有了新的变化，政策效果是否显现和有效，需要有新的数据检验与支撑。二是现有文献大多选择一种方法进行工资差异的分解，无法克服单一方法存在的局限性，研究结论的稳健性受到质疑。

第三，国内外关于劳动力市场工资扭曲的研究取得了丰硕的成果，但尚存在如下不足：一是基于劳动者个体微观数据，借助 SFA 测算工资扭曲程度并进行详细分析的国内文献极少。二是现有的基于劳动力微观数据借助 SFA 进行的劳动力工资扭曲测算文献，仅对总体或地区层面的劳动力工资扭曲程度进行分析，缺乏从多维度考察不同个体特征下工资扭曲差异的相关文献，缺乏对行业、性别、学历水平等不同劳动力群体的多角度、多层次劳动力市场工资扭曲的微观差异研究，难以揭示劳动力工资扭曲现象背后深刻的微观原因。三是国内外学者就劳动力市场对企业创新影响的研究主要集中在劳动力成本对企业创新的影响，少有文献将劳动力边际产出纳入分析框架，直接考察工资扭曲对企业创新的影响效应。四是既有工资扭曲与企业创新的实证研究停留在对相关关系的检验上，缺失从微观视角就劳动力工资扭曲对企业创新影响机理的实证研究文献。

第四，国内外就最低工资制度影响效应的相关理论与实证研究成果颇丰，但作为一项各国政府青睐的公共政策，最低工资制度对就业、企业利润率以及收入分配的影响仍有许多值得深入研究的地方。一是既有最低工资制度对就业影响的研究，大多基于省际面板数据，重点考察最低工资制度对就业影响的区域差异，针对行业差异，特别是细分行业差异的研究文献相对欠缺。二是国内就最低工资制度对企业利润率影响的研究文献极其匮乏，目前尚缺乏最低工资制度对企业利润率影响机制的相关研究。三是国内外学者就最低工资制度收入分配效应的研究主要基于宏观视角的整体层面、产业层面或某一地区层面，主要通过研究最低工资变动对就业和平均工资的影响，间接考察最低工资制度对收入分配的影响，缺乏从微观视角、采用大样本数据、从企业层面直接考察最低工资制度收入分配效应的相关研究。

第五，国内外学者就劳动收入份额变动趋势、劳动收入份额影响因素的相关研究取得了丰硕的研究成果，但面对中国经济快速发展过程中中国劳动争议数量持续攀升的客观事实，国内学者更多地从劳动争议的特点、劳动争议处理制度的有效性等方面展开讨论，缺乏就劳动争议产生的经济影响进行实证研究的相关文献。

第六，既有对工会效应进行实证评估的研究，主要聚焦于改善劳动权益和提升企业绩效等方面，考察工会对劳动争议影响的文献，局限于定性分析和案例研究，缺少对两者因果机制的实证检验；现有就劳动争议规模进行的实证研究均采用省际面板数据，主要从劳动仲裁机构调解能力和地区经济发展等角度展开讨论，忽略了工会力量的影响，目前尚无文献就中国工会在构建和谐劳动关系方面的作用效果提供系统性的经验证据，特别是基于大样本微观数据的证据。

第三章

经济新常态下中国劳动力市场的现状分析

本章借助相关统计与测算数据,从影响劳动力市场效率的重要因素出发,就经济新常态下中国劳动力市场经济增长就业弹性、工资收入差距、最低工资标准、劳动收入份额、劳动争议及处理制度等的现状进行描述性分析,深入揭示影响中国劳动力市场效率因素的变动趋势及其基本特征。

第一节 中国经济增长就业弹性的现状分析

传统经济学理论认为经济增长能促进就业增长,较高的实际经济增长能使就业得到明显改善(Keynes,1936)。奥肯定律则经验性地量化了实际经济增长与失业率之间的关系,指出实际 GDP 每高于潜在 GDP 2%,失业率便会低于自然失业率 1%。中国正处在经济社会转型期,劳动就业目标不仅要解决城镇人口的就业问题,还要解决规模巨大的农村富余劳动力向城镇转移就业的问题,机械地套用奥肯定律来考察中国转型发展中的经济增长与就业关系,可能会出现较大的偏差。经济增长的就业弹性是考察经济增长对劳动力就业吸纳能力的重要指标,本节通过更为细致的结构分析,从整体和省际两个层面测算中国经济增长的就业弹性,深入考察经济增长与劳动力需求之间的数量关系。

一 中国整体及三次产业的经济增长就业弹性

1. 中国三次产业实际增加值变动

图 3-1 显示，2005—2016 年，按 2005 年可比价格计算的中国三次产业增加值均呈上升趋势，但经济增长主要依赖第二产业和第三产业的发展。2016 年，第二产业和第三产业年增加值占 GDP 的比重高达 93.2%，中国已完成从农业大国向工业大国的转型。中国第二产业和第三产业增加值之间的差距呈先扩大后缩小趋势，第三产业年增加值有超越第二产业增加值的趋势；① 第一产业增加值增长相对缓慢且稳定，年均增长率仅为 4.1%。

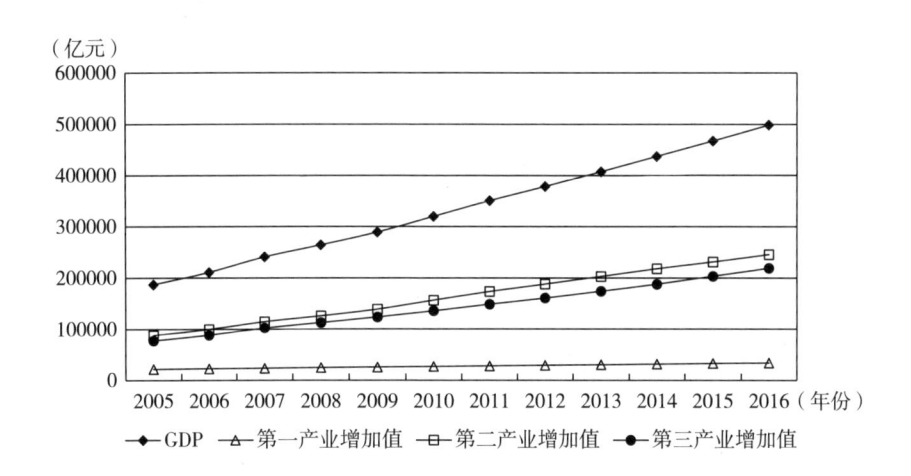

图 3-1　2005—2016 年中国及各产业增加值变动趋势

资料来源：《中国统计年鉴》。

2. 中国三次产业就业量变动

图 3-2 显示，2005—2016 年，中国第三产业就业人数持续增加，且一直保持较高增速；第二产业就业人数呈先增后减的变化趋势，但变动幅度不大；第一产业就业人数逐年下降且变动幅度较大。2005—2016 年，第一产业就业人数占总就业人数的比重从 44.8% 下降至 27.7%；

---

① 实际上，在 2012 年，按当年价格计算的第三产业年增加值已超过第二产业年增加值，第三产业已成为中国经济增长的主导产业。

2011年，第三产业就业人数超过第一产业就业人数，成为三次产业中最大的吸纳劳动力就业的部门；2014年，第二产业就业人数超过第一产业就业人数，劳动力就业呈"三二一"产业递减的特征。

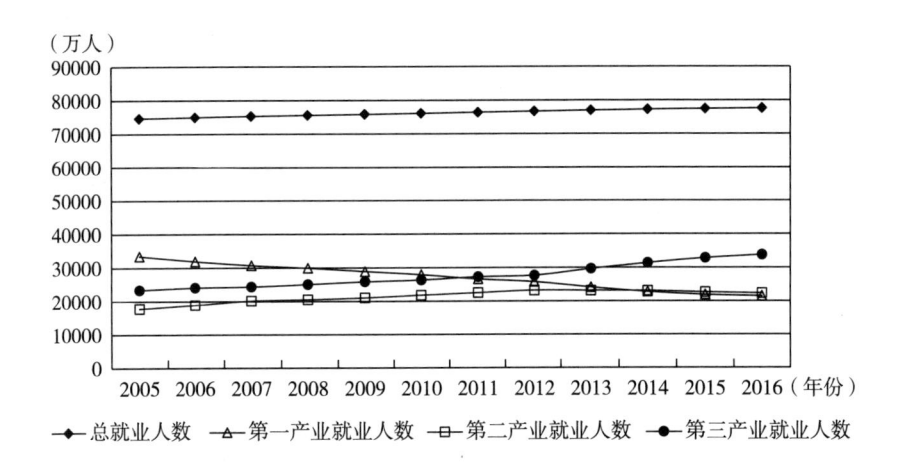

图3-2 2005—2016年中国三次产业就业人数变动趋势

资料来源：《中国统计年鉴》。

3. 中国三次产业就业弹性变动

表3-1显示，中国整体就业弹性保持稳定但显著偏低，各时间段的就业弹性系数仅为0.04，即GDP每增长1个百分点，就业人数增加0.04个百分点。从三次产业带动就业的情况看，第一产业就业弹性为负且呈持续下降趋势，与第一产业增长相伴随的是第一产业从业人员的减少。2005—2008年、2008—2011年和2011—2016年，第二产业就业弹性分别为0.41、0.29和-0.03，呈不断下降趋势，说明中国第二产业发展已从主要依靠劳动力投入的劳动密集型增长方式转向主要依靠资本、技术投入的增长方式，第二产业对劳动力的吸纳能力逐渐减弱。2005—2008年、2008—2011年和2011—2016年，第三产业就业弹性分别为0.18、0.31和0.56，呈不断上升趋势，一定程度上解释了在第一产业就业弹性为负、第二产业就业弹性持续下降的情况下，中国经济增长的就业弹性仍能保持稳定的原因。第三产业主要为服务业，服务性活动对劳动的依赖性大，对劳动力的就业吸纳能力强，伴随中国工业化逐

渐完成,服务业已成为中国国民经济发展的主导产业,中国劳动力需求的增长主要有赖于服务业拉动。

表3-1　2005—2016年不同时间段中国三次产业的就业弹性

时间段	第一产业	第二产业	第三产业	全部产业合计
2005—2008年	-0.85	0.41	0.18	0.04
2008—2011年	-0.97	0.29	0.31	0.04
2011—2016年	-1.11	-0.03	0.56	0.04

资料来源:根据《中国统计年鉴》数据计算得出。

二　中国工业与服务业各细分行业的就业弹性[①]

1. 中国工业各细分行业的就业弹性

表3-2显示,工业各细分行业的就业弹性变化趋势可分为四类。第一类是就业弹性逐渐增加的行业,包括电力、热力、燃气及水生产和供应业,建筑业,家具制造业,印刷和记录媒介复制业,医药制造业,化学纤维制造业,电气机械和器材制造业;第二类是就业弹性逐渐下降的行业,包括石油和天然气开采业,有色金属矿采选业;第三类是就业弹性先下降后上升的行业,包括烟草制品业,纺织服装、鞋、帽制造业;第四类是就业弹性先上升后下降的行业,包括煤炭开采和洗选业以及食品制造业在内的多个行业。

电力、热力、燃气及水生产和供应业,建筑业,就业弹性逐渐增大且维持在较高的水平,与中国近年来基础建筑设施的大量投入有关。采矿业中除煤炭开采与洗选业外,其余行业在2011—2016年的就业弹性均为负数[②],说明采矿业对劳动力的吸纳能力较弱,该行业生产的适度规模较大,更倾向于以技术、机器的投入替代劳动力。制造业中,纺织业的就业弹性一直为负,纺织服装、鞋、帽制造业的就业弹性为正,说

[①] 2005—2016年各年,中国第二产业和第三产业的年增加值占GDP总量的比重均在90%以上,就业人口占总就业人口的比重均在75%以上,第二产业与第三产业已成为中国国民经济的重要支柱。工业年增加值占第二产业年增加值的80%以上,因此对工业及服务业内部各细分行业的就业弹性进行分析能基本反映中国行业的就业弹性状况。

[②] 煤炭开采与洗选业是因为其行业增加值与从业人员均减少,使其就业弹性表现为正。

表3－2　　2005—2016年中国工业各细分行业的就业弹性

工业行业	2005—2008年	2008—2011年	2011—2016年	工业行业	2005—2008年	2008—2011年	2011—2016年
电力、热力、燃气及水生产和供应业	－1.63	0.31	1.35	印刷和记录媒介复制业	－0.07	0.00	0.47
建筑业	0.35	1.12	1.69	石油加工、炼焦及核燃料加工	0.07	0.14	0.12
煤炭开采和洗选业	0.04	0.17	0.16	化学原料和化学品制造业	0.02	0.28	0.18
石油和天然气开采业	1.42	0.51	－3.34	医药制造业	0.06	0.33	0.40
黑色金属矿采选业	0.01	0.55	－0.97	化学纤维制造业	0.04	0.28	0.35
有色金属矿采选业	0.04	－0.02	－0.22	橡胶和塑料制品业	0.11	0.49	0.24
非金属矿采选业	－0.09	0.10	－0.19	非金属矿物制造业	－0.14	0.22	0.18
农副食品加工业	0.11	0.47	0.23	黑色金属冶炼和压延加工业	0.02	0.36	－0.99
工业行业	2005—2008年	2008—2011年	2011—2015年	工业行业	2005—2008年	2008—2011年	2011—2015年
食品制造业	0.13	0.55	0.24	有色金属冶炼和压延加工业	0.23	0.47	0.14
饮料制造业	0.13	0.33	0.19	金属制品业	0.16	0.50	0.45
烟草制品业	0.19	－0.05	0.35	通用设备制造业	0.08	0.33	0.42
纺织业	－0.21	－0.16	－0.30	专用设备制造业	0.11	0.16	0.15
纺织服装、鞋、帽制造业	0.24	0.10	0.22	交通运输设备制造业	0.17	0.56	0.41
皮革、羽毛、皮毛及其制品和制鞋业	0.13	0.31	0.62	电气机械和器材制造业	0.27	0.59	0.72
木材加工和木、竹、藤、棕、草制品业	－0.09	0.09	0.34	通信设备、计算机及其他电子设备制造业	0.46	0.77	－33.55
家具制造业	0.17	0.38	0.51	仪器仪表及办公用机械制造业	0.10	0.32	0.05
造纸和纸制品业	0.07	0.29	0.06				

资料来源：根据《中国工业统计年鉴》及《中国统计年鉴》数据计算。

明伴随产品升级，初级、附加值较低的初加工对劳动力的需求逐渐减少。劳动密集型行业，如农副食品加工业、饮料制造业、烟草制品业等，虽然其行业增加值的就业弹性不大，但这些行业从业人数众多，每年吸纳劳动力的数量可观。① 通信设备、计算机及其他电子设备制造业，在2011—2016年就业弹性为负，该行业在经济增长为负的同时从业人员却在增多。可能的原因是：通信设备、计算机及其他电子设备制造业，附加值较高，受经济环境影响较大，中国通信产品主要用于出口，此期间全球经济复苏缓慢，对通信产品的需求下降，通信产品价格下降，由此导致就业弹性出现较高的负值。

2. 中国服务业各细分行业的就业弹性

表3-3显示，中国服务业各细分行业就业弹性的变化趋势可分为四类。第一类是就业弹性逐渐增加的行业，包括批发和零售业，交通运输、仓储和邮政业，房地产业；第二类是就业弹性逐渐下降的行业，如水利、环境和公共设施管理业；第三类是就业弹性先下降后上升的行业，包括租赁和商务服务业，居民服务、修理和其他服务业，教育业，文化、体育和娱乐业；第四类是就业弹性先上升后下降的行业，包括住宿和餐饮业，信息输送、软件和信息技术服务业，等等。

除批发和零售业在2005—2008年就业弹性为负外，其余年份服务业各细分行业的就业弹性均为正；除受经济环境影响不大的教育，以及经济环境影响对其有滞后性的租赁和商务服务业，居民服务、修理和其他服务业，文化、体育和娱乐业外，大多数服务行业在2005—2008年间的就业弹性都较其他时间段要小。2008—2011年，住宿和餐饮业，信息输送、软件和信息技术服务业，就业弹性明显高于其他服务行业，分别达到1.96和2.23，说明这两个行业受经济下行影响后恢复较快，对劳动力的吸纳能力强。服务业中的水利、环境和公共设施管理业因是政府职能部门，吸纳劳动力十分有限，就业弹性呈逐年下降趋势。

---

① 以饮料制造业为例，2011—2016年就业弹性为0.19，即行业增加值每增加1个百分点，就业人数增加0.19个百分点。2015年饮料制造业从业人员为105.1万人，行业年增加值为46.7%，按照0.19%的就业弹性，饮料制造业2016年带动的就业约为8.9%，即9.33万人左右。

表3-3　2005—2015年中国服务业各细分行业的就业弹性

服务行业	2005—2008年	2008—2011年	2011—2016年	服务行业	2005—2008年	2008—2011年	2011—2016年
批发和零售业	-0.12	0.63	0.89	科学研究和技术服务业	0.26	0.28	0.69
交通运输、仓储和邮政业	0.10	0.38	0.95	水利、环境和公共设施管理业	0.70	0.41	0.33
信息输送、软件和信息技术服务业	0.66	2.23	0.95	居民服务、修理和其他服务业	0.89	0.17	0.76
住宿和餐饮业	0.24	1.96	0.46	教育	0.23	0.15	0.17
金融业	0.23	0.34	0.33	卫生和社会工作	0.51	0.57	0.35
房地产业	0.42	0.73	1.56	文化、体育和娱乐	0.25	0.20	0.26
租赁和商务服务业	0.50	0.11	0.96	公共管理、社会保障和社会组织	0.19	0.73	0.34

资料来源：根据《中国统计年鉴》数据计算。

比较表3-2和表3-3发现，2005—2016年，服务业大多数细分行业的就业弹性高于工业各细分行业的就业弹性，平均就业弹性排前五位的行业依次是信息输送、软件和信息技术服务业，建筑业，房地产业，住宿和餐饮业，居民服务、修理和其他服务业，其中有四个行业为服务业。平均就业弹性排后五位的行业依次为石油和天然气开采业，纺织业，黑色金属矿采选业，有色金属矿采选业，非金属矿采选业，均属于工业细分行业。其中，采矿业占据四个行业，上述五个工业细分行业增加值年增长率为正，但就业弹性均为负数，说明这些行业已成为劳动力净流出的行业，这些工业行业的发展并不能创造更多的就业岗位，不会增加对劳动力的需求，而是对劳动力产生排挤作用。

无论从细分行业视角还是从产业视角考察，服务业均比工业具有更强的劳动力吸纳能力，大力发展服务业以及就业弹性较大的制造业，对扩大劳动力需求至关重要。

三 中国省际层面的经济增长就业弹性

表 3-4 显示，2005—2016 年，各省际单位就业弹性均呈明显波动趋势，但全国平均就业弹性稳中有升；区域就业弹性呈东中西部递减特征，平均就业弹性分别为 0.217、0.144 和 0.135，东部平均就业弹性高于全国均值（0.174）。区域内部各省份间经济增长就业弹性差异明显，东部的上海、福建、海南、天津和北京经济增长就业弹性均超过 0.48，

表 3-4　　　2005—2016 年中国各省际单位不同阶段的
经济增长就业弹性

就业弹性	2005—2008 年	2008—2011 年	2011—2016 年	就业弹性	2005—2008 年	2008—2011 年	2011—2016 年
北京	0.32	0.32	0.36	河南	0.08	0.18	0.20
天津	0.41	0.36	0.32	湖北	0.05	0.05	-0.02
河北	0.13	0.20	0.18	湖南	0.07	0.06	-0.02
辽宁	0.09	0.20	0.07	西藏	0.37	0.36	0.61
上海	0.24	0.19	0.60	陕西	0.11	-0.01	0.01
江苏	0.08	0.07	0.00	甘肃	0.12	0.11	0.06
浙江	0.33	0.19	0.06	青海	0.09	0.07	0.11
福建	0.27	0.47	0.28	宁夏	0.04	0.32	0.18
山东	0.15	0.14	0.06	新疆	0.21	0.41	0.57
广东	0.27	0.23	0.14	重庆	0.06	0.14	0.15
海南	0.20	0.32	0.48	四川	0.02	0.02	0.04
山西	0.21	0.25	0.29	贵州	0.09	-0.67	0.19
吉林	0.08	0.11	0.30	云南	0.22	0.22	0.10
黑龙江	0.17	0.19	0.10	广西	0.09	0.13	-0.08
安徽	0.18	0.13	0.12	内蒙古	0.12	0.29	0.40
江西	0.15	0.14	0.09	省际平均	0.16	0.17	0.19

资料来源：根据 2006—2017 年各省际单位统计年鉴计算得出。

高于全国平均就业弹性；浙江、广东、黑龙江的就业弹性呈持续下降趋势，并在 2008 年后降至全国均值以下；江苏和山东的就业弹性低于全国均值，且呈持续下降趋势；辽宁和河北的就业弹性呈先增后降趋势；吉林就业弹性持续增加，2011—2016 年，平均就业弹性达 0.30，高于

全国大部分省份的就业弹性。中部的安徽、湖北、湖南和江西，经济增长就业弹性呈递减趋势，且均低于全国均值；河南和山西的就业弹性呈递增趋势。西部地区的内蒙古、西藏、新疆、重庆和四川，经济增长就业弹性均呈递增趋势，且西藏和新疆的就业弹性远高于全国平均水平，重庆和四川的就业弹性低于全国平均水平；陕西、甘肃和云南的就业弹性呈递降趋势，且陕西和甘肃的就业弹性低于全国均值；青海和贵州的就业弹性呈先降后增趋势，但均低于全国平均水平；宁夏和广西的就业弹性呈先增后降趋势，且均低于全国均值。

综上所述，中国经济增长对劳动力的需求呈东部、中部、西部地区递减特征，整体而言，东部地区经济发达省份经济增长对劳动力需求的带动作用较大，西部地区经济欠发达省份经济增长对劳动力需求的带动作用较弱。

四 中国省际层面三次产业就业弹性

表 3-5 显示，2005—2016 年，全国、东部地区、中部地区和西部地区第一产业平均就业弹性分别为 -0.353、-0.527、-0.162 和 -0.236，全国及各区域第一产业平均就业弹性均为负，说明中国第一产业的增长主要以提高劳动生产率为主而非对劳动力投入的增加，第一产业发展对劳动力需求产生排斥作用。各省份就业弹性波动较大，除部分年份、部分省份第一产业就业弹性为正外[①]，2005—2016 年其他省际单位第一产业就业弹性均为负。

表 3-5　　　　2005—2016 年中国各省际单位不同时间段
第一产业就业弹性

就业弹性	2005—2008 年	2008—2011 年	2011—2016 年	就业弹性	2005—2008 年	2008—2011 年	2011—2016 年
北京	0.33	-1.69	1.26	河南	-0.60	-0.54	-0.19
天津	-0.90	-0.41	-0.79	湖北	0.08	-0.13	-1.03
河北	-0.40	-0.26	-0.25	湖南	-0.18	-0.06	0.10

---

① 2005—2016 年，黑龙江、海南、新疆、西藏和山西，第一产业就业弹性为正；2008—2011 年，北京、上海、吉林和安徽，第一产业就业弹性为正。

续表

就业弹性	2005—2008年	2008—2011年	2011—2016年	就业弹性	2005—2008年	2008—2011年	2011—2016年
辽宁	-0.19	-0.01	-0.10	西藏	0.26	0.46	0.14
上海	-6.06	3.25	-0.82	陕西	-0.27	-0.61	-0.17
江苏	-1.53	-1.09	-1.36	甘肃	0.11	0.12	-0.21
浙江	-1.24	-2.48	-1.71	青海	-0.63	-0.62	-0.22
福建	-0.86	0.00	-0.26	宁夏	-0.32	1.04	-0.18
山东	-0.11	-0.39	-0.68	新疆	0.17	0.64	0.51
广东	-0.48	-0.50	-0.28	重庆	-0.39	-0.47	-0.85
海南	0.12	0.09	0.08	四川	-1.24	-0.54	-0.59
山西	0.02	0.07	0.12	贵州	-0.16	-3.10	-0.15
吉林	-0.02	0.15	-0.55	云南	-0.12	0.07	-0.22
黑龙江	0.00	-1.00	0.56	广西	0.04	0.17	-0.47
安徽	-0.81	0.03	-0.72	内蒙古	-0.05	0.21	0.16
江西	-0.05	-0.27	-0.55	省际平均	-0.50	-0.25	-0.31

资料来源：根据2006—2017年各省际单位统计年鉴计算得出。

表3-6显示，2005—2016年，全国及东部地区、中部地区和西部地区第二产业平均就业弹性分别为0.166、0.118、0.224和0.196，全国第二产业就业弹性随时间呈持续下降趋势，区域就业弹性呈中西东部递减特征。2005—2016年，除陕西和重庆第二产业就业弹性为负外，其余各省际单位第二产业就业弹性均为正，但弹性高低及其变动趋势存在明显差异。河北、上海、福建、山东、海南、吉林、安徽、河南、四川、甘肃、西藏等省际单位第二产业就业弹性高于全国平均就业弹性；北京、天津、辽宁、江苏、浙江、广东和黑龙江等省际单位第二产业就业弹性在全国平均水平附近波动；湖北、湖南等省际单位第二产业就业弹性低于全国平均就业弹性。2005—2016年，除甘肃、宁夏、西藏等省份第二产业就业弹性呈上升趋势外，其余省际单位第二产业就业弹性均呈下降趋势。可见，经济发达地区第二产业发展对劳动力需求的带动作用更大，但整体而言第二产业发展对劳动力需求的带动能力逐渐减弱。

表 3-6　2005—2016 年中国各省际单位不同时间段第二产业就业弹性

就业弹性	2005—2008 年	2008—2011 年	2011—2016 年	就业弹性	2005—2008 年	2008—2011 年	2011—2016 年
北京	-0.48	0.19	-0.43	河南	0.49	0.45	0.27
天津	0.39	0.30	-0.06	湖北	0.02	0.11	0.17
河北	0.31	0.35	0.26	湖南	0.15	0.12	0.01
辽宁	0.03	0.15	-0.07	西藏	0.54	0.57	0.59
上海	0.93	0.19	0.05	陕西	0.29	0.75	-1.10
江苏	0.84	-4.90	-0.01	甘肃	0.19	0.16	0.17
浙江	0.47	0.46	-0.15	青海	0.54	0.32	0.01
福建	0.53	0.52	0.16	宁夏	0.31	-0.72	0.64
山东	0.23	0.31	0.18	新疆	-0.06	0.69	0.47
广东	0.29	0.49	0.02	重庆	0.17	0.43	-2.99
海南	0.34	0.41	0.55	四川	0.38	0.17	0.15
山西	0.27	0.29	0.34	贵州	0.68	0.42	0.74
吉林	0.16	0.15	0.48	云南	0.49	0.52	0.12
黑龙江	0.14	-0.05	0.25	广西	0.53	0.57	-0.24
安徽	0.43	0.14	0.37	内蒙古	0.21	0.34	0.12
江西	0.19	0.27	0.22	省际平均	0.32	0.13	0.04

资料来源：根据 2006—2017 年各省际单位统计年鉴计算得出。

表 3-7　2005—2016 年中国各省际单位不同时间段第三产业就业弹性

就业弹性	2005—2008 年	2008—2011 年	2011—2016 年	就业弹性	2005—2008 年	2008—2011 年	2011—2016 年
北京	0.50	0.40	0.54	河南	0.32	0.48	0.47
天津	0.61	0.55	0.67	湖北	0.10	0.14	0.36
河北	0.30	0.34	0.34	湖南	0.36	0.18	0.06
辽宁	0.29	0.40	0.19	西藏	0.70	0.59	1.11
上海	0.47	0.27	0.72	陕西	0.20	-0.24	0.01
江苏	0.88	-2.52	-0.04	甘肃	0.24	0.21	0.41
浙江	0.52	0.28	0.38	青海	0.18	0.33	0.40
福建	0.42	0.80	0.60	宁夏	0.13	0.93	0.31

续表

就业弹性	2005—2008年	2008—2011年	2011—2016年	就业弹性	2005—2008年	2008—2011年	2011—2016年
山东	0.29	0.25	0.28	新疆	0.49	0.32	0.83
广东	0.51	0.37	0.38	重庆	0.21	0.30	0.42
海南	0.30	0.55	0.78	四川	0.18	0.16	0.26
山西	0.40	0.46	0.33	贵州	-0.39	0.34	0.52
吉林	0.12	0.18	0.72	云南	0.87	0.50	0.53
黑龙江	0.37	0.63	0.26	广西	-0.05	-0.14	0.28
安徽	0.66	0.30	0.31	内蒙古	0.29	0.63	0.92
江西	0.32	0.26	0.26	省际平均	0.35	0.27	0.44

资料来源：根据2006—2017年各省际单位统计年鉴计算得出。

表3-7显示，2005—2016年，全国及东部地区、中部地区和西部地区第三产业的平均就业弹性分别为0.352、0.362、0.352和0.338，全国第三产业就业弹性随时间呈先降后升趋势，区域就业弹性呈东中西部递减特征。其中，北京、天津、上海、福建、西藏、新疆和云南，第三产业就业弹性高于全国平均水平，且北京、天津和上海第三产业就业弹性增幅明显；内蒙古、吉林、海南、青海、重庆和贵州，第三产业就业弹性呈持续上升趋势；其余省际单位第三产业就业弹性在全国均值附近波动。综上所述，第三产业发展能带动劳动力需求增加，且对劳动力需求的带动能力逐渐增强；相较于经济欠发达地区，经济发达地区第三产业发展对劳动力需求的带动作用更大。

第二节 中国劳动力工资收入差距的现状分析

本节借助《中国统计年鉴（2016）》《中国劳动统计年鉴（2016）》等相关数据，从宏观视角就中国省际之间、区域之间、行业之间的工资收入差距现状及其变动趋势进行描述性分析。

一 中国省际与区域间工资收入差距的现状

各省际单位名义工资数据来自历年《中国统计年鉴》，并用各省际单位的居民消费价格指数（基期为 1994 年）进行平减。① 本书选择极值差、极值比、标准差、变异系数、基尼系数和泰尔指数等多维指标，对中国省际间工资收入差异的现状及其变动趋势进行考察。

表 3-8 显示，1994 年以来，中国省际间绝对工资收入差异总体呈逐渐扩大趋势，2015 年省际间平均工资极值差高达 27843 元。从省际间平均工资极值比、变异系数、基尼系数和泰尔指数变化趋势看，1994—2004 年，省际间工资收入差距呈扩大趋势，2004 年后省际间工资收入差距逐渐缩小。剔除价格因素影响后，各省际间工资收入差距的基尼系数和泰尔指数均有较大幅度缩小，说明物价因素是影响省际间工资收入差距的重要因素。

表 3-8　　1994—2015 年中国省际间工资收入差距变化情况

年份	极值差（元）	极值比	标准差	变异系数	基尼系数1	基尼系数2	泰尔指数1	泰尔指数2
1994	4568	2.0962	7319.9	0.1714	0.12057	0.07289	0.02604	0.00837
1995	2959	1.6564	6614.3	0.1710	0.12384	0.07758	0.02852	0.00934
1996	5458	2.1753	6271.3	0.1723	0.12780	0.08158	0.03072	0.01049
1997	4093	1.8658	5710.6	0.1693	0.13736	0.09307	0.03420	0.01353
1998	4767	1.8408	5550.9	0.1799	0.13807	0.09082	0.03439	0.01311
1999	5870	1.8867	5400.0	0.1889	0.14148	0.09241	0.03703	0.01382
2000	6982	1.9497	4880.9	0.1859	0.14397	0.09306	0.03712	0.01371
2001	9658	2.0809	4727.7	0.1989	0.14707	0.09657	0.03937	0.01565
2002	12603	2.2304	4434.3	0.2018	0.14731	0.09711	0.03931	0.01573
2003	13217	2.1766	3522.2	0.1793	0.15099	0.10259	0.04209	0.01743
2004	14962	2.2596	3468.9	0.1942	0.15299	0.10545	0.04256	0.01805
2005	12601	1.9240	3582.8	0.2228	0.14823	0.10054	0.03997	0.01619
2006	12290	1.8040	3303.1	0.2198	0.14604	0.09857	0.03784	0.01508
2007	18408	2.1755	2984.5	0.2174	0.14186	0.09697	0.03600	0.01479

---

① 考虑中国不同省际单位工资收入差距的形成可能与地区物价水平有关，为剔除价格因素对工资水平的影响，借鉴 Brandt 等（2006），估算出 1994—2015 年不同省份的价格平减指数，并对各省际单位名义工资收入进行平减得到各省际单位的实际工资收入。

续表

年份	极值差（元）	极值比	标准差	变异系数	基尼系数1	基尼系数2	泰尔指数1	泰尔指数2
2008	16405	1.9515	2487.1	0.2054	0.14258	0.09999	0.03674	0.01558
2009	17821	1.9423	1864.4	0.1832	0.13569	0.09647	0.03282	0.01430
2010	20087	1.9995	1593.1	0.1808	0.13438	0.09465	0.03213	0.01405
2011	21292	1.9479	1332.0	0.1741	0.13336	0.09202	0.03209	0.01341
2012	22058	1.9061	1148.0	0.1767	0.12811	0.08748	0.02916	0.01194
2013	24083	1.9024	1151.0	0.1869	0.12723	0.08833	0.02874	0.01220
2014	25848	1.9203	847.7	0.1480	0.12824	0.08697	0.02933	0.01187
2015	27843	1.9418	934.8	0.1634	0.12632	0.08224	0.02823	0.01065

注：①由于重庆1997年直辖，考虑数据的完整性，在分析中将重庆市剔除。
②基尼系数1和泰尔指数1由平减后的工资数据计算得出；基尼系数2和泰尔指数2由名义工资数据计算得出。

表3-9显示，各区域内部基尼系数与泰尔指数均呈先增后降趋势，但区域基尼系数与泰尔指数呈东西中东北地区递减特征。即各区域内部工资收入差距均呈先扩大后缩小趋势，但东部地区内部工资收入差距最大，东北地区内部工资收入差距最小。东部地区经济发达的北京、上海、广东等省际单位工资收入水平较高，福建、海南等经济相对欠发达省份工资收入水平相对较低，由此导致东部地区内部工资收入差距较大。相较于东部地区，中部地区和东北地区内部各省际单位之间工资收入水平较为收敛。

表3-9　　1994—2015年各区域①内部的基尼系数和泰尔指数

年份	基尼系数				泰尔指数			
	东北	东部	中部	西部	东北	东部	中部	西部
1994	0.05501	0.04488	0.02067	0.05319	0.00526	0.00387	0.00091	0.00484
1995	0.03890	0.04763	0.02470	0.05628	0.00267	0.00404	0.00099	0.00524

---

① 东北包括黑龙江、吉林和辽宁3个省际单位；东部包括北京、天津、上海、江苏、浙江、福建、山东、广东、海南和河北10个省际单位；中部包括山西、安徽、江西、河南、湖北和湖南6个省份；西部包括内蒙古、四川、贵州、云南、广西、陕西、甘肃、青海、西藏、宁夏和新疆11个省际单位。

续表

年份	基尼系数				泰尔指数			
	东北	东部	中部	西部	东北	东部	中部	西部
1996	0.04025	0.05292	0.02418	0.05102	0.00285	0.00474	0.00094	0.00555
1997	0.04057	0.05702	0.02963	0.05937	0.00301	0.00553	0.00148	0.00631
1998	0.03895	0.06579	0.03084	0.05159	0.00274	0.00693	0.00171	0.00481
1999	0.02365	0.07181	0.02836	0.04922	0.00097	0.00815	0.00162	0.00411
2000	0.01838	0.06734	0.04180	0.05424	0.00059	0.00737	0.00300	0.00500
2001	0.02569	0.08564	0.03303	0.05403	0.00127	0.01181	0.00199	0.00532
2002	0.03487	0.08273	0.03126	0.05523	0.00224	0.01133	0.00161	0.00592
2003	0.03188	0.08786	0.03919	0.05322	0.00191	0.01245	0.00252	0.00545
2004	0.03554	0.08382	0.03670	0.04982	0.00259	0.01116	0.00224	0.00523
2005	0.03696	0.07904	0.04116	0.04715	0.00278	0.01007	0.00274	0.00407
2006	0.04388	0.07003	0.05440	0.04779	0.00348	0.00794	0.00493	0.00385
2007	0.04772	0.06863	0.05639	0.05501	0.00396	0.00775	0.00533	0.00639
2008	0.05450	0.07018	0.06252	0.05470	0.00518	0.00807	0.00645	0.00546
2009	0.05215	0.06257	0.05865	0.05858	0.00481	0.00633	0.00568	0.00572
2010	0.05853	0.06105	0.05487	0.06724	0.00609	0.00612	0.00534	0.00728
2011	0.05562	0.06009	0.05316	0.06086	0.00541	0.00610	0.00533	0.00625
2012	0.04314	0.05497	0.05490	0.06115	0.00330	0.00496	0.00556	0.00620
2013	0.03419	0.05805	0.05192	0.05703	0.00210	0.00549	0.00528	0.00543
2014	0.02858	0.05463	0.04867	0.05820	0.00151	0.00502	0.00428	0.00559
2015	0.02234	0.04662	0.04756	0.05926	0.00094	0.00381	0.00402	0.00626

二 中国行业间工资收入差距的现状

1. 行业[①]间工资收入差距的整体现状

通过计算行业门类和行业大类的标准差、极值差、极值比等绝对指

---

① 采用除国际组织外的行业门类数据以及 GB/T4754—2011 分类标准下的部分行业大类数据相结合的方法考察中国行业间工资收入差距的现状。考虑 1996 年和 2003 年中国国家统计局分别对行业分类进行调整，行业样本区间选择 1996—2015 年，其中，1996—2002 年的行业门类数为 16 个，2003—2015 年的行业门类数为 19 个。行业大类数据样本选择行业分类调整后的 2003—2015 年，由于 2012 年国家统计局对行业大类分类进行调整，因此以 2011 年为界将行业大类样本分为两阶段，其中，2003—2011 年的行业大类数为 109 个，2012—2015 年的行业大类数为 98 个。

标和变异系数、基尼系数、泰尔指数等各项指标发现,按照行业门类和行业大类计算的行业间工资收入差距变动趋势具有一致性。考虑到行业大类样本较多,对行业工资收入差距的表现能力更好,行业门类的数据时间跨度较大,更能反映工资收入差距的变动趋势,本书选用2003—2015年的行业大类数据以及1996—2015年的行业门类数据。

对比表3-10和表3-11发现,依据行业大类数据计算的行业间工资收入差距高于行业门类分类的收入差距,但行业门类和行业大类工资收入差距的整体变动趋势一致。整体而言,中国行业间工资收入绝对差距有继续扩大趋势,表现为样本期间行业间平均工资的极值差和标准差逐年提高,平均工资的极大值增速高于极小值的极值差增速。2003—2015年,行业平均工资的极小值均为农林牧渔业,行业平均工资的极大值随时间有所变化。1996年,行业平均工资的极大值出现在电力、煤气及水的生产和供应业;1997—1999年,行业平均工资极大值出现在金融与保险业;2003年行业分类调整前后,行业平均工资的极大值分别出现在科学研究和综合技术服务业以及信息传输、计算机服务和软件业;自2009年开始,行业平均工资的极大值一直是在金融业。虽然高工资收入行业在不同年份有所变化,但高工资行业基本上是受到国家政策影响形成的、关系国民经济命脉的行政垄断行业(如金融业、电力煤气及水的生产和供应业);收入较高的行业属于人均资本和科研投入较高、人力资本相对较高的技术或资本密集型行业;收入较低的行业则多为从业人员受教育水平及技术含量较低的劳动密集型行业。

表3-10　　1996—2015年中国行业门类工资差距及其变动趋势

年份	平均值	标准差	极大值	极小值	极值差	极值比	变异系数	基尼系数
1996	6739	1299	8803	4045	4758	2.18	0.193	0.108
1997	7324	1539	9665	4306	5359	2.24	0.210	0.118
1998	8230	1675	10595	4532	6063	2.34	0.204	0.114
1999	9183	1963	11901	4808	7093	2.48	0.214	0.120
2000	10215	2241	13374	5142	8232	2.60	0.219	0.124
2001	11810	2734	16220	5676	10544	2.86	0.231	0.130
2002	13376	3157	18792	6314	12478	2.98	0.236	0.133

续表

年份	平均值	标准差	极大值	极小值	极值差	极值比	变异系数	基尼系数
2003	15496	4991	30897	6884	24013	4.49	0.322	0.167
2004	17556	5530	33449	7497	25952	4.46	0.315	0.167
2005	20116	6594	38799	8207	30592	4.73	0.328	0.174
2006	23012	7680	43435	9269	34166	4.69	0.334	0.180
2007	26995	8970	47700	10847	36853	4.40	0.332	0.181
2008	31468	10750	54906	12560	42346	4.37	0.342	0.186
2009	34663	11614	60398	14356	46042	4.21	0.335	0.183
2010	39114	13176	70146	16717	53429	4.20	0.337	0.184
2011	45046	14701	81109	19469	61640	4.17	0.326	0.178
2012	50200	16162	89743	22687	67056	3.96	0.322	0.175
2013	55670	18137	99653	25820	73833	3.86	0.326	0.178
2014	60503	19753	108273	28356	79917	3.82	0.326	0.177
2015	66053	21298	114777	31947	82830	3.59	0.322	0.175

资料来源：根据《中国劳动统计年鉴（2016）》中的基础数据计算得到。

表3-11 2003—2015年中国行业大类工资收入差距及其变动趋势

年份	平均值	标准差	极小值	极大值	极值差	极值比	变异系数	基尼系数
2003	15496	6879	6104	43143	37039	7.07	0.432	0.220
2004	17556	8080	6686	50930	44244	7.62	0.447	0.224
2005	20116	9563	7227	56833	49606	7.86	0.464	0.232
2006	23012	12107	8220	86705	78485	10.55	0.509	0.242
2007	26995	16023	9616	140501	130885	14.61	0.571	0.252
2008	31468	19187	11018	167995	156977	15.25	0.588	0.255
2009	34663	19223	12917	166985	154068	12.93	0.542	0.247
2010	39114	20155	14175	168116	153941	11.86	0.507	0.238
2011	45046	20798	16636	156662	140026	9.42	0.456	0.223
2012	50200	22668	20327	157975	137648	7.77	0.455	0.212
2013	55670	26506	24467	188860	164393	7.72	0.477	0.215
2014	60503	29183	26740	202301	175561	7.57	0.481	0.215
2015	66053	34376	29371	283780	254409	9.66	0.515	0.220

资料来源：根据《中国劳动统计年鉴》（2004—2016）中的基础数据计算得到。

表 3-11 显示，中国行业间工资收入相对差距的变动呈先扩大后缩小的倒"U"形变动趋势。2003—2008 年，中国行业间工资变异系数与基尼系数均持续上升，行业间工资收入差距呈持续扩大趋势；2008 年行业间工资变异系数与基尼系数均达到峰值，分别为 0.588 和 0.255；2009 年开始行业间工资变异系数与基尼系数均出现小幅回落，行业间工资收入差距扩大的趋势得到缓解。

图 3-3 是按行业平均工资升序排列的 2015 年中国 19 个行业门类的平均工资。2015 年，行业门类间工资的极值比为 9.66，金融业人均工资为全部 19 个行业门类平均工资的 1.85 倍，农林牧渔业人均工资仅为 19 个行业门类平均工资的 50%。2015 年，金融业和信息传输、软件和技术服务业平均工资最高，行业平均工资分别为 114777 元和 112042 元。其次是科学研究和技术服务业和电力、热力、燃气及水生产和供应业，行业平均工资分别为 89410 元和 78886 元。包括农林牧渔业，建筑业，制造业，住宿和餐饮业，居民服务、修理和其他服务业等行业门类在内的平均工资则不足 6 万元；2015 年农林牧渔业的平均工资仅 31947 元，仅为金融业平均工资的 27.83%。

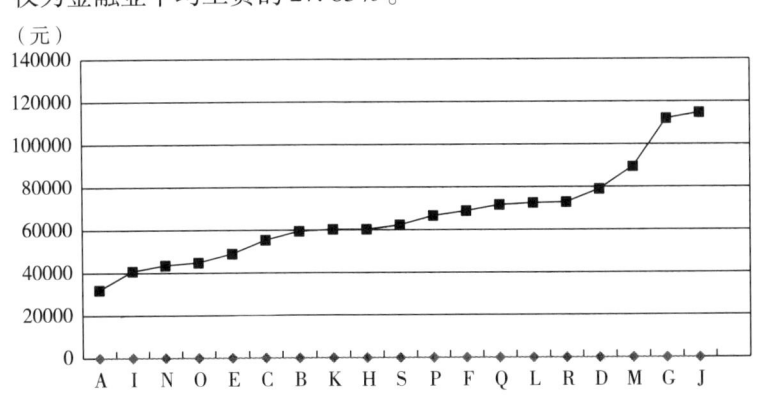

图 3-3　2015 年中国 19 个行业门类的工资

注：A—S 是《国民经济行业分类》（GB/T 4754—2011）中的行业门类代码，对应的行业门类为：A 代表农林牧渔业，B 代表采矿业，C 代表制造业，D 代表电力、热力、燃气及水生产和供应业，E 代表建筑业，F 代表批发和零售业，G 代表交通运输、仓储和邮政业，H 代表住宿和餐饮业，I 代表信息传输、软件和信息技术服务业，J 代表金融业，K 代表房地产业，L 代表租赁和商务服务业，M 代表科学研究和技术服务业，N 代表水利、环境和公共设施管理业，O 代表居民服务、修理和其他服务业，P 代表教育业，Q 代表卫生和社会工作，R 代表文化、体育和娱乐业，S 代表公共管理、社会保障和社会组织。

资料来源：《中国劳动统计年鉴（2016）》数据。

2. 垄断行业与竞争行业间的工资收入差距现状

借鉴李文博（2013）、叶林祥等（2011）的研究，将2003—2015年的19个行业门类划分为垄断行业与竞争行业①，并在此基础上估算出各年按行业门类分组的垄断与竞争行业间工资收入的泰尔指数、组内差距和组间差距。

表3-12显示，垄断与竞争行业间的工资收入差距呈先扩大后缩小的变动趋势。2003—2008年，垄断与竞争行业间工资收入差距的泰尔指数逐年增加，2008年达到最大值0.1241；2008年后出现小幅回落，但2013年又开始小幅上升。表3-12显示，垄断与竞争行业的工资差距中，虽然组内差距对工资差距的贡献率远远大于组间差距②，但组间差距对行业工资差距的贡献率仍高达30%以上，表明垄断对行业间工资差距的影响力仍较大。组间差距对行业工资收入差距的贡献率整体与泰尔指数的变动趋势一致，说明垄断导致的行业间工资差距已成为行业间工资差距形成的重要因素。值得注意的是，组间差距对行业间工资差距的贡献率总体呈下降趋势，这与行业间收入差距的持续扩大引起了政府的高度重视，在逐渐完善分配制度改革、国有企业改革和国家大力反腐败等政策影响下，垄断性行业工资收入增长得到一定抑制，垄断对行业间工资差距的影响有所减小有关。

3. 不同所有制类型之间的工资收入差距现状

本书将2015年19个行业门类内部按照所有制形式分为国有单位、集体单位和其他单位③三种类型，进一步考察同一门类内部不同所有制

---

① 垄断性行业共10个门类。包括电力、热力、燃气及水生产和供应业，交通运输、仓储和邮政业，信息传输、软件和信息技术服务业，金融业，科学研究和技术服务业，水利、环境和公共设施管理业，教育业，卫生和社会工作，文化、体育和娱乐业，公共管理、社会保障和社会组织。竞争性行业共9个门类。包括农林牧渔业，采矿业，制造业，建筑业，住宿和餐饮业，批发和零售业，房地产业，租赁和商务服务业，居民服务、修理和其他服务业。

② 组间差距是由垄断造成的垄断行业与竞争行业之间的工资收入差距，该差异既可能是由于诸如户籍歧视造成的城乡户籍劳动者进入不同行业机会不同造成的工资差异，也可能是由于劳动者由于个体特征差异造成的工资收入差异；组内差距是垄断与竞争行业内部劳动者之间的收入差距，该收入差距既可能是由于劳动者因为人力资本、工作经历等个体特征差异造成的劳动生产率差异所引起，也可能是由于诸如户籍歧视造成的同工不同酬产生。

③ 包括股份有限公司、有限责任公司、股份合作单位、联营单位、港澳台商投资单位以及外商投资单位等登记注册类型的经济组织。

类型之间的工资收入差异。

表 3-12　　2003—2015 年垄断与竞争行业间工资收入泰尔指数及其分解

年份	泰尔指数	组内差距	组间差距	组内贡献率	组间贡献率
2003	0.0814	0.0536	0.0278	0.6589	0.3411
2004	0.0856	0.0561	0.0295	0.6558	0.3442
2005	0.0918	0.0603	0.0315	0.6570	0.3430
2006	0.1045	0.0712	0.0334	0.6808	0.3193
2007	0.1191	0.0808	0.0383	0.6784	0.3216
2008	0.1241	0.0834	0.0407	0.6719	0.3281
2009	0.1113	0.0751	0.0363	0.6742	0.3259
2010	0.1010	0.0669	0.0341	0.6626	0.3374
2011	0.0866	0.0572	0.0294	0.6602	0.3398
2012	0.0836	0.0561	0.0275	0.6709	0.3289
2013	0.0890	0.0598	0.0291	0.6726	0.3274
2014	0.0893	0.0609	0.0284	0.6820	0.3180
2015	0.0970	0.0643	0.0328	0.6623	0.3377

资料来源：根据《中国劳动统计年鉴》（2004—2016）中的基础数据计算得到。

图 3-4 显示，2015 年中国 19 个行业门类内部不同所有制类型之间职工平均工资存在明显差异，集体所有制单位平均工资在同一行业门类中处于最低，除少数行业门类内部其他所有制类型[①]平均工资高于国有单位平均工资外，绝大多数行业门类内部国有单位平均工资均最高。进一步观察发现，国有单位的高工资主要出现在具有较强行政垄断性质的行业门类中，如电力、热力、燃气及水生产和供应业以及交通运输、仓储和邮政业。2015 年，两个行业门类内部国有单位平均工资分别为 80066 元和 70908 元，分别比同期集体单位平均工资高 25617 元和 33447 元。可见，行政垄断与国有单位的结合是造成行业工资收入差距

---

① 包括股份有限公司、有限责任公司、股份合作单位、联营单位、港澳台商投资单位以及外商投资单位等登记注册类型的经济组织。

扩大的重要原因。农林牧渔业、采矿业、住宿和餐饮业等传统行业门类以及竞争性较大的行业门类内部，不同所有制单位之间的工资差距较为收敛。高新技术和新兴行业，其他所有制单位职工的高工资现象更明显。①

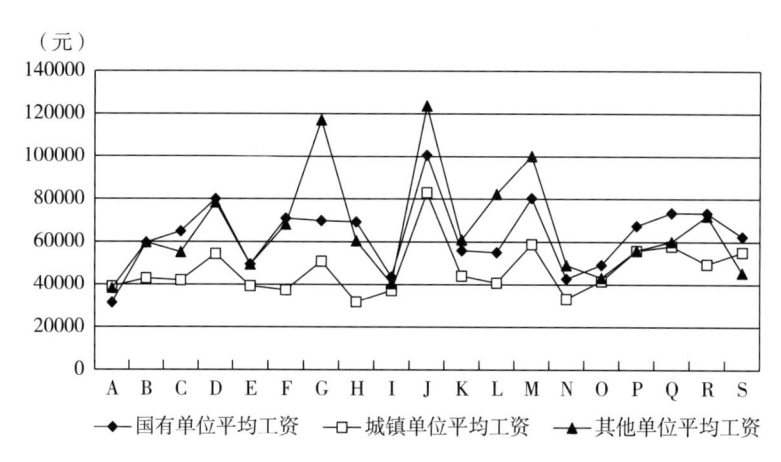

图 3-4　2015 年 19 个行业门类的不同所有制单位职工平均工资

注：图中行业门类代码 A—S 所表示的行业门类与图 3-3 相同。
资料来源：根据《中国劳动统计年鉴（2016）》数据计算得到。

4. 不同要素密集型行业间的工资收入差距现状

依照要素集约产业分类方法，借鉴李博和温杰（2010）和范巧（2012）的研究，将制造业门类中 30 个大类行业（将 2011 年后的 31 个行业大类调整为 30 个）划分为资源密集型、技术密集型、资本密集型和劳动密集型行业四大类，进一步考察制造业门类下不同要素密集型大类行业间的工资收入差距及其变动趋势。

将依托自然资源或能源的行业划分为资源密集型行业，共 8 个行业大类；② OECD 在 ISIC 第三版中参照工业行业的技术含量，将制造业划

---

① 如信息传输、软件和信息技术服务业，租赁和商务服务业，科学研究和技术服务业，高工资主要存在于外商投资单位、股份有限公司等所有制单位。
② 资源密集型行业包括采矿业和电力、热力、燃气及水的生产和供应业两大门类，涉及煤炭开采和洗选业（H1），石油和天然气开采业（H2），黑色金属矿采选业（H3），有色金属矿采选业（H4），非金属矿采选业（H5），电力、热力生产和供应业（H28），燃气生产和供应业（H29）和水的生产和供应业（H30）。

分为高技术行业、中高技术行业、中低技术行业和低技术行业。我们选择高技术行业、中高技术产业作为技术密集型行业，共6个行业大类。① 资本密集型行业包括9个行业大类②，劳动密集型行业包括7个行业大类。③

表3-13显示，制造业内部不同要素密集型行业间的工资收入差距呈先扩大后缩小的倒"U"形变动趋势，且组内差距对行业工资收入差距的贡献率大于组间差距。值得注意的是，制造业门类中不同要素密集型行业间工资收入差距总体呈下降趋势。主要原因：一是伴随农村富余劳动力的大规模转移，劳动力供给逐渐处于边际状态，中国经济的快速增长导致对劳动力需求持续增加，由此造成用工量较大的制造业整体工资上涨，并缩小了制造业内部各行业间的工资收入差距。二是中国制造业正处在转型期，伴随整体生产力水平的提高，不同要素行业的要素密集度差异有所收敛，劳动密集型行业工资上涨导致资本对劳动的替代，由此使劳动密集型行业逐渐向资本密集型行业、技术密集型行业转变，伴随不同要素密集型行业划分界限趋于模糊，行业间工资收入差距有缩小趋势。

表3-13　　　　2003—2015年不同要素密集型行业间的泰尔指数及其分解结果

年份	泰尔指数	组内差距	组间差距	组内贡献率	组间贡献率
2003	0.0448	0.0331	0.0117	0.7398	0.2602
2004	0.0522	0.0382	0.0139	0.7330	0.2668
2005	0.0563	0.0410	0.0153	0.7291	0.2709

---

① 技术密集行业包括化学原料和化学品制造业（H15），医药制造业（H16），化学纤维制造业（H17），交通运输设备制造业（H25），电气机械和器材制造业（H26），计算机、通信和其他电子设备制造业（H27）。

② 分别为食品制造业（H7），烟草制品业（H8），纺织业（H9），家具制造业（H11），造纸和纸制品业（H12），印刷和记录媒介复制业（H13），橡胶和塑料制品业（H18），黑色金属冶炼和压延加工业（H20），有色金属冶炼和压延加工业（H21）。

③ 劳动密集型行业，共包括农副食品加工业（H9），木材加工和木、竹、藤、棕、草制品业（H10），石油加工、炼焦和核燃料加工业（H14），非金属矿物制品业（H19），金属制品业（H22），通用设备制造业（H23），专用设备制造业（H24）。

续表

年份	泰尔指数	组内差距	组间差距	组内贡献率	组间贡献率
2006	0.0526	0.0398	0.0128	0.7572	0.2428
2007	0.0504	0.0374	0.0129	0.7436	0.2564
2008	0.0482	0.0352	0.0130	0.7305	0.2695
2009	0.0493	0.0339	0.0155	0.6865	0.3133
2010	0.0481	0.0339	0.0142	0.7050	0.2950
2011	0.0428	0.0320	0.0108	0.7484	0.2516
2012	0.0380	0.0265	0.0115	0.6978	0.3022
2013	0.0381	0.0275	0.0106	0.7218	0.2782
2014	0.0355	0.0253	0.0102	0.7122	0.2878
2015	0.0355	0.0256	0.0098	0.7230	0.2770

资料来源：根据《中国经济普查年鉴（2013）》基础数据并经过Stata14.0处理获得。

第三节 中国最低工资标准变动的现状分析

本节从各省际单位代表市以及同一省际单位内部不同代表市两个维度就中国最低工资标准的变动进行描述分析。

一 省际代表市最低工资标准变动现状

由于中国各省际单位自2004年开始全面实施最低工资制度，故样本区间选择2004—2017年。最低工资标准由各省际单位根据该省份当年的经济发展情况分别制定，一般从高到低设置有五个档次。本书选择中国大陆25个省份（自治区）[①] 26个代表市[②]和北京、上海、天津、重庆4个直辖市2004—2017年最高档的月度最低工资标准及2008—

[①] 由于新疆和西藏两个省际单位最低工资标准数据缺失，故作剔除处理。

[②] 26个省际单位代表市分别为河北省（石家庄市）、江苏省（南京市）、浙江省（杭州市）、福建省（厦门市）、山东省（济南市）、河南省（郑州市）、湖北省（武汉市）、湖南省（长沙市）、内蒙古自治区（呼和浩特市）、广西壮族自治区（南宁市）、四川省（成都市）、贵州省（贵阳市）、云南省（昆明市）、青海省（西宁市）、陕西省（西安市）、广东省（广州市、深圳市）、甘肃省（兰州市）、宁夏回族自治区（银川市）、海南省（海口市）、山西省（太原市）、安徽省（合肥市）、江西省（南昌市）、辽宁省（沈阳市）、吉林省（长春市）、黑龙江省（哈尔滨市）。

2017年最高档的小时最低工资标准分别作为30个代表市的月度和小时最低工资标准进行考察。考虑到年份太多,研究中仅选择2004年、2011年、2012年、2017年四个代表年份的月度最低工资标准和2008年、2011年、2012年、2017年四个代表年份的非全日制小时最低工资标准进行呈现。①

表3-14　　　　　2004—2017年中国30个代表市选择
年份月度最低工资标准　　　　单位:元

年份	2004	2011	2012	2017	年份	2004	2011	2012	2017
北京	545	1160	1260	2000	郑州	380	1080	1080	1600
上海	635	1280	1450	2300	武汉	460	900	1100	1750
天津	530	1160	1310	2025	长沙	400	1020	1100	1580
重庆	350	870	1050	1500	呼和浩特	420	1050	1200	1760
石家庄	520	1100	1100	1650	南宁	460	820	1000	1680
南京	620	1140	1320	1890	成都	450	850	1050	1500
杭州	520	1310	1310	1860	贵阳	400	930	930	1680
厦门	400	1100	1200	1700	昆明	470	950	1100	1570
济南	410	1100	1240	1710	西安	490	860	1000	1680
深圳	610	1320	1500	2130	兰州	340	760	980	1620
广州	510	1300	1300	1895	西宁	370	750	900	1500
海口	500	830	1050	1430	银川	380	1100	1100	1660
太原	520	980	1125	1700	沈阳	450	1100	1100	1530
合肥	410	1010	1010	1520	长春	310	1000	1150	1780
南昌	360	720	870	1530	哈尔滨	390	880	880	1680
平均值	454	1040	1126	1714					

资料来源:根据各省际单位人力资源与社会保障局官方网站数据进行整理。

表3-14显示,中国30个代表市月度最低工资标准存在明显差异,经济发达的东部省份最低工资标准较高,经济欠发达省份最低工资标准

---

① 由于最低工资标准的调整周期及调整幅度由地方政府根据当地的经济社会发展状况自行决定,因此,一些地方最低工资标准每年均进行调整,一些地方最低工资标准两年甚至三年才调整一次。因此代表年份的选择并非时间间隔相等。

较低。2004—2017年，北京市、上海市、天津市和深圳市月度最低工资标准分别由545元、635元、530元和610元上涨到2000元、2300元、2025元和2130元，分别为当年全国30个代表市月度最低工资标准均值的1.2倍、1.2倍、1.3倍和1.4倍；同期，海口市、南昌市、南宁市、兰州市和西宁市月度最低工资标准从500元、360元、460元、340元和370元上涨到1430元、1530元、1680元、1620元和1500元，均低于同期全国30个代表市平均月度最低工资标准。其中，海口市2017年月度最低工资标准最低，仅为同期上海市月度最低工资标准的67%。

图3-5显示，2004—2017年中国30个代表市月度最低工资标准年均增长率均超过10%，但受2004年各代表市月度最低工资标准高低的影响，各代表市月度最低工资标准年均增长率呈现明显差异。长春市年均月度最低工资标准增长率达34%；兰州市、银川市、重庆市、贵阳市月度最低工资标准年均增长率均超过20%，显著高于全国月度最低工资标准年均增长率均值；上海市、北京市、深圳市月度最低工资标准年均增长率显著低于全国月度最低工资标准年均增长率均值，其中深

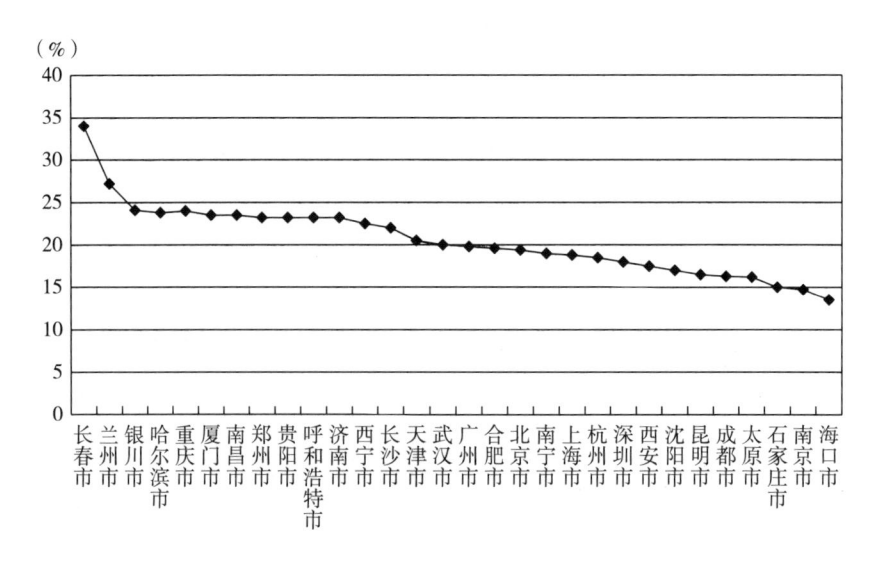

图3-5　2004—2017年中国30个代表市月度最低工资标准年均增长率

资料来源：根据各省际单位人力资源与社会保障局官网数据进行计算。

圳市月度最低工资标准年均增长率仅为同期长春市月度最低工资标准年均增长率的一半。2017年,哈尔滨市、成都市、银川市和呼和浩特市月度最低工资标准增长率分别为22.7%、20%、20%、13.67%,分别为同期本地GDP增长率的3.55倍、2.47倍、2.56倍、3.42倍;同期,重庆市、贵阳市月度最低工资标准增长率则显著低于同期本地GDP增长率。

表3-15显示,中国30个代表市小时最低工资标准总体随时间呈上涨趋势,但各代表市之间差异明显。2008—2017年,北京市、上海市、天津市小时最低工资标准分别由9.6元、8元、7.8元上涨到22元、20元、20.8元,分别约为同期全国30个代表市小时最低工资标准平均值的1.3倍、1.2倍和1.2倍;福州市、深圳市、广州市、武汉市和呼和浩特市小时最低工资标准也显著高于同期全国各代表市小时最低工资标准的均值。同期,海口市和昆明市小时最低工资标准分别从7.2元和7元上涨到12.6元和14元,远低于同期全国30个代表市小时最低工资标准的均值;沈阳市、郑州市和长沙市小时最低工资标准也显著低于同期全国各代表市小时最低工标准的均值。2017年,海口市小时最低工资标准仅为同期北京市小时最低工资标准的57%。

表3-15 2008—2017年中国30个代表市选择年份小时最低工资标准　　　　　　　单位:元

年份	2008	2011	2012	2017	年份	2008	2011	2012	2017
北京	9.6	13	14	22	郑州	7.5	10.2	10.2	15
上海	8	11	12.5	20	武汉	7	9	10	18
天津	7.8	11.6	13.1	20.8	长沙	7.5	10	10	15
重庆	6.8	8.7	10.5	15	呼和浩特	6.5	8.9	10.2	18.6
石家庄	7	11	11	17	南宁	5	8.5	8.5	16
南京	7.2	9.2	11.5	17	成都	6.4	8.9	11	15.7
杭州	8	10.7	13.5	17	贵阳	6.9	10	10	18
福州	7.9	11.6	12.7	18	昆明	7	9	10	14
济南	7	7	13	17.1	西安	6.6	8.6	10	16.8
深圳	8.8	11.7	13.3	19.5	兰州	6.5	7.9	10.3	17

续表

年份	2008	2011	2012	2017	年份	2008	2011	2012	2017
广州	4.94	12.5	12.5	18.3	西宁	6.3	8.1	9.1	15.2
海口	7.2	7.2	9.2	12.6	银川	6.4	7.6	10.6	15.5
太原	7.9	10.8	12.3	18.5	沈阳	6.5	11	11	15
合肥	6	10.6	10.6	16	长春	5	7.7	10	17
南昌	6.5	6.8	8.7	15.3	哈尔滨	6	7.5	7.5	16
平均值	6.9	9.7	10.8	16.9					

资料来源：根据各省份和代表市劳动与社会保障局官方网站收集整理。

二 同一省份内部不同代表市最低工资标准变动现状

图3-6显示，2008—2017年，江苏省13个代表市月度最低工资标准整体呈逐年上涨趋势，由2008年的平均590元上涨到2017年的平均1890元，年均增长率约为13%。同期，南京市、无锡市、常州市、苏州市、南通市和镇江市执行相同的月度最低工资标准，年增长率均为12.4%；徐州市、连云港市、淮安市、扬州市和盐城市执行相同的月度最低工资标准，年增长率均为14.57%。2012—2013年，泰州市月度最低工资标准从950元激增到1480元，随后从执行第二档月度最低工资标准跃升为执行第一档月度最低工资标准。2010年，江苏省各代表市月度最低工资标准增长幅度加快，平均增长率为13%。2009—2010年，镇江市和南通市月度最低工资标准由700元增加到960元，同比增长37%。

图3-7显示，2008—2017年，广东省19个代表市月度最低工资标准整体呈逐年上涨趋势，年均增速超过10%。韶关市、江门市、茂名市、梅州市、揭阳市、汕尾市、云浮市、河源市、阳江市、湛江市和清远市月度最低工资标准从580元上涨到2130元，年均增长率约为10%；广州市月度最低工资标准从860元上涨到1895元，年均增长率12.03%；珠海市、东莞市、佛山市和中山市执行相同的月度最低工资标准，年增长率均为10.15%；汕头市、惠州市、江门市、韶关市、江门市、茂名市、梅州市、揭阳市、汕尾市、云浮市、河源市、阳江市、湛江市和清远市执行相同的月度最低工资标准，年增长率均为10.86%。

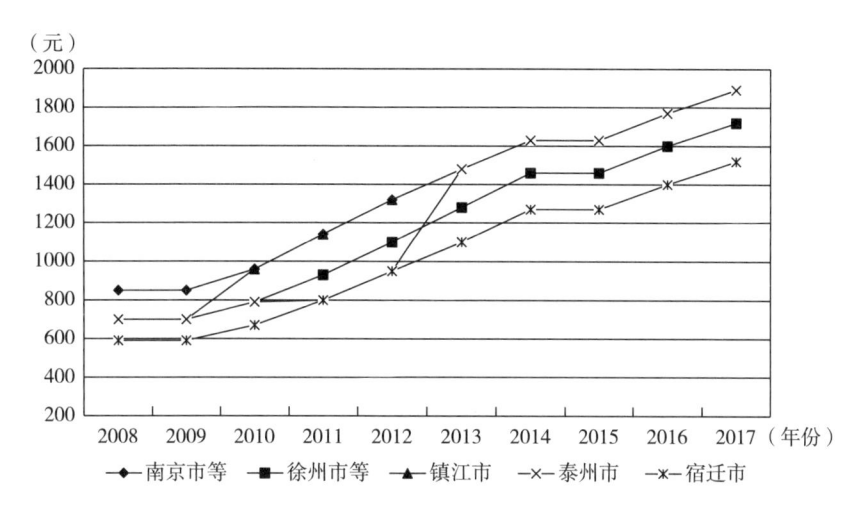

第三章 | 经济新常态下中国劳动力市场的现状分析

图3-6 2008—2017年江苏省内不同代表市月度最低工资标准变动趋势

注：根据是否执行相同的月度最低工资标准，将江苏省的最低工资标准分为南京市等、徐州市等、镇江市、泰州市、宿迁市五类。南京市等包括南京市、无锡市、常州市、苏州市、南通市；徐州市等包括徐州市、连云港市、淮安市、盐城市、扬州市。

资料来源：根据江苏省人力资源与社会保障局官方网站收集整理。

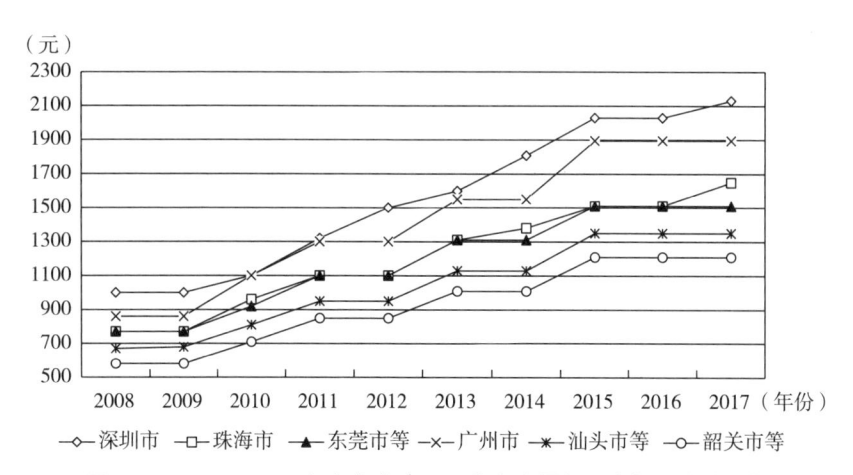

图3-7 2008—2017年广东省内不同代表市最低工资标准变动趋势

注：根据是否执行相同的最低工资标准，将广东省的月度最低工资标准分为东莞市等、韶关市等、汕头市等、广州市、深圳、珠海市六类。东莞市等包括东莞市、佛山市、中山市；韶关市等包括韶关市、茂名市、梅州市、揭阳市、汕尾市、云浮市、河源市、阳江市、湛江市、清远市；汕头市等包括汕头市、惠州市、江门市。

资料来源：根据广东省人力资源与社会保障局官方网站收集整理。

第四节 中国劳动收入份额变动的现状分析

本节从中国整体、省际、三次产业视角,对中国劳动收入份额进行考察,从不同视角揭示中国劳动收入份额随时间变动的趋势及其基本特征。

一 总体劳动收入份额变动现状

图 3-8 显示,1978—2016 年,中国一般意义的劳动收入份额在 35%—55%,相比于世界大多数国家 55%—65% 的劳动收入份额,中国劳动收入份额明显偏低。中国劳动收入份额的变动大致经历了五个阶段:1978—1984 年,中国劳动收入份额从 49.77% 稳步上升至 53.81%,上升约 4 个百分点;1984—1989 年,中国劳动收入份额小幅下降,从 53.81% 下降至 51.31%,下降 2.5 个百分点;1989—1999 年,劳动收入份额虽有小幅波动,但总体基本保持平稳,从 51.31% 上升至 52.46%,上升 1.15 个百分点;1999—2007 年,劳动收入份额大幅下降,从 52.46% 下降至 39.16%,下降 13.3 个百分点;2008—2016 年,除少数年份外,中国劳动收入份额总体平稳上升,基本保持在 45%—48%,但相比于国际水平,中国劳动收入份额仍然较低。总体而言,2007 年前,中国劳动收入份额变动趋势与现有大部分研究结论相似。即 2003 年前处于低水平稳定状态,2004 年统计口径调整使劳动收入份额急剧下降,下降趋势持续到 2007 年。[①] 受数据可得性的限制,现有文献对中国劳动收入份额的变动大多只分析到 2007 年或 2009 年,对 2007 年后中国劳动收入份额的变动趋势没有较为一致的看法。

图 3-8 显示,扣除生产税净额后的劳动收入份额变动趋势与一般意义的劳动收入份额高度相似,比较两者同期的数值发现,扣除生产税

---

① 2003—2004 年中国收入法 GDP 核算方法进行的两大调整将对劳动收入份额产生较大影响。现有研究已经观察到 2004 年前后统计口径的变化,并在研究过程中提出不同调整方法。白重恩和钱震杰 (2009a) 利用国家统计局 2006 年报告的《中国经济普查年鉴》中的"个体经济营业盈余数据"对劳动收入份额进行调整,调整结果表明统计口径的改变将劳动收入份额拉低了 6.3 个百分点。但由于中国在非经济普查的统计年鉴中并没有单列出个体经济的营业盈余,这使该方法不再适用于 2004 年以后的非经济普查年份。

净额后的劳动收入份额比一般意义的劳动收入份额提高 6.5—9 个百分点。两种计算方法下的劳动收入份额在 1993 年、1999—2001 年、2008—2015 年相差 8 个百分点以上，2013 年相差 8.67 个百分点，在 2004—2007 年相差在 7 个百分点以下，2006 年相差 6.59 个百分点。这在一定程度上反映出生产税份额的变化趋势。2007 年，扣除生产税净额的劳动收入份额达到最低值，仅为 45.8%；2016 年，中国劳动收入份额上升至 55.3%。

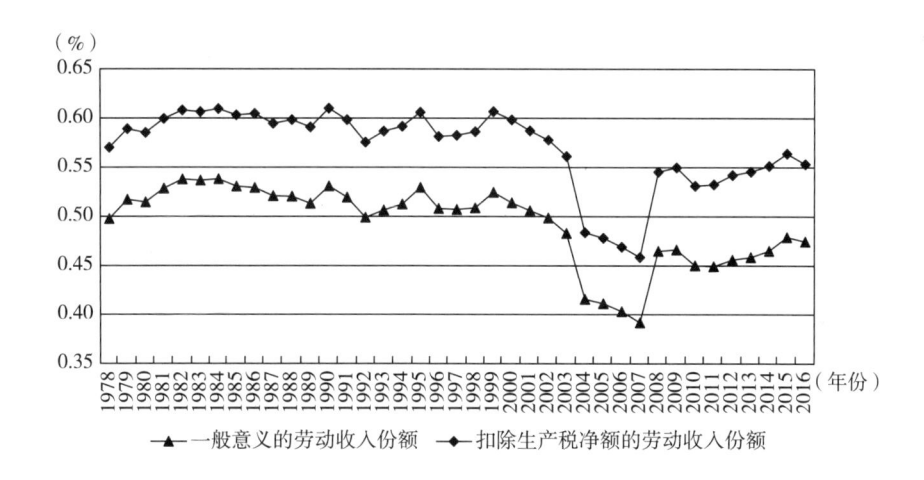

图 3-8　1978—2016 年不同计算方法下的中国劳动收入份额变动趋势

注：一般意义的劳动收入份额 = 劳动报酬/收入法 GDP；扣除生产税净额的劳动收入份额 = 劳动者报酬/（收入法 GDP - 生产税净额）。

资料来源：根据《中国国内生产总值历史核算资料 1952—1995》及历年《中国统计年鉴》相关数据计算得到。

二　省际劳动收入份额变动现状

图 3-9 显示，剔除生产税净额后的中国省际劳动收入份额变动存在较大差异。1978—2016 年，西藏和海南劳动收入份额最高，均值分别达 78.8% 和 71.0%，大多数年份均远远高于全国平均水平；上海、天津和北京劳动收入份额最低，均值分别仅为 41.8%、45.1% 和 47.5%。从增速看，1978—2016 年，北京和上海劳动收入份额增幅最快，分别由 31.02% 和 27.29% 上升至 60.77% 和 53.59%，分别上升

29.75个和26.30个百分点；天津、河北、陕西、辽宁、黑龙江、贵州、宁夏和新疆的劳动收入份额也呈上升趋势；其余各省际单位劳动收入份额均呈下降趋势。1978—2016年，西藏、海南和江西的劳动收入份额下降幅度最大，分别从98.05%、91.85%和72.26%下降至69.21%、63.77%和49.47%，分别下降28.84个、28.08个和22.79个百分点；安徽、青海、陕西、湖南和广东的劳动收入份额下降幅度也较大，分别下降16.08个、14.48个、12.40个、12.16个和11.43个百分点。

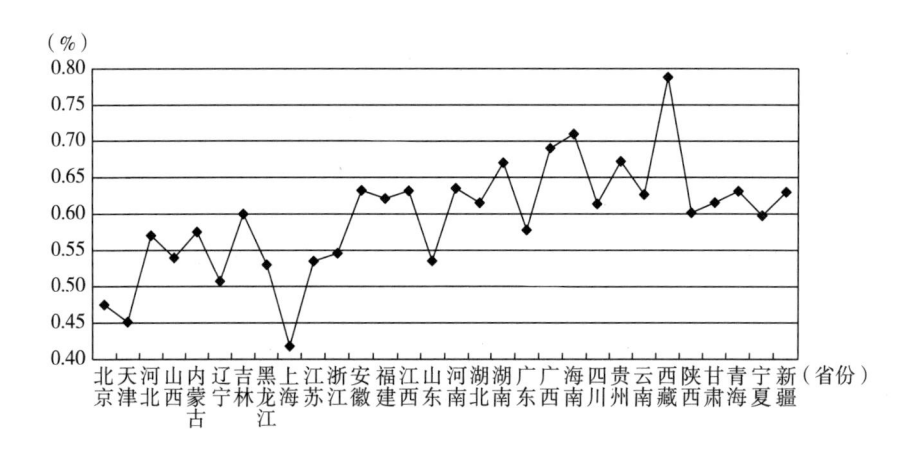

图 3-9　1978—2016年中国各省际单位剔除生产税净额后的劳动收入份额①

资料来源：根据《中国国内生产总值历史核算资料1952—1995》及历年《中国统计年鉴》相关数据计算得到。

三　三次产业劳动收入份额变动现状

由于一般意义的劳动收入份额与扣除生产税净额后的劳动收入份额变动趋势相似，本书主要考察三次产业一般意义上的劳动收入份额变动，以直观考察三次产业对总体劳动收入份额的贡献度。由于中国未直接公布全国三次产业的劳动收入份额数据，本书采用罗长远和张军（2009b）的处理方法，对各省际单位三次产业的数据进行加权，求得全国三次产业的劳动收入份额。某产业劳动收入份额是各省际单位同

---

① 由于1996年重庆直辖，在1996年之前只有四川省的劳动者报酬数据，因此我们对1996年以后四川、重庆的数据合并处理成"四川重庆"。

一产业劳动收入份额的加权平均，权重为各省际单位某产业增加值占全国同一产业增加值的比重。由于自 2005 年开始，全国大部分省际单位不再统计三次产业的劳动收入份额，2005—2016 年各省际单位三次产业劳动收入报酬的统计数据存在严重缺失，本书仅对数据较为完整的 1978—2004 年全国三次产业劳动收入份额的变动现状进行描述分析。

图 3-10 显示，中国三次产业平均劳动收入份额呈"一三二"产业递减特征，1978—2004 年，中国三次产业劳动收入份额均值分别为 86%、37% 和 39%。2004 年第一产业劳动收入份额最高，为 90%；1994 年和 1995 年最低，为 82%。分阶段看，1978—1981 年，第一产业劳动收入份额由 85% 小幅下降至 84%，然后快速增加至 1981 年的 87%；1982—1992 年由 88% 波动下降至 86%；1993—1995 年，由 84% 持续下降至 82%，其后快速上升至 1998 年的 88%；1999—2004 年先快速下降至 2003 年的 84%，后迅速上升至 2004 年的 90%。① 第二产业与第三产业劳动收入份额比较接近，均在 32%—45% 波动，总体变动经历

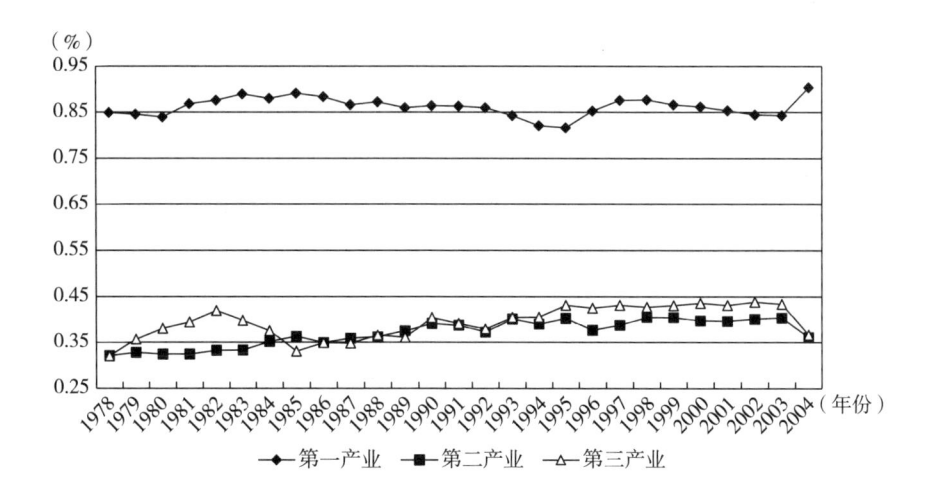

图 3-10　1978—2004 年中国三次产业劳动收入份额变动趋势

资料来源：《中国国内生产总值历史核算资料 1952—1995/1952—2004》相关数据计算。

---

① 这可能与 2004 年统计口径调整，将国有及集体农场的全部经营利润计入劳动报酬，使 2004 年第一产业的劳动收入份额出现高估有关。

了四个阶段。1978—1984 年，第二产业与第三产业劳动收入份额整体均呈上升趋势，但第三产业劳动收入份额高于第二产业。1985—1993 年，第二产业与第三产业劳动收入份额接近且均呈波动上升趋势，劳动收入份额分别从 36% 和 33% 上升至 40%。1993—2003 年，第二产业与第三产业劳动收入份额分别稳定在 40% 和 43% 左右，但第三产业劳动收入份额高于第二产业劳动收入份额。2003—2004 年，第二产业与第三产业劳动收入份额均急剧下降，分别从 40% 和 43% 下降至 36% 和 37%。①

第五节 中国劳动争议处理制度及劳动争议的现状分析

本节在对中国劳动争议处理制度的发展历程及劳动争议处理模式的变化进行回顾的基础上，借助相关统计数据，就中国劳动争议的现状进行描述分析。

一 中国劳动争议处理制度

中国劳动争议处理制度经历了初建、中断、恢复、发展与完善的历程。

中华人民共和国成立后，私营企业和公私合营企业大量存在，劳动矛盾相对尖锐。为缓和劳资关系，1949 年，中华全国总工会发布《劳动争议解决程序的暂行规定》和《关于劳资关系暂行处理办法》。中央劳动部成立劳动争议处理司，各省、直辖市劳动局设立劳动争议调处科，担负处理劳动争议的职责。1950 年 6 月，劳动部颁布《劳动争议仲裁委员会组织及工作规则》，提出要各地区组建劳动争议仲裁委员会，负责劳动争议案件的仲裁工作。同年 10 月，劳动部发布《关于劳动争议解决程序的规定》，明确了劳动争议处理的机关、范围与程序等，标志着中国劳动争议处理制度的初步建立。

随着中国社会主义改造的基本完成，社会经济形式和劳动关系趋于

---

① 这可能与 2004 年统计口径调整，将个体经济的全部经营收入记为营业盈余，低估了第二产业和第三产业的劳动报酬有关。

单一，劳动争议逐年减少。1955年以后，各级劳动争议处理机构相继撤销，《关于劳动争议解决程序的规定》等规章自行停止实行。劳动争议案件不再用仲裁等法律手段处理，转而由信访部门采用行政方式来调整。这意味着中华人民共和国成立初期所建立的劳动争议处理法律制度暂时退出历史舞台。

1985年，城市经济体制改革全面展开，相应地，中国开始进行劳动制度改革。1986年4月，中共中央、国务院发布的《关于认真执行改革劳动制度几个规定的通知》中，要求十分注意做好人民来信来访和劳动争议问题的处理工作。同年7月，国务院在《关于发布改革劳动制度四个规定的通知》中进一步强调，要加强劳动人事部门的组织建设，并相应地建立劳动争议仲裁机构。1987年7月，国务院颁布实施《国营企业劳动争议处理暂行规定》，标志着中断30年的劳动争议处理制度得以恢复。按照规定，对于国营企业行政与职工之间因履行劳动合同发生的争议，可先由企业设立的调解委员会进行调解，调解不成以及因开除、除名、辞退违纪职工发生的争议，向仲裁委员会申请仲裁，对仲裁裁决不服的，再向人民法院起诉。陕西、广东、湖南、北京等地以省（市）政府的名义出台实施《国营企业劳动争议处理暂行规定》细则，进一步扩大劳动争议受理范围，规范劳动争议处理程序。此外，《广东省劳动争议仲裁工作规则》《广东省劳动争议调解委员会工作规则》《广东省劳动争议仲裁委员会组织规则》等相关地方规范性文件也相继被制定，以期更为妥善地处理劳动争议。

随着社会主义市场经济体制的逐步确立，非公有制经济迅速发展，外商投资企业等非国有企业中的劳资冲突不断加剧。1993年7月，国务院出台《中华人民共和国企业劳动争议处理条例》（以下简称《条例》），将适用范围扩大为中华人民共和国境内的企业与职工之间因企业开除、除名、辞退职工和职工辞职、自动离职发生的争议，因执行国家有关工资、保险、福利、培训、劳动保护的规定发生的争议，因履行劳动合同发生的争议，以及法律、法规规定应当按照《条例》处理的其他劳动争议。《条例》形成"一调一裁二审"的劳动争议处理体系，并首次明确将"着重调解，及时处理"列为处理劳动争议的原则。1994年7月，《中华人民共和国劳动法》正式颁布，其中第十章对劳动争议处理、解决争议的原则、调解和仲裁等内容首次以法律的形式予以确认。自此，中国劳动争议处理制度进入高速发展时期。

劳动部陆续出台了《〈中华人民共和国企业劳动争议处理条例〉若干问题解释》《劳动争议仲裁委员会组织规则》《劳动争议仲裁委员会办案规则》《企业劳动争议调解委员会组织及工作规则》《关于劳动争议仲裁几个问题的通知》等部门规范性文件，对《条例》的顺利实施进行补充说明。劳动部颁布了《劳动争议处理人员培训纲要》《劳动仲裁员聘任管理办法》《关于推广使用劳动争议仲裁和劳动监察文明用语和杜绝忌语的通知》等文件，以加强对劳动仲裁员的管理。中华全国总工会于1995年制定了《工会参与劳动争议处理试行办法》，指导工会参与处理劳动争议。1996年3月，劳动部联合全国总工会、国家经贸委公布的《关于进一步完善劳动争议仲裁三方机制的通知》中，强调遵循劳动行政部门、工会组织和经济综合管理部门的代表共同参与的三方原则。在1995年2月召开了"全国发展与完善劳动争议处理体制试点座谈会"后，劳动部于同年5月发布了《关于进一步完善劳动争议处理工作的通知》，努力探索预防功能强、处理渠道多、有法律权威的具有中国特色的劳动争议处理体制。1996年7月，劳动部下达了《关于确定完善劳动争议处理体制试点地区的通知》，确定辽宁省朝阳市、河北省武安市和河南省安阳市为劳动法庭试点地区，四川省泸州市、重庆市、内蒙古则里木盟为裁审分轨体制试点地区，山东省胶州市、江苏省如皋市、海安市、湖北省荆沙市、大冶市为乡镇劳动争议仲裁派出机构试点地区，广东省和福建省为乡镇调解制度试点地区。各地区根据《条例》以及《中华人民共和国劳动法》，结合本地区实际，制定企业劳动争议处理实施办法，因地制宜地对劳动争议处理体制进行有益探索。

2007年12月29日，全国人大常委会通过《中华人民共和国劳动争议调解仲裁法》（以下简称《调解仲裁法》），并于2008年5月1日起施行。劳动争议处理立法是中国劳动争议处理制度进程中的一个里程碑，是对20年劳动争议处理制度改革基本经验的总结与完善。如《调解仲裁法》中，除企业劳动争议调解委员会，依法设立的基层人民调解组织和在乡镇、街道设立的具有劳动争议调解职能的组织被授予劳动争议的法定调解权,原有的"一调一裁二审"模式由此变成"三调一裁二审"模式;《调解仲裁法》形成较为完整的劳动仲裁时效制度体系,将仲裁时效期间确定为1年,并规定了时效期间的起算、中断与中止以及某些例外情况;《调解仲裁法》规定,劳动争议仲裁不收费。其后,《关于加强劳动人事争议调解工作的意见》《企业劳动争议协商调解规定》《关于深入推进矛盾纠纷大调解工作的指导意见》《关于加强非公有制企业劳动争议预防调解工作的意见》《关于加强专用性劳动争议调解工作的意见》等一系列规章的公布实施,体现了该阶段中国劳动争议处理坚持"预防为主、基层为主、调解为主"的方针。中国劳动人事争议调解初步形成了以《调解仲裁法》为统领,以《关于加强劳动人事争议调解工作的意见》《企业劳动争议协商调解规定》《关于深入推进矛盾纠纷大调解工作的指导意见》等为主要内容的法律政策体系框架。

二 中国劳动争议处理实践

中国劳动争议处理实践大致可分为四个阶段:1949—1986年以信访部门为核心的政府行政调解模式;1987—1992年以企业调解委员会为核心的内部调解模式;1993—2007年以劳动仲裁委员会为核心的仲裁调解模式;2008年以后整合工会调解、人民调解、行政调解、仲裁调解和司法调解等多重调解机制的大调解模式。

1. 1949—1986年:政府行政调解阶段

劳动争议处理制度的初步建立对处置劳动争议、协调劳动关系起到了积极作用。据不完全统计,1950—1955年全国劳动争议处理机构共处理劳动争议20多万件,且随着中国计划经济体制的强化,劳动争议呈逐年减少趋势:1953年共受理劳动争议案件45588件,1954年受理28117件,1955年受理17514件。[①] 在劳动争议处理制度中断的1956—1986年间,信访部门对劳动争议的处理发挥了一定作用,但单纯靠政府行政方式调解劳动争议不能从根本上解决劳动争议。这是因为,信访部门并不直接解决劳动争议,而仅是提出缺乏法律强制性的意见或建议,再将劳动争议转回本企业或企业主管部门处理,难以带来公正的处

---

① 资料来源:中国劳动网(http://www.labournet.com.cn/ldzy/ckzl/ckzl.asp)。

理结果，容易造成长期重复上访。

2. 1987—1992年：企业内部调解阶段

劳动争议处理制度恢复初期，大多数劳动争议仍通过信访部门调解。1987—1989年，信访部门分别处理劳动相关来信55823件、34247件与11644件。① 此阶段，一方面，各地区劳动仲裁机构尚不健全。1988年年底，共有13个省、自治区、直辖市组建了省级劳动争议仲裁委员会，全国市（地）、县（区）成立劳动仲裁委员会2082个，占应建数的74.4%；1989年年底，29个省、自治区、直辖市共成立劳动仲裁机构2573个，占应建数的86.5%。② 另一方面，劳动仲裁专职工作人员严重不足，据23个省、自治区、直辖市统计，每个机构平均劳动仲裁专职人员1.7人，有的地区将退居二线、年老、体弱的干部配备给仲裁机构。③ 因此，劳动争议仲裁机构受理劳动争议案件数相对有限（见表3–16）。

表3–16　　　　1987—1992年全国劳动争议仲裁机构受理劳动争议案件情况

年份	1986—1987	1988—1989	1990	1991	1992
立案受理数（件）	2679	19051	9619	7633	8150
结案数（件）	2079	17780	9395	7521	7861
其中：仲裁调解（件）	1930	10983	5720	4682	4712
仲裁裁决（件）	125	1251	932	1027	1178
其他方式（件）	24	5546	2743	1812	1971
裁决率（%）	6.01	7.04	9.92	13.66	14.99
调解率（%）	92.83	61.77	60.88	62.25	59.94
对裁决不服上诉法院（件）	10	298	218	235	223
上诉率（%）	8.00	23.82	23.39	22.88	18.93

注：结案方式中的"其他方式"包括当事人自行和解和申请撤诉等方式。

资料来源：《中国劳动年鉴》和中国劳动网（http://www.labournet.com.cn）。

---

① 资料来源：中国劳动年鉴编辑部编，1990年，第344页。
② 资料来源：中国劳动年鉴编辑部编，1990年，第324页。
③ 资料来源：中国劳动年鉴编辑部编，1990年，382—383页。

在组建劳动仲裁机构的同时,各地区积极推动企业组建劳动争议调解委员会。1989年年底,据22个省、直辖市、自治区统计,已建立企业调解委员会57786个。[①] 根据《中国工会统计年鉴》,1990—1992年,全国已建劳动争议调解委员会分别为113007个、127455个和139696个,劳动争议调解委员会工作人员分别为565905人、699352人和747861人。这期间,企业内部调解成为处理劳动争议的主要渠道(见表3–17)。

表3–17　　1990—1992年全国企业调解委员会受理劳动争议案件情况

年份	1990	1991	1992
受理劳动争议(件)	85591	94386	84286
其中:集体劳动争议(件)	12249	8075	7216
受理劳动争议涉及人数(人)	243718	288578	268352
成功调解劳动争议(件)	55693	63498	58576
调解成功率(%)	65.07	67.27	69.50

资料来源:《中国工会统计年鉴》。

3. 1993—2007年:劳动仲裁调解阶段

进入20世纪90年代,中国非公有制经济进入快速发展时期,在劳动争议数量持续上升的同时,还常常引发集体性的停工、怠工和罢工事件,劳动争议案件处理难度不断加大。随着《条例》和《中华人民共和国劳动法》的出台实施,劳动关系双方当事人依法维护自己合法权益的意识增强。作为第一道防线的企业内部调解开始失效。企业劳动争议调解委员会受理争议案件数从1994年的107699件下降至1997年的54689件。[②] 此时,劳动仲裁调解成为处置劳动争议的核心。劳动争议仲裁机构与企业调解委员会受理案件的比例从1994年的3.7∶6.3变为1997年的6.7∶3.3。

图3–11显示,1993—2007年,全国劳动争议仲裁机构受理劳动争议案件数急剧攀升,由1993年的12358件增加到2007年的350182

---

① 资料来源:中国劳动年鉴编辑部编,1990年,第324页。
② 资料来源:《中国工会统计年鉴》。

件，增长 27.34 倍。1997 年，劳动争议仲裁机构立案受理案件数（71524 件）首次超过案外调解案件数（38981 件），且两者之间的差距呈不断扩大趋势。

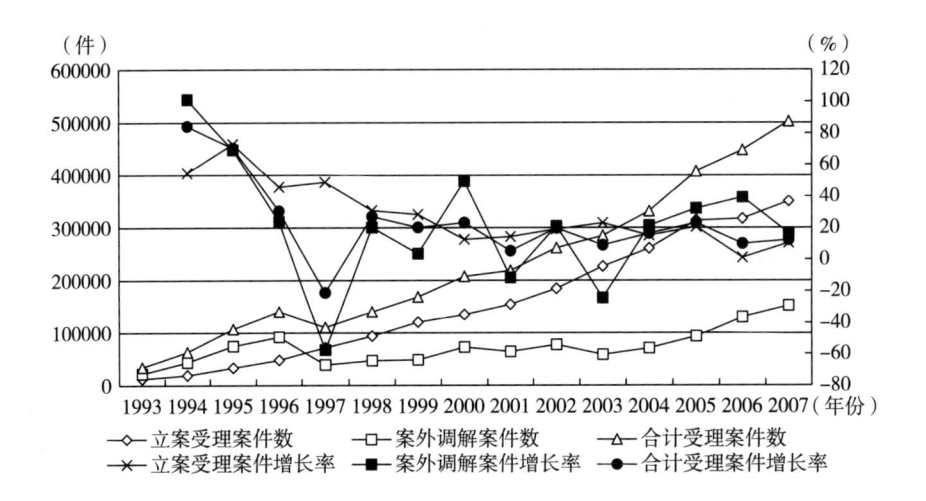

图 3-11　1993—2007 年全国劳动争议仲裁机构受理劳动争议案件情况

资料来源：《中国劳动统计年鉴》。

图 3-12 显示，1993—2007 年，劳动争议仲裁机构立案受理结案率一直高于 90%。结案案件中，仲裁调解占比从 1993 年的 53.0% 下降至 2007 年的 35.1%，其他方式占比从 1993 年的 32.0% 下降至 2007 年的 21.1%，仲裁裁决占比则从 15.0% 上升至 43.8%。

4. 2008 年以后：大调解阶段

劳动争议仲裁机构的仲裁调解工作很快也遇到了"瓶颈"。劳动争议案件持续攀升，劳动争议仲裁机构受理的劳动争议案件从 1993 年的 12358 件上升到 2008 年的 693465 件，增加近 55 倍，同期，集体争议案件数增加近 32 倍。劳动争议已经从影响经济秩序演变为挑战社会秩序和引发社会不稳定的重大问题。在此背景下，大调解模式在全国范围内得到推行。《仲裁调解法》提出"三调一裁二审"体系，取代了原有的"一调一裁二审"体系，使劳动争议处理工作中基层力量得到有效发挥，把矛盾化解在基层，解决在萌芽状态。2009 年《关于加强劳动人事争议调解工作的意见》中，提出争取用3—5年时间，实现将50%左右的简易、小额案件，通过调解解决在企业、乡镇、街道及社区的工作目标。

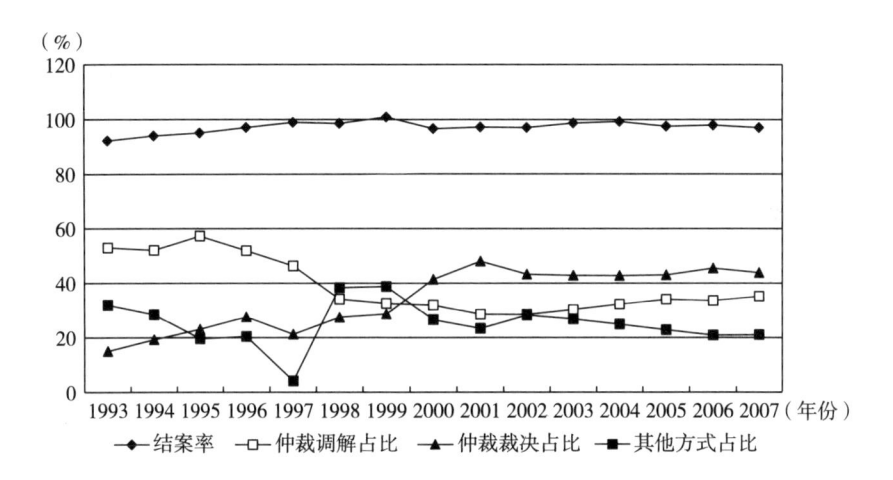

图3-12　1993—2007年劳动争议仲裁机构立案受理案件结案情况

注：1999年和2002年结案数分别包括上年结转案件3840件和12472件。

资料来源：《中国劳动统计年鉴》。

根据《中国人力资源和社会保障年鉴（工作卷）》统计数据可以看出，包括企业和行业性调解、基层调解、区域性调解以及人事争议调解在内的多渠道、开放式的劳动人事争议调解工作网络正在逐步形成。2009年，通过各类调解组织调解处理的劳动人事争议比2008年上升了8.5%。2010年，全国各类劳动争议处置机构受理的128.74万件劳动争议案件中，劳动人事争议仲裁机构案外调解164336件，占总数的12.77%，乡镇、街道劳动争议调解组织受理223112件，占总数的17.33%，社区居委会村委会、企业劳动争议调解委员会、县（区）调解组织受理的案件数分别占总数的5.90%、5.89%和5.19%。2011年，劳动人事争议当事人共向各类调解劳动人事争议的组织和各地劳动人事争议仲裁机构提起申请137.9万件，调解组织处理的劳动人事争议占到52.6%。2012年，天津、内蒙古、贵州等9个省（自治区、直辖市）乡镇街道劳动调解组织组建率超过90%，其中，天津、重庆实现了调解组织全覆盖。

三 中国劳动争议的现状

1. 劳动争议案件数量持续上升

图3-13显示，2000—2007年，中国劳动仲裁机构受理的劳动争议案件呈持续上升趋势，从135206件增长至350182件；集体劳动争议案件数在2004年达到峰值（19241件）后，出现一定幅度的下降，2007年降至12784件。这是因为，2004年中央劳动部门召开了全国劳动争议仲裁机构效能建设座谈会，鼓励劳动仲裁工作重心前移，加强与工会、企业组织、乡镇、街道和社区机构的合作，使基层调解能力提升，集体争议发生频率下降。2008年国际金融危机爆发，使中国劳动争议案件与集体争议案件数分别骤增至693465件和21880件。此后，劳动争议案件数较为稳定，且集体争议案件数出现大幅度下降。集体争议案件数下降的原因：一是集体争议的统计口径发生了变动。2008年《条件仲裁法》将界定劳动争议的人数标准从"3人以上"提升为"10人以上"；二是大调解模式推行后，仲裁的选择性干预策略体现为对大规模集体争议的重点防范和对个体争议的相对忽视，由此导致集体争议减少、个人争议仍然频发。

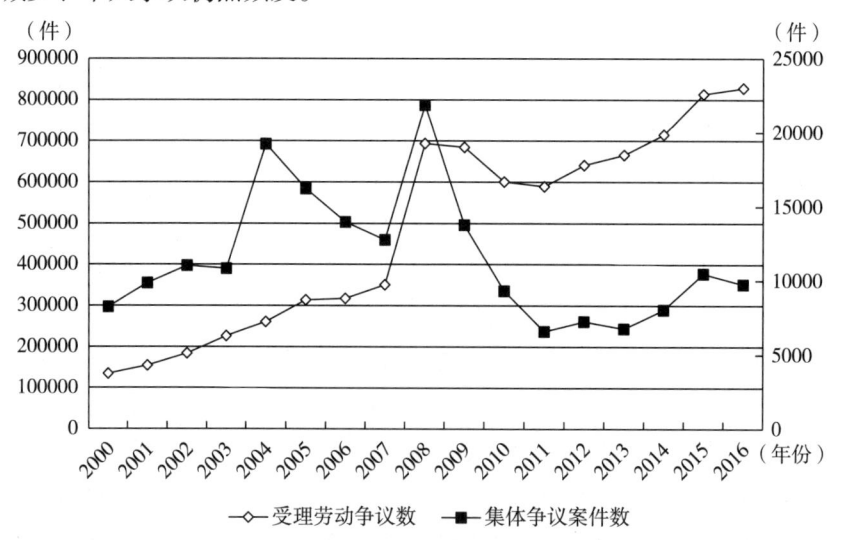

图3-13 2000—2016年劳动争议仲裁机构立案受理的劳动争议案件数

注：左坐标轴表示受理劳动争议数；右坐标轴表示集体争议案件数。
资料来源：《中国劳动统计年鉴》。

2. 劳动报酬和社会保险是劳动争议最主要的原因

图3-14显示，劳动报酬是产生劳动争议的最主要原因，以劳动报酬为争议类型的案件占立案受理案件的比重从2000年的30.8%上升至2016年的41.7%，经济利益矛盾是劳动争议的焦点。2000年，以社会保险为争议类型的案件占立案受理案件的比重为23.2%，并在2004年达到最高值33.8%，随着中国社会保险制度的不断发展和逐渐完善，该比重下降至2014年的17.6%。解除、终止劳动合同是产生劳动争议的又一重要原因。2008年前，劳动合同签订率较低，用人单位解除、终止劳动合同不规范。2008年实施的《中华人民共和国劳动合同法》提高了用人单位违法解除、终止劳动合同的成本，解除、终止劳动合同类争议占立案受理案件的比重由原来的超过20%下降为2010年的5.3%。《中华人民共和国劳动合同法》实施中对违法解除、终止劳动合同要求支付双倍赔偿金，以及劳动派遣员工的快速增长，再次引发解除、终止劳动合同相关劳动争议的"井喷"。劳动报酬、社会保险和解除、终止劳动合同三类劳动争议案件占劳动争议案件总数的80%左右，说明用人单位在按时足额支付劳动报酬、足额缴纳社会保险、规范解除劳动合同等方面尚存在一些问题。

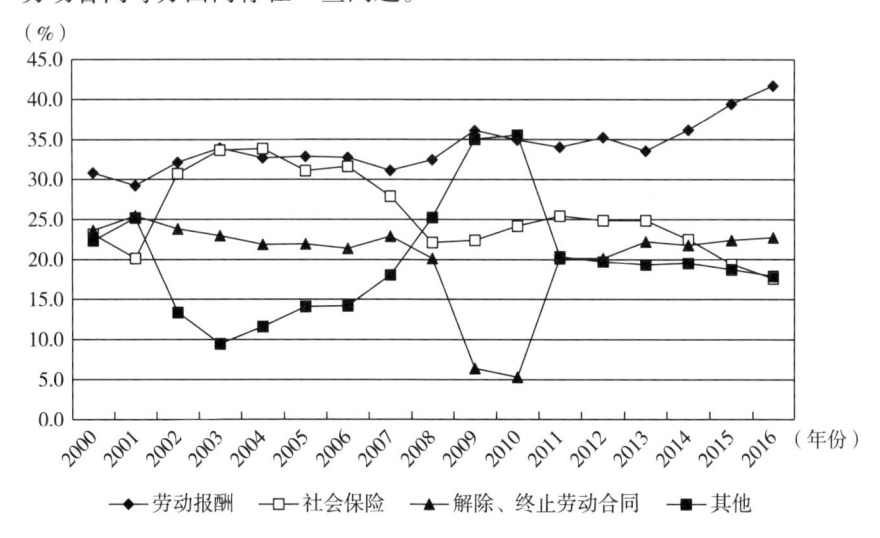

图3-14 2000—2016年劳动争议仲裁机构立案受理案件中劳动争议原因占比

注：劳动争议原因中的"其他"包括签订劳动合同、劳动保护、职业培训等原因。

资料来源：《中国劳动统计年鉴》。

3. 非公有制企业劳动争议案件激增

图3-15显示，从不同所有制企业的劳动争议案件数看，国有、集体企业劳动争议案件下降趋势明显。2002—2012年，企业劳动争议调解委员会受理的国有、集体企业劳动争议案件数分别为109005件和29248件，分别占当年受理总案件的42.9%和11.9%。劳动争议的重点已由国有企业转向非公有制企业。港澳台及外资企业多属于劳动密集型制造企业，雇用人数较多，薪资水平较低，因此，劳动争议案件相对较高，从2002年的18780件上升至2012年的51084件。私营企业由于在用人制度和管理制度方面仍不完善，对职工权益保护仍不到位，随着私营企业的快速发展，劳动争议案件大幅上升，从2002年的30121件攀升至2012年的85240件。金融危机爆发前后的2006—2009年，有限责任公司的劳动争议案件数激增，分别达到65281件、89836件、98687件和74488件，其他年份的劳动争议案件数则较为稳定。

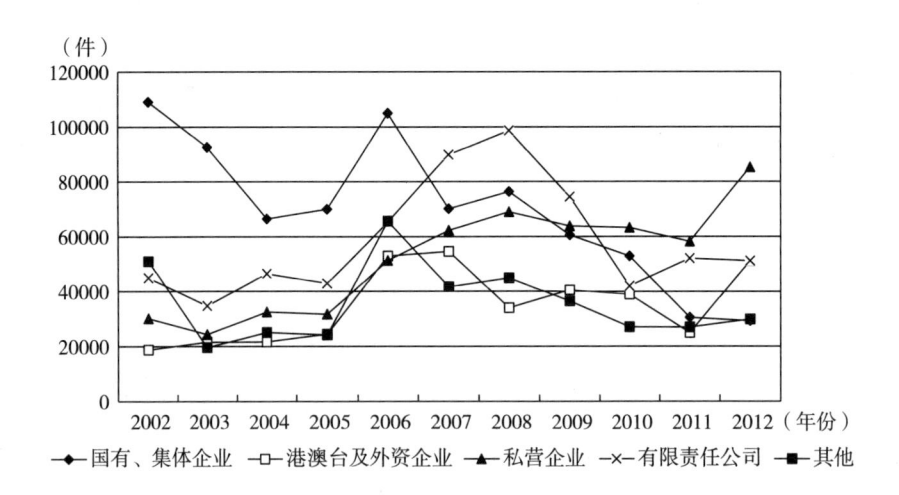

图3-15　2002—2012年企业劳动争议调解委员会受理劳动争议的所有制分类情况

注：所有制类型中的"其他"包括个体经济组织、事业单位、其他内资企业等。
资料来源：《中国工会统计年鉴》。

4. 制造业是劳动争议的主要行业

图3-16显示，2002—2012年，企业劳动争议调解委员会受理的

制造业劳动争议案件数从121595件增长至139714件，占受理总案件的比重从47.9%上升至56.7%，成为劳动争议的主要行业。2002—2012年，采矿业、建筑业与交通运输、仓储及邮政业是劳动争议多发行业，年均劳动争议案件数分别为18328件、14847件和17335件。教育业劳动纠纷增长迅速，从2002年的873件增长至2012年的10821件，10年间增长11.4倍。

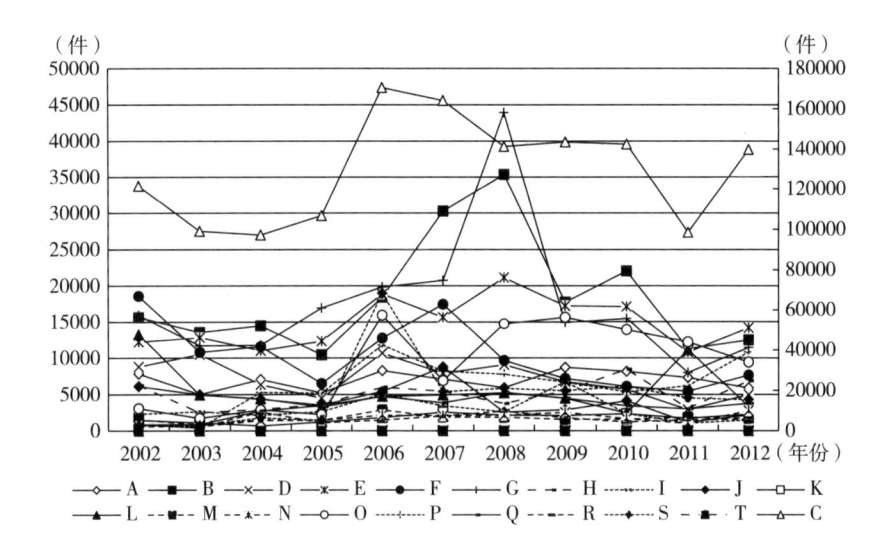

图3-16 2002—2012年企业劳动争议调解委员会受理劳动争议的行业分类情况

注：①次坐标轴为制造业行业数据，主坐标轴为除制造业以外的其他19个行业数据。

②行业代码A代表农林牧渔业；B代表采矿业；C代表制造业；D代表电力燃气及水的生产供应业；E代表建筑业；F代表批发和零售业；G代表交通运输、仓储及邮政业；H代表住宿和餐饮业；I代表信息传输、计算机服务和软件业；J代表金融业；K代表房地产业；L代表租赁和商务服务业；M代表科学研究、技术服务和地质；N代表水利、环境和公共设施管理业；O代表居民服务和其他服务业；P代表教育；Q代表卫生、社会保障和社会福利业；R代表文化、体育和娱乐业；S代表代表公共管理和社会组织；T代表国际组织。

资料来源：《中国工会统计年鉴》。

5. 劳动争议主要集中在经济发展水平较高的地区

图3-17显示，劳动争议主要集中在经济发展水平较高的地区。2000—2016年，广东、江苏、上海、北京劳动争议案件数分别从26274

件、26776 件、11046 件和 7480 件增长至 107217 件、64016 件、66589 件和 81291 件，4 个省际单位劳动争议总案件数占全国劳动争议案件总数的比重始终保持在 40% 以上。山东、浙江、辽宁、四川和重庆劳动争议案件数也相对较高，2016 年分别为 50417 件、50385 件、39142 件、43081 件和 34402 件。经济发展水平相对较低的西藏、青海和甘肃，劳动争议案件数量较少，2016 年分别仅为 305 件、1453 件和 3756 件。

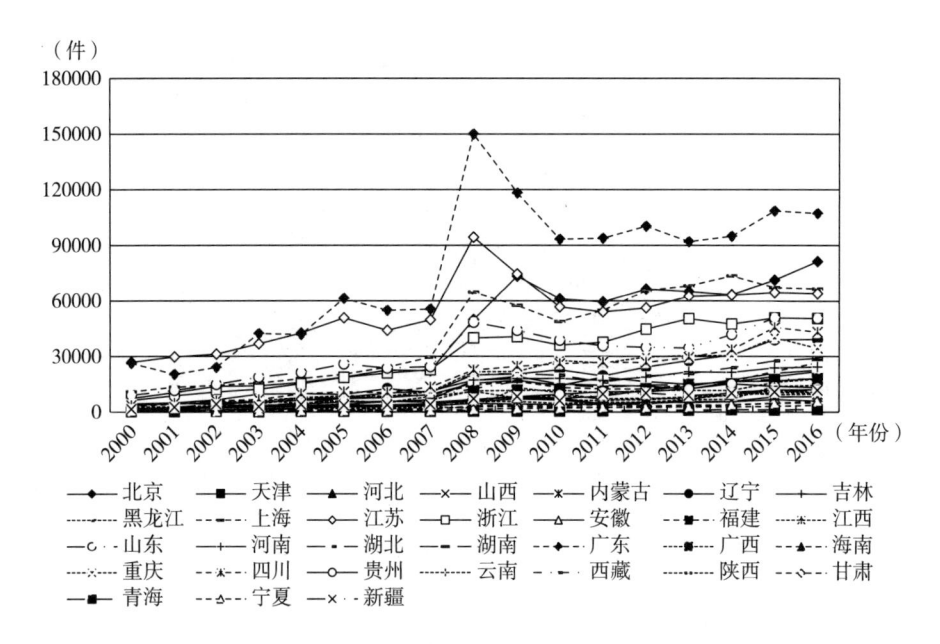

图 3-17　2000—2016 年各省际单位劳动争议仲裁机构立案受理案件数

资料来源：《中国劳动统计年鉴》。

6. 仲裁与案外调解成为处理劳动争议的主要方式

图 3-18 显示，2004 年前，中国劳动争议仲裁机构案外调解数相对稳定，但在 2004 年后维持了较长时间的增长趋势。这是因为，2004 年全国劳动争议仲裁机构效能建设座谈会召开后，动员各地方"快立案、快结案、重调解、保增长"，并在北京、天津、福建等地设立基层调解组织，建立多层次的劳动争议调解联动机制，调解能力得到大幅提升。2008—2016 年，案外调解数量呈先降后升趋势。呈现类似趋势的

还有仲裁裁决案件数。同期，仲裁调解案件数不断增加，并在 2011 年超过仲裁裁决案件数，仲裁调解成为中国劳动争议仲裁机构处理劳动争议的主要方式。2000—2016 年，其他方式处理的劳动争议案件数从 34699 件增加至 71866 件，且在 2008—2010 年波动较大。

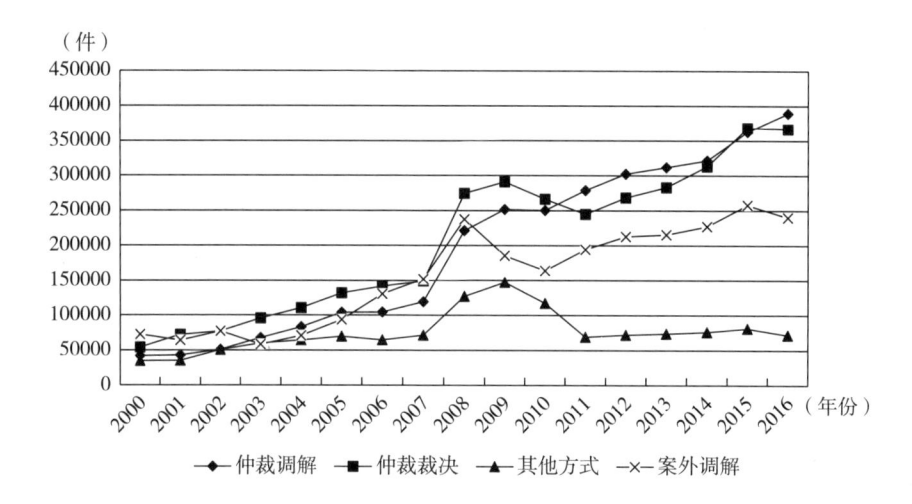

图 3-18　2000—2016 年劳动争议仲裁机构立案受理案件劳动争议处理方式
资料来源：《中国劳动统计年鉴》。

7. 劳动者胜诉比例呈下降趋势

从图 3-19 显示的劳动争议处理结果看，2000—2016 年，用人单位胜诉的比例维持在 12% 左右；劳动者胜诉的比例由 2000 年的 58.1% 下降至 2016 年的 35.5%。可能的原因：一是 2008 年实施的《调解仲裁法》规定劳动争议仲裁不收费，显著降低了劳动者的维权成本，容易产生劳动者的过度维权、非理性维权；二是用人单位劳动法律意识增强，管理制度逐步规范。双方部分胜诉的比例由 2000 年的 30.7% 上升为 2016 年的 54.3%。这意味着，由于用人单位和劳动者对履行劳动合同及法律的理解不同而产生的劳动争议显著增加，单纯一方违法案件相对减少。可以预见，今后用人单位和劳动者双方部分胜诉的比例将不断提高，单方胜诉的比例会逐渐下降。

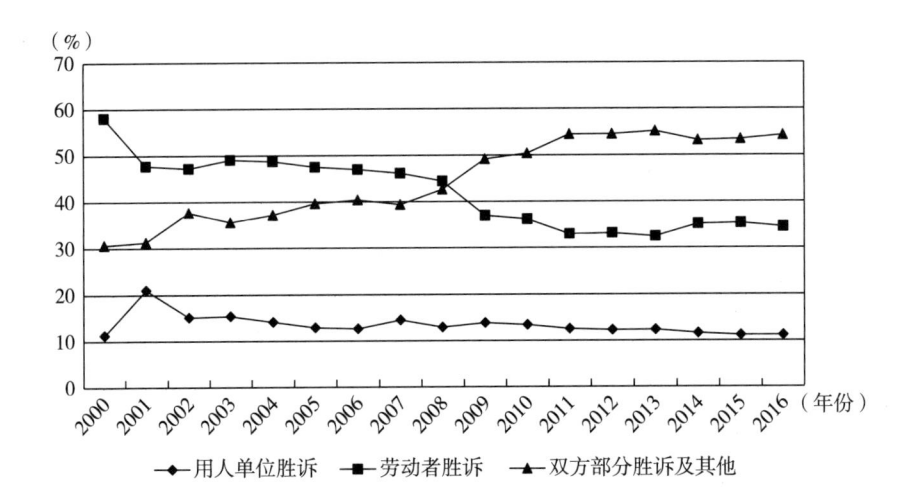

图 3-19　2000—2016 年劳动争议仲裁机构立案受理案件的劳动争议处理结果

资料来源：《中国劳动统计年鉴》。

第六节　本章小结

本章对经济新常态下中国劳动力市场经济增长就业弹性、工资收入差距、最低工资标准、劳动收入份额、劳动争议的现状进行描述性分析，得出如下基本结论：

第一，中国整体的经济增长就业弹性稳中偏低，经济增长对就业的拉动作用较弱。第一产业就业弹性为负且不断下降，第二产业与第三产业就业弹性为正，但第二产业就业弹性呈下降趋势，第三产业就业弹性逐渐上升，第一产业已成为劳动力净流出行业，第二产业对劳动力需求的拉动作用不断减弱，第三产业已成为吸纳劳动力就业的优势产业；工业和服务业内部各细分行业的就业弹性及变化趋势均呈显著差异。中国不同省际单位就业弹性呈东中西部递减特征，整体而言，经济发达的东部各省际单位经济增长就业弹性较高，经济欠发达的西部各省际单位经济增长就业弹性较低。

第二，自 1994 年以来，中国省际间绝对工资收入差距虽有波动，但总体呈逐渐扩大趋势，相对工资收入差距呈先扩大后缩小趋势；各区域内部工资收入差距均呈先增后降趋势，但区域内工资收入差距呈东西中东北部递减特征；中国行业间绝对工资收入差距有继续扩大趋势，行业间相对工资收入差距呈先扩大后缩小趋势。高工资行业多为行政垄断行业、技术或资本密集型行业，行政垄断与国有经济相结合是导致行业工资收入差距扩大的重要原因，工资收入较低的行业多为劳动密集型行业。在垄断与竞争行业之间、不同要素密集型行业之间的工资收入差距中，组内差距对工资收入差距的贡献率均远远高于组间差距。

第三，中国最低工资标准整体上均逐年上涨，但最低工资标准表现出明显的地区差异性，东部经济发达地区最低工资标准始终处于全国领先地位。中国代表城市小时最低工资标准总体随时间呈上涨趋势，但各代表市之间差异明显，经济发达地区代表城市最低工资标准远远高于经济欠发达地区代表城市最低工资标准。

第四，对1978—2016年中国劳动收入份额进行考察发现，2007年前中国总体劳动收入份额有一定幅度下降，2007年后整体呈上升趋势。中国各省际单位劳动收入份额及其变动趋势存在较大差异，经济发展水平较低的地区劳动收入份额高但呈下降趋势，经济发达地区劳动收入份额低但呈上升趋势。中国各产业劳动收入份额呈现"一三二"产业递减特征，且各产业劳动收入份额随时间变化较为频繁，20世纪80年代以来，第二产业和第三产业劳动收入份额总体呈波动上升趋势。

第五，中国劳动争议处理制度走过了初建、中断、恢复、发展与完善的历程，中国劳动争议处理实践大致经历了政府行政调解模式、企业内部调解模式、仲裁调解模式和大调解模式四个阶段；中国劳动争议呈现争议案件数量持续增加、劳动报酬和社会保险成为劳动争议的主要原因、非公有制企业劳动争议案件激增、制造业成为劳动争议的主要行业、经济发展水平较高的地区成为劳动争议主要集中地、仲裁与案外调解成为处理劳动争议的主要方式、劳动者胜诉比重逐渐下降等基本特征。

第四章

经济新常态下中国劳动力市场供需协调性研究

劳动力市场供需协调问题一直是经济社会发展中政府与学界关注的重点，也是评估劳动力市场效率最重要的指标。本章基于劳动力市场供需协调视角，在就经济新常态对中国劳动力需求的影响进行实证评估、人口转型背景下的中国劳动力供给进行预测分析的基础上，以中国31个省际单位为研究对象，构建劳动力市场供需协调发展模型，对中国劳动力市场的供需耦合协调度进行定量评价，从时间和空间双重维度考察中国劳动力市场供需协调发展的趋势及其特征。

第一节　经济新常态对中国劳动力需求影响的实证分析

本节采用 VAR 模型就经济新常态下经济增速减缓、产业结构优化、经济增长方式转变和外部环境变化多态叠加对中国劳动力需求的影响与冲击效应进行实证分析，为相关部门掌握经济新常态对劳动力需求的影响，充分评估与适时监测经济新常态对劳动力需求的冲击效应与发展趋势提供实证依据。

一　VAR 模型的构建

根据经济新常态的基本特征，本书被解释变量选择劳动力需求 LD，关键解释变量选择经济增速 GDPG、产业结构优化 ES、经济增长方式转变 TFP 以及外部环境变化 TRADE。

劳动力需求 LD：由于目前中国劳动力市场仍是需求主导型，劳动力就业主要取决于企业与社会对劳动力的需求，为此，采用各省际单位劳动力就业数据反映地区的劳动力需求状况，数据来自历年各省际单位统计年鉴。

经济增速 GDPG：当前中国宏观经济已经告别高速增长时期，进入到中低速增长阶段。经济增长速度放缓将直接导致对劳动力需求的增加幅度下降，对劳动力需求产生负向冲击。采用各省际单位实际 GDP 增长率衡量经济增速。将各省际单位名义 GDP 根据各省的 GDP 平减指数调整为 1986 年的不变价格，再取实际 GDP 对数的一阶差分。数据来自《新中国六十年统计资料汇编》和历年《中国统计年鉴》。

产业结构优化 ES：产业结构优化升级必将对劳动力需求产生重要影响。产业结构高级化是测度产业结构优化升级的重要指标，大多数研究都以克拉克定理为理论基础，采用非农业产值的比重来衡量。于斌斌（2015）指出，发达国家或地区的经济发展经验显示，经济结构服务化是产业结构升级的重要特征，因此第三产业与第二产业的产值之比反映产业结构高级化水平。考虑中国正处在新型工业化过程中，第二产业发展对劳动力需求发挥了重要作用。借鉴于斌斌（2015），采用各省际单位第三产业与第二产业的产值之比衡量产业结构优化状况，数据来自历年《中国统计年鉴》。

经济增长方式转变 TFP：技术进步是经济长期稳定增长的核心动力，是促进经济增长方式转变的根本途径（唐未兵等，2014）。采用修正的索罗残差法所估算的全要素生产率（Total Factors Productivity，TFP）衡量各省际单位经济增长方式转变状况。假设中国经济的生产函数为：

$$Y_t = A_0 e^{\partial} K^{\alpha} L^{\beta} \tag{4-1}$$

其中，α 和 β 分别代表资本和劳动的产出弹性，该生产函数随时间的变化而变化。对式（4-1）取对数，即为：

$$\ln Y_t = \ln A + \partial_t + \alpha \ln K_t + \beta \ln L_t \tag{4-2}$$

当 $\alpha + \beta = 1$，即规模报酬不变时，有：

$$\ln(Y_t/L_t) = \ln A + \partial_t + \alpha \ln(K_t/L_t) \tag{4-3}$$

由于 1987 年后，技术进步没有太大的变革，研究中不再设置时间虚拟变量，直接对式（4-3）进行回归，得出资本和劳动的产出弹性 α 和 β，经过正规化处理后得：

$$\alpha^* = \alpha/(\alpha+\beta), \quad \beta^* = \beta/(\alpha+\beta) \tag{4-4}$$

定义全要素生产率（TFP）为：

$$TFP_t = Y_t/K_t^{\alpha^*} L_t^{\beta^*} \tag{4-5}$$

计算 TFP 过程中，产出变量为各省际单位的实际 GDP，投入变量为资本存量和劳动投入，参考张军等（2004）采用永续盘存法以1952年为基期对各省际单位的物质资本存量进行核算。基础数据来自《中国国内生产总值核算历史资料（1952—1995）》、历年《中国统计年鉴》和历年各省际单位统计年鉴。

外部环境变化 TRADE：贸易开放通过改变劳动力与其他生产要素之间的替代关系以及最终产品市场的竞争程度影响劳动力需求弹性，即所谓的替代效应与规模效应（盛斌和牛蕊，2009），外部环境变化给中国贸易开放带来严峻压力，进而导致对劳动力需求的变动。采用各省际单位进出口总额占地区生产总值的比重衡量外部环境变化，数据来自历年《中国统计年鉴》。

表4-1　　　　　　　　　　各变量的统计性描述

变量	均值	最小值	最大值	标准差
劳动力需求 LD	2211.798	107.240	6726.000	1560.039
经济增速 GDPG	10.176	-2.532	34.713	3.225
产业结构优化 ES	0.955	0.368	4.165	0.468
经济增长方式转变 TFP	14.803	5.985	40.222	6.809
外部环境变化 TRADE	27.965	0.009	304.135	39.853

选取1987—2016年中国省际面板数据为研究样本，获得的样本量为930个。表4-1为各变量的描述性统计结果。1987—2016年，中国31个省际单位的平均就业人数为2211.798万人，其中1987年西藏自治区就业人数最低，为107.240万人，2016年河南省就业人数最高，为6726万人。由于就业人数为绝对数指标，考虑绝对数取对数不会改变原有数列的趋势，在进行计量分析时，对就业人数进行取自然对数处

理以消除异方差性。

二 VAR 模型的实证结果分析

1. 单位根检验

在建立 VAR 模型前，首先对模型各变量进行平稳性检验以尽可能减少因数据不平稳造成的伪回归问题。采用 Levin–Lin–Chu（LLC）单位根检验方法检验劳动力需求 LD、经济增速 GDPG、产业结构优化 ES、经济增长方式转变 TFP 以及外部环境变化 TRADE 的平稳性。表 4-2 的检验结果显示，模型所有变量都在 5% 的水平下通过了显著性检验，不存在单位根，可以直接进行回归估计。

表 4-2　　　　　各变量的单位根检验结果

变量	LLC 检验值	P 值	截距项	趋势项	检验结果
劳动力需求 LD	-7.6178	0.0000	不包含	不包含	平稳
经济增速 GDPG	-8.2817	0.0000	不包含	不包含	平稳
产业结构优化 ES	-4.7804	0.0000	不包含	不包含	平稳
经济增长方式转变 TFP	-10.8890	0.0000	不包含	不包含	平稳
外部环境变化 TRADE	-2.2547	0.0121	不包含	不包含	平稳

2. VAR 模型估计结果

根据 AIC 和 SC 准则，将变量滞后期确定为二阶。模型估计结果如表 4-3 所示。

由表 4-3 中列（1）可知，经济增速 GDPG、产业结构优化 ES、经济增长方式转变 TFP、外部环境变化 TRADE 以及劳动力需求滞后期的估计系数大部分在 1% 统计水平下显著。劳动力需求的滞后一期和滞后二期的回归系数分别为 0.8109 和 0.2248，表明中国劳动力需求在一定时期内具有惯性，当期的劳动力需求水平极有可能受到前期劳动力需求的影响。

经济增速 GDPG 的滞后一期会对劳动力需求产生显著的正向影响，滞后二期的估计系数虽为正，但未通过显著性检验。根据第三章第一节对中国整体就业弹性的测算发现，2005—2016 年，中国就业弹性系数为 0.04，GDP 每增长 1 个百分点，就业人数增加 0.04 个百分点。运用

表4-3　　　　　　　　　　VAR 模型估计结果

变量	LD (1)	GDPG (2)	ES (3)	TFP (4)	TRADE (5)
L.LD	0.8109*** (16.998)	0.6354*** (4.117)	0.1694** (2.407)	-12.2670 (-0.873)	8.7567*** (4.732)
L2.LD	0.2248*** (4.667)	0.2402 (1.259)	-0.1133 (-1.234)	-0.8581 (-0.602)	-0.0745 (-0.077)
L.GDPG	0.1134*** (3.023)	1.4399*** (13.548)	0.2912*** (6.073)	1.3107 (1.082)	-0.5620* (-1.679)
L2.GDPG	0.0011 (0.078)	-0.1211 (-0.647)	0.1238 (1.368)	4.9247*** (3.568)	0.1052 (0.247)
L.ES	0.7577*** (7.697)	0.7900*** (8.338)	0.0095 (0.225)	0.9316 (1.111)	13.8617*** (4.201)
L2.ES	0.6387*** (8.139)	0.3649*** (5.005)	-0.0390 (-1.580)	2.8781*** (4.349)	-2.3673 (-1.640)
L.TFP	-0.0337*** (-4.818)	-0.0343*** (-7.449)	0.0249*** (7.384)	0.0255*** (5.869)	0.4443*** (3.865)
L2.TFP	0.0474*** (11.454)	0.0502*** (10.592)	-0.0126*** (-6.214)	-0.0131*** (-7.243)	0.0142 (0.092)
L.TRADE	0.0017*** (7.099)	-0.0065*** (-3.866)	-0.0004 (-0.596)	-0.0375** (-2.309)	0.0619* (1.715)
L2.TRADE	-0.0014*** (6.033)	0.0014 (0.706)	0.0004 (0.447)	-0.0424*** (-2.994)	0.0608*** (4.225)

注：①L.LD、L.GDPG、L.ES、L.TFP 和 L.TRADE 分别表示相应的滞后一期；L2.LD、L2.GDPG、L2.ES、L2.TFP 和 L2.TRADE 分别表示相应的滞后二期。

②*、**和***分别表示在10%、5%和1%的显著性水平下通过检验；括号内数值为t值。

1987—2016 年中国省际面板数据建立 VAR 模型得到的经济增速一阶滞后项的估计系数为 0.1134，表明中国经济增长带来的就业吸纳数量呈下降趋势。金碚等（2010）的研究发现，1990—2007 年，每亿元 GDP 吸纳就业人数从 3.49 万人下降到 0.77 万人，其中，每亿元第一产业增加值、第二产业增加值、第三产业增加值吸纳的就业人数分别从 7.69 万人、1.80 万人和 2.08 万人下降到 3.24 万人、0.35 万人和 0.79 万人。表4-3中列（2）显示，劳动力需求的滞后一期对经济增速有显著正向影响。因此，劳动力需求与经济增长之间存在相互依赖关系，不仅经济增长对劳动力需求有带动作用，充分就业也可促进经济增长。

产业结构优化 ES 的滞后一期和滞后二期均对劳动力需求产生显著正向影响。第三章第一节对中国三次产业就业弹性的测算发现，第三产业的就业弹性系数明显高于第二产业的就业弹性系数，第三产业具有更大的劳动力吸纳空间。当地区经济发展由工业化阶段结构（ES<1）调整至服务化阶段结构（ES>1）时，产业结构优化对劳动力的需求量会随之扩张。表4-3中的列（3）显示，劳动力需求的满足反过来又能促进产业结构优化升级。

经济增长方式转变 TFP 的滞后一期会对劳动力需求产生显著负向影响，滞后二期会对劳动力需求产生显著正向影响。表明短期内技术进步的就业破坏效应占据主导地位，随后技术进步的就业创造效应会占据主导地位。Aghion 和 Howit（1994）详细分析了技术进步就业破坏效应发生作用的直接和间接机制。一方面，在岗位空缺率不变的情况下，技术进步的提高将直接缩短现有工作的存续期限，提高就业的破坏率，导致整体失业水平上升；另一方面，在经济增长率提高、人力资本投入价格将以更快速度增长的情况下，技术进步的收益会减少，进而抑制企业进入市场和提供更多空缺岗位的积极性。Vivarelli（1995）和 Petit（1995）提出技术进步通过五种机制促进就业：一是技术进步促进新产品和新生产部门的出现促进就业机会增加；二是对新机器的需求促使资本品生产部门创造出新的就业机会；三是技术进步导致产品单位成本和价格下降进而促进需求、生产和就业的增加；四是实施技术进步的企业将获得的超额利润用于再投资进而促进生产和就业增加；五是技术进步导致生产率提高、工资上升进而刺激消费和就业增长。

外部环境变化滞后一期对劳动力需求产生显著正向影响，滞后二期对劳动力需求产生显著负向影响，进出口贸易是影响中国劳动力需求的重要因素，这与既有研究文献的研究结论一致。盛斌和牛蕊（2009）、魏浩等（2013）研究结果表明，进口提高劳动力需求弹性，但出口降低劳动力需求弹性，出口对劳动力需求具有正向作用。李小萌等（2016）的研究也发现，出口贸易显著促进第二产业和第三产业就业，但对第一产业就业的影响有限;进口贸易对第二产业就业存在一定抑制作用,对第一产业和第三产业就业影响不显著。

3. 脉冲响应分析

在 VAR 模型中,当内生变量决定方程的误差项发生变化,即受到外生冲击时,冲击首先影响内生变量,进而通过影响内生变量对解释变量有反馈作用,这种不断的震荡反馈分析方法就是脉冲响应分析。本书在建立的 VAR 模型基础上,运用脉冲响应方法进一步分析经济新常态下经济增速减缓、产业结构优化、经济增长方式转变和外部环境变化多态叠加对劳动力需求的动态冲击效应。图 4-1 至图 4-4 分别是劳动力需求 LD 对经济增速 GDPG、产业结构优化 ES、经济增长方式转变 TFP 和外部环境变化 TRADE 的一个标准差信息冲击后前 10 期的脉冲响应函数。可以看出,脉冲响应图全部收敛,表明 VAR 模型稳定,可用于分析。

图 4-1 显示,当在本期给经济增速一个正向冲击后,劳动力需求在第一期达到最大的正响应之后逐渐收敛。表明经济增速的提高会对劳动力需求带来明显的推动作用,但在长期,这种推动作用将会越来越弱。

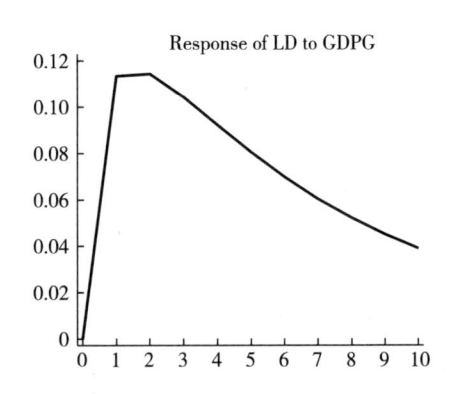

图 4-1 经济增速调整对劳动力需求的脉冲响应

图 4-2 显示,当在本期给产业结构一个正向冲击后,即第三产业与第二产业的产值之比提高后,劳动力需求迅速增加,并在第二期达到最大的正响应后逐渐收敛。

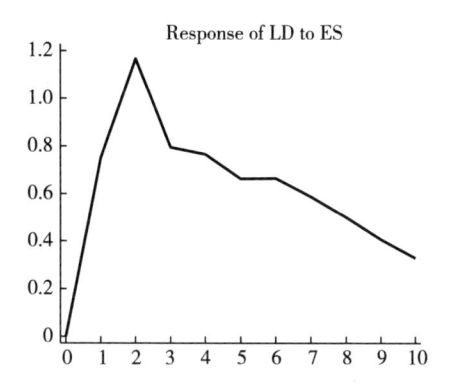

图4-2 产业结构优化对劳动力需求的脉冲响应

图4-3显示，当在本期给经济增长方式转变一个正向冲击，即以TFP衡量的技术进步提高后，劳动力需求首先会急剧下降，表明技术进步对劳动力需求的破坏效应首先得到充分体现；第二期，劳动力需求由负转为正，说明技术进步的劳动力需求创造效应占据主导地位；第三期至第五期，技术进步对劳动力需求的正向响应开始减弱，即技术进步的劳动力需求创造效应逐渐减弱；第六期和第七期对劳动力需求的正向冲击有所增加，随后技术进步冲击导致的劳动力需求的正向响应逐渐收敛。

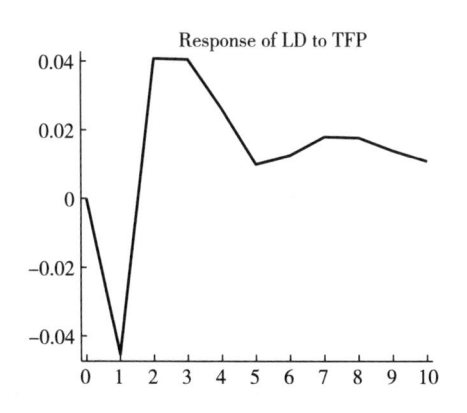

图4-3 经济增长方式转变对劳动力需求的脉冲响应

图4-4显示，当在本期给外部环境变化一个正向冲击，即提高进

出口总额占 GDP 的比重后，劳动力需求在第一期和第二期形成正响应，在第三期和第十期形成负响应，并在第一期和第四期分别达到最大正响应和最大负响应。即进出口比重的提高在短期内会提高劳动力需求，但在长期内对劳动力需求存在负效应。

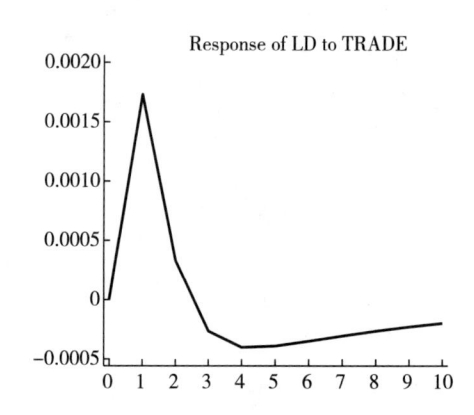

图 4-4　外部环境变化对劳动力需求的脉冲响应

4. 方差分解

脉冲响应函数描述了 VAR 模型中一个内生变量的冲击给劳动力需求变量所带来的动态影响过程，但是如果要检验每一个结构冲击对劳动力需求变量变化的贡献度，评价不同结构冲击对劳动力需求影响的重要性，需要建立方差分解模型。为揭示经济增速减缓、产业结构优化、经济增长方式转变和外部环境变化在劳动力需求动态变化中的相对重要性，本书基于 VAR 模型进行方差分解，分解结果见表 4-4。

表 4-4 显示，劳动力需求的波动在第一期只受自身波动的影响，经济增速调整、产业结构优化、经济增长方式转变和外部环境变化多态叠加对预测方差的贡献度在第二期才开始显现出来，且这种冲击相对于劳动力需求自身的影响较为微弱。从第二期至第十期，劳动力需求自身的影响虽从 92.4327% 持续下降至 83.2163%，但劳动力需求自身波动冲击一直稳定在 80% 以上。如果不考虑劳动力需求自身的贡献率，各解释变量对劳动力需求的贡献率呈经济增速、产业结构优化、技术进步、贸易依存度递减特征。经济增速对劳动力需求的贡献率最大，第二

期为4.0447%，此后呈现逐步增强态势，第十期为10.0257%；产业结构优化对劳动力需求的贡献率也呈现逐步增强态势，第二期至第十期，贡献率从2.5949%上升至6.2468%；以TFP衡量的技术进步对劳动力需求的贡献率始终持续递减，最大值是第二期的0.7852%，第十期的贡献率为0.4197%；以进出口比重衡量的外部环境变化对劳动力需求的贡献率最小，且随着时间的延续，影响程度持续减弱，贡献率由第二期的0.1425%下降至第十期的0.0915%。

表4-4　　　　　　　　　劳动力需求方差分解

时期	ΔLD	$\Delta GDPG$	ΔES	ΔTFP	$\Delta TRADE$
1	1	0	0	0	0
2	0.924327	0.040447	0.025949	0.007852	0.001425
3	0.889011	0.063283	0.040368	0.006179	0.001159
4	0.868041	0.076775	0.048793	0.005371	0.001020
5	0.855003	0.085253	0.053845	0.004928	0.000970
6	0.846536	0.090802	0.057061	0.004654	0.000947
7	0.840845	0.094543	0.059206	0.004472	0.000934
8	0.836915	0.097129	0.060683	0.004348	0.000925
9	0.834145	0.098952	0.061724	0.004260	0.000919
10	0.832163	0.100257	0.062468	0.004197	0.000915

注：ΔLD、$\Delta GDPG$、ΔES、ΔTFP和$\Delta TRADE$分别表示各内生变量对系统预测方差的贡献度，每行结果相加等于1。

第二节　人口转型背景下的中国劳动力供给预测分析

本节在对中国未来30年的人口规模与人口结构进行预测的基础上，重点对未来30年的劳动力供给规模与供给结构进行预测分析，为政府深入认识与掌握未来中国人口与劳动力演变规律，并通过制定适宜的人口与劳动力供给政策，应对人口转型对劳动力市场供给的冲击提供实证证据。

一 人口转型背景下的中国人口预测分析

1. 人口预测模型选择

本书采用被国内外学者广泛应用于中国人口预测研究的人口—发展—环境分析模型（PDE），通过假设在多种状态下各年龄段不同的人口死亡率、生育率，预测中国未来总人口规模和人口结构的变化。

预测模型的数学表达式为：

$$P_t = P_{t-1} + P_{bt} - P_{dt} + P_{it} = P_{t-1} \cdot (1-d_t) + P_i + P_{bt}$$
$$= P_{t-1} \cdot (1-d_t) + P_i + (P_{t-1} \cdot R_{t-1} + R_i \cdot P_i) \cdot B_t$$
$$= \sum_{n=1}^{100} P_{n(t-1)} \cdot (1-d_{nt}) + \sum_{n'=15}^{50} (P_{n(t-1)} \cdot R_{n(t-1)} \cdot R_{ni} \cdot P_{ni}) \cdot B_{nt}$$

$$(4-6)$$

式（4-6）中，P_t、P_{t-1}、$P_{n(t-1)}$分别表示第 t 年、第 t-1 年、第 t-1 年年龄为 n 的人口数量；P_{bt}、P_{dt}、P_{it}分别表示第 t 年出生人口数量、死亡人口数量、净迁入人口数量；d_t、d_{nt}分别表示死亡率、年龄为 n 的死亡率；R_{t-1}、$R_{n(t-1)}$、R_i、R_{ni}分别表示 t-1 年女性占总人口比例、t-1 年年龄为 n 的女性占总人口比例、净迁入人口中女性比例、净迁入人口中年龄为 n 的女性占总人口比例；B_t、B_{nt}分别表示出生率、年龄为 n 的妇女生育率。

2. 中国人口规模预测

（1）基期数据选取和参数设置。本书选取 2010 年中国第六次全国人口普查数据作为基期数据，将所有人口按每 5 岁分为一组，0 岁新生人口起算，由于 100 岁及其以上人口占总人口基数的比重极小，故将此合并为一组，共二十一组。

根据 PDE 模型的数学表达式，参数设置和预测主要涉及生育率、死亡率、性别比和净迁入率等。考虑到中国诸如生育政策等具体政策变化，部分参数进行一定调整以适应中国国情，并对中国未来人口变化趋势作出科学预测。

生育率：学界普遍认同 2010 年全国人口普查出生人口登记数据存在漏报，王金营（2003）估计了各地区出生人口漏报情况，得出全国总体水平出生人口漏报率为 2.93%，并提出调整后的生育率计算公式：

$$TFP = \frac{B}{1-Q} = \frac{B}{1-\sum_{i=1}^{31} W_i Q_i} \qquad (4-7)$$

式（4-7）中，TFP、B、Q、W_i、Q_i 分别表示调整后的生育率、调整前的生育率、全国总漏报率、各省际单位漏报率的权重、各省际单位漏报率。

表4-5是对生育率进行调整后得到的调整后总和生育率和分年龄组生育率。发现调整前后，25—29岁和20—24岁年龄组生育率均最高，30岁及以上女性人口组生育率大幅下降；调整后，25—29岁和20—24岁年龄组生育率分别提高2.54个和2.10个千分点，但30岁及以上年龄组生育率提高幅度极其有限。

表4-5　　　　生育率调整前后各年龄组生育率及总和生育率　　　　单位：‰

年龄组（岁）	15—19	20—24	25—29	30—34	35—39	40—44	45—49	总和生育率
调整前生育率	5.93	69.47	84.08	45.84	18.71	7.51	4.68	1181.10
调整后生育率	6.11	71.57	86.62	47.22	19.27	7.74	4.82	1216.75

资料来源：根据2010年第六次全国人口普查数据和式（4-7）计算。

随着中国二胎生育政策的全面实施，预期未来生育率会有小幅上升，以此作为中生育率方案。考虑到在不同生育率水平下，人口总量和人口结构均会发生变化，为此分别将不同生育率水平下，各年龄组的生育率及总和生育率的状况进行对比分析。一种是维持生育政策放宽前的生育率水平，即低生育率水平下各年龄组的生育率及总和生育率。另一种是未来施行宽松生育政策，生育率上升幅度不同程度提高，即中生育率和高生育率下各年龄组的生育率及总和生育率。由此得到低生育率、中生育率和高生育率三种生育率方案下，各年龄组生育率及总和生育率的预测数据。

表4-6显示，中生育率方案下，预测2020年前后，20—24岁和25—29岁年龄组生育率仍最高，30岁及以上女性人口组生育率大幅下降，生育率提高幅度仍有限。高生育率方案下，各年龄组的生育率预测显示，2015年前、2015—2020年及2020年后，20—24岁和25—29岁

年龄组生育率仍最高，30岁及以上女性人口组生育率大幅下降，生育率提高幅度仍有限。从总和生育率看，根据第六次全国人口普查出生率数据调整的2020年前总和生育率为1216.75‰，中生育率和高生育率方案下，2020年后的总和生育率分别为1905.70‰和2290.13‰，总和生育率分别提高588.95个和973.38个千分点。

表4-6 中生育率与高生育率方案下2020年前后各年龄组生育率及总和生育率　　　　　　　　单位:‰

	年龄组（岁）	15—19	20—24	25—29	30—34	35—39	40—44	45—49	总和生育率
中生育率方案	2020年前生育率	6.11	71.57	86.62	47.22	19.27	7.74	4.82	1216.75
	2020年后生育率	11.46	128.6	136.77	63.24	24.19	10.20	6.68	1905.70
高生育率方案	年龄组（岁）	15—19	20—24	25—29	30—34	35—39	40—44	45—49	总和生育率
	2015年前生育率	6.11	71.57	86.62	47.22	19.27	7.74	4.82	1216.75
	2015—2020年生育率	11.46	128.6	136.77	63.24	24.19	10.20	6.68	1905.70
	2020年后生育率	13.76	154.61	164.67	76.06	28.91	12.10	7.92	2290.13

资料来源：根据2010年第六次全国人口普查数据、表4-5数据和孟令国（2014）二胎化调整公式计算得到。

死亡率：随着经济社会发展和医疗水平提高，中国整体及各年龄组死亡率均平稳下降，目前中国人口死亡率维持在7‰左右。考虑到中国人口基数大且分布不均，各年龄组之间死亡率及其变化存在明显差异，本书对不同年龄组未来人口死亡率[①]分别进行预测。

表4-7的预测结果显示，中国各年龄组的死亡率均随时间呈逐渐下降并趋于逐步稳定的趋势。从不同时间区间段各年龄组人口的死亡率预测结果看，均呈现"V"形变动趋势，即0—4岁年龄组死亡率较高，5—

---

① 目前，主流的死亡率预测模型主要分为确定型死亡率模型和随机死亡率模型，确定型死亡率模型仅考虑死亡率与年龄的关系，随机死亡率模型还同时考虑死亡率随时间变化的趋势，因而更接近死亡率变动不确定性的实际。Lee-Carter模型、APC模型、Cairns-Blake-Dowd模型以及在此基础上的扩展模型是目前主流应用的几个随机死亡率模型。

9岁年龄组死亡率迅速下降,此后人口死亡率随年龄增加逐渐增加。

表4-7　　　　　　中国各年龄组人口死亡率预测值　　　　单位:%

年龄组	2015—2020年	2021—2025年	2026—2030年	2031—2035年	2036—2040年	2041—2045年	2046—2050年
0—4岁	0.209	0.167	0.135	0.128	0.123	0.119	0.117
5—9岁	0.030	0.023	0.018	0.017	0.016	0.016	0.016
10—14岁	0.032	0.025	0.023	0.022	0.021	0.020	0.020
15—19岁	0.054	0.049	0.043	0.041	0.039	0.038	0.037
20—24岁	0.070	0.065	0.059	0.056	0.054	0.052	0.051
25—29岁	0.088	0.080	0.074	0.070	0.067	0.065	0.064
30—34岁	0.108	0.105	0.097	0.092	0.088	0.086	0.084
35—39岁	0.137	0.133	0.130	0.124	0.119	0.115	0.113
40—44岁	0.182	0.168	0.159	0.151	0.145	0.141	0.138
45—49岁	0.282	0.257	0.239	0.227	0.218	0.211	0.207
50—54岁	0.370	0.338	0.303	0.288	0.276	0.278	0.263
55—59岁	0.564	0.490	0.445	0.423	0.406	0.394	0.386
60—64岁	0.930	0.815	0.756	0.718	0.689	0.669	0.655
65—69岁	1.577	1.430	1.289	1.225	1.176	1.140	1.117
70—74岁	2.690	2.396	2.178	2.069	1.986	1.927	1.888
75—79岁	4.590	4.212	3.891	3.696	3.549	3.442	3.373
80—84岁	7.348	6.823	6.278	5.964	5.726	5.554	5.443
85—89岁	11.548	10.743	10.234	9.722	9.333	9.053	8.872
90—94岁	18.350	17.198	16.385	15.566	14.943	14.495	14.205
95—99岁	21.779	20.189	18.565	17.637	16.931	16.423	16.095
100岁及以上	27.445	24.586	2.043	1.941	1.807	1.807	1.771

资料来源:根据2010年第六次全国人口普查数据和孟令国(2014)的方法,采用加入出生年效应的两因素死亡率拓展模型预测得到。

性别比:中国人口性别比长期偏离104—107的正常性别比范围,2010年人口性别比为119.13,如果到2050年前中国人口性别比基本达到正常比例,新生人口性别比应为107。

净迁入率:改革开放以来,虽然中国在国际间人口交流频繁,但变更国籍或长期居住地的迁入与迁出人口占中国总人口的比重极小，考虑到本书侧重对中国整体人口规模与结构变动的预测，不考虑国内地区间人口迁移，因此假设人口净迁入率为零。

（2）人口规模预测结果。表4-8显示，不同生育率方案对中国未来人口规模影响显著，生育率的高低及生育政策放开程度的不同，在长期中会拉大未来人口总规模的差异。2015—2050年，实行低生育率、中生育率及高生育率方案下，中国人口预测总规模将从2015年的1366146224人分别减少（或增加）至2050年的1267456812人、1421093305人和1533088821人，分别增长-7.22%、4.022%和12.22%。在仍实行计划生育政策的低生育率方案下，中国总人口规模会在2025—2030年达到峰值，然后持续快速下降；放开生育政策后的中生育率与高生育率方案能显著提高未来人口总规模，并预计均能延长人口峰值至2035年后，此后人口总规模下降速度减缓，特别是高生育率方案下人口总规模变化较为平稳。

表4-8　2015—2050年三种不同生育率方案下的中国人口规模预测　单位：人

年份	低生育率方案	中生育率方案	高生育率方案
2015	1366146224	1366146224	1366146224
2020	1393759336	1393759336	1430607415
2025	1406912230	1436945392	1491063614
2030	1403616125	1458580644	1527223863
2035	1387403747	1465923227	1547901829
2040	1359614267	1460857879	1543669287
2045	1319934751	1443690613	1538152671
2050	1267456812	1421093305	1533088821

资料来源：根据基准数据预测出生率、死亡率等参数及式（4-7）的人口预测模型得到。

3. 中国人口结构预测

表4-9显示，2015—2050年，在低生育率、中生育率与高生育率方案下，青壮年人口比重将从73.2%分别下降至55.5%、55.0%和56.3%。低生育率方案下，14岁以下少儿人口所占比重呈持续快速下

降趋势，2015—2050 年，中国少儿人口和青壮年人口比重均呈持续下降趋势，分别从 15.5% 和 73.2% 下降到 9.2% 和 55.5%，分别下降 40.645% 和 24.18%，少儿人口下降比重远远高于青壮年人口下降比重，中国面临未来劳动力人口储备不足的严峻压力；65 岁及以上老年人口比重从 11.3% 上升到 35.3%，上升 212.39%，老年人口将超过总人口的 1/3。中生育率方案下，少儿人口比重呈缓慢下降趋势，2045—2050 年，少儿比重基本维持在 13% 以上水平，但老龄化比重仍高达 31.5%。高生育率方案下，少儿人口比重呈先增后降的倒"U"形变动趋势，少儿人口比重比低生育率和中生育率方案下分别提高 5.3 个和 1 个百分点，在一定程度上可以减缓青壮年人口比重下降的压力，老年人口比重比低生育率和高生育率下的老年人口比重分别下降 6.3 个和 2.1 个百分点，但人口老龄化比重仍高达 29.2%。

表 4-9　　2015—2050 年不同生育率方案下中国人口结构预测　　单位:%

年份	低生育率方案			中生育率方案			高生育率方案		
	0—14 岁	15—64 岁	65 岁及以上	0—14 岁	15—64 岁	65 岁及以上	0—14 岁	15—64 岁	65 岁及以上
2015	15.5	73.2	11.3	15.5	73.2	11.3	15.5	73.2	11.3
2020	14.8	70.5	14.7	14.8	70.5	14.7	17.0	68.7	14.3
2025	13.3	69.3	17.4	15.1	67.8	17.1	18.2	65.4	16.4
2030	12.1	66.3	21.6	15.4	63.9	20.7	19.2	61	19.8
2035	10.6	62.9	26.5	15.4	59.5	25.1	17.5	58.7	23.8
2040	9.7	59.6	30.7	13.9	57.6	28.5	15.0	58	27.0
2045	9.3	57.7	33.0	13.3	56.4	30.2	14.2	57.5	28.3
2050	9.2	55.5	35.3	13.5	55.0	31.5	14.5	56.3	29.2

综上所述，各种生育率方案下，15—64 岁青壮年人口比重下降的趋势及 65 岁及以上人口老龄化趋势均不可逆转，中国将面临劳动力供给减少与人口老龄化程度提高的双重压力。但随着生育率水平提高，中国人口重度老龄化趋势会有所放缓，少儿人口比重的提高对劳动力供给短缺的状况有一定程度的缓解。

本书选择 2030 年和 2050 年两个代表性年份，分别绘制人口金字塔图，进一步考察不同生育率方案下未来不同年龄与性别结构的人口供给状况。

图4-5和图4-6显示，在低生育率方案下，2030年，40—44岁年龄组和60岁左右老年人群占总人口的比重明显高于其他年龄组，至2050年后，这两个年龄组的人口均将成为高龄老年人口的重要组成部分。由于生育率过低，新生人口逐年减少，2050年40岁以下人口呈现明显的年龄组人口数量递减趋势，未来劳动力供应将面临严峻的短缺状况。与此同时，40—60岁年龄段劳动力还存在男性人口与女性人口数量上的失衡，且在短期内无法改变。比较图4-5和图4-6发现，到2050年，大量青壮年人口的老龄化趋势明显，若保持人口生育率与人口死亡率不变，中国人口"倒三角"形态将很快显现。

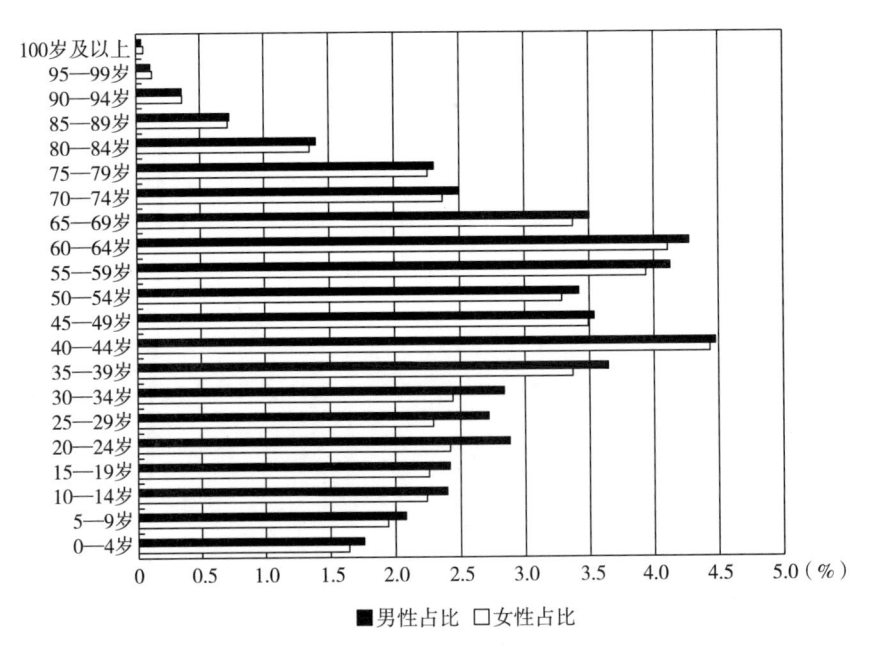

图4-5 低生育率方案2030年分年龄、分性别人口结构预测

图4-7和图4-8显示，在中生育率方案下，得益于放开二胎生育政策使生育率有一定程度的提高，2030年和2050年，青少年人口比重均维持在一个较为平稳的水平，没有出现迅速下降的趋势。比较图4-7和图4-8发现，中生育率方案下，若保持人口生育率与人口死亡率

不变，人口结构未出现明显"倒三角"形态，人口结构整体较为均衡。

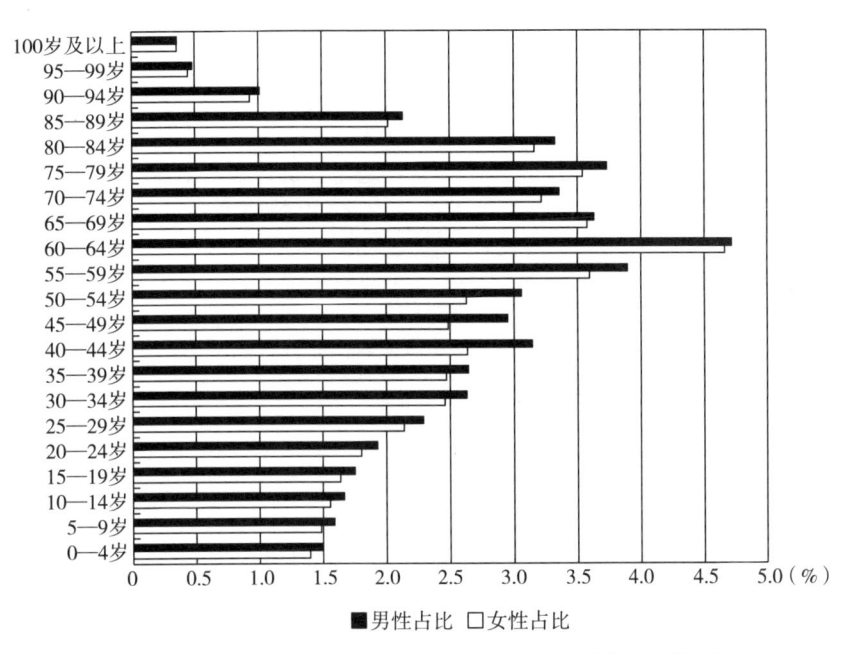

图4-6 低生育率方案2050年分年龄、分性别人口结构预测

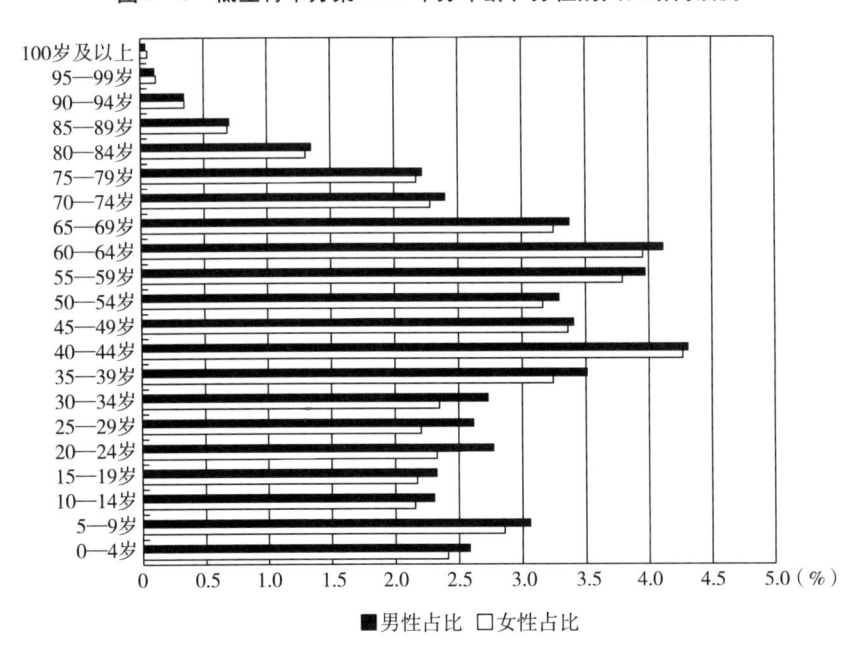

图4-7 中生育率方案2030年分年龄、分性别人口结构预测

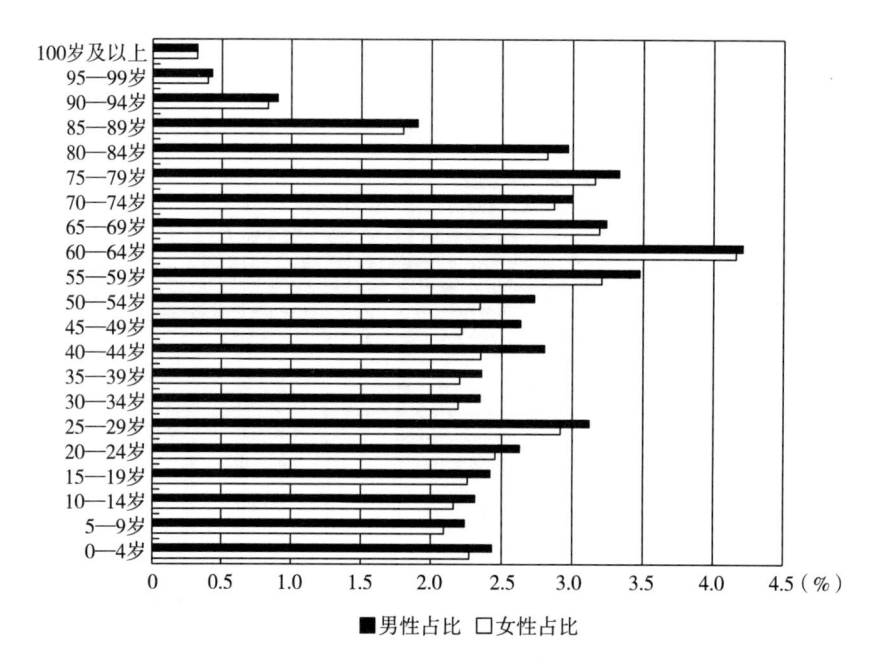

图4-8 中生育率方案2050年分年龄、分性别人口结构预测

图4-9和图4-10显示，在高生育率方案下，2030年，受到国家此前尚未放开"二胎"政策的影响，中国15—34岁青年人口在总人口中所占比重相对较少；受国家全面放开"二胎"生育政策的影响，0—14岁少儿人口所占比重增长明显，中国总体人口结构呈现"S"形。2050年，中国人口年龄结构"S"形分布更加呈现代际规律，但中青年人口中仍存在一定的性别比失衡问题。高生育率方案下，在老年人口总规模仍然较大的同时，劳动年龄人口和少儿人口所占比重较高，能在一定程度上缓解劳动力供给的短缺状况。

通过对不同生育率方案下中国分年龄、分性别的人口结构预测发现，在三种生育率水平下，中国60—64岁年龄段人口占总人口的比重均较高，但人口老龄化程度随着生育率的提高稍有缓解。随着生育率水平提高，2050年，中国65岁及以上老龄人口占总人口的比重有所下降，中国重度老龄化趋势虽然仍不可逆转，但受生育率水平提高的影响会有所放缓，随着生育率提高带来的年轻人口比重的显著提高会给整个经济社会发展带来新活力。

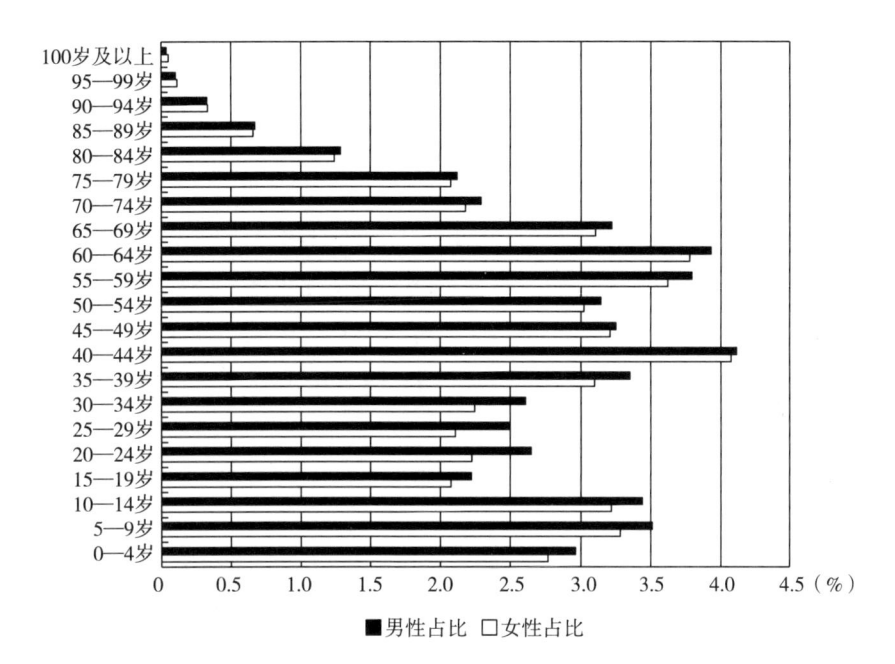

图4-9 高生育率方案2030年分年龄、分性别人口结构预测

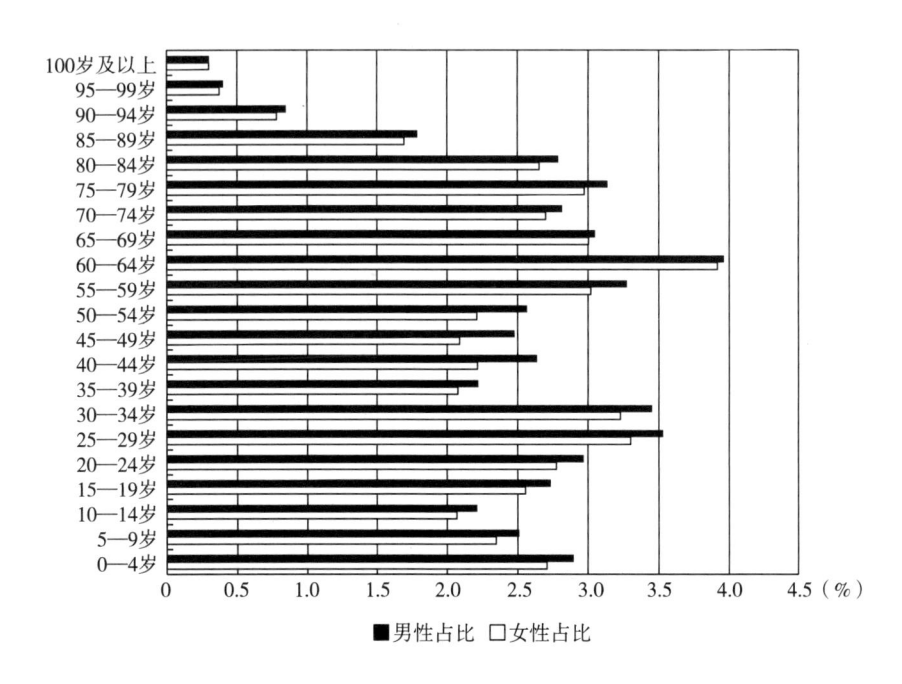

图4-10 高生育率方案2050年分年龄、分性别人口结构预测

二 人口转型背景下中国劳动力供给预测分析

本节从规模与结构双重视角,对2015—2050年中国劳动力供给状况进行预测,揭示中国未来劳动力供给的新表现与新特点。

1. 中国劳动参与率的预测

劳动参与率是指年龄在15岁及以上的人口中从事经济活动的人口比率,反映一定范围内人们参与社会经济活动的程度。劳动参与率的高低受人口教育水平、社会保障水平、收入增长、产业结构变化等众多因素影响,不同性别、不同年龄的劳动参与率也存在差异。

表4-10 世界各主要国家选择年份劳动参与率比较   单位:%

国家和地区 \ 年份	2001	2005	2010	2011	2012	2013	2014
中国	76.46	74.24	71.25	70.84	70.70	70.68	70.63
世界	65.27	64.10	62.38	64.43	62.53	61.64	61.80
经合组织	60.00	60.06	60.00	59.90	60.00	59.94	59.65
美国	66.82	66.05	64.71	64.11	63.70	63.25	62.89
日本	62.02	60.42	59.64	59.31	59.06	59.32	59.44
法国	55.50	56.24	56.51	56.26	56.47	56.45	56.24
英国	61.55	62.27	62.35	62.33	62.47	62.61	62.68
德国	57.48	58.42	59.37	60.09	60.07	60.35	60.41
俄罗斯	64.20	60.43	67.64	68.30	68.70	68.53	68.88
韩国	61.43	61.99	60.97	61.14	61.33	61.46	62.42
巴西	67.01	56.57	57.08	57.06	57.33	57.07	55.99
南非	57.36	56.95	54.34	54.36	54.81	56.77	53.31

资料来源:世界银行数据库,2017年。

世界银行数据库的数据显示,1995—2015年,中国劳动参与率由77.45%降低到70.69%,降低6.76个百分点,降幅达8.73%。其中,男性与女性劳动参与率分别由84.82%和72.78%下降至77.93%和63.58%,分别下降6.89个和9.2个百分点;女性劳动参与率不仅持续低于男性,且下降速度快于男性。受人口平均受教育程度显著提高的影响,中国15—24岁的年轻劳动力劳动参与率从1995年的75.49%下降到 2015 年的 54.28%，下降 21.21 个百分点，降幅达 28.1%。

表 4-10 显示，尽管中国人口劳动参与率持续降低，但与世界其他国家相比仍处于高位。发达国家和一些发展中国家的劳动参与率在 60% 左右，且随时间推移呈现出下降趋势，中国劳动参与率高于世界平均水平 10 个百分点左右。

本书通过已有数据建立模型，分别推测中国未来总体和分性别结构的劳动参与率。① 运用 Stata 软件得到时间序列的三个线性趋势模型，由此得到 2016—2050 年中国劳动参与率预测数据，结果如表 4-11 所示。

表 4-11　　　2015—2050 年选择年份中国总体及分性别的
劳动参与率预测结果　　　　　　单位:%

年份	总体劳动参与率	男性劳动参与率	女性劳动参与率
2015	70.69	77.93	63.58
2020	67.72	75.13	60.20
2025	65.57	73.30	57.77
2030	63.42	71.47	55.34
2035	61.27	69.64	52.91
2040	59.12	67.82	50.48
2045	56.97	65.99	48.05
2050	54.82	64.16	45.62

表 4-11 显示，未来 30 年内中国将面临劳动参与率持续下降的压力。2015—2050 年，中国总体劳动参与率、男性劳动参与率、女性劳动参与率均将呈持续下降趋势，分别从 2015 年的 70.69%、77.93% 和 63.58% 下降至 2050 年的 54.82%、64.16% 和 45.62%，分别下降 22.45%、17.67% 和 28.24%，女性劳动参与率较男性更低，且下降速度较男性更快。女性劳动参与率与男性劳动参与率之间的差距将从

---

① 历史数据来自世界银行数据库，世界银行只公布 1995—2015 年中国总体劳动参与率及 1990—2016 年中国男性、女性劳动参与率。

2015年的14.35个百分点扩大至2050年的18.54个百分点。在劳动力规模下降的情况下，劳动参与率的下降及其差异，将使劳动力供给规模与结构均面临更为严峻的压力。

考虑到中国人口转型中年龄结构变化对劳动参与率具有重要影响，本书对不同年龄组内不同性别的劳动参与率进行预测分析。借鉴王金营（2012）和沈飞（2014）的预测方法，将15岁及以上年龄人口每5岁划分为一组，共分为10组，划分方法与人口预测时保持一致。

表4-12显示，同一时期，中国整体劳动参与率随年龄增加呈先增后降的倒"U"形变动趋势。15—19岁年龄段劳动参与率最低，此后随年龄增加，各年龄段分组的劳动参与率逐渐增加，35—39岁年龄组劳动参与率最高，然后随年龄增加，各年龄段分组的劳动参与率缓慢下降，但60—64岁年龄组劳动参与率下降速度较快。2015—2050年各时间段，20—49岁年龄段劳动参与率基本保持在80%以上，均高于其他年龄段劳动参与率；年轻劳动者的劳动参与率下降较明显，其中20—24岁及25—29岁年龄组劳动参与率下降最快，分别下降近6个和5.5个百分点；60岁及以上老年劳动者劳动参与率短期内稳中略有下降，但2025年后出现上升态势，这主要归功于60岁及以上女性劳动参与率的上升，2050年大约稳定在45.6%；壮年劳动者2040年前劳动参与率下降较快，而后下降速度放缓。2015—2050年，35—49岁年龄组的劳动力劳动参与率在5—5.2个百分点波动，50—59岁年龄组劳动力劳动参与率波动稍小。同一时期，男性劳动参与率与总体劳动参与率变动趋势一致，均随时间呈下降趋势。15—54岁年龄段各年龄组女性劳动参与率随时间呈下降趋势，且下降速度较男性更快，但50—59岁及60—64岁年龄组女性劳动参与率均呈缓慢上升态势。

表4-12　　中国分年龄组、分性别的劳动参与率预测结果

年龄	2015年		2020年		2025年		2030年	
	男	女	男	女	男	女	男	女
15—19岁	0.313	0.288	0.309	0.285	0.305	0.281	0.301	0.277
20—24岁	0.871	0.826	0.860	0.822	0.844	0.814	0.832	0.802
25—29岁	0.944	0.837	0.936	0.833	0.923	0.825	0.912	0.812

续表

年龄	2015年		2020年		2025年		2030年	
	男	女	男	女	男	女	男	女
30—34岁	0.957	0.839	0.950	0.835	0.939	0.827	0.930	0.814
35—39岁	0.963	0.840	0.957	0.836	0.946	0.828	0.938	0.815
40—44岁	0.959	0.811	0.952	0.807	0.941	0.799	0.932	0.787
45—49岁	0.940	0.751	0.932	0.748	0.919	0.741	0.908	0.731
50—54岁	0.875	0.619	0.864	0.618	0.847	0.615	0.834	0.611
55—59岁	0.767	0.510	0.756	0.510	0.741	0.512	0.730	0.513
60—64岁	0.596	0.384	0.591	0.387	0.584	0.393	0.580	0.402

年龄	2035年		2040年		2045年		2050年	
	男	女	男	女	男	女	男	女
16—19岁	0.297	0.274	0.293	0.270	0.289	0.267	0.286	0.263
20—24岁	0.820	0.795	0.808	0.774	0.808	0.773	0.806	0.772
25—29岁	0.901	0.805	0.891	0.784	0.890	0.783	0.889	0.782
30—34岁	0.919	0.807	0.910	0.786	0.909	0.785	0.908	0.784
35—39岁	0.928	0.808	0.919	0.787	0.918	0.786	0.917	0.785
40—44岁	0.922	0.780	0.913	0.761	0.912	0.759	0.911	0.758
45—49岁	0.897	0.725	0.886	0.708	0.885	0.708	0.884	0.707
50—54岁	0.821	0.608	0.810	0.602	0.809	0.602	0.808	0.601
55—59岁	0.718	0.515	0.709	0.517	0.708	0.518	0.707	0.518
60—64岁	0.575	0.407	0.572	0.420	0.571	0.421	0.571	0.422

2. 中国劳动力供给规模预测

影响劳动力供给规模最直接的因素是适龄劳动人口及劳动参与率，两者的乘积即为劳动力供给数量。适龄劳动人口规模采用公认的15—64岁年龄段的人口数量，根据上一小节预测的低生育率、中生育率及高生育率三种生育率水平下中国适龄劳动人口数量，截取符合要求的年龄组人口作为适龄劳动人口，结合表4-11列出的劳动参与率数据，可估算出不同生育率方案下中国劳动力供给规模。

表4-13显示，未来中国劳动力供给将面临适龄劳动人口规模持续下降与性别结构性失衡的双重压力与挑战。2015—2050年，在低生育

表 4-13　不同生育率方案下 2015—2050 年选择年份中国劳动力供给规模预测　　单位：万人

生育率水平	年份	适龄总劳动人口	适龄男性劳动人口	适龄女性劳动人口
低生育率	2015	706807590	380809318	325029647
	2020	665785701	358957480	304228552
	2025	638685097	345252918	290604619
	2030	590899360	321444684	266717938
	2035	534295183	290540620	240650697
	2040	479492697	261908280	214473575
	2045	433697336	238052636	192455972
	2050	385885657	215676391	167772125
生育率水平	年份	适龄总劳动人口	适龄男性劳动人口	适龄女性劳动人口
中生育率	2015	706807590	380809318	325029647
	2020	665785701	358957480	304228552
	2025	638685097	345252918	290604619
	2030	590899360	321444681	266717941
	2035	534295183	290540620	240650697
	2040	497103228	271322926	222502903
	2045	464835286	254915269	206440171
	2050	428689697	239876442	186185625
生育率水平	年份	适龄总劳动人口	适龄男性劳动人口	适龄女性劳动人口
高生育率	2015	706807590	380809318	325029647
	2020	665785701	358957480	304228552
	2025	638685097	345252918	290604619
	2030	590899360	321444681	266717940
	2035	556677447	302313025	251034753
	2040	528931218	288257417	237074707
	2045	503724699	254915269	239240527
	2050	473340167	265119884	205393798

率、中生育率和高生育率水平下，中国适龄总劳动人口规模将从约 7.068 亿人分别下降为约 3.859 亿人、4.287 亿人和 4.733 亿人，分别下降 45.4%、39.34% 和 33%；高生育率水平下，适龄人口规模下降速

度比低生育率水平下低12.4个百分点,即提高生育率可在一定程度上缓解未来中国适龄总人口规模的下降速度。2015—2050年,低生育率、中生育率及高生育率水平下,适龄男性劳动人口和适龄女性劳动人口将分别从男性约3.808亿人和女性约3.250亿人下降至约2.157亿人、2.399亿人、2.651亿人和1.678亿人、1.862亿人、2.054亿人,分别下降43.36%、37.00%、30.38%和48.37%、42.71%、36.8%;低生育率、中生育率和高生育率方案下,女性适龄劳动人口下降幅度均高于男性,且男性劳动人口与女性劳动人口之间的比重差距分别为5.01个、5.71个和6.42个百分点,2050年中国适龄劳动人口中性别结构失衡严重。

3. 中国劳动力供给结构的预测

采用与劳动力供给规模相同的测算方法,进一步对中国2015—2050年分年龄组、分性别的劳动力供给结构进行估测,以考察人口结构变动对未来中国劳动力供给带来的结构性影响。

从表4-14显示的2015—2050年各种生育率水平下中国分年龄组、分性别的劳动供给预测结果发现,随着年龄增加,不同年龄组劳动力供给占比均呈现先增加后减少的倒"U"形变动规律。其中,15—19岁年龄组劳动力供给规模最小,此后随着年龄增加,不同年龄组劳动力供给占比有所增加,但55—64岁年龄段劳动力供给比重有所下降。整体而言,由于计划生育政策的放开,在原本年轻劳动力参与率有所下降的情况下,年轻劳动力供给在2035年前后趋于逐渐回升。中生育率水平下,15—19岁年轻劳动力供给在2040年前后开始回升,提高的比重超过一个百分点。高生育率水平下,15—19岁年轻劳动力供给在2035年前后开始回升,2040年后20—34岁劳动力供给提高较为显著,比同期中生育率水平下的比重提高1.7个百分点。中生育率及高生育率水平下,壮年劳动力供给较为稳定,女性劳动力增长速度略高于男性;中年及老年劳动力供给比重相对减少,但人口老龄化趋势仍不可逆转,2040年左右,55—64岁年老劳动力供给增加明显,如果加入延迟退休政策因素,老年人口参与工作的比重可能会小幅增加。

表 4-14　不同生育率水平下 2015—2050 年选择年份中国劳动力供给结构预测　　单位:%

生育率水平	年龄组	2015 年		2020 年		2025 年		2030 年	
		男	女	男	女	男	女	男	女
低生育率	15—19 岁	2.92	2.91	2.81	2.80	3.04	3.05	2.66	3.00
	20—24 岁	10.46	11.56	8.19	8.63	7.95	8.38	8.75	9.29
	25—29 岁	13.97	15.47	11.47	12.09	9.08	9.06	9.05	8.91
	30—34 岁	11.24	12.26	14.33	15.99	11.88	12.54	9.64	9.52
	35—39 岁	11.00	11.64	11.44	12.64	14.72	16.55	12.48	13.15
	40—44 岁	13.34	13.58	11.06	11.55	11.59	12.59	15.23	16.71
	45—49 岁	13.74	13.31	13.16	12.92	10.98	11.04	11.72	12.22
	50—54 岁	10.76	9.25	12.76	11.25	12.25	11.01	10.41	9.62
	55—59 岁	7.05	5.62	9.36	7.80	11.18	9.63	11.00	9.67
	60—64 岁	5.52	4.39	5.42	4.33	7.33	6.16	9.05	7.91
生育率水平	年龄组	2035 年		2040 年		2045 年		2050 年	
		男	女	男	女	男	女	男	女
低生育率	16—19 岁	2.90	3.06	2.66	2.90	2.34	2.62	2.25	2.61
	20—24 岁	8.12	8.88	8.50	9.50	7.80	8.96	6.97	8.42
	25—29 岁	10.17	10.12	9.49	9.62	9.95	10.36	9.12	10.12
	30—34 岁	9.78	9.61	11.04	10.85	10.28	10.38	10.72	11.66
	35—39 岁	10.30	10.24	10.50	10.27	11.82	11.68	10.88	11.73
	40—44 岁	13.13	13.62	10.86	10.55	11.05	10.65	12.84	12.09
	45—49 岁	15.66	16.63	13.50	13.51	11.15	10.54	11.70	10.64
	50—54 岁	11.28	10.94	15.08	15.04	13.01	12.29	11.09	9.56
	55—59 岁	9.51	8.70	10.36	10.10	13.88	13.80	12.35	11.27
	60—64 岁	9.13	8.19	8.01	7.66	8.72	8.72	12.08	11.91
生育率水平	年龄组	2015 年		2020 年		2025 年		2030 年	
		男	女	男	女	男	女	男	女
中生育率	15—19 岁	2.92	2.91	2.81	2.80	3.04	3.05	2.66	3.00
	20—24 岁	10.46	11.56	8.19	8.63	7.95	8.38	8.75	9.29
	25—29 岁	13.97	15.47	11.47	12.09	9.08	9.06	9.05	8.91
	30—34 岁	11.24	12.26	14.33	15.99	11.88	12.54	9.64	9.52
	35—39 岁	11.00	11.64	11.44	12.64	14.72	16.55	12.48	13.15

续表

生育率水平	年龄组								
中生育率	40—44岁	13.34	13.58	11.06	11.55	11.59	12.59	15.23	16.71
	45—49岁	13.74	13.31	13.16	12.92	10.98	11.04	11.72	12.22
	50—54岁	10.76	9.25	12.76	11.25	12.25	11.01	10.41	9.62
	55—59岁	7.05	5.62	9.36	7.80	11.18	9.63	11.00	9.67
	60—64岁	5.52	4.39	5.42	4.33	7.33	6.16	9.05	7.91

生育率水平	年龄组	2035年		2040年		2045年		2050年	
		男	女	男	女	男	女	男	女
中生育率	16—19岁	2.90	3.06	4.01	4.36	3.38	3.77	3.17	3.63
	20—24岁	8.12	8.88	8.38	9.36	11.32	12.90	9.70	11.55
	25—29岁	10.17	10.12	9.36	9.47	9.45	9.77	12.71	13.91
	30—34岁	9.78	9.61	10.89	10.68	9.76	9.78	9.77	10.49
	35—39岁	10.30	10.24	10.36	10.11	11.22	11.00	9.91	10.55
	40—44岁	13.13	13.62	10.71	10.40	10.48	10.03	11.70	10.87
	45—49岁	15.66	16.63	13.31	13.31	10.58	9.93	10.67	9.56
	50—54岁	11.28	10.94	14.87	14.82	12.34	11.58	10.10	8.60
	55—59岁	9.51	8.70	10.21	9.95	13.17	13.01	11.26	10.13
	60—64岁	9.13	8.19	7.90	7.54	8.28	8.22	11.01	10.71

生育率水平	年龄组	2015年		2020年		2025年		2030年	
		男	女	男	女	男	女	男	女
高生育率	15—19岁	2.92	2.91	2.81	2.80	3.04	3.05	2.66	3.00
	20—24岁	10.46	11.56	8.19	8.63	7.95	8.38	8.75	9.29
	25—29岁	13.97	15.47	11.47	12.09	9.08	9.06	9.05	8.91
	30—34岁	11.24	12.26	14.33	15.99	11.88	12.54	9.64	9.52
	35—39岁	11.00	11.64	11.44	12.64	14.72	16.55	12.48	13.15
	40—44岁	13.34	13.58	11.06	11.55	11.59	12.59	15.23	16.71
	45—49岁	13.74	13.31	13.16	12.92	10.98	11.04	11.72	12.22
	50—54岁	10.76	9.25	12.76	11.25	12.25	11.01	10.41	9.62
	55—59岁	7.05	5.62	9.36	7.80	11.18	9.63	11.00	9.67
	60—64岁	5.52	4.39	5.42	4.33	7.33	6.16	9.05	7.91

续表

生育率水平	年龄组	2035年 男	2035年 女	2040年 男	2040年 女	2045年 男	2045年 女	2050年 男	2050年 女
高生育率	16—19岁	4.46	4.70	4.57	4.94	4.04	3.77	3.44	3.90
	20—24岁	7.99	8.73	12.40	13.77	13.51	12.90	10.53	12.42
	25—29岁	10.01	9.95	8.87	8.92	16.74	9.77	13.81	14.95
	30—34岁	9.63	9.44	10.32	10.06	8.46	9.78	13.79	14.66
	35—39岁	10.14	10.07	9.81	9.53	9.72	11.00	8.96	9.44
	40—44岁	12.91	13.39	10.15	9.79	9.08	10.03	10.58	9.73
	45—49岁	15.41	16.35	12.62	12.54	9.17	9.93	9.64	8.56
	50—54岁	11.10	10.76	14.10	13.96	10.69	11.58	9.13	7.70
	55—59岁	9.36	8.56	9.68	9.37	11.41	13.01	10.17	9.06
	60—64岁	8.99	8.05	7.48	7.11	7.17	8.22	9.95	9.58

第三节 中国劳动力市场供需协调性测度与评价

本节综合考虑经济新常态下经济增速调整、结构升级、经济增长驱动力变化、外部环境变化多态叠加对劳动力需求的影响，以及人口转型对劳动力供给的影响，以中国31个省际单位为研究对象，构建劳动力市场供需协调发展模型，对中国劳动力市场供需协调发展的时空演化特征进行考察。

一 评价方法与数据说明

经济学理论认为，在完全竞争的要素市场，劳动力的供给与劳动力的需求在理论上存在一种动态平衡。分析劳动力供给系统与需求系统之间的复合关系，可采用耦合协调度模型、区间值判断法和熵变方程法等方法。本节选用成熟且应用较为广泛的耦合协调度模型，对中国劳动力市场的供需耦合协调度进行定量评价。

$$C = \left[\frac{Y \times X}{(Y+X)/2} \right]^k \quad (4-8)$$

$$T = \alpha Y + \beta X \quad (4-9)$$

$$D = \sqrt{C \times T} \quad (4-10)$$

式（4-8）、式（4-9）与式（4-10）中，C 为协调系数，Y 和 X 分别为中国劳动力市场的供给综合评价指数和需求综合评价指数，k 为调节系数，参照樊立惠等（2015）、张涛等（2016），取 k = 2；T 为劳动力市场供给规模和需求潜力的综合评价指数，反映劳动力市场的整体水平；α 和 β 为待定系数，本书认为劳动力市场供给规模和需求潜力的发展同等重要，因此选取 α = β = 0.5（樊立惠等，2015；张涛等，2016；杨林，2017）；D 为劳动力市场供需协调发展度。为明确劳动力市场供需关系，根据协调发展度和供需指数大小关系，进行进一步的协调等级和类型划分。参考樊立慧等（2015）和刘艳艳等（2018），将协调等级划分为失调、濒临失调、勉强协调、初级协调、中级协调、良好协调和优质协调七个等级。在协调发展等级为失调或濒临失调的条件下，当需求综合评价指数分别大于、等于和小于供给综合评价指数时，协调发展类型分别为供给损益型、供需共损型和需求损益型；在协调发展等级为勉强协调、初级协调、中级协调、良好协调或优质协调的条件下，当需求综合评价指数分别大于、等于和小于供给综合评价指数时，协调发展类型分别为供给滞后型、供需同步型和需求滞后型。

表 4-15　　劳动力市场供需协调发展度的等级与类型划分

协调发展度	协调等级	协调类型		
		X > Y	X = Y	X < Y
0.00—0.39	失调	供给损益型	供需共损型	需求损益型
0.40—0.49	濒临失调	供给损益型	供需共损型	需求损益型
0.50—0.59	勉强协调	供给滞后型	供需同步型	需求滞后型
0.60—0.69	初级协调	供给滞后型	供需同步型	需求滞后型
0.70—0.79	中级协调	供给滞后型	供需同步型	需求滞后型
0.80—0.89	良好协调	供给滞后型	供需同步型	需求滞后型
0.90—1.00	优质协调	供给滞后型	供需同步型	需求滞后型

可以看出，采用耦合协调度模型对中国劳动力市场的供需耦合协调度进行定量评价的关键在于，测算劳动力市场的需求综合评价指数和供给综合评价指数。本节综合考虑经济新常态多态叠加对劳动力需求的影

响，以及人口转型对劳动力供给的影响，构建如下劳动力市场供需发展评价指标体系。

表4-16　　　　　　劳动力市场供需发展评价指标体系

目标层	指标层	具体指标	指标性质
劳动力市场需求潜力	经济增速调整	实际GDP增长率	正向
	产业结构优化	第三产业与第二产业的产值之比	正向
	经济增长方式转变	全要素生产率TFP	正向
	外部环境变化	进出口总额与GDP之比	正向
劳动力市场供给规模	人口年龄结构	100减去总抚养比	正向
	人口教育结构	大专及以上教育程度人口占6岁及以上人口的比重	正向
	人口城乡结构	城镇人口与总人口的比重	正向
	人口性别结构	男性人口与女性人口之比	正向

经济新常态下，经济增速调整、产业结构优化、经济增长方式转变和外部环境变化，均会对劳动力市场需求潜力产生影响。各指标定义、数据处理及数据来源与本章第一节完全一致。经济增速（GDPG）采用各省际单位的实际GDP增长率衡量；产业结构优化（ES）采用各省际单位第三产业产值与第二产业产值之比衡量；经济增长方式转变（TFP）采用修正的索罗残差法所估算的各省际单位全要素生产率TFP衡量；外部环境变化（TRADE）采用各省际单位进出口总额占该省际单位生产总值的比重衡量。第一节的实证研究结果表明，实际GDP增长率与劳动力需求显著正相关；产业结构优化对劳动力需求产生显著正向影响；短期内技术进步对劳动力需求以破坏效应为主，从第二期开始技术进步对劳动力需求的创造效应会占据主导地位，可以认为技术进步提高对劳动力需求的作用方向为正；进出口比重衡量的外部环境变化对劳动力需求产生正向作用。

人口转型背景下，人口年龄结构、人口教育结构、人口城乡结构和人口性别结构将发生变动，从而带来劳动力供给的变动。人口转型的各指标定义如下：

(1) 人口年龄结构（AR），采用 100 减去各省际单位的总抚养比衡量。总抚养比为少儿抚养比和老年抚养比之和，其中少儿抚养比采用 0—14 岁人口与 15—64 岁人口的比值衡量，老年抚养比采用 65 岁及以上人口与 15—64 岁人口的比值衡量。数据来自历年《中国人口和就业统计年鉴》。总抚养比的下降，即劳动年龄人口比重的上升被既有文献界定为传统意义上的"人口红利"，可以通过保证劳动力的充足供给和储蓄率的提高为经济增长提供一个额外的源泉（蔡昉，2009）。

(2) 人口教育结构（CR），采用各省际单位大专及以上教育程度人口占 6 岁及以上人口的比重衡量。数据来自历年《中国人口和就业统计年鉴》。世界经济发展的历史经验证明，各国经济发展必然由劳动密集型向资本密集型和技术密集型转变，人口教育结构的改善，将使接受高等教育的劳动力供给增加，改善劳动力供给结构。

(3) 人口城乡结构（TR），采用各省际单位城镇人口与总人口的比重衡量。数据来自历年《中国统计年鉴》。随着人口城镇化进程的快速推进，农村富余劳动力向城镇转移正成为城镇劳动力供给的主要来源。

(4) 人口性别结构（SR），采用各地区年末男性人口与女性人口之比表示。数据来自《中国人口和就业统计年鉴》。劳动参与率是决定劳动供给水平的重要因素，性别比会对劳动参与率产生影响。中国女性劳动参与率不仅持续低于男性，且下降速度快于男性。在总人口一定条件下，性别比失衡可提高劳动力总体供给水平。

本节选取 1998—2016 年中国省际面板数据作为研究样本。从表 4 – 17 可以看出，中国劳动力需求评价指标与劳动力供给评价指标的方向和大小存在显著差异。因此，本书通过离差标准化方法，对所获取的原始数据进行标准化处理，以消除量纲的影响。转换函数为：

$$x_j^* = \frac{x_j - \min\{x_j\}}{\max\{x_j\} - \min\{x_j\}} \quad j = 1, 2, \cdots, m \quad (4-11)$$

其中，x_j 为原始数据，$\min\{x_j\}$ 和 $\max\{x_j\}$ 分别为原始数据序列中的最小值和最大值，x_j^* 为标准化后的数据，始终在区间 [0, 1] 范围内。中国劳动力需求综合评价指数 X 和劳动力供给综合评价指数 Y 分别为：

$$X = (\text{GDPG 指数} + \text{ES 指数} + \text{TFP 指数} + \text{TRADE 指数})/4 \quad (4-12)$$
$$Y = (\text{AR 指数} + \text{CR 指数} + \text{TR 指数} + \text{SR 指数})/4 \quad (4-13)$$

式（4-12）和式（4-13）中，各指标指数为该指标原始数据标准化后的值。

表 4-17　　　　　　　　各指标的统计性描述

指标	均值	最小值	最大值	标准差
经济增速调整 GDPG	10.365	-2.532	21.350	2.371
产业结构优化 ES	1.004	0.500	4.165	0.480
经济增长方式转变 TFP	16.138	8.009	40.222	7.070
外部环境变化 TRADE	30.144	3.164	172.148	38.296
人口年龄结构 AR	60.059	35.510	80.730	8.026
人口教育结构 CR	8.300	0.083	45.462	6.286
人口城乡结构 TR	48.020	17.600	89.600	17.576
人口性别结构 SR	1.051	0.947	1.186	0.033

二　中国劳动力市场供需协调评价

1. 中国整体劳动力市场供需协调发展变化趋势

图 4-11 显示，1998—2016 年，中国劳动力市场供需协调度的取值范围保持在区间 [0.40, 0.60] 内，整体上呈现先上升后下降的倒"U"形变化趋势；中国劳动力市场需求综合评价指数的取值范围保持在区间 [0.20, 0.32] 内，整体上呈现先上升后下降的倒"U"形变化趋势；中国劳动力市场供给综合评价指数的取值范围保持在区间 [0.20, 0.50] 内，整体呈上升趋势。整体而言，中国劳动力市场供需协调度的变动趋势由劳动力市场需求评价指数决定。这与中国劳动力市场一直是需求主导型，劳动力市场供给整体大于需求，劳动力供需协调度主要取决于企业与社会对劳动力的需求的实际相吻合。

1998—2001 年，中国劳动力市场供需协调度由 0.4496 上升至 0.4882，劳动力供给综合评价指数始终大于需求综合评价指数，表现为劳动力供过于求，两者的差距由 1998 年的 0.0159 扩大至 2001 年的 0.0474。因此，1998—2001 年，中国劳动力市场供需协调发展状况处于

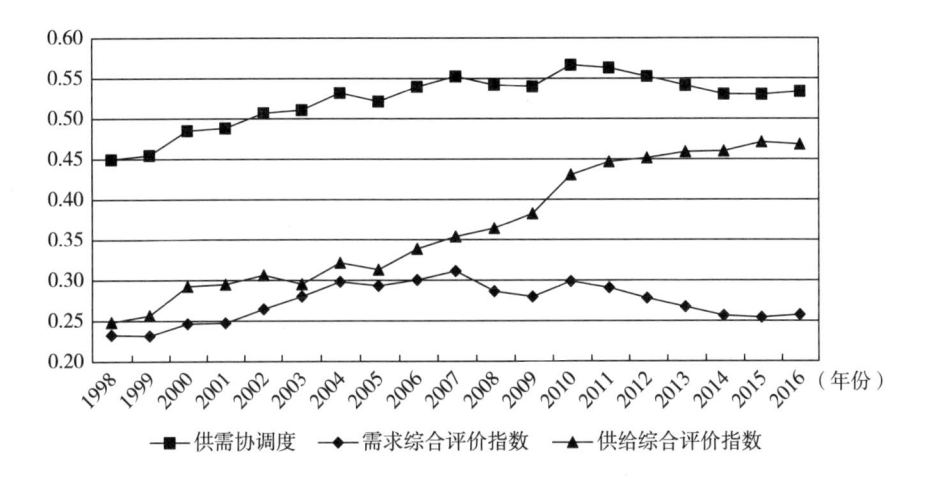

图 4-11　1998—2016 年中国整体劳动力市场供需协调度及供需综合评价指数

濒临失调等级，从协调类型看，为需求损益型。这一时期，相对于大量转移的农村富余劳动力带来的劳动力供给快速增加，社会与企业创造的劳动力需求存在明显不足，劳动力市场供需协调度的提高主要受制于劳动力市场需求的制约，激发企业与社会对劳动力的需求潜力，是提高中国劳动力市场供需协调发展水平的基础和前提。2002—2007 年，需求综合评价指数和供给综合评价指数均出现较大幅度的增加，分别由 0.2647 和 0.3062 上升至 0.3113 和 0.3537，中国劳动力市场供需协调度由 0.5070 提高到 0.5524，协调发展等级上升为勉强协调。2002 年中国正式加入 WTO，中国宏观经济发展势头强劲，经济保持高速增长，GDP 总量从世界第六位上升到世界第四位，对外贸易总额从世界排名第六位上升到第三位，成为世界主要工业产品产量第一大国、工业增加值第三大国、世界第二大制成品出口国、高技术产品出口第一大国，经济与贸易的快速发展创造了更多的劳动力需求，需求综合评价指数大幅上升。与此同时，中国的城镇化与工业化进程迅速加速，出现了"转移农民、减少农民"新的历史性转折点，农村人口加速下降，农村富余劳动力的加速转移为经济发展提供了大量劳动力供给，供给综合评价指数大幅提升。劳动力供求综合指数的提升，使劳动力市场供需协调度得到较大提高。2007 年国际金融危机爆发后，需求综合评价指数由 0.3113 迅速下降至 2009 年的 0.2864，由此导致中国劳动力市场供需协调程度出现恶化，供需协调度由 0.5524 下降为 0.5397。为应对金融危机，中国政府在短期内出台"四万亿"元人民币投资的大规模强刺激方案，2010 年劳动力需求综合评价指数上升至 0.2988，中国劳动力市场供需协调度达到最高点 0.5667。伴随中国经济发展进入经济增速减缓、结构升级、经济增长驱动力转变以及外部环境变化的经济新常态，劳动力需求综合评价指数不断下降，由 2010 年的 0.2988 下跌至 2016 年的 0.2576，同期，劳动力供给综合评价指数则缓慢上升，由 0.4306 上升至 0.4683，且劳动力供给综合评价指数始终大于需求综合评价指数，两者的差距由 2010 年的 0.1318 扩大至 2016 年的 0.2106。中国劳动力市场供需协调发展表现为需求滞后型的勉强协调等级。到 2016 年，中国劳动力需求综合评价指数以及供需协调度终于结束了持续多年的下降趋势，出现略有回升的迹象。

2. 中国区域劳动力市场供需协调发展变化趋势

图 4-12 显示，1998—2016 年，中国东中西部地区劳动力市场供需协调度均呈先上升后下降的倒"U"形变化趋势，但区域间供需协调度呈东中西部递减的特征。经济发展水平越高的地区，劳动力市场供需协调度越高，这与中国需求主导型劳动力市场一致。东部地区地处改革开放的前沿，区位优势、市场优势、产业优势以及改革开放初期的政策优势，促进了东部地区经济的快速发展与崛起，为劳动者创造了更多的就业机会，增加了对劳动力的有效需求，提高了劳动力市场供需匹配成功的概率，劳动力市场供需协调度提高。1998—2003 年，东中西部地区劳动力市场供需协调度分别由 0.5091、0.4243 和 0.4120 上升至 0.5817、0.4926 和 0.4577，东部地区劳动力市场供需协调程度处于勉强协调等级，中部和西部地区劳动力市场供需协调程度处于濒临失调等级。同期，东中西部地区需求综合评价指数分别由 0.2945、0.1895 和 0.2041 上升为 0.3644、0.2309 和 0.2356，供给综合评价指数分别由 0.3040、0.2391 和 0.2035 上升为 0.3760、0.3068 和 0.2135。东部和中部地区的劳动力供给综合评价指数大于需求综合评价指数，劳动力市场表现为供过于求。在西部地区，1998 年和 2003 年劳动力供给综合评价指数小于需求综合评价指数，劳动力市场表现为供不应求。这由于西部地区经济发展水平落后，相对于东部经济发达地区，西部地区收入水平

较低，大量西部地区劳动力尤其是农村富余劳动力选择流向东部经济发达地区，以追求更高的收入和更好的发展机会，由此导致西部区域内部劳动力供给能力下降。

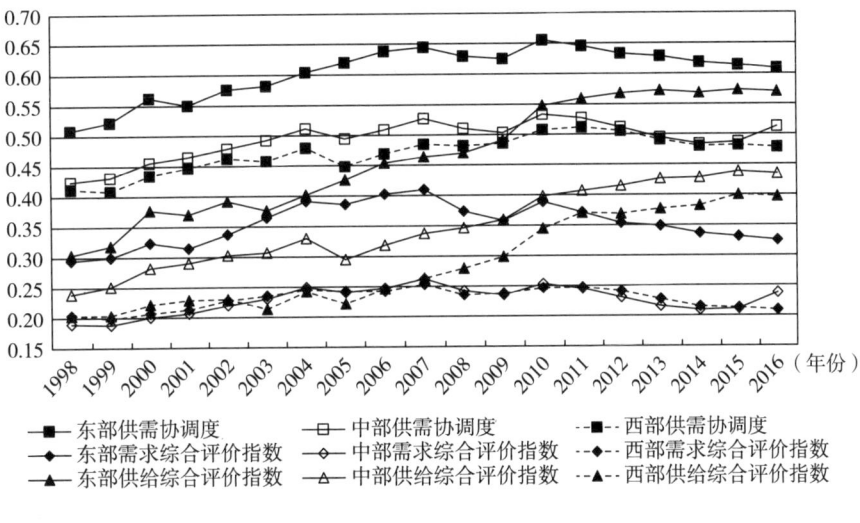

**图 4–12　1998—2016 年中国东中西部区域劳动力市场
供需协调度及供需综合评价指数**

自 2004 年开始，东部地区劳动力市场供需协调程度进入初步协调等级，并在 2010 年达到协调度最高点 0.6553。整体上，东部地区劳动力需求综合评价指数呈先上升后下降的趋势，由 2004 年的 0.3913 下降至 2016 年的 0.3249。可能的原因是：伴随东部地区产业的转型升级，东部地区经济发展方式逐渐由改革初期的粗放型发展向资本与技术密集型发展方式转变，经济增长方式转型与高质量发展对劳动力的需求，尤其是对低端劳动力的需求能力下降，由此导致东部地区劳动力需求综合评价指数降低。同期，大量青壮年劳动力向东部发达地区转移，东部劳动力供给综合评价指数持续上升，由 2004 年的 0.4017 上升至 2016 年的 0.5706，这使劳动力供需差距由 2004 年的 0.0105 扩张为 2016 年的 0.2457。2004—2016 年，中部地区劳动力市场供需协调度在区间 [0.46, 0.52] 波动，2010 年达到最高值 0.5332，中部地区劳动力供给综合评价指数始终大于需求综合评价指数，且两者的差距由 0.0806 扩大至 0.1969。2004—2016 年，西部地区劳动力市场供需协调度在区间 [0.44，0.52] 内波动，2011 年达到最高值 0.5120。2004 年和 2005 年，西部地区劳动力供给综合评价指数小于需求综合评价指数，劳动力市场表现为供给损益型的濒临失调状态。近年来，西部区域劳动力回流和东部地区产业转型升级对低端劳动力的挤出，使西部地区劳动力供给综合评价指数呈现大幅度上升，供给综合评价指数大于需求综合评价指数，且两者的差距拉大至 2016 年的 0.1877，西部地区劳动力市场表现为需求损益型的濒临失调状态。

3. 中国省际劳动力市场供需协调发展变化趋势

图 4-13 显示，中国劳动力市场供需协调度存在显著省际差异。整体而言，经济发展水平较高的省际单位，劳动力市场供需协调度较高，经济发展水平较低的省际单位，特别是西部省份，劳动力市场供需协调度较低。1998—2016 年，上海和北京劳动力市场供需协调发展状况较高，平均供需协调度分别为 0.7532 和 0.7458，劳动力市场处于中级协调等级；辽宁、天津、福建、江苏、浙江、广东和云南，劳动力市场供需协调度在部分年份高于 0.6，达到初级协调等级；山西、河南、广西、贵州、甘肃、青海和宁夏，劳动力市场供需协调度持续低于 0.5，处于失调或濒临失调等级。

1998—2007 年，整体上，除贵州和云南外，中国其余省份的劳动力市场供需协调度均有所提高。其中，西藏、广东和海南供需协调度上升幅度最大，分别由 0.1542、0.3897 和 0.3453 上升至 0.4661、0.6455 和 0.5574，分别提高 202.27%、65.64% 和 61.42%。北京、天津、黑龙江、上海、江苏、浙江、安徽、山东、河南、湖北、湖南、重庆和陕西，劳动力市场供需协调度的上升绝对值也超过 0.1。同期，贵州和云南劳动力市场供需协调度分别下降 0.0706 和 0.0031。2007—2016 年，黑龙江、安徽、江西、湖南、海南、重庆、四川、贵州、云南、西藏和甘肃劳动力市场供需协调度有所上升，其余省际单位的劳动力市场供需协调度均出现下降。其中，内蒙古和吉林劳动力市场供需协调度分别由 0.5561 和 0.6774 下降至 0.4050 和 0.4424，分别下降 0.1511 和 0.2350；山西、辽宁、天津和河北劳动力市场供需协调度也出现较大幅度的下降。1998—2016 年，山西、内蒙古、辽宁、吉林、广西、青海和宁夏7个省际单位的劳动力市场供需协调程度出现恶化；同期，西藏、海南、广东、安徽、湖南和重庆等地区的劳动力市场供需协调状况有较大幅度的改善。

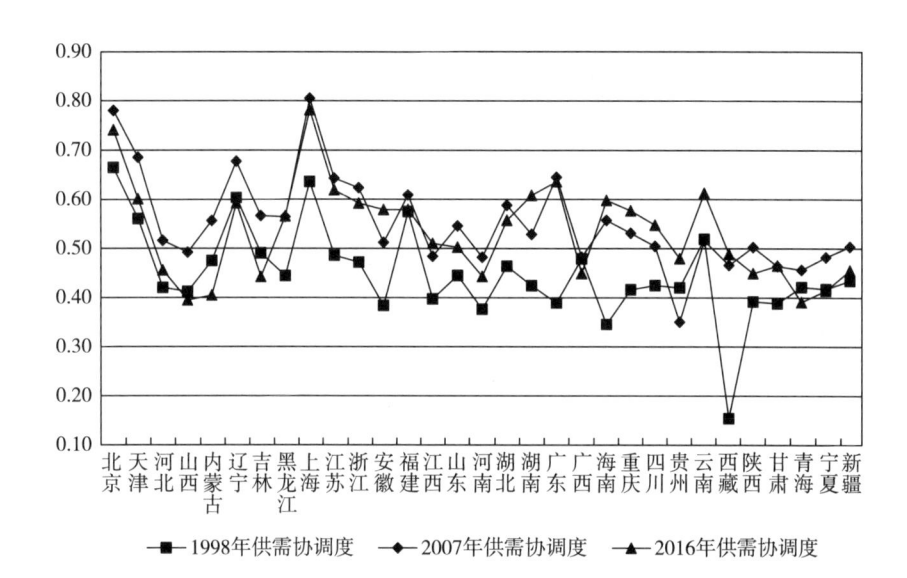

图4-13 1998—2016年中国各省际单位劳动力市场供需协调度

图4-14显示，1998—2016年中国劳动力市场供需综合评价指数存在显著省际差异。大部分地区劳动力供给综合评价指数大于需求综合评价指数，劳动力市场表现为供过于求的现象。1998年，吉林、上海和黑龙江劳动力市场供需综合评价指数差距分别高达0.3310、0.2584和0.2285，劳动力供给综合评价指数显著高于需求综合评价指数；同期，河北、江苏、浙江、安徽、江西、河南、广东、海南、重庆、四川、云南、西藏、陕西和宁夏劳动力供给综合评价指数小于需求综合评价指数，劳动力市场表现为供不应求的现象。其中，广东、西藏、海南和云南劳动力供需综合评价指数分别为-0.2822、-0.2677、-0.1981和-0.1162。2007年，大部分省际单位的劳动力供需差距有所改善。江苏、安徽、福建、广东、广西、海南、四川、贵州、云南和西藏的劳动力供给综合评价指数小于需求综合评价指数。2016年，除云南外，中国其余省际单位的劳动力供给综合评价指数均大于需求综合评价指

数,且相比早期,大部分省际单位的供需差距出现大幅度上升,即劳动力供过于求的现象加剧。可能的原因是:中国经济进入经济增速减缓、结构调整、经济增长驱动力转换、外部环境变化的经济新常态,对低端劳动力的需求减缓,对高端劳动力的需求增加,劳动力市场供需失衡的扩大更多地表现为结构性失衡的增加。

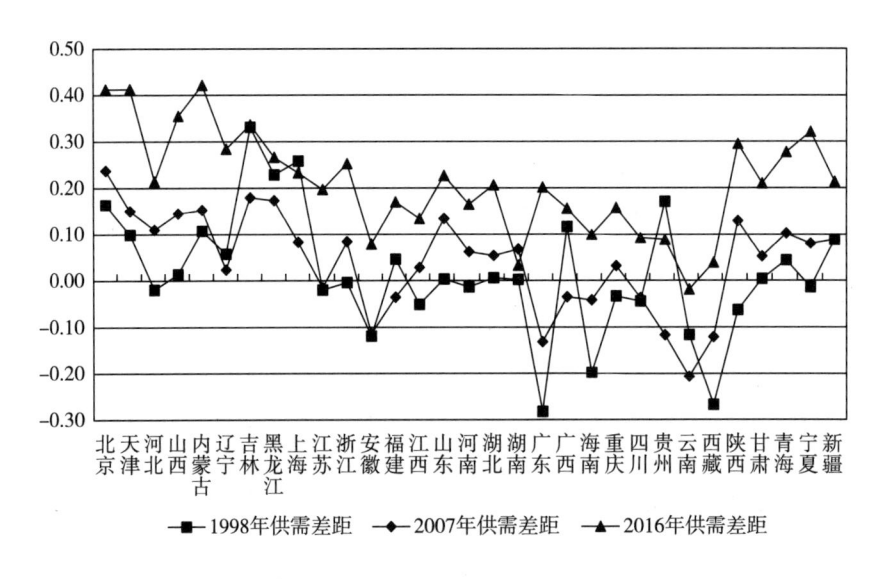

图 4-14 1998—2016 年中国各省际单位劳动力市场供需综合评价指数差距

第四节　本章小结

本章基于劳动力市场供需协调视角,对中国劳动力市场的供需耦合协调度进行定量评价,从时间和空间双重维度对中国劳动力市场供需协调发展进行考察,得出如下基本结论:

第一,中国劳动力需求与经济增长之间存在相互依赖关系;产业结构优化的滞后一期和滞后二期对劳动力需求均具有显著正向影响;短期内技术进步对劳动力需求的破坏效应占据主导地位,长期内技术进步对劳动力需求的创造效应占据主导地位;外贸依存度滞后一期对劳动力需求产生显著正向影响,滞后二期对劳动力需求产生显著负向影响。经济增速提高短期内对劳动力需求具有明显推动作用，但长期内推动作用会减弱；第三产业与第二产业的产值比提高，劳动力需求迅速增加，但正向影响逐渐收敛；技术进步首先充分体现为对劳动力需求的破坏效应，而后体现为对劳动力需求的创造效应，但创造效应带来的劳动力需求增加随时间逐渐收敛；外贸依存度提高，在短期内会增加劳动力需求，但长期内对劳动力需求的影响为负。中国劳动力市场上劳动力需求的波动主要来自自身波动的冲击，经济新常态对劳动力需求的冲击呈经济增长、产业结构、技术进步、进出口占比依次递减的特征，但经济增速与产业结构优化对劳动力需求冲击的贡献率随时间呈逐步增强态势，技术进步与进出口比重对劳动力需求冲击的贡献率随时间呈逐渐递减趋势。

第二，2015—2050年，不同生育率方案下中国人口规模变动均呈倒"U"形曲线，中国人口规模将在2025—2030年达到峰值后开始下降；生育率水平提高，有助于将人口规模的峰值后延，减缓人口总规模下降速度；未来15—64岁青壮年人口比重下降趋势与65岁及以上人口老龄化趋势均不可逆转，少儿人口下降比重远远高于青壮年人口下降比重，中国将面临劳动力供给减少与人口老龄化程度提高的双重挑战，以及未来劳动力人口储备不足的严峻压力。中国总体劳动参与率、男性劳动参与率、女性劳动参与率均将呈持续下降趋势，但女性劳动参与率较男性更低，且下降速度较男性更快。在劳动力规模下降的情况下，劳动参与率的下降及其性别结构差异，将使中国面临适龄劳动人口规模持续下降与性别结构性失衡的双重压力，提高生育率可在一定程度上缓解未来中国适龄总人口规模的下降速度。

第三，1998—2016年，中国劳动力市场供需协调度整体呈先上升后下降的变化趋势，劳动力供给综合评价指数大于需求综合评价指数，劳动力市场供需协调发展表现为需求滞后型的勉强协调等级。中国东中西部地区劳动力市场供需协调度均呈先上升后下降的变化趋势，但区域劳动力市场供需协调度呈东中西部递减特征，经济发达地区劳动力市场供需协调度较高，经济发展水平落后地区劳动力市场供需协调度较低；东部和中部地区的劳动力供给综合评价指数始终大于需求综合评价指数，劳动力市场表现为供过于求，西部地区部分年份劳动力供给综合评价指数小于需求综合评价指数，劳动力市场表现为供不应求；随着西部区域劳动力回流和东部地区产业转移对低端劳动力的挤出，西部地区劳动力供给综合评价指数呈现大幅度上升，西部地区劳动力市场表现为需求损益型的濒临失调状态。中国劳动力市场供需协调度存在显著省际差异，整体而言，经济发达省份劳动力市场供需协调度较高，经济欠发达省份劳动力市场供需协调度较低；中国大部分省份劳动力供给综合评价指数大于需求综合评价指数，且供需差距出现大幅度上升，劳动力供过于求的结构性失衡现象有所加剧。

第五章

中国劳动力市场多重分割下的工资差异及其分解

中国劳动力市场分割的原因复杂多元，经济体制、产业政策、就业政策、户籍制度、所有制结构等制度因素相互交织，共同构成中国劳动力市场的多重分割，但是由户籍制度造成的城乡分割是二元经济下中国劳动力市场多重分割的主要特征，本章重点考察由户籍制度造成的劳动力市场多重分割对城乡劳动者工资差异的影响。

改革开放以来，伴随经济发展与农村富余劳动力向城市的大规模转移，在农村户籍劳动者的工资收入逐渐提高的同时，城乡户籍劳动者的工资收入差距却在持续扩大。学者对导致城乡户籍劳动者工资收入差异的原因进行了广泛而深入的理论分析与实证研究，得出了很多有价值的研究结论。城乡户籍劳动者工资收入差异主要来自两个方面：一是由城乡户籍劳动者个体特征差异导致其劳动生产率差异引起；二是由户籍制度分割造成的城乡户籍劳动者工资收入差异。由户籍制度造成的城乡劳动者工资收入差异，主要包括城乡户籍劳动者由于工作进入机会的歧视造成的工资差异以及同工不同酬造成的工资歧视性差异两方面。不同的导致城乡户籍劳动者工资收入差异的方面及其原因，需要不同的公共干预政策进行矫正，特别是由于城乡户籍制度歧视造成的城乡劳动者工资收入差异必须引起高度关注。本章采用中国家庭追踪调查（CFPS2014）基线调查数据，采用 Neumark 和 Brown 工资分解方法，从微观视角实证考察在存在行业分割、所有制分割、职业分割与地区分割等多重分割背景下，城乡户籍劳动者工资差异及其形成原因。重点回答两个问题：一是城乡户籍劳动者工资差异是否存在歧视现象？二是如果城乡户籍劳动者工资差异存在歧视现象，那么引致工资歧视的主要原因是什么？期望本书能为各级政府部门通过相关政策的制定与制度创新，降低劳动力市场进入壁垒，缩小城乡户籍劳动者工资收入差异，特别是消除由于户籍制度造成的城乡劳动者工资歧视性差异，构建城乡一体化的劳动力流动与收入分配制度提供政策依据。

第一节　模型、数据与变量

一　工资差异分解模型

Becker（1957）提出的个人偏好歧视理论（theory of taste for discrimination）论证了黑人比白人工资低并不是由于黑人的产品劣于白人的产品，而是消费者偏好白人的产品而歧视黑人的产品。Becker（1957）提出的歧视系数概念，不仅为工资差异分解奠定了理论基础，也为实证研究提供了量化工具。

Oaxaca（1971）将工资歧视定义为：

$$D = \frac{\frac{W_u}{W_r} - \left(\frac{W_u}{W_r}\right)^0}{\left(\frac{W_u}{W_r}\right)^0} \tag{5-1}$$

式（5-1）中，D 为工资歧视；下标 u 和 r 分别表示城市与农村；$\frac{W_u}{W_r}$ 是现实的城乡户籍劳动者工资比率；$\left(\frac{W_u}{W_r}\right)^0$ 是无歧视情况下的城乡户籍劳动者工资比率。从而：

$$\ln(D+1) = \ln\left(\frac{W_u}{W_r}\right) - \ln\left(\frac{W_u}{W_r}\right)^0 \tag{5-2}$$

为估计 $\left(\frac{W_u}{W_r}\right)^0$，根据 Oaxaca（1971），提出两种假设：一是农村户籍劳动者面临的工资结构适用于城市户籍劳动者；二是城市户籍劳动者面临的工资结构也适用于农村户籍劳动者。即城乡户籍劳动者面临的工资结构具有相互适用性。

为估计城乡户籍劳动力的工资结构，需要分别对城乡户籍劳动者进行 Mincer 方程回归：

$$\ln \overline{W}_u = \overline{X}_u \hat{\beta}_u \quad (5-3)$$

$$\ln \overline{W}_r = \overline{X}_r \hat{\beta}_r \quad (5-4)$$

其中，$\overline{X}_u$ 和 $\overline{X}_r$ 分别表示城乡户籍劳动者各种特征的平均值矩阵；$\hat{\beta}_u$ 和 $\hat{\beta}_r$ 分别表示城乡户籍劳动者估计系数矩阵，即城乡户籍劳动者的工资结构。

由此，城乡户籍劳动力工资差异可表示为：

$$\ln \overline{W}_u - \ln \overline{W}_r = \overline{X}_u \hat{\beta}_u - \overline{X}_r \hat{\beta}_r$$
$$= (\overline{X}_u - \overline{X}_r)\hat{\beta}_r + \overline{X}_u(\hat{\beta}_u - \hat{\beta}_r) = (\overline{X}_u - \overline{X}_r)\hat{\beta}_u + \overline{X}_m(\hat{\beta}_u - \hat{\beta}_r) \quad (5-5)$$

令 $\Delta \overline{X} = \overline{X}_u - \overline{X}_r$，$\Delta \hat{\beta} = \hat{\beta}_u - \hat{\beta}_r$，式（5-5）可转化为：

$$\ln \overline{W}_u - \ln \overline{W}_r = \Delta \overline{X} \hat{\beta}_r + \overline{X}_u \Delta \hat{\beta} \quad (5-6)$$

$$\ln \overline{W}_u - \ln \overline{W}_r = \Delta \overline{X} \hat{\beta}_u + \overline{X}_r \Delta \hat{\beta} \quad (5-7)$$

$\Delta \overline{X} \hat{\beta}_r$ 与 $\Delta \overline{X} \hat{\beta}_u$ 是由城乡户籍劳动者个人特征引起的工资差异，即无歧视状态下的城乡工资比率；$\overline{X}_u \Delta \hat{\beta}$ 与 $\overline{X}_r \Delta \hat{\beta}$ 代表由歧视导致的工资差异。

Oaxaca 分解存在两方面缺陷：一是存在指数基准问题（index number problem）。采用城市户籍劳动者与采用农村户籍劳动者构建无歧视工资结构的结果差异很大，由此导致分解结果随基准指数的不同而异；二是 Oaxaca 分解法忽略了城乡户籍劳动者职业选择的差异，没有考虑城乡户籍劳动者进入行业的概率是否相同的情况。

鉴于此，Cotton（1988）和 Neumark（1988）通过对 Oaxaca（1971）存在的缺陷进行改善，解决了指数基准问题。Cotton 认为劳动力市场存在对城市户籍劳动者的优惠与农村户籍劳动者的惩罚，前者称为反向歧视，后者称为直接歧视。Cotton 认为合适的无歧视工资结构应是综合城市户籍劳动者与农村户籍劳动者的工资机制构成。但 Cotton 构建的无歧视工资结构缺乏理论支撑。Neumark（1988）对此进行改进，改进后的工资分解表达为：

$$\ln \overline{W}_u - \ln \overline{W}_r = \overline{X}_u \hat{\beta}_u - \overline{X}_r \hat{\beta}_r$$
$$= (\overline{X}_u - \overline{X}_r)\hat{\beta}^* + \overline{X}_u(\hat{\beta}_u - \hat{\beta}^*) + \overline{X}_r(\hat{\beta}^* - \hat{\beta}_u) \quad (5-8)$$

其中，$\hat{\beta}^* = \Omega \hat{\beta}_u + (1 - \Omega) \hat{\beta}_r$；$\Omega = (X'X)^{-1}(X'_u X_m)$

X 为城乡户籍劳动者全部样本的矩阵；X_m 是城市户籍劳动者样本的矩阵；Ω 为无歧视工资结构的权重矩阵。

式（5-8）中第一部分 $(\overline{X}_u - \overline{X}_r)\hat{\beta}^*$，为城乡户籍劳动者人力资本差异造成的工资差异；第二部分 $\overline{X}_u(\hat{\beta}_u - \hat{\beta}^*)$，为直接歧视导致的城乡户籍劳动者工资差异；第三部分 $\overline{X}_r(\hat{\beta}^* - \hat{\beta}_u)$，为反向歧视造成的城乡户籍劳动者工资差异；第二部分与第三部分的和 $\overline{X}_u(\hat{\beta}_u - \hat{\beta}^*) + \overline{X}_r(\hat{\beta}^* - \hat{\beta}_u)$，为总歧视导致的城乡户籍劳动者工资差异。

Neumark 的工资分解只能得到总歧视部分，无法进一步考察不同职业类型的歧视情况。Doeringer 等（1971）提出的劳动力市场二元理论认为，劳动力市场并非完全竞争，而是会受非市场的制度因素影响，从而造成竞争者地位的不平等。Brown（1980）认为，Neumark 无歧视工资结构的构建缺乏足够的理论支撑，Brown 通过引入就业概率 p_j^i 构建无歧视工资结构，使无歧视工资结构更加合理。

Brown 分解的城乡户籍劳动者总工资差异可表示为：

$$\ln \overline{W}_u - \ln \overline{W}_r = \sum_j (p_j^u \overline{W}_j^u - p_j^r \overline{W}_j^r)$$
$$= \sum_j p_j^r (\overline{W}_j^u - \overline{W}_j^r) + \sum_j \overline{W}_j^u (p_j^u - p_j^r) \quad (5-9)$$

式（5-9）中，$\ln \overline{W}_i$ 为对数工资的平均数；j 代表不同的职业；$\overline{W}_j^i$ 为各职业的平均工资；p_j^i 为各职业的就业概率。i = u, r。

假设，无歧视工资结构，即指数基准为 β_j^i，$\overline{W}_j^i = \overline{x}_j^i \beta_j^i$。

式（5-9）可继续分解为：

$$\sum_j p_j^r (\overline{W}_j^u - \overline{W}_j^r) = \sum_j p_j^r (\overline{x}_j^u \beta_j^u - \overline{x}_j^r \beta_j^r)$$
$$= \sum_j p_j^r (\overline{x}_j^u - \overline{x}_j^r)\beta_j^u + \sum_j p_j^r \overline{x}_j^r (\beta_j^u - \beta_j^r) \quad (5-10)$$

$$\sum_j \overline{W}_j^u (p_j^u - p_j^r) = \sum_j \overline{W}_j^u (p_j^u - \widetilde{p}_j^r) + \sum_j \overline{W}_j^u (\widetilde{p}_j^r - p_j^r) \quad (5-11)$$

式（5-11）中，$\tilde{p}_j^r$ 表示农村户籍劳动者获得与城市户籍劳动者同样待遇而在各个职业中的就业概率。最终，工资差异为：

$$\ln \overline{W}_u - \ln \overline{W}_r = \sum_j p_j^r (\overline{x}_j^u - \overline{x}_j^r)\beta_j^u + \sum_j p_j^r \overline{x}_j^r (\beta_j^u - \beta_j^r) + \sum_j \overline{W}_j^u (p_j^u - \tilde{p}_j^r) + \sum_j \overline{W}_j^u (\tilde{p}_j^r - p_j^r) \quad (5-12)$$

式（5-12）中，$\sum_j p_j^r (\overline{x}_j^u - \overline{x}_j^r)\beta_j^u$ 为部门内组群个体特征差异；$\sum_j p_j^r \overline{x}_j^r (\beta_j^u - \beta_j^r)$ 为部门内组群歧视，即同工不同酬造成的工资差异；$\sum_j \overline{W}_j^u (p_j^u - \tilde{p}_j^r)$ 为部门间组群个体特征差异；$\sum_j \overline{W}_j^u (\tilde{p}_j^r - p_j^r)$ 为部门间组群歧视，即就业机会不均等造成的工资差异。

二 数据来源与处理

采用中国家庭追踪调查（CFPS）2014年数据库。2014年的数据涵盖了全国25个省161个区县、649个村居中的15000余户家庭的33600个村民（居民）的基线调查数据。包括人均收入、户籍类型、职业类型、工作单位、教育情况、社会流动等详细数据，为本书提供了翔实的数据支撑。CFPS数据库采用多阶段、内隐分层和与人口规模成比例的系统概率抽样方式，覆盖了中国总人口的95%，是一个全国代表性样本（Xie et al., 2014）。

本书重点考察在同一劳动力市场中的农村户籍劳动者与城市户籍劳动者的工资待遇差异问题。因而根据问题"您的这份工作是农业工作还是非农工作？"本书从样本中剔除了选择农业工作的样本，剔除之后的样本总量为15583个。根据《中华人民共和国劳动法》的规定，剔除了年龄在16周岁以下，以及男性年龄60周岁及以上、女性年龄55周岁及以上的样本。剔除后剩余的个人样本总量为14710个。

工作经验由"年龄—受教育年限－6"计算得到，对于受教育年限小于12年或未接受教育的样本，工作经验则按照"年龄－16"进行计算。① 进一步对男性工作经验大于44年、女性工作经验大于39年的样本进行了剔除。考虑到极端值的影响，对每周工作时间与每小时工资进

---

① 实际上，有未满16岁就参加工作的情况，特别是一些年龄偏大的劳动力群体。这部分人的实际工作经验可能会被低估。卿石松和田艳芳（2015）认为，由于失业等原因存在劳动力市场中断，可能会导致工作经验被高估。

行了缩尾处理①，最后得到符合要求的个人样本总量为 8186 个。

借鉴李春玲（2005）职业声望排序，以及陆学艺（2004）、费舒澜（2016）对中国社会阶层与职业的相关研究，将职业类别划归为生产人员、服务人员、办事人员、技术人员和管理人员共五类。② 从生产人员到管理人员，职业声望依次提高。在实证操作中，将五类职业转换为虚拟变量进入回归方程。

参考现有研究，对行业性质、所有制性质、职业性质等工作形态进行如下划分：行业性质划分借鉴马欣欣（2011）对行业的分类标准，将中国 19 种行业门类划分为垄断行业与竞争行业两大类。③ 所有制性质划分借鉴孟凡强和熊家财（2015），将所有制性质分为国有和非国有两大类。④ 职业性质划分根据 1988 年国际标准职业分类（ISCO88），将职业划分为白领与蓝领两大类。⑤

三　变量选择与统计性描述

1. 变量选择

被解释变量：城乡劳动者的小时平均工资。

核心解释变量：不同职业类型，主要通过劳动者的户籍、职业类型、工作形态与地区分布，考察劳动力市场户籍、行业、所有制、职业与地区等多重分割对城乡户籍劳动者工资差异的影响。

---

① 观察小时工资分布图，发现极值分布在小于 0.05%、大于 99.5% 的范围内。故选择 0.05% 进行双向缩尾处理。

② 生产人员包括工农业从业人员；服务人员包括商业服务业从业人员；办事人员包括行政办公人员、人民警察、治安保卫人员、邮政电信人员等；技术人员包括科研人员、工程技术人员等；管理人员包括企事业单位负责人、政府领导干部。

③ 马欣欣（2011）的分类参照了三类标准：一是有关欧美与中国以往的研究；二是考虑各行业国有单位劳动力人数占该行业劳动力总人数的比重；三是劳动力自由进入行业的难度。垄断行业包括采掘业，电力、煤气及水的生产和供应业，地质勘查业，水利管理业，交通运输、仓储及邮电通信业，金融、保险业，卫生体育和社会福利业，教育业，文化艺术及广播电影电视业，科学研究和综合技术服务业，国家机关、党政机关和社会团体；竞争行业包括农林牧渔业，制造业，建筑业，批发和零售业，贸易餐饮业，房地产业，社会服务业，其他行业。

④ 党政机关、事业单位和国有企业划为国有单位；其余为非国有单位。

⑤ 白领职业包括立法者、高级官员和管理者，专业人员，技术人员和专业人员助理，一般职员四个大类；蓝领职业包括服务人员，商店及超市的销售人员，熟练的农业和渔业工人，工艺及相关行业的工人，厂房及机器操作员和装配员，初级职员（非技术工人）五个大类。

控制变量的选择如下:①受教育年限。教育作为人力资本积累的主要手段,对收入具有重要影响(Schultz,1960;Becker,1975;Mincer,1974),采用受教育年限衡量城乡户籍劳动者的受教育水平。②工作经验。大量研究证实工作经验与收入存在正向关系,部分学者进一步发现工作经验与收入存在倒"U"形关系(王德文等,2008;李培林和田丰,2010;罗锋和黄丽,2011;卢小君,2014;孟凡强和熊家财,2015),在实证研究中加入工作经验与工作经验的平方项。③非学历教育。王海港等(2009)研究发现参加培训对劳动者的收入具有显著提升作用,非学历教育用劳动者参加培训的次数衡量。④党员。大量研究表明,党员身份能显著提高收入水平(李爽等,2008;程名望等,2016;杨继东和章逸然,2016)。⑤性别。性别对收入的影响在世界各国普遍存在,一致的结论是性别影响收入差异,但影响程度不同(李春玲和李实,2008;吴愈晓和吴晓刚,2009;卿石松和刘娜,2015)。⑥婚姻状态。大多数研究文献发现,婚姻状况对不同户籍、不同性别的劳动力个体收入具有显著影响。[①]

表 5-1　　　　　　　　变量的描述性统计

变量	均值	标准差	最小值	最大值	变量说明
小时平均工资	13.39	15.86	0.19	135.98	年工资/(每周工作时间×52)
受教育年限	9.26	4	0	19	文盲半文盲=0,小学=6,初中=9,高中中专=12,大专=14,本科=16,硕博=19
工作经验	19.04	11.46	0	44	工资与工作经验存在非线性关系,回归中加入工作经验平方项
非学历教育	0.40	1.60	0	48	参加非学历教育次数
党员	0.08	0.28	0	1	是党员=1,非党员=0
年龄	36.26	11.18	16	60	根据《中华人民共和国劳动法》对数据进行了筛选

[①] 陈昊(2015)利用 2002 年、2007 年和 2008 年中国家庭收入调查数据(CHIP)进行研究发现,城镇户籍女性工资存在"婚姻升水",农村户籍女性则存在"婚姻诅咒",即婚姻将提升城镇户籍女性的工资待遇,农村户籍女性婚姻不仅没有提升其工资待遇,反而拉大了女性与男性的工资差距。

续表

变量	均值	标准差	最小值	最大值	变量说明
性别	0.61	0.49	0	1	男性=1，女性=0
婚姻状态	0.75	0.43	0	1	有配偶=1，无配偶=0
行业性质	0.29	0.45	0	1	垄断行业=1，竞争行业=0
所有制性质	0.25	0.43	0	1	国有单位=1，非国有单位=0
职业性质	0.25	0.44	0	1	白领=1，蓝领=0
生产人员	0.54	0.50	0	1.00	是=1，非=0
服务人员	0.21	0.40	0	1.00	是=1，非=0
办事人员	0.10	0.30	0	1.00	是=1，非=0
技术人员	0.11	0.31	0	1.00	是=1，非=0
管理人员	0.04	0.21	0	1.00	是=1，非=0
地区	1.73	0.79	1	3	东部=1，中部=2，西部=3

2. 变量的统计性描述

表5-2显示，相较于城市户籍劳动力，农村户籍劳动力承受更长工作时间、获得更低的工资待遇。对比表5-2中第1列与第3列，发现城市户籍与农村户籍劳动者的小时工资存在明显差异，城市与农村户籍劳动者的小时工资与年工资分别为16.925元、11.327元和34458.440元、26253.610元，农村户籍劳动者的小时工资和年工资分别仅为城市户籍劳动者的66.92%和76.19%；农村户籍劳动力平均周工作时间（51.662小时）是城市户籍劳动力（46.291小时）的111.56%。[①]

从劳动者个人特征看，城市户籍劳动者受教育年限（11.514年）明显高于农村户籍劳动者（7.946年），城乡教育不均衡现象突出。城乡户籍劳动者受教育程度的不同在很大程度上决定了进入职场后发展路径的差异，农村户籍劳动者受教育年限较少，职场竞争能力较弱，在一定程度上可能阻断其职场上升通道。城乡户籍劳动者的工作经验虽然没有显著差异，但农村户籍劳动者周工作时间显著高于城市户籍劳动者，

---

① 农村户籍劳动力工作时间明显多于城市户籍劳动力工作时间，可能与农村户籍劳动力位于劳动力的低端市场，多从事低端劳动，且加班是常态有关。

表 5-2　　　　　　　　城乡户籍劳动者基本特征对比

变量		城市户籍		农村户籍		全样本	
		平均值	样本量	平均值	样本量	平均值	样本量
被解释变量	小时工资	16.925	3017	11.327	5169	13.390	8186
	年工资	34458.44	3017	26253.61	5169	29277.55	8186
	每周工作小时数	46.291	3017	54.797	5169	51.662	8186
个人特征	受教育年限	11.514	3017	7.946	5169	9.261	8186
	工作经验	20.889	3017	17.965	5169	19.043	8186
	非学历教育	0.589	2815	0.265	3916	0.400	6731
	是否为党员	0.165	3017	0.038	5169	0.085	8186
	性别	0.586	3017	0.628	5169	0.612	8186
	婚姻状况	0.798	3017	0.722	5169	0.750	8186
工作形态（工资数据）	垄断行业	18.004	1351	12.042	1061	15.382	2412
	竞争行业	16.050	1666	11.142	4108	12.558	5774
	国有单位	18.449	1359	13.465	680	16.787	2039
	非国有单位	15.676	1658	11.003	4489	12.264	6147
	白领	20.562	1305	14.862	760	18.464	2065
	蓝领	14.153	1712	10.718	4409	11.679	6121
职业类型（工资数据）	生产人员	14.208	989	11.113	3450	11.869	4439
	服务人员	13.667	723	9.296	959	11.175	1682
	办事人员	16.735	564	12.484	277	15.335	841
	技术人员	22.074	541	15.439	329	19.565	970
	管理人员	27.265	200	17.908	154	23.194	354
地区变量（工资数据）	东部	19.592	1516	11.712	2456	14.718	3974
	中部	14.209	1068	11.476	1400	12.659	2468
	西部	14.288	433	10.446	1311	11.400	1744

闲暇时间及其接受非学历教育的机会相对较少,在一定程度上可能延缓农村户籍劳动者技术水平的提升,阻碍产业结构升级过程中农村户籍劳动者从低端劳动力市场向高端劳动力市场的流动。城市户籍劳动者党员比重(16.5%)明显高于农村户籍劳动者(3.8%)。工作形态分布呈现出与职业类型分布相似的特点,无论何种工作形态,城市户籍劳动者

的工资水平均显著高于农村户籍劳动者,且农村户籍劳动者进入国企、垄断行业与白领职业的机会更小。不同职业内部,城市户籍劳动者的工资水平均显著高于农村户籍劳动者,存在同工不同酬的可能性。样本分布显示,农村户籍劳动者主要是生产人员,占农村户籍样本量的66.74%,从事更高级别的管理人员所占比重仅占农村户籍样本量的2.97%;城市户籍劳动者职业分布相对平均。从生产人员到管理人员,农村户籍劳动者工资分别为城市户籍劳动者工资的78.22%、68.02%、75.60%、69.94%、65.68%。在更高社会声誉的工作上,农村户籍劳动者的小时工资占城市户籍劳动者的小时工资比重在下降,意味着城乡户籍劳动者的工资差距在逐渐扩大。从地区分布看,东中西部各区域,城市户籍劳动者工资水平均显著高于农村户籍劳动者,且基本呈东中西部梯度递减特征,即经济越发达的地区,城乡户籍劳动者工资的差异越大。

第二节 劳动者工资收入方程的构建

首先构造城乡户籍劳动者的工资方程,并进一步得到城乡户籍劳动者工资方程与城乡户籍劳动者职业选择方程,获得相应系数矩阵,为对城乡户籍劳动者工资差异进行分解奠定基础。

城乡户籍劳动者的工资方程设定如下:

$$\ln \overline{W}_i = \beta_0 + \beta_i X_i + \mu_i \tag{5-13}$$

式(5-13)中,$\ln \overline{W}_i$ 为劳动者的小时工资性收入的对数[①],X_i 为一系列控制变量集。基准回归结果如表5-3所示。

表5-3显示,受教育年限对城乡户籍劳动者工资收入的影响均显著为正,影响系数分别为0.0586和0.0208,农村户籍劳动者工资收入仅为城市户籍劳动者的35.49%。这与农村户籍劳动者受教育年限远低于城市户籍劳动者,农村户籍劳动者在工资收入上明显处于劣势有关。

---

① 由于存在小时工资小于1的样本,在计算 $\ln \overline{W}_i$ 时,采用了 ln(小时工资 +1) 的方式。

表 5-3　　城乡户籍劳动者的工资性收入方程

变量	劳动者的小时工资性收入方程		
	城市户籍劳动者	农村户籍劳动者	全部样本
受教育年限	0.0586*** (0.00520)	0.0208*** (0.00364)	0.0391*** (0.00280)
工作经验	0.0195*** (0.00529)	0.0349*** (0.00425)	0.0317*** (0.00330)
工作经验的平方	-0.0333*** (0.0119)	-0.0842*** (0.00999)	-0.0693*** (0.00764)
非学历教育	0.0333*** (0.00677)	0.0687*** (0.0112)	0.0438*** (0.00588)
党员	0.0147 (0.0399)	-0.0478 (0.0588)	0.0151 (0.0332)
性别	0.247*** (0.0294)	0.367*** (0.0254)	0.311*** (0.0194)
婚姻状态	0.0988* (0.0519)	0.0847* (0.0501)	0.101*** (0.0364)
行业性质	0.106*** (0.0357)	0.101*** (0.0275)	0.0929*** (0.0220)
所有制性质	0.0827*** (0.0316)	0.0296 (0.0367)	0.0982*** (0.0235)
职业性质	0.174*** (0.0330)	0.130*** (0.0363)	0.188*** (0.0244)
中部	-0.335*** (0.0304)	-0.0892*** (0.0282)	-0.193*** (0.0208)
西部	-0.333*** (0.0438)	-0.173*** (0.0320)	-0.229*** (0.0259)
常数项	1.463*** (0.0854)	1.519*** (0.0568)	1.464*** (0.0453)

续表

变量	劳动者的小时工资性收入方程		
	城市户籍劳动者	农村户籍劳动者	全部样本
样本量	2733	3735	6468
F	54.05	37.41	105.2
R^2	0.189	0.105	0.162

注：***、**和*分别表示在1%、5%和10%水平下变量显著；回归中发现由于受教育年限与工作经验存在缺漏值、缺漏值，样本变量为6468个。

工作经验对城乡户籍劳动者的工资收入均具有显著积极作用，影响系数分别为0.0195和0.0349，对农村户籍劳动者的作用远高于城市。这说明在其他条件相同的情况下，工作经验越长的劳动者工资水平越高，但农村户籍劳动者工作经验的积累对工资收入的正向影响大于城市户籍劳动者，农村户籍劳动者工作经验每提高1年所带来的工资收入提高效应比城市户籍劳动者高78.97%。值得注意的是，城乡户籍劳动者的工作经验均与工资收入呈现倒"U"形关系。非学历教育对城乡户籍劳动者的工资收入均有正向影响，城市与农村户籍劳动者多参加一次非学历教育，对工资的增长效应分别为3.33%和6.87%，非学历教育对农村户籍劳动者的工资提高效应比城市户籍劳动者高106.31%，表明参加非学历教育对提高农村户籍劳动者工资收入、缩小城乡户籍劳动者收入差距意义重大。从性别看，无论整体还是城乡，劳动者工资收入均存在明显性别差异，男性工资水平均显著高于女性，且农村户籍劳动者中男性与女性的工资差异远高于城市户籍劳动者。可能的原因是，农村户籍劳动者一般从事对体力要求更高的职业，男性劳动者较女性更具有竞争优势。无论是整体还是城乡户籍劳动者，已婚者相对于未婚者具有更高的婚姻溢价。从工作部门看，整体上垄断行业比竞争性行业边际工资水平高9.29%，城市与农村户籍劳动力边际工资水平在垄断行业比竞争行业分别高10.6%和10.1%。在所有制方面，整体上国有单位劳动者边际工资水平高于非国有单位9.82%，但城镇户籍劳动者国有单位边际工资水平高出非国有单位8.27%；农村户籍劳动者在国有单位工资水平却没有显示出相对于非国有企业的优势。可能的原因是：农村户籍劳动者在国有单位承担的工作多是技术含量相对较低的劳动，工资水平跟非国有单位相比并没有显著优势。从职业看，白领职业的工资水平均显著高于蓝领职业，且城市户籍白领的工资收入显著高于农村。这表明，同样从事白领职业，农村户籍劳动者的收入效应小于城市户籍劳动者，可能存在同工不同酬现象。从区域看，工资水平呈东中西部递减特征，中部和西部虚拟变量的系数显著为负，且西部小于中部，表明区域经济发展水平对城乡户籍劳动者的工资收入具有显著影响，经济发展水平越高的区域，城乡户籍劳动力工资水平差异也越高。

表5－3中列（3）是把城乡户籍劳动者的个人特征纳入回归方程后的回归结果，根据回归系数可构建无歧视工资方程。

第三节　劳动力市场多重分割下的劳动者工资差异分解

本节分别采用Neumark和Brown分解方法考察城乡户籍劳动者的工资差异。

一　城乡户籍劳动者职业进入歧视分析

采用Logit模型对城乡户籍劳动者的职业选择方程进行估计，并计算城乡户籍劳动者进入不同职业的概率，计算个体进入职业的概率公式如下：

$$P_{ij} = \frac{e^{\beta_j N_i}}{\sum_{k=1}^{j} e^{\beta_k N_i}} \tag{5-14}$$

其中，β_j是Logit模型回归系数，N_i代表个体i的特征值。Logit模型选取的变量包括受教育年限、年龄、年龄的平方、非学历教育频率、是否为党员（非党员为基准）、性别（女性为基准）、婚姻状况（未婚为基准）等个人特征变量以及地区虚拟变量（以东部为基准）。回归结果如表5－4所示。

表5－4显示，受教育年限对城乡户籍劳动者的回归系数分别为－0.0363与－0.0276，受教育年限能显著降低城乡户籍劳动者成为生产人员的概率；教育对劳动者从事更高社会声望的职业具有显著促进作用，

表 5-4 城乡户籍劳动者职业选择方程估计

变量	生产人员 城市户籍	生产人员 农村户籍	服务人员 城市户籍	服务人员 农村户籍	办事人员 城市户籍	办事人员 农村户籍	技术人员 城市户籍	技术人员 农村户籍	管理人员 城市户籍	管理人员 农村户籍
受教育年限	-0.0363***	-0.0276***	-0.0225***	0.000593	0.0120***	0.00633***	0.0384***	0.0166***	0.00843***	0.00409***
	(0.00259)	(0.00201)	(0.00251)	(0.00180)	(0.00238)	(0.00111)	(0.00219)	(0.00114)	(0.00151)	(0.000834)
年龄	0.0456***	0.0429***	-0.0132**	-0.0254***	-0.0197***	-0.00992***	-0.0141***	-0.00723***	0.00139	-0.000374
	(0.00601)	(0.00436)	(0.00582)	(0.00391)	(0.00552)	(0.00240)	(0.00508)	(0.00247)	(0.00350)	(0.00181)
年龄的平方	-0.0593***	-0.0558***	0.0157**	0.0320***	0.0268***	0.0138***	0.0170**	0.00853***	-0.00001	0.00147
	(0.00753)	(0.00582)	(0.00730)	(0.00522)	(0.00692)	(0.00320)	(0.00636)	(0.00330)	(0.00439)	(0.00241)
非学历教育	-0.00884**	-0.0426***	-0.00393	0.00148	-0.00258	0.00798***	0.00973***	0.0195***	0.00562*	0.0137***
	(0.00393)	(0.00620)	(0.00381)	(0.00556)	(0.00361)	(0.00341)	(0.00332)	(0.00352)	(0.00229)	(0.00257)
党员	-0.0985***	-0.284***	-0.111***	-0.0596**	0.153***	0.135***	-0.0304	0.0973***	0.0865***	0.111***
	(0.0225)	(0.0332)	(0.0218)	(0.0298)	(0.0206)	(0.0183)	(0.0190)	(0.0189)	(0.0131)	(0.0138)
男性	0.242***	0.315***	-0.177***	-0.255***	0.00845	-0.00159	-0.0900***	-0.0719***	0.0166*	0.0137**
	(0.0167)	(0.0147)	(0.0162)	(0.0132)	(0.0153)	(0.00809)	(0.0141)	(0.00834)	(0.00972)	(0.00610)

续表

变量		生产人员		服务人员		办事人员		技术人员		管理人员	
		城市户籍	农村户籍	城市户籍	农村户籍	城市户籍	农村户籍	城市户籍	农村户籍	城市户籍	农村户籍
婚姻状态		0.0266	0.000609	0.0190	0.0107	−0.0440	−0.0169	0.00306	0.0110	−0.00472	−0.00550
		(0.0300)	(0.0289)	(0.0291)	(0.0259)	(0.0276)	(0.0159)	(0.0253)	(0.0164)	(0.0175)	(0.0120)
中部		0.0345**	0.0154	−0.0172	−0.0181	−0.00218	−0.0157*	0.00617	0.0198**	−0.0212**	−0.00135
		(0.0174)	(0.0165)	(0.0169)	(0.0148)	(0.0160)	(0.00906)	(0.0147)	(0.00934)	(0.0101)	(0.00682)
西部		−0.0109	−0.0264	−0.0314	0.0353**	0.00966	−0.0112	0.0773***	0.00737	−0.0447***	−0.00510
		(0.0251)	(0.0186)	(0.0243)	(0.0166)	(0.0230)	(0.0102)	(0.0212)	(0.0105)	(0.0146)	(0.00770)
常数项		−0.219*	−0.0918	0.897***	0.830***	0.364***	0.174***	0.0546	0.108**	−0.0971	−0.0204
		(0.118)	(0.0803)	(0.115)	(0.0720)	(0.109)	(0.0442)	(0.0999)	(0.0456)	(0.0689)	(0.0333)
样本量		2815	3916	2815	3916	2815	3916	2815	3916	2815	3916
Adjusted R^2		0.160	0.198	0.095	0.100	0.044	0.035	0.142	0.106	0.044	0.040
F		60.66	108.6	33.97	49.34	15.23	16.83	52.93	52.37	15.36	19.15

受教育年限每增加 1 年，城市与农村户籍劳动者成为办事人员、技术人员与管理人员的概率分别提高 1.20%、3.84%、0.84% 和 0.63%、1.66%、0.41%，即受教育年限提高，可显著增加城乡户籍劳动者成为办事人员、技术人员与管理人员的概率。年龄对城乡户籍劳动者从事更高端劳动有显著的负面影响，即随着劳动者年龄增长，从事高端劳动的概率下降，但并没有发现管理人员对高年龄劳动者的排斥。非学历教育可显著降低劳动者成为生产人员的概率，提高劳动者成为技术人员与管理人员的概率。城市与农村户籍劳动者每多参加 1 次非学历教育，成为生产人员的概率将分别降低 0.89% 和 4.26%；成为技术人员与管理人员的概率将分别提高 0.97%、0.56% 和 1.95% 和 1.37%。非学历教育对农村户籍劳动者的职业提升效果更加显著。①

为更好地考察城乡户籍劳动者工资歧视问题，进一步对城乡户籍劳动者的部门选择进行更深入的分析。

表 5-5 显示，无论从所有制、行业和职业性质看，城乡户籍劳动者在职业进入方面均存在明显的结构性差异。接受更高的教育能显著提高城乡户籍劳动者进入国有部门、垄断行业以及成为白领的概率，但城市户籍劳动者进入国有部门、垄断行业以及成为白领的概率分别比农村户籍劳动者高 117.78%、153.79% 和 177.95%。非学历教育及是否为党员均显著影响城乡户籍劳动者的职业进入。非学历教育使农村户籍劳动者比城市户籍劳动者拥有更高的进入国有部门、垄断行业以及成为白领的概率；成为党员会显著提高城乡户籍劳动者进入国有部门、垄断行业以及成为白领的概率。可见，参加非学历教育和成为党员对缩小城乡户籍劳动者工资收入差异具有重要作用。

表 5-5 城乡户籍劳动力的部门选择概率

变量	模型 1（国有部门 = 1）		模型 2（垄断行业 = 1）		模型 3（白领职业 = 1）	
	城镇	农村	城镇	农村	城镇	农村
受教育年限	0.0588*** (0.00267)	0.0270*** (0.00159)	0.0184*** (0.00251)	0.00725*** (0.00205)	0.0353*** (0.00285)	0.0127*** (0.00159)

---

① 表 5-4 的结果显示从事高端劳动的工资水平普遍较高，说明非学历教育对缩小城乡户籍劳动力工资差异具有显著积极作用。

续表

变量	模型1（国有部门=1）		模型2（垄断行业=1）		模型3（白领职业=1）	
	城镇	农村	城镇	农村	城镇	农村
年龄	-0.0325*** (0.00619)	-0.0175*** (0.00346)	0.0112* (0.00581)	0.0116*** (0.00444)	0.0177*** (0.00658)	-0.00535 (0.00347)
年龄的平方	0.0437*** (0.00775)	0.0238*** (0.00461)	-0.0122* (0.00728)	-0.0125** (0.00593)	-0.0114 (0.00825)	0.00922** (0.00464)
非学历教育	0.0128*** (0.00405)	0.0411*** (0.00491)	0.00353 (0.00380)	0.00439 (0.00632)	0.00864** (0.00426)	0.0298*** (0.00512)
党员	0.210*** (0.0231)	0.344*** (0.0263)	0.0961*** (0.0217)	0.119*** (0.0339)	0.252*** (0.0245)	0.274*** (0.0264)
性别	-0.0649*** (0.0172)	-0.0598*** (0.0116)	0.135*** (0.0161)	0.0962*** (0.0150)	0.0319* (0.0182)	0.00541 (0.0116)
婚姻状态	-0.0456 (0.0309)	-0.0113 (0.0229)	0.00557 (0.0290)	0.0272 (0.0295)	-0.00287 (0.0327)	0.0215 (0.0231)
中部	-0.0172 (0.0179)	0.00270 (0.0130)	-0.0302* (0.0168)	-0.0290* (0.0168)	0.0468** (0.0190)	0.00167 (0.0130)
西部	0.0423 (0.0258)	-0.00896 (0.0147)	0.0175 (0.0242)	-0.0584*** (0.0189)	0.193*** (0.0273)	0.0622*** (0.0147)
常数项	0.322*** (0.122)	0.262*** (0.0636)	0.226** (0.114)	0.371*** (0.0818)	-0.558*** (0.129)	0.0645 (0.0638)
样本量	2815	3916	2815	3916	2733	3735
Adjusted	0.233	0.165	0.064	0.024	0.166	0.073
F	96.08	87.11	22.56	11.83	61.36	33.91

注：***、**和*分别表示在1%、5%和10%水平下变量显著；括号中为标准误。

二 城乡户籍劳动者工资差异分解结果

首先用经典的Oaxaca分解方法，对城乡户籍劳动者的工资差异进行分解，分解结果如表5-6所示。

表5-6显示，在以城市户籍为基准的情况下，城乡户籍劳动者工资差异的74.88%可由城乡户籍劳动者的个体特征解释，歧视导致25.12%的城乡户籍劳动者工资差异；在以农村户籍为基准的情况下，

城乡户籍劳动者个体特征的差异解释了 34.58% 的城乡户籍劳动者工资差异，歧视则能解释 65.42% 的城乡户籍劳动者工资差异。

表 5-6　城乡户籍劳动者工资差异的 Oaxaca 分解结果

变量	工资差异	以城市为基准		以农村为基准	
		个体特征引起的差异	歧视引起的差异	个体特征引起的差异	歧视引起的差异
受教育年限	0.510	0.206	0.304	0.073	0.437
工作经验	-0.258	0.040	-0.298	0.071	-0.329
工作经验的平方	0.233	-0.024	0.257	-0.062	0.295
非学历教育	0.002	0.011	-0.009	0.023	-0.021
党员	0.005	0.002	0.003	-0.006	0.011
男性	-0.085	-0.010	-0.075	-0.016	-0.069
婚姻状态	0.002	0.001	0.001	0.001	0.001
行业性质	0.009	0.006	0.003	0.005	0.004
所有制性质	0.035	0.027	0.008	0.010	0.025
职业性质	0.056	0.048	0.008	0.036	0.020
中部地区	-0.098	-0.029	-0.069	-0.008	-0.090
西部地区	-0.009	0.023	-0.032	0.012	-0.021
工资总差异	0.402	0.301	0.101	0.139	0.263
工资差异所占百分比（%）	100	74.88	25.12	34.58	65.4

Oaxaca 分解的结果显示，无论选择城市还是农村作为基准，虽然个体特征与歧视性带来的工资差异均客观存在，但 Oaxaca 分解方法受基准选择的影响很大，不同基准选择下城乡户籍劳动者工资差异中由劳动者个体特征和歧视解释的部分存在显著差异。为获得更精确的分解结果，在得到无歧视回归方程及所有变量的（包括解释变量与被解释变量）的均值后，进一步根据 Neumark 工资方程差异的分解公式进行分解，分解结果如表 5-7 所示。

表 5-7 的 Neumark 分解结果显示，中国城乡户籍劳动者存在明显的工资差异，但城乡户籍劳动者的工资差异主要由人力资本差异引起，

表 5-7　城乡户籍劳动者工资差异的 Neumark 分解结果

变量	工资差异	个体特征引起的差异	歧视造成的差异	
			直接歧视	反向歧视
受教育年限	0.223685	0.162163	-0.1453	0.206823
工作经验	0.087251	0.128016	0.260804	-0.30157
工作经验的平方	-0.06394	-0.10752	-0.1821	0.225678
非学历教育	0.012636	0.015708	0.002094	-0.00517
党员	0.002575	0.002219	-0.00011	0.000468
男性	-0.01237	-0.01546	0.045116	-0.04203
婚姻状态	0.001751	0.00186	0.000395	-0.0005
行业性质	-0.00098	-0.0137	-0.01265	0.025369
所有制性质	0.032079	0.042432	0.003785	-0.01414
职业性质	0.054783	0.061896	0.004741	-0.01185
中部地区	-0.02444	-0.01382	0.047555	-0.05818
西部地区	0.041595	0.027865	0.031791	-0.01806
工资总差异	0.354617	0.291663	0.056113	0.006841
工资差异所占百分比（%）	100	82.25	15.82	1.93

歧视并非导致城乡户籍劳动者工资差异的主要原因。城乡户籍劳动者个体特征引起的城乡户籍劳动者工资差异占 82.25%，对劳动者的歧视解释了城乡户籍劳动者工资差异的 17.75%，这一结果远低于郭继强等（2009，2013）得到的歧视解释 70% 以及姚先国等（2008）歧视解释 55.2% 的城乡工资差异的结论，与孟凡强和熊家财（2015）得出的歧视占城乡工资差异 27% 的结果接近。可能的原因：一是中国户籍制度改革的深入，尤其是 2008 年执行新的《中华人民共和国劳动合同法》，对由户籍歧视造成的城乡户籍劳动者工资差异的缩小具有重要作用。二是中国劳动力市场农村劳动力供给已由过去无限供给、充裕变为有限供给甚至短缺，伴随农村户籍劳动力供给处于边际状态，农村户籍劳动力由户籍制度带来的工资歧视减少，由劳动力自身特征差异造成的工资差异占据主要地位。从歧视部分看，直接歧视约占总歧视的 89.13%，是构成城乡户籍劳动者工资歧视的主要方面，对城市户籍劳动者的优惠造

成的反向歧视虽然仅占城乡户籍劳动者工资总歧视的10.87%，但在城乡收入差距已经扩大的背景下，对城市户籍劳动力的"优惠"造成的城乡户籍劳动者工资差异仍应引起高度重视。受教育程度贡献了城乡户籍劳动者工资差异的63.08%（0.223685/0.354617），因此，提高农村户籍劳动者的受教育水平是解决城乡户籍劳动者工资差异的关键途径。非学历教育贡献了城乡户籍劳动者工资差异的3.56%，这表明对已进入劳动力市场的农村户籍劳动者，提供技能培训是缩小城乡户籍劳动者工资差异的有效手段。成为国有单位员工或者白领，对城乡户籍劳动者工资差异的贡献度也较大，分别为9.05%和15.45%。

为进一步分析劳动力市场多重分割对城乡户籍劳动者工资差异的影响程度，采用Brown分解法对不同市场分割类型进行分解，分解结果见表5-8。

表5-8显示，在行业类型中，部门内部城乡户籍劳动者工资差异是总工资差异的主要构成部分，部门间城乡户籍劳动者工资差异相对较小，表现为各种分割类型下，部门内部城乡户籍劳动者工资总差异占比均远远高于部门间工资总差异占比。具体而言，部门内部的行业分割、所有制分割、职业分割、地区分割造成的城市户籍劳动者工资总差异分别占90.77%、76.28%、69.39%和96.26%，部门间四种类型的分割造成的城乡户籍劳动者工资总差异分别仅占9.23%、23.72%、30.61%和3.74%。这表明，就业机会差异造成的城乡户籍劳动者工资差异并不是导致城乡户籍劳动者工资差异的主要原因。

从造成城乡户籍劳动者工资总差异构成的因素看，在行业分割、所有制分割、职业分割、地区分割四种分割类型中，劳动者个体特征导致的差异占比分别达到73.16%、73.35%、71.63%和76.71%。[①] 可见，在劳动力市场多重分割造成的总工资差异中，可以由城乡户籍劳动者个体特征解释的工资差异是总工资差异的主要构成部分，占比达70%以上。这表明城乡户籍劳动者工资差异主要由城乡户籍劳动者的个体特征差异引起，歧视所造成的城乡户籍劳动者工资差异占比相对较小。

---

① 73.16% =（0.2657 + 0.0162）/0.3853　73.35% =（0.1991 + 0.0544）/0.3465　71.63% =（0.1499 + 0.1044）/0.3550　76.71% =（0.2823 + 0.0050）/0.3745

从歧视造成的工资差异看，在行业分割、所有制分割、职业分割及地区分割四种分割类型中，部门内部与部门间歧视造成的工资差异占总工资差异的比重分别为 21.82%、18.82%、27.14%、20.90% 和 5.03%、8.02%、1.19% 和 2.39%。这表明，在各种市场分割类型中，部门内部同工不同酬均是农村户籍劳动者受到歧视的主要来源，部门之间就业机会歧视对城乡户籍劳动者工资差异的贡献度较小。

表 5-8　城乡户籍劳动者工资差异的 Brown 分解结果　　单位：%

多重分割	总差异	部门内部工资差异			部门间工资差异		
		总差异	个体特征导致的差异	歧视导致的差异	总差异	个体特征导致的差异	歧视导致的差异
行业分割	0.3853	0.3498	0.2657	0.0841	0.0356	0.0162	0.0194
	100	90.77	68.95	21.82	9.23	4.20	5.03
所有制分割	0.3465	0.2643	0.1991	0.0652	0.0823	0.0544	0.0278
	100	76.28	57.46	18.82	23.72	15.70	8.02
职业分割	0.3550	0.2463	0.1499	0.0963	0.1087	0.1044	0.0042
	100	69.39	42.24	27.14	30.61	29.43	1.19
地区分割	0.3745	0.3605	0.2823	0.0783	0.0140	0.0050	0.0090
	100	96.26	75.36	20.90	3.74	1.35	2.39

注：①在多重分割的每一种类型中，第 1 行为差异的绝对值；第 2 行为差异在总差异中所占的百分比。
②部门内部差异是指某一行业、所有制、职业与地区内部的城乡户籍劳动者工资差异；部门间差异是指不同的行业之间、所有制类型之间、职业之间、地区之间的城乡户籍劳动者工资差异。

第四节　本章小结

本章采用 CFPS 2014 年基线调查数据，在对中国城乡户籍劳动者的工资差异进行识别的基础上，通过 Neumark 和 Brown 分解方法，从微观视角实证考察劳动力市场多重分割下的城乡户籍劳动者工资差异及其形成原因，得到如下基本结论：

第一，中国城乡户籍劳动者工资收入存在显著差异，无论何种工作形态（行业、所有制、职业）以及不同职业内部，城市户籍劳动者的工资收入水平均显著高于农村户籍劳动者；城乡户籍劳动者工资收入差异呈东中西部递减特征，经济越发达地区，城乡户籍劳动者工资收入差异越大。

第二，中国现阶段城乡户籍劳动者工资收入差异的82.24%由劳动者个体特征差异引起；城乡户籍劳动者受教育水平的差异是引致城乡户籍劳动者工资收入差异的主要原因，贡献了城乡户籍劳动力工资差异的63.08%，但户籍歧视造成的城乡户籍劳动者工资收入差异仍不容小觑。

第三，由歧视引致的城乡户籍劳动者工资差异主要表现为对农村户籍劳动者的直接歧视（同工不同酬），直接歧视约占城乡户籍劳动力工资总歧视的89.13%，是构成城乡户籍劳动力工资歧视的主要方面；由就业机会歧视造成的对城乡户籍劳动者工资差异的贡献度较小，仅占城乡户籍劳动力工资总歧视的10.87%，但在城乡收入差距已经扩大的背景下，对城市户籍劳动力的"优惠"造成的城乡户籍劳动力工资差异仍应引起高度重视。

第六章

中国劳动力市场工资扭曲及其对企业创新影响的实证研究

改革开放以来，中国经济的高速发展很大程度上得益于充裕劳动力供给带来的人口红利，以及大规模城乡劳动力流动产生的配置红利（曲玥，2017）。但伴随人口转型带来的劳动力短缺凸显，以及中国经济由高速增长阶段转向高质量发展阶段，中国以劳动密集型为主的制造业将面临严峻的挑战，亟须通过创新寻求新的发展动力源泉。近年来，在"创新驱动发展战略"的引领下，中国作为创新主体的企业自主创新能力得到了较大提升，但整体上仍面临创新动力不足、关键核心技术短板突出等亟待解决的现实困境，企业创新能力严重滞后于经济发展的现实需求（张杰等，2011）。在当前中国劳动力供给格局变化使劳动力成本的比较优势逐渐消失，以及世界经济形势发生复杂深刻变化的背景下，系统考察劳动力工资扭曲对企业创新的影响，有助于深入揭示有效转换经济动能背后企业创新形成的条件及其微观作用机制，明确劳动力工资扭曲影响企业创新背后的深层次原因。

中国劳动力市场，劳动报酬低于劳动生产率是不容忽视的典型事实（王宁和史晋川，2015）。现有研究侧重考察劳动力成本、薪酬差距、劳动保护等因素对企业创新的影响（林炜，2013；孔东民等，2017；倪骁然和朱玉杰，2016），发现较高的工资水平是诱致企业内生性创新的机制之一（Romer，1987；Kleinknecht and Naastepad，2005）。林炜（2013）、贺建风和张晓静（2018）等研究为劳动力成本上升促进企业创新提供了经验证据。但上述文献忽略了劳动力工资扭曲这一事实，如果工资提高伴随劳动生产率的同步增长，或生产率以更快速度增长，那么可能导致劳动力成本上升对企业创新的促进效应反映的是劳动生产率增长的结果。

另一类文献研究了要素市场扭曲与企业创新的关系，认为要素市场扭曲导致价格信号无法准确传递真实的要素稀缺性，削弱市场机制的要素配置功能，影响要素使用方式和企业技术路径选择（Jones，2011；戴魁早，2019）。要素市场扭曲对创新的抑制效应也得到了省际层面经验数据的验证（张杰等，2011；李平和季永宝，2014；戴魁早和刘友金，2016）。但既有研究仍停留在对工资扭曲与企业创新相关关系的检验上，对工资扭曲影响企业创新的传导机制的实证验证却付之阙如。

本章借助中国家庭追踪调查 CFPS2010 年数据和中国工业企业数据库，在对微观层面劳动者工资扭曲程度进行测度基础上，深入探讨劳动力工资扭曲的微观差异及其影响因素，实证评估劳动力工资扭曲对企业创新的影响及其作用机理，为相关部门全面了解中国劳动力工资扭曲状况、劳动力工资扭曲的影响因素、劳动力工资扭曲对企业创新的影响及其微观作用机制，并通过相关公共政策制定，减少非生产率因素对劳动者工资的影响，推动创新驱动的经济增长方式转变提供政策依据。

第一节 劳动力工资扭曲测度及结果分析

本节利用中国家庭追踪调查 CFPS 2010 年数据，采用随机前沿分析法（Stochastic Frontier Analysis，SFA）测算劳动者个体层面的工资扭曲程度，从微观视角实证评估劳动力市场效率，揭示中国劳动力工资扭曲的差异状况。

中国家庭追踪调查 CFPS 2010 年基线调查数据，样本覆盖 25 个省、162 个县、635 个村、14798 户家庭，代表了中国 95% 的人口，涵盖工作时间、工资收入、礼金支出、家庭背景以及受教育程度、工龄、性别、健康状况等详细数据。结合研究内容，本书对数据进行了以下处理：根据全年工作小时数和包含日常奖金、年终奖、实物补贴的工资水平，计算小时工资数据；将成人样本与家庭样本进行匹配，得到劳动者个体特征、家庭背景以及经济环境特征的详细信息；根据变量的经济含义,删除了部分无效和主要变量缺失的样本,并对原始工资、礼金支出等数据进行 2.5% 的双边缩尾处理,以剔除异常值,最终得到 11840 个有效样本。

一 测度模型与变量选择

选用 SFA 测量劳动力市场上的工资扭曲程度。假设 X_i 为劳动者自身人力资本特征矩阵,$f(X_i, \beta)$ 表示在完全竞争劳动力市场上不同人力资本投入可能达到的最高工资水平,由劳动者人力资本决定的潜在工资水平即为工资可能性边界。新古典经济理论认为,在均衡状态下,工资应等于边际产出,无摩擦市场上的潜在工资水平即可表示劳动者的边际产出,相应地,工资扭曲可以表示为劳动者实际工资[①]对潜在工资的偏离。考虑到工资还会受到随机冲击影响,增加 e^{v_i} 为随机扰动。同时,实际工资低于潜在工资水平是劳动力市场扭曲的通常表现,王宁和史晋川(2015)采用时变弹性生产函数模型测度出中国 1978—2011 年劳动力工资始终呈现向下扭曲现象。由此,假定劳动者 i 的实际工资水平为:$y_i = f(X_i, \beta) e^{v_i} \xi_i$,其中,$\beta$ 为待估参数,ξ_i 为实际工资与潜在工资的距离,满足 $0 \leq \xi_i \leq 1$。如果 $\xi_i = 1$,则劳动者 i 正好位于工资可能性边界上。e^{v_i} 为随机冲击。假设 $f(X_i, \beta) = e^{\beta_0} x_{1i}^{\beta_1} \cdots x_{ki}^{\beta_k}$(有 K 个影响潜在工资的因素),则 $y_i = e^{\beta_0} x_{1i}^{\beta_1} \cdots x_{ki}^{\beta_k} \xi_i e^{v_i}$,两边取自然对数得:

$$\ln y_i = \beta_0 + \sum_{k=1}^{k} \beta_k \ln x_{ki} + \ln \xi_i + v_i \tag{6-1}$$

由于 $0 \leq \xi_i \leq 1$,故 $\ln \xi_i \leq 0$,定义 $\mu_i = -\ln \xi_i \geq 0$,则:

$$\ln y_i = \beta_0 + \sum_{k=1}^{k} \beta_k \ln x_{ki} + v_i - \mu_i, \mu_i \geq 0 \tag{6-2}$$

式(6-2)中,v_i 为随机扰动项,代表市场噪声,$v_i \sim N(0, \sigma_v^2)$;$\mu_i \geq 0$ 为单边扰动项,反映单个劳动者 i 实际工资与潜在工资的距离。假设 v_i 和 μ_i 均为独立同分布,复合扰动项 $\varepsilon_i \equiv v_i - \mu_i$,为非对称分布,为得到参数和劳动者实际工资与潜在工资距离的一致估计,需进行最大似然估计 MLE。SFA 通常采用三种模型假设:正态—半正态模型,$\mu_i \sim N^+(0, \sigma_\mu^2)$,$\mu_i$ 和 v_i 相互独立;正态—断尾正态模型,$\mu_i \sim N^+(\mu,$

---

① 实际工资是与潜在工资而非名义工资相对应的概念,未经价格指数平减。

σ_μ^2),$\mu_i \geq 0$;正态—指数模型,$\mu_i \sim \exp(\sigma_\mu)$,服从指数分布。MLE 估计在三种模型假设下均可估计残差$\hat{\varepsilon}_i$,得到μ_i的估计值,由此测算劳动力工资扭曲:

$$Dist_i = 1 - y_i/f(x_i, \beta) = 1 - e^{\ln \xi_i} = 1 - e^{-\mu_i} = 1 - E(\exp(-\mu_i) \mid \varepsilon_i)$$
(6-3)

在 Mincer(1974)工资决定方程的基础上建立工资扭曲程度测度模型,以对数工资为被解释变量,教育程度、工龄、工龄的平方项、性别、健康状况为主要投入变量,在断尾正态模型中控制环境变量行业、省份和所有制。工资性收入包括工资、奖金、补贴和外出打工收入,受工资分配和奖金分配共同影响,个体劳动时间也会导致工资水平差异(Ginther and Zavordry,2001),为使研究更准确,本书根据工作时间和工资、奖金以及补贴数据计算出小时工资水平;本单位工龄表示工作经验,平方项用于测度工作经验和工资水平之间的非线性关系;健康状况分为健康1、一般2、比较不健康3、不健康4、非常不健康5;女性为性别二值变量的基准组;CFPS(2010)对受访者就读学校的类型(如职业学校、普通学校)及学业完成情况(如在读与否、是否已毕业并获得相应的学位)加以细分,由此得出的受教育年限能够更真实而详细地反映受访者的教育水平。工资扭曲程度测度模型中的变量界定与统计性描述如表6-1所示。

表6-1　　　　工资扭曲程度测度模型变量统计性描述

变量名称	样本容量	均值	标准差	最小值	最大值
对数小时工资	11840	3.98	1.13	1.13	6.40
受教育年限	11838	7.49	5.01	0	22
工龄	11840	15.81	13.72	1	42
工龄平方	11840	438.24	565.97	1	1764
性别(男性为1)	11840	0.58	0.49	0	1
健康状况	11840	1.65	0.86	1	5
所有制(国有企业为1)	11840	0.2	0.4	0	1
行业	11840	5.74	6.14	1	21
省份	11840	38.11	14.33	11	62

二 工资扭曲程度的总体分析

表6-2汇报了不同模型设定下的工资扭曲程度估计结果，模型1采用最小二乘法（OLS）估计，模型2至模型4分别在SFA的正态—半正态模型、正态—指数模型、正态—断尾正态模型假设下进行最大似然估计（MLE）。

表6-2　　　　　　工资扭曲程度估计结果

因变量 （小时工资对数）	模型1 OLS	模型2 Half Normal	模型3 Exponential	模型4 Truncated Normal
受教育年限	0.0763***	0.0755***	0.0751***	0.0519***
	(36.93)	(37.19)	(37.47)	(25.16)
工龄	0.00777***	0.00903***	0.0108***	0.0196***
	(3.05)	(3.61)	(4.32)	(8.06)
工龄平方	-0.000509***	-0.000528***	-0.000561***	-0.000632***
	(-7.75)	(-8.69)	(-9.23)	(-10.63)
性别	0.330***	0.330***	0.333***	0.306***
	(17.73)	(17.74)	(17.99)	(17.33)
健康状况	-0.0749***	-0.0740***	-0.0740***	-0.0665***
	(-6.15)	(-6.79)	(-6.80)	(-6.29)
常数项	3.436***	3.954***	3.837***	4.182***
	(105.52)	(63.58)	(99.95)	(92.13)
行业	NO	NO	NO	YES
省份	NO	NO	NO	YES
所有制	NO	NO	NO	YES
σ_v^2		0.83	0.81	0.62
σ_u^2		0.43	0.18	0.97
σ^2		1.26	0.98	1.59
λ		0.72	0.47	
γ				0.61
F/Wald	655.9	3299.31	3391.76	1419.94

续表

因变量 （小时工资对数）	模型1 OLS	模型2 Half Normal	模型3 Exponential	模型4 Truncated Normal
R^2	0.233			
LL		-16705.25	-16688.28	-16191.61
LR		8.48***	42.42***	
N	11838	11838	11838	11838

注：①***、**和*分别代表1%、5%和10%水平下变量显著；括号内为t统计量。
②LL为对数似然值，LR为似然比检验，原假设为$H_0: \sigma_\mu^2 = 0$，即认为不存在无效率项，不必使用随机前沿分析模型。

根据表6-2，似然比检验LR显著拒绝原假设，表明中国劳动力市场上存在工资扭曲现象。进一步使用SFA模型测度工资扭曲程度，半正态模型、指数模型和断尾正态模型对工资前沿面函数的估计与OLS回归结果各变量回归系数的方向及显著性水平保持一致，一定程度上为模型稳健性提供了证据。主要投入变量受教育年限、工龄、工龄平方、性别、健康状况等的估计结果与已有文献结论相似。在其他因素不变的情况下，增加受教育年限能显著提高小时工资水平；工龄和小时工资呈现倒"U"形关系；男性相对于女性存在工资溢价；同等条件下，身体健康可获得更高的报酬。控制环境约束变量行业、省份和所有制后，断尾正态模型回归结果显示，复合扰动总方差为1.59，其中随机扰动项和单边扰动项方差分别为0.62和0.97，单边扰动方差在总方差中的比重为61%，即无效率项占主导地位。这表明中国工资扭曲并非仅由一般的市场摩擦引起，劳动力市场上的结构缺陷、制度障碍和单个劳动力非生产率特征对工资扭曲的产生和差异具有重要引致作用。

根据$Dis_i = 1 - E(\exp(-\mu_i) | \varepsilon_i)$，分别测度出半正态模型、指数模型和断尾正态模型下的劳动力工资扭曲程度，测度结果如表6-3所示。

表6-3的汇报结果显示，三种模型设定下的工资扭曲程度最小值均大于0，表明不存在位于工资可能性边界以上的劳动者，即样本中没有出现工资向上扭曲的迹象。正态—半正态模型意味着位于工资前沿面的劳动者多于位于其他任何位置的劳动者，也就是多数劳动者的实际工资等于潜在工资，但此情形在现实中未必成立，因此本书主要分析指数

模型和断尾正态模型的估计结果。

表 6-3　　　　　　整体及城镇劳动力市场工资扭曲程度

模型设定	劳动力市场	样本	均值	标准差	最小值	最大值
半正态模型	整体市场	11838	0.4011	0.0897	0.1724	0.7753
	城镇市场	7184	0.3894	0.0682	0.2048	0.7753
指数模型	整体市场	11838	0.3321	0.1074	0.1329	0.901
	城镇市场	7184	0.3143	0.077	0.156	0.901
断尾正态模型	整体市场	11838	0.457	0.1894	0.1216	0.9363
	城镇市场	7184	0.3745	0.1362	0.1216	0.9133

注：SFA 模型假定复合扰动项中单边扰动非负，即 $\mu_i \geq 0$，$0 \leq \xi_i \leq 1$，其经济含义为劳动者的实际工资不可能超过工资可能性边界。如果存在实际工资高于可能性边界的劳动者，那么在单边扰动非负的假定下超出工资边界的部分将被抹掉，该劳动者的工资效率为 1，工资扭曲程度为 0。

根据表 6-3，整体劳动力市场平均工资扭曲程度为 33.2%—45.7%，意味着在不增加人力资本存量的情况下，消除市场扭曲可使实际工资水平提高 49.4%—84.2%。[①] 值得注意的是，整体劳动力市场上高达 33.2%—45.7% 的工资扭曲程度包含了农业和非农业两个市场，长期以来，中国农业就业比重高于最优配置的劳动力比重。进一步剥离农业部门，城镇劳动力市场上的实际工资实现了潜在工资水平的 62.5%—68.6%。具体而言，2010 年城镇劳动力平均小时工资为 10.89 元，这意味着劳动力实际工资每小时向下扭曲 4.98—6.53 元。[②] 相比于 2007 年，劳动力工资扭曲程度降低了 14—23 个百分点（庞念伟等，2014），可能是因为市场经济改革的继续深化，以及自 2008 年《中华人民共和国劳动合同法》的实施，在一定程度上缓解了劳动力的工资扭曲程度（杨振兵和张诚，2015）。

---

① 33.2%/(1-33.2%)=49.4%；45.7%/(1-45.7%)=84.2%
② 10.89/68.6%×(1-68.6%)=4.98；10.89/62.5%×(1-62.5%)=6.53

三 工资扭曲程度的差异分析

1. 劳动力工资扭曲程度的省际差异

图6-1显示，中国劳动力工资扭曲程度存在显著省际差异。无论在半正态模型、指数模型还是断尾正态模型假设下，工资扭曲程度最低的前三个省份均是上海、北京和天津，说明市场化程度①与经济发展水平②越高的地区，工资扭曲程度越低。在25个省份中，云南省劳动力工资平均扭曲程度最高（64.55%），其劳动力实际小时工资（5.76元）约为全国平均水平的60%，仅实现自身潜在工资的35.45%。工资扭曲程度最高的云南是最低的上海的2.68倍，在一定程度上说明中国劳动力资源在不同省份之间呈现不均衡配置的基本特征。

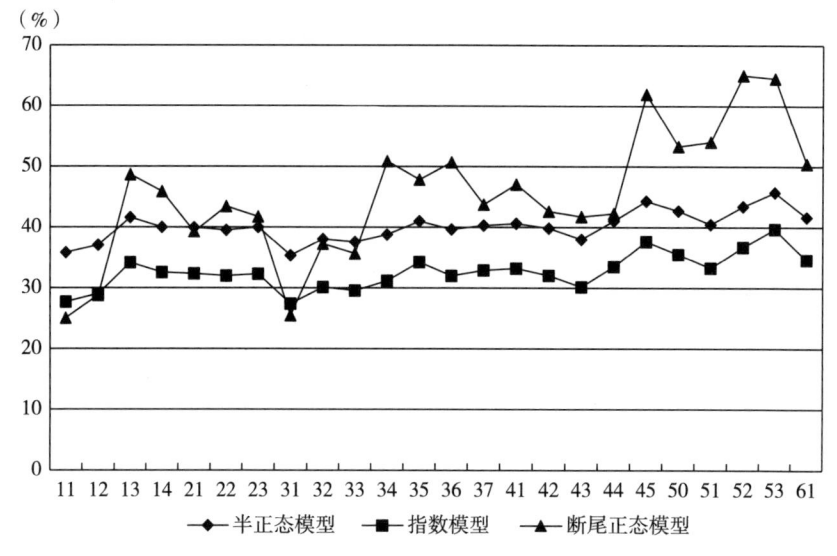

图6-1 劳动力工资扭曲程度的省际差异

注：11北京，12天津，13河北，14山西，21辽宁，22吉林，23黑龙江，31上海，32江苏，33浙江，34安徽，35福建，36江西，37山东，41河南，42湖北，43湖南，44广东，45广西，50重庆，51四川，52贵州，53云南，61陕西。

---

① 柏培文（2012）研究显示，市场经济发展能够减缓劳动力配置扭曲程度。根据樊纲和王小鲁等（2011）的研究，2007年，上海、北京和天津的市场化指数分别为11.71、9.55和9.76，远高于全国的平均水平（7.5）。

② 2010年，中国人均GDP为44816.32元，上海、北京和天津人均GDP分别高达74537.47元、71934.66元和71012.01元，远远高于全国的平均水平。

劳动力工资扭曲程度的省际差异表明，中国劳动力市场存在较为严重的地区分割。在一体化的劳动力市场中，劳动力自由流动是工资与边际产出的主要匹配机制，劳动力市场分割意味着劳动力无法实现充分的自由流动。劳动力市场分割可能是省际博弈的占优策略，地方政府有保护本地市场和本地居民利益的激励，受限于户籍制度和各种倾斜政策的限制，外来人员可能无法享受与本地居民同样的就业、子女教育和医疗等方面的福利，由此导致劳动力流动成本提高，抑制了劳动力的自由流动（陈钊和陆铭，2006，2009）。在存在制度约束的劳动力市场上，将面临信息不对称、非市场化因素占优等问题，由此会进一步强化劳动力市场地区分割，扭曲劳动力资源配置效率。

2. 劳动力工资扭曲程度的行业差异

根据国民经济行业分类（GB/T 5754—2011），测度了19个大类行业的劳动力工资扭曲程度。

图6-2显示，中国劳动力工资扭曲程度存在显著行业差异。农林牧渔业在各种模型中扭曲程度均最高，说明中国农林牧渔业从业者供过于求，存在隐性失业，由此导致劳动力资源配置效率损失。在断尾正态模型下，批发和零售业、住宿和餐饮业的工资扭曲程度分别为43.08%和40.56%，意味着在不额外增加人力资本的情况下，消除工资扭曲可使批发和零售业、住宿和餐饮业从业人员的工资水平分别提高75.69%和68.24%。[①] 工资扭曲程度较低的行业包括科学研究、技术服务和地质勘查业，水利、环境和公共设施管理业，文化、体育和娱乐业，金融业。

劳动力工资扭曲程度的行业差异表明，收入不平等不仅存在于工资收入的显性差额，还部分体现在隐性的实际工资对边际产出的偏离中。Becker（1993）认为，在一体化的劳动力市场中，实际工资在边际产出的一定区间内随机波动，行业之间的工资效率在理论上应相差不大。但工资扭曲程度在行业间的现实差异则意味着劳动力市场存在行业分割，并进一步加剧劳动收入不平等。柴国俊和邓国营（2011）的研究显示，行业分割造成超过80%的行业工资差异，行业分割主要由准入限制和

---

① 75.69% = 43.08% / (100% − 43.08%)；68.24% = 40.56% / (100% − 40.56%)

流动障碍导致（李晓华和赵耀辉，2014）。除表征劳动生产率的个体特征变量外，社会资本、家庭背景和政治资本也是进入高收入行业的有利因素（陈钊和陆铭，2009）。

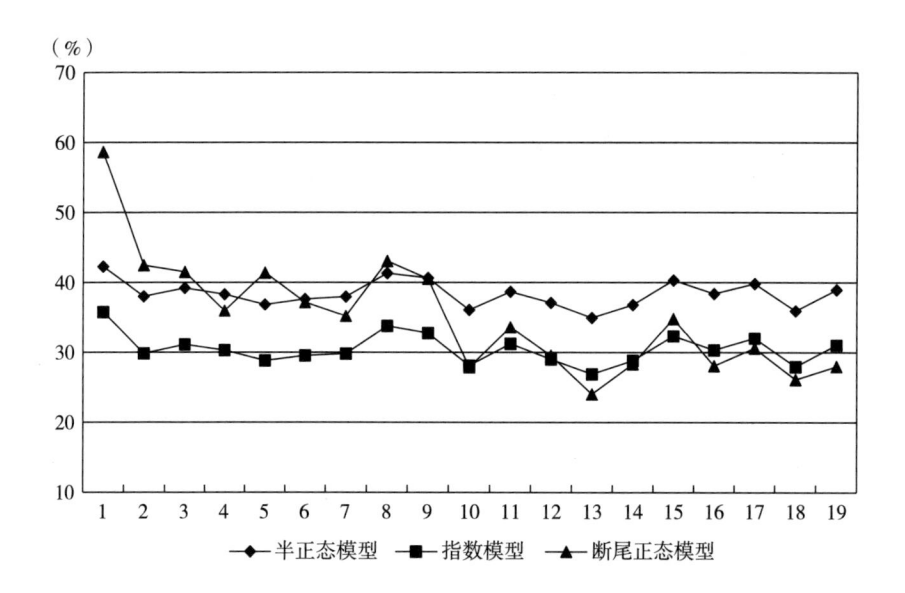

图6-2 劳动力工资扭曲程度的行业差异

注：1农林牧渔业，2采矿业，3制造业，4电力、燃气及水的生产和供应业，5建筑业，6交通运输、仓储和邮政业，7信息传输、计算机服务和软件业，8批发和零售业，9住宿和餐饮业，10金融业，11房地产，12租赁和商业服务业，13科学研究、技术服务和地质勘查业，14水利、环境和公共设施管理业，15居民服务和其他服务业，16教育，17卫生、社会保障和社会福利业，18文化、体育和娱乐业，19公共管理、社会组织和国际组织。

3. 劳动力工资扭曲程度的所有制差异

表6-4显示，劳动力工资扭曲程度存在显著所有制分割。无论在何种模型设定下，非国有企业的工资扭曲程度均高于国有企业，表明中国劳动力市场在工资层面的所有制差异显著。考虑所有制、行业和地区等环境变量后，国有企业样本的工资扭曲均值约为27.79%，非国有企业的工资扭曲均值则高达50.19%。从宏观上看，国有企业通常伴随行政垄断和政策优惠，"所有者缺位"也使国有企业在利润分配中更多地代表"劳方利益"而非"资方利益"（叶林祥等，2011），国有企业员

工自然附带了职位以外的红利和租金，非市场化因素在国有企业的进入条件中扮演重要角色。这意味着在劳动力市场上，国有企业和非国有企业分别是"相对封闭"和"相对开放"的部分，国有企业的大门并未向所有劳动者公平地开放，而是形成了两个子市场。

表6-4　　　　　　劳动力工资扭曲程度的所有制差异　　　　　　单位:%

所有制类型	样本容量	半正态模型	指数模型	断尾正态模型
国有企业	2374	38.03	29.97	27.79
非国有企业	9464	40.86	33.61	50.19

4. 劳动力工资扭曲程度的个体特征差异

本书选择性别、受教育程度两个主要变量，从劳动力微观层面考察工资扭曲程度的特征差异。

表6-5显示，小时工资和工资扭曲程度存在显著性别差异。2010年中国劳动力市场上，女性小时工资绝对额比男性低26.4%。[①] 在主要投入变量中控制性别因素后，女性工资扭曲程度在三种模型设定下仍高于男性，表明中国劳动力市场上存在由性别导致的非劳动生产率差异。

表6-5　　　　　　劳动力工资扭曲程度的性别差异

性别	样本容量	小时工资（元）	半正态模型	指数模型	断尾正态模型
男	6877	10.68	39.06	31.54	44.95
女	4963	7.86	42	34.74	46.74

表6-6显示，断尾正态模型下，伴随劳动者受教育程度提高，工资扭曲程度逐渐下降。工资扭曲程度随受教育程度降低，说明学历水平

---

① 2010年，女性和男性小时工资均值分别为7.86元和10.68元，女性小时工资比男性低 (10.68 - 7.86)/10.68 = 26.4%。

越高，实际工资与边际产出的距离越小，工资效率越高。文盲、半文盲和大专以上样本的小时工资分别为 5.63 元和 17.63 元，工资扭曲程度分别为 54.94% 和 29.76%，前者是后者扭曲程度的 1.85 倍。由此表明，在不考虑人力资本回报率的基础上，工资扭曲的教育程度差异大大加剧了收入的不平等。长期以来，中国劳动力市场处于资强劳弱的局面，尤其在经济全球化背景下，资本和知识在世界范围内流动，国内劳动力市场工会力量薄弱，对劳动力合法权益的保障相对较弱，地方政府过度依赖"工资和劳动条件向下竞争"的引资模式（邵敏和包群，2012），可能会进一步扩大不同教育程度劳动者的工资差距和工资扭曲程度。

表 6-6　　　　　　劳动力工资扭曲程度的教育程度差异

教育程度	样本容量	小时工资（元）	半正态模型（%）	指数模型（%）	断尾正态模型（%）
文盲、半文盲	2483	5.63	40.22	33.17	54.94
小学	2282	7.91	40.33	33.12	50.35
初中	3612	8.92	41.08	33.65	46.11
高中	1864	10.71	40.82	33.21	40.55
大专及以上	1593	17.63	37.94	29.97	29.76

表 6-7 显示，不同教育程度下男性的平均小时工资普遍高于女性，大专以下和大专及以上学历的男性小时工资分别比女性高 31.18% 和 16.16%，说明就业市场上低学历男性具有更显著的比较优势，但女性教育程度的提高有助于缩小工资收入的性别差异。根据断尾正态模型测度结果，大专以下学历男性和女性工资扭曲程度分别为 47% 和 49.82%，相差近 3 个百分点，大专及以上学历女性工资扭曲程度低于同等学历男性工资扭曲程度。

表 6-7　　　劳动力工资扭曲程度的性别和教育程度差异

教育程度	性别	样本容量	小时工资（元）	半正态模型	指数模型	断尾正态模型
大专以下	男	5994	9.46	39.3	31.84	47.00
	女	4251	6.51	42.57	35.44	49.82
大专及以上	男	882	19	37.41	29.51	30.95
	女	711	15.93	38.6	30.54	28.29

第二节　劳动力工资扭曲影响因素的实证分析

本节构建劳动力工资扭曲影响因素的计量经济模型，就影响劳动力工资扭曲的因素进行实证分析与检验。

一　基准模型与变量选择

为考察劳动力工资扭曲的影响因素，构建如下计量模型：

$$Dist_i = \beta_0 + \beta_1 IC_i + \beta_2 FC_i + \beta_3 EC_i + \varepsilon_i \tag{6-4}$$

式（6-4）中，i 表示第 i 个劳动者，被解释变量 $Dist_i$ 表示劳动者 i 的工资扭曲程度，鉴于中国各省份、行业以及不同所有制企业发展状况迥然不同，本节主要以断尾正态模型假定下的工资扭曲测度结果作为被解释变量；IC_i 代表个体 i 的特征变量集，包括性别、婚姻状况、户籍、是否加入工会；FC_i 是个体 i 的家庭特征变量集，主要考虑了家庭全年礼金支出对数、家庭全年人均支出对数和到最近商业中心的距离；EC_i 为经济特征变量集，控制了劳动力所在的省份、行业和所有制差异；ε_i 是随机扰动项。

如果在劳动力价格扭曲程度测算中控制了性别的劳动生产率差异后，性别仍存在显著影响，则表明劳动力市场存在性别歧视。理论上婚姻状况通过市场选择效应、家庭分工或婚后责任感作用于劳动力价格扭曲（王智波等，2016）。户籍的作用主要体现在其背后隐含的福利待遇、信息程度、就业歧视的差异。工会的职能是维护劳动力合法权益，可与雇主谈判工资薪水、工作时间和工作条件，理论上有助于减轻劳动力价格扭曲。家庭全年礼金支出对数用于衡量劳动者的社会资本，礼金赠送是家庭和个人层面建立关系网络的重要工具,有助于传递信息、降低风险、减少机会主义行为,常作为社会资本的代理变量加以研究(周晔馨,2012)。家庭全年平均支出对数反映家庭社会和经济状况,一般来说,家庭条件好的劳动者,在就业市场上获取的信息相对而言更丰富,工资的心理预期值更高,相应地也有更长时间用于工作搜寻匹配,有助于减轻劳动力价格扭曲程度。礼金往来构建的社会资本,在劳动力市场上更多地表现为共享信息和人情两种资源。由于历史与制度原因,中国劳动力市场存在较为严重的由所有制分割、行业分割和地区分割造成的劳动力价格扭曲,为此研究中控制了所有制、行业和省区效应。

被解释变量劳动者工资扭曲程度与个体特征来源于 CFPS 2010 年数据库,宏观经济变量数据来自《中国城市统计年鉴》。表 6-8 为主要变量的描述性统计。

表 6-8　　　　　　　　　主要变量描述性统计

变量	样本容量	均值	标准差	最小值	最大值
工资扭曲程度（断尾正态模型）	11838	0.457	0.1894	0.1216	0.9363
性别（男性为1）	11840	0.5808	0.4934	0	1
婚姻状况（有配偶为1）	11840	0.8581	0.349	0	1
户籍（非农业户籍为1）	11840	0.3142	0.4642	0	1
是否加入工会（加入工会为1）	11840	0.0304	0.1717	0	1
全年礼金支出对数	11803	7.2738	1.1298	0	9.2103
全年家庭人均支出对数	11639	8.5932	0.9909	6.3969	10.7579
行业	11840	5.7799	6.1299	1	21
省份	11840	38.1124	14.3289	11	62
所有制	11840	0.2005	0.4004	0	1

二 基准回归结果分析

表6-9汇报了劳动力工资扭曲影响因素的基准回归结果。断尾正态假设下的SFA模型可指定影响无效率项$\mu_i[Dist_i = 1 - \exp(\mu_i)]$的解释变量,同时实现劳动力工资扭曲程度的测度及其影响因素分析。列(1)运用SFA检验社会资本及其他控制变量对工资扭曲的影响;在此基础上,为进行更深入研究,列(2)以OLS作为基准模型的主要回归方法;由于工资扭曲程度在范围内变化,列(3)进一步采用对这种情况更有效率的Tobit模型进行检验。表6-9中列(2)显示,在考虑性别所致的劳动生产率差异后,男性依然享受劳动力价格扭曲方面的"性别溢价",同等条件下,男性比女性的扭曲程度低约0.9个百分点,意味着中国劳动力市场上存在显著的性别偏好。婚姻状况对劳动力工资扭曲没有表现出显著影响。城市户籍劳动者比农村户籍的劳动者工资扭曲程度低约0.2个百分点,在1%显著性水平下异于零,意味着其他条件不变的情况下,城市户籍劳动者仍享受户籍优待,农村户籍劳动者则遭受歧视,劳动力市场上的户籍分割现象仍比较严重。加入工会有助于减轻劳动者工资扭曲程度,为工会的劳动保护作用提供了经验证据。保持其他情况不变,全年礼金支出对数越高,劳动力的社会资本越丰富,工资扭曲程度越低,工资扭曲程度对社会资本的弹性约为-3.42%,社会资本每扩大1%,工资扭曲程度将降低3.42%,社会资本的积累和拓展有助于降低工资扭曲程度。家庭地理位置和全年人均支出对数均在1%显著性水平下通过检验,表明良好的家庭经济状况有助于提高家庭成员边际产出的回报率,减轻工资扭曲程度。

表6-9 劳动力工资扭曲程度影响因素的基准回归结果

变量	(1) SFA	(2) OLS	(3) Tobit
性别	-0.399*** (-5.67)	-0.0881*** (-3.32)	-0.0879*** (-3.32)
婚姻状况	-0.006 (-0.13)	0.0481 (1.35)	0.0481 (1.35)

续表

变量	(1) SFA	(2) OLS	(3) Tobit
户籍	-0.293***	-0.239***	-0.239***
	(-4.94)	(-7.52)	(-7.50)
是否加入工会	-0.444**	-0.132**	-0.132**
	(-2.34)	(-2.14)	(-2.14)
全年礼金支出对数	-0.116***	-0.130***	-0.130***
	(-8.62)	(-10.03)	(-10.03)
距最近商业中心距离	0.005***	0.00981***	0.00981***
	(9.28)	(15.14)	(15.14)
全年家庭人均支出对数	-0.25***	-0.295***	-0.295***
	(-13.86)	(-19.25)	(-19.26)
行业	YES	YES	YES
省份	YES	YES	YES
所有制	YES	YES	YES
F/Wald	911.09	1332.7	1333
R^2		0.453	
N	11637	11637	11637

注：①*、**和***分别表示在10%、5%和1%水平变量显著；括号内为稳健标准误。表6-10至表6-11同。②根据杰弗里·M.伍德里奇《计量经济学导论》（第4版，第176页），数据度量单位的改变不会影响回归结果的拟合优度和统计显著性。由于工资扭曲程度取值范围，与诸多解释变量取值相差较远，不便于对回归系数的考察和解释，因此本书将回归模型中的工资扭曲程度扩大了10倍。下表同。

三 分位数回归结果分析

为深入考察不同分位点工资扭曲程度的影响因素，进一步采用分位数回归分析。表6-10汇报了对工资扭曲程度1/10、3/10、5/10、7/10、9/10分位点影响因素的回归结果。在高工资扭曲（9/10分位点）和低工资扭曲（1/10、3/10分位点）劳动力组群中，性别的影响不再显著，说明性别歧视仅存在于中等工资扭曲程度的劳动者之间。户籍在工资扭曲的所有分位点回归中均在1%显著性水平下通过检验,意味着在劳动力个体层面,户籍分割造成的工资扭曲更为普遍和严重。全年礼金支出对数、距最近商业中心距离、全年家庭人均支出对数对工资扭曲的影响在基准回归和分位数回归中保持一致,表明社会资本和家庭经济条件对劳动力工资扭曲程度发挥着重要且稳定的作用。

表6-10　　劳动力工资扭曲程度影响因素分位数回归结果

变量	(1) QR_10	(2) QR_30	(3) QR_50	(4) QR_70	(5) QR_90
性别	-0.0100 (-0.28)	-0.0426 (-1.39)	-0.118*** (-3.35)	-0.108 (-0.76)	-0.384 (-0.77)
婚姻状况	0.0211 (0.41)	0.00867 (0.20)	0.0789 (1.58)	0.0815 (1.47)	0.123* (1.73)
户籍	-0.104** (-2.16)	-0.173*** (-4.21)	-0.180*** (-3.82)	-0.230*** (-4.41)	-0.555*** (-8.26)
是否加入工会	0.0155 (0.15)	-0.102 (-1.12)	-0.111 (-1.07)	-0.0920 (-0.80)	-0.0832 (-0.56)
全年礼金支出对数	-0.127*** (-7.49)	-0.121*** (-8.32)	-0.137*** (-8.22)	-0.129*** (-6.98)	-0.0810*** (-3.41)
距最近商业中心距离	0.00502*** (6.43)	0.00871*** (13.08)	0.0117*** (15.33)	0.0129*** (15.27)	0.00992*** (9.09)
全年家庭人均支出对数	-0.207*** (-11.23)	-0.339*** (-21.58)	-0.333*** (-18.53)	-0.336*** (-16.79)	-0.267*** (-10.36)
行业	YES	YES	YES	YES	YES
省份	YES	YES	YES	YES	YES
所有制	YES	YES	YES	YES	YES
常数项	5.057*** (25.96)	7.053*** (42.43)	7.793*** (40.95)	8.613*** (40.72)	9.191*** (33.75)
PseudoR^2	0.174	0.261	0.297	0.318	0.316
P (q#=q50)	0.6142	0.246		0.6322	0.024
N	11637	11637	11637	11637	11637

注:P(q#=q50)表示检验系数是否相等的P值,原假设为检验的系数相等。

四 增加其他潜在影响因素的回归结果分析

考虑到劳动力个体的异质性和劳动力市场的复杂性,本书在基准模型的基础上,进一步分析劳动者外貌、交际能力以及劳动力市场需求结构对工资扭曲的潜在影响。Hamermesh 和 Biddle（1993）验证了劳动力市场上的"美貌溢价",郭继强等（2017）提出美貌与收入的"高跟鞋曲线",认为美貌有助于提高收入。本书使用访员对被访者相貌的评价描述劳动者外貌,分为 7 个等级,1—7 表示从丑到美吸引力不断增大。一般而言,劳动者口才、人际交往能力越强,对社会关系网络的维系和运用更为恰当有效,越有助于降低工资扭曲程度,本书采用受访者自评的人缘关系得分衡量个体交际能力。另外,一个地区的产业结构会对劳动力市场需求结构产生重要影响,进而影响工资扭曲程度,为规避劳动力市场表现对产业结构的反向影响,采用滞后一期的 2009 年产业结构升级指数表示劳动力需求结构。表 6-11 显示,劳动者的外貌吸引力、交际能力以及劳动力市场需求结构均可显著降低工资扭曲程度。

表 6-11　　　　增加劳动者外貌、交际能力和劳动力市场需求结构的回归结果

变量	(1)	(2)	(3)	(4)
外貌吸引力		-0.0893*** (-7.15)	-0.0863*** (-6.89)	-0.0751*** (-6.26)
交际能力			-0.0418** (-2.51)	-0.0469*** (-2.92)
劳动力需求结构				-8.693*** (-42.22)
性别	-0.0881*** (-3.32)	-0.0874*** (-3.31)	-0.0885*** (-3.35)	-0.0915*** (-3.64)
婚姻状况	0.0481 (1.35)	0.0296 (0.83)	0.0324 (0.90)	-0.0213 (-0.64)
户籍	-0.239*** (-7.52)	-0.207*** (-6.49)	-0.205*** (-6.44)	-0.0593** (-2.15)
是否加入工会	-0.132** (-2.14)	-0.128** (-2.11)	-0.131** (-2.17)	-0.0475 (-0.94)

续表

变量	(1)	(2)	(3)	(4)
全年礼金支出	-0.130*** (-10.03)	-0.122*** (-9.38)	-0.122*** (-9.41)	-0.109*** (-8.76)
到最近商业中心距离	0.00981*** (15.14)	0.00950*** (14.61)	0.00949*** (14.62)	0.00914*** (14.08)
家庭全年人均支出对数	-0.295*** (-19.25)	-0.281*** (-18.29)	-0.280*** (-18.23)	-0.215*** (-14.95)
行业	YES	YES	YES	YES
省份	YES	YES	YES	YES
所有制	YES	YES	YES	YES
F	1332.7	1220.9	1118.6	1234.1
R^2	0.453	0.456	0.456	0.508
N	11637	11637	11637	11637

第三节　劳动力工资扭曲与企业创新关系的实证分析

劳动力工资和边际产出的"赛跑",反映了劳动者从经济增长中的获益程度。改革开放以来,中国对劳动力流动的限制逐渐放宽,市场成为配置就业机会和工资福利的主要机制,但由于各种非生产率因素的存在,劳动力实际工资水平偏离边际产出向下扭曲的现象仍然普遍存在。理论上,持续的劳动力实际工资水平与边际产出的偏离,不仅不能准确地反映中国人口红利加速消失的趋势,导致劳动力资源配置效率损失,使要素配置无法实现帕累托最优,而且要素市场扭曲带来的"寻租"机会还可能刺激企业密集使用价格被扭曲的劳动力资源,严重削弱或抑制劳动力价格诱致微观企业研发创新和技术变迁的驱动力,阻碍经济新常态下创新驱动的经济增长方式转变。

现有研究劳动力市场与企业创新的文献,多从劳动力成本视角探讨企业的创新行为,忽略了工资水平与边际产出的系统性差异,极少有文献从微观视角考察劳动力工资扭曲对企业创新的影响。近年来,劳动力边际产出与工资水平均呈逐年上升趋势①，将劳动力边际产出与工资水平纳入同一框架下，更能够探悉企业劳动力成本的真实变化，有助于分离边际产出对劳动力成本和企业创新关系的干扰，深刻揭示劳动报酬与劳动贡献系统性差异对创新的影响。基于此，本节从工资水平偏离边际产出所导致的工资扭曲这一典型事实出发，利用1998—2012年中国工业企业数据库，从微观视角实证考察制造业工资扭曲对企业创新的影响效应。

一　数据采集与变量选择

1. 数据采集

本节主要从微观企业层面研究劳动力工资扭曲对企业创新的影响，样本来自1998—2012年中国工业企业数据库。该数据库样本范围为全部国有及规模以上非国有工业企业，统计单位是企业法人，工业统计口径包括"采掘业""制造业""电力、燃气及水的生产和供应业"，以制造业为主，占全部样本的90%以上。考虑到制造业在吸纳就业、推动创新等领域的重要作用，并且劳动报酬、研发投入等关键变量数据更为完整，本节主要研究制造业企业样本。

针对中国工业企业数据库存在的样本匹配混乱、指标缺失和异常等问题，在聂辉华（2012）的基础上，研究中对样本进行如下基本处理：将实收资本、销售额、总资产、总负债、工业总产值以及本年应付工资总额等关键指标缺失或小于0的观测值剔除；将职工人数小于8人的规模较小的企业数据剔除；将与基本会计原则相悖的样本剔除，如总资产小于固定资产，累计折旧小于当期折旧等。同时，按照企业代码、企业名称、地区代码、行业代码、开业年份等信息进行样本匹配。为获得稳健的估计结果，研究中将样本限制在至少包括8年有效观测值的企业，并根据变量性质，采用不同的价格指数进行平减。对于工业总产值、工业增加值、新产品产值等产值类变量，使用工业生产者出厂价格指数平减；固定资产原值、固定资产净值、研究开发费等资产投资类变量，使

---

① 笔者根据1998—2012年中国工业企业数据库数据计算得出，在劳动力工资水平与边际产出均以1998年为基期进行价格平减的情况下，1998—2012年，中国制造业企业劳动力工资水平与边际产出分别从11790元和24210元增加至27690元和71330元，分别增长1.35倍和1.95倍，工资增长的速度远远低于边际产出增长的速度。

用固定资产投资价格指数平减;中间品投入采用原材料、燃料、动力购进价格指数平减;工资和福利收入等劳动报酬类变量,使用居民消费价格指数平减。平减指数均以1998年为基期。

2. 变量选择

(1) 制造业劳动力工资扭曲程度。本节仍以劳动力边际产出与实际工资的比值衡量工资扭曲程度,采用C-D生产函数形式测算制造业企业劳动力工资扭曲程度:

$$Y_{it} = A_{it} L_{it}^{\alpha} K_{it}^{\beta} \tag{6-5}$$

式(6-5)中,Y_{it}为工业增加值,A_{it}为全要素生产率(TFP),L_{it}和K_{it}分别为劳动要素和资本要素投入量,分别采用企业从业人员年平均人数和实际资本存量表示。劳动力边际产出$MPL_{it} = \alpha\, A_{it} K_{it}^{\beta} L_{it}^{\alpha-1} = \alpha\, Y_{it}/L_{it}$。定义$W_{it}$为劳动力实际工资水平,包括固定工资、奖金、津贴以及其他货币的或非货币的福利收入,如企业支付的劳动和失业保险费、养老保险和医疗保险费、住房公积金和住房补贴等。劳动力边际产出与实际工资的比值即为工资扭曲程度(Wage-Productivity Gap),反映实际工资对边际产出的偏离程度:$WPG_{it} = MPL_{it}/W_{it}$。

工业增加值是测算劳动力边际产出的基础变量,但该数据库没有提供2001年、2004年以及2008年以后年份的工业增加值数据,借鉴林伯强(2015),采用工业增加值率进行估算。统计年鉴中没有提供2004年以及2008年以后的工业增加值率,但报告了2004年的工业增加值增长率和工业总产值增长率,工业增加值率是工业增加值与工业总产值的比率,由此可计算2004年工业增加值率。① 假设2008—2012年工业增加值率基本稳定不变,采用2005—2007年三年的二分位行业工业增加值率均值代替(程时雄等,2016),再与2008—2012年分行业各企业工业总产值相乘,即可得到工业增加值数据。

对于企业层面实际资本存量的测算,采用固定资产净值指标为基础。折旧率的选择是资本存量测算的难点,尤其是企业层面的估计,不

---

① 工业增加值率$_{2004}$ =[工业增加值$_{2003}$×(1+工业增加值增长率)]/[工业总产值$_{2003}$×(1+工业总产值增长率)] = 工业增加值率$_{2003}$×[(1+工业增加值增长率)/(1+工业总产值增长率)]

同企业的资产组合和使用年限存在差异，以统一折旧率估计强异质性的微观企业实际资本存量，可能存在严重的偏误。企业固定资产净值是固定资产原始价值减去已提折旧后的净额，也称为折余价值，包含企业不同资产不同使用年限的微观折旧信息，可以反映企业实际占用在固定资产上的资金数额和固定资产的新旧程度，因此，准确估计企业层面实际资本存量的核心是对固定资产净值进行消胀（张天华，2016）。样本在数据库中开始出现年份的固定资产净值，即为自资产购买年份后按照税法规定进行折旧处理后的资产价值，研究中将该数据进行消胀后作为企业在样本期间的初始实际资本存量，在此基础上，对面板数据中第一期之后的观测值进行消胀处理：$K_{real,it} = (K_{nom,it} - K_{nom,it-1})/p_t + K_{real,it-1}$，$t > t_0$。其中，$K_{real,it}$ 表示企业 i 在第 t 期的实际资本存量，$K_{nom,it}$ 和 $K_{nom,it-1}$ 分别为企业 i 在第 t 期和第 t-1 期的名义固定资产净值，t_0 为企业 i 开始出现在数据库中的年份，p_t 表示第 t 期的固定资产投资价格指数。

在实际生产过程中，企业当期可以观测到部分生产率状况，并由此调整要素投入组合，相比于资本投入，企业更容易在短期内根据生产率的观测值调整劳动投入，由此导致 OLS 方法在估计劳动弹性系数和边际产出时产生偏误（鲁晓东和连玉君，2012），因此，本书采用 OP 方法进行估计（Olley and Pakes，1996）。由于微观企业之间存在较强的异质性，统一的生产函数难以反映企业的差异化生产行为。为得到较为准确的估计结果，研究中假设同一行业的生产技术和要素组合方式相似，分别估计 29 个二分位制造业行业的生产函数[①]，分行业测算劳动和资本的弹性系数及边际产出。

[①] 13 代表农副食品加工业，14 代表食品制造业，15 代表饮料制造业，16 代表烟草制品业，17 代表纺织业，18 代表纺织服装、鞋、帽制造业，19 代表皮革、毛皮、羽毛（绒）及其制品业，20 代表木材加工及木、竹、藤、棕、草制品业，21 代表家具制造业，22 代表造纸及纸制品业，23 代表印刷业和记录媒介的复印，24 代表文教体育用品制造业；25 代表石油加工、炼焦及核燃料加工业，26 代表化学原料及化学制品制造业，27 代表医药制造业，28 代表化学纤维制造业，29 代表橡胶制品业，30 代表塑料制品业，31 代表非金属矿物制品业，32 代表黑色金属冶炼及压延加工业，33 代表有色金属冶炼及压延加工业，34 代表金属制品业，35 代表通用设备制造业，36 代表专用设备制造业，37 代表交通运输设备制造业，39 代表电气机械及器材制造业，40 代表通信设备、计算机及其他电子设备制造业，41 代表仪器仪表及文化、办公用机械制造业，42 代表工艺品及其他制造业。

表 6-12 汇报了制造业分行业劳动力工资扭曲的测算结果,资本和劳动弹性系数之和的均值约 0.723,与鲁晓东和连玉君(2012)采用 OP 法估计的 0.75 相近,杨汝岱(2015)的测算结果为 0.93,均表明实际经济活动中,制造业行业层面规模报酬递减,为本节基础数据处理的可靠性提供了佐证。鉴于现有研究从不同数据层面对工资扭曲程度的测度结果在扭曲方向上大致相同,即中国劳动力市场存在显著的工资向下扭曲特征(施炳展和冼国明,2012;张明志等,2017),且劳动力实际工资高于边际产出的样本较少,表 6-12 主要汇报了向下的工资扭曲程度,并以此作为本节研究对象。本节测算的工资扭曲均值约为 3.81,平均而言劳动力边际产出是实际工资水平的 3.81 倍,劳动者没有得到与边际贡献一致的"公平"报酬。冼国明和徐清(2013)基于 2004—2009 年 286 个地级市数据得到劳动力工资扭曲均值为 3.321,施炳展和冼国明(2012)利用 1999—2007 年中国工业企业数据库测算的工资扭曲程度约为 3.622。陈晓华和刘慧(2015)研究显示,2000—2007 年制造业企业工资扭曲核密度曲线出现略微右移的趋势,表明制造业工资扭曲具有一定程度的加剧倾向,在一定程度上为本节的测算结果提供了佐证。

表 6-12   1998—2012 年中国制造业行业劳动力工资扭曲程度(WPG)测算

行业代码	N	资本弹性	劳动弹性	边际产出	平均报酬	工资扭曲度
13	63407	0.238***	0.446***	81.06	15.1	6.286
14	26697	0.277***	0.514***	67.55	17.36	4.650
15	18369	0.321***	0.490***	79.88	17.51	5.394
16	979	0.360***	0.308***	173	42.95	4.157
17	86087	0.258***	0.417***	43.48	15.12	3.170
18	37074	0.247***	0.494***	39.03	15.51	2.746
19	19475	0.258***	0.443***	47.21	15.77	3.444
20	17127	0.230***	0.484***	52.52	14.5	4.126
21	11483	0.250***	0.533***	50.66	17.12	3.455
22	33457	0.280***	0.453***	49.97	15.47	3.619

续表

行业代码	N	资本弹性	劳动弹性	边际产出	平均报酬	工资扭曲度
23	19417	0.317***	0.486***	52.63	18.15	3.266
24	12896	0.249***	0.510***	41.26	15.87	2.874
25	5347	0.354***	0.190***	73.43	21.23	3.921
26	81457	0.309***	0.336***	67.34	19.25	4.037
27	31048	0.324***	0.487***	80.57	20.57	4.762
28	6571	0.354***	0.360***	61.99	17.27	3.972
29	14061	0.313***	0.378***	46.1	16.19	3.271
30	49005	0.303***	0.408***	52.21	16.81	3.550
31	74920	0.275***	0.381***	52.46	15.97	3.649
32	23894	0.424***	0.390***	89.41	18.36	5.385
33	15320	0.372***	0.201***	68.5	19.66	3.918
34	52682	0.304***	0.404***	53.76	17.74	3.423
35	77514	0.297***	0.408***	53.2	18.73	3.242
36	40122	0.333***	0.430***	60.81	20.47	3.457
37	47598	0.314***	0.476***	59.94	20.36	3.252
39	55250	0.351***	0.435***	72.06	20.99	3.970
40	38418	0.281***	0.492***	63.39	21.29	3.348
41	18114	0.308***	0.490***	68.44	22.46	3.424
42	10669	0.231***	0.413***	50.82	17.78	3.218

注：① *、**和***分别表示10%、5%和1%的显著性水平。本章表格下同。
② 劳动边际产出和平均报酬的单位为千元。

（2）企业创新。现有文献中衡量企业创新活动的指标通常有研发支出、专利数量、新产品产值等。研发支出用来衡量企业创新投入，专利数量和新产品产值用来反映企业创新产出。企业家进行创新的直接动力是获得创新垄断利润，相比创新投入，创新产出更能准确地刻画企业创新行为。但企业的发明和专利不一定都能转化为产出获得市场效益，生产工艺改良或新产品开发也未必均申请专利，因此新产品产值更能恰当地衡量企业创新能力。采用新产品产值对数、新产品产值占工业总产值比重以及企业是否有新产品三个指标衡量企业创新产出，以新产品产值对数作为主要分析的被解释变量。

需要注意的问题是，样本中存在大量新产品产值为 0 的情况，可能的原因：一是企业未进行新产品研发，新产品产值确实为 0；二是新产品产值不为 0，但企业未统计相关信息；三是统计误差（董晓芳和袁燕，2014）。虽然 Tobit 模型和断尾 Truncreg 回归方法可处理此类样本问题，但存在没有考虑样本自选择效应的局限性，忽略了企业是否进行新产品开发对估计结果的影响（王文春和荣昭，2014）。本书采用 Heckman 模型解决上述问题。

（3）控制变量选择。参考以往文献，在实证研究中控制了一系列可能影响创新和工资扭曲的企业、行业和地区特征变量。企业特征包括企业年龄、企业年龄的平方、企业规模、出口交货值占比、利润率、资产负债率、劳动生产率、政府补贴、企业所有制等。考虑资本市场对企业创新的可能影响，采用流动比率作为衡量企业融资约束的指标（Manova and Yu，2016；马述忠等，2017），该比率越大，表明企业融资约束越小。行业层面特别控制了行业新产品比重，以减少行业性质导致的新产品差异对回归结果的干扰。超额垄断利润是激励企业投资于创新活动的重要动力，技术市场的交易环境和知识产权保护制度对企业创新的影响不容忽视。为控制经济发展状况对企业创新和工资、生产率的同时性影响，增加了地区 GDP 和地区分行业平均工资水平变量。各主要变量的含义和描述性统计结果如表 6-13 所示。

表 6-13　　　　　主要变量含义及描述性统计

变量名称	变量含义	样本量	均值	标准差	最小值	最大值
新产品产值	新产品产值对数	855313	1.1209	3.1883	0	18.518
新产品比重	新产品产值/工业总产值	855313	3.7870	14.6577	0	92.257
是否有新产品	新产品产值大于 0 则赋值为 1，否则为 0	926550	0.1066	0.3086	0	1
工资扭曲	劳动力边际产出/劳动报酬	917750	3.8081	3.9590	1.0000	22.616
企业年龄	企业年龄对数（整体右移 1 个单位）	926133	10.8091	9.7864	1	184

续表

变量名称	变量含义	样本量	均值	标准差	最小值	最大值
企业规模	总资产的对数	926550	10.4197	1.4814	2.8904	19.295
出口比重	出口交货值/工业总产值	872798	0.1708	0.3302	0	13.546
利润率	利润总额/销售总产值	926391	0.0471	0.0638	-0.1350	0.2332
资产负债率	总负债/总资产	926467	0.5675	0.2748	0.0279	1.4532
政府补贴	政府补贴的对数	871830	0.3281	0.7210	0	2.7577
劳动生产率	劳动力边际产出的对数	926550	3.6286	0.8999	0.6967	6.0813
流动比率	（流动资产-流动负债）/总资产	878708	0.0634	0.2974	-0.7031	0.655
是否国有企业	国有资本在实收资本中占比最大	926550	0.1199	0.3249	0	1
是否外资企业	外资在实收资本中占比最大	926550	0.1623	0.3687	0	1
是否民营企业	民营资本在实收资本中占比最大	926550	0.6298	0.4829	0	1
地区GDP	各省GDP对数	926550	9.2715	0.7194	4.5128	10.528
地区分行业平均工资	各省二分位行业平均工资对数	1065081	2.6339	0.3303	1.6900	4.5428
行业新产品比重	二分位行业新产品产值/行业工业总产值	926550	14.5811	9.8010	1.74	46.84
技术市场环境	技术市场规模×专利保护	940108	17.9168	1.1438	11.999	21.771
年份	年份代码	1065083	2005.65	3.4814	1998	2012
行业	二分位行业代码	1065083	27.8550	8.6636	13	42
省份	省份代码	1065081	34.2566	10.114	11	65

注：采用技术市场成交额与专利未被侵权率交互项的自然对数衡量技术市场环境。

二 基准回归结果分析

为研究劳动力工资扭曲对企业创新的影响，构建如下基准模型：

$$Innovation_{it} = \alpha_0 + \alpha_1 WPG_{it} + X_{it}\alpha_2 + Z_{it}\alpha_3 + Region_i + Industry_i + Year_i + \mu_{it}$$

(6-6)

第六章 中国劳动力市场工资扭曲及其对企业创新影响的实证研究

式（6-6）中，$Innovation_{it}$ 为企业 i 在 t 期的创新活动，采用新产品产值对数衡量；WPG_{it} 表示企业 i 的劳动力工资扭曲程度，采用劳动力边际产出与实际工资水平的比值；X_{it} 是企业特征变量集，Z_{it} 是区域和行业层面的控制变量集；$Region_i$ 和 $Industry_i$ 表示省份、行业的固定效应，用以排除不随时间变化的特征影响，年份固定效应 $Year_t$ 控制宏观经济波动等影响所有企业的外生冲击因素。本书重点关注系数 α_1，它衡量工资扭曲对企业创新的影响，预期 $\alpha_1 < 0$，劳动力工资扭曲将阻碍企业创新。

表6-14汇报了工资扭曲与企业创新的基准回归结果。列（1）在仅控制企业特征变量的情况下，工资扭曲与企业创新显著负相关；列（2）考虑了行业与区域特征，增加控制地区GDP、地区平均工资和行业新产品比重三个宏观层面的变量；列（3）进一步控制年份、行业、地区固定效应，工资扭曲的系数为 -0.365，且在1%显著性水平下通过检验，表明工资扭曲程度越高，企业创新产值越低。劳动力边际产出与工资水平的比值扩大10%，导致创新产值降低3.65%。结合样本数据发现，在几乎不存在工资扭曲的482个企业中（1 < WPG < 1.001），平均创新产值为657.6万元，假如为此类企业设定一个反事实的工资扭曲程度为2，即假定这些企业劳动者获得的平均工资仅达到边际产出的一半，则预期创新产值会降至417.6万元。为防止关键变量指标单一可能造成的伪回归问题，列（4）和列（5）分别采用企业新产品比重和企业是否有新产品作为被解释变量，回归结果均支持劳动力工资扭曲与企业创新的负向关系。

表6-14　　　　　工资扭曲与企业创新的基准回归结果①

变量	（1）新产品产值	（2）新产品产值	（3）新产品产值	（4）新产品比重	（5）是否有新产品
工资扭曲	-0.310*** (0.00882)	-0.371*** (0.00955)	-0.365*** (0.00959)	-0.116*** (0.00320)	-0.262*** (0.0102)
企业年龄	9.323*** (0.149)	7.989*** (0.149)	8.097*** (0.149)	2.041*** (0.0498)	3.871*** (0.151)

① 在实证分析中，对工资扭曲程度WPG取自然对数，系数即表示新产品对工资扭曲的弹性，下同。

续表

变量	（1） 新产品产值	（2） 新产品产值	（3） 新产品产值	（4） 新产品比重	（5） 是否有新产品
年龄的平方	-4.101***	-3.491***	-3.544***	-0.893***	-1.673***
	(0.0667)	(0.0671)	(0.0672)	(0.0224)	(0.0686)
企业规模	0.602***	0.583***	0.576***	0.145***	0.395***
	(0.00270)	(0.00268)	(0.00270)	(0.000901)	(0.00276)
出口比重	0.434***	0.531***	0.559***	0.179***	0.486***
	(0.0111)	(0.0111)	(0.0112)	(0.00372)	(0.0118)
利润率	1.621***	1.135***	1.136***	0.446***	1.356***
	(0.0576)	(0.0574)	(0.0574)	(0.0192)	(0.0581)
资产负债率	-0.0782***	-0.117***	-0.109***	-0.0428***	0.0111
	(0.0134)	(0.0133)	(0.0133)	(0.00444)	(0.0154)
政府补贴	0.333***	0.334***	0.336***	0.105***	0.217***
	(0.00497)	(0.00495)	(0.00495)	(0.00165)	(0.00443)
劳动生产率	0.190***	0.280***	0.273***	0.0730***	0.149***
	(0.00612)	(0.00680)	(0.00680)	(0.00227)	(0.00694)
流动比率	0.362***	0.183***	0.187***	0.0632***	-0.0358*
	(0.0153)	(0.0157)	(0.0158)	(0.00518)	(0.0190)
是否国有	-0.0465	-0.242***	-0.213***	-0.0209**	0.423***
	(0.0285)	(0.0285)	(0.0285)	(0.00950)	(0.0262)
是否外资	-0.723***	-0.824***	-0.794***	-0.189***	-0.115***
	(0.0278)	(0.0277)	(0.0277)	(0.00924)	(0.0256)
是否民营	0.120***	0.0506*	0.0511*	0.0759***	0.756***
	(0.0271)	(0.0269)	(0.0269)	(0.00896)	(0.0240)
地区GDP		-0.164***	-0.208***	-0.0816***	-0.254***
		(0.00576)	(0.00609)	(0.00203)	(0.00609)
地区平均工资		-0.348***	-0.503***	-0.0605***	-0.0329*
		(0.0136)	(0.0166)	(0.00554)	(0.0170)
行业新产品比重			0.0335***	0.0275***	0.00896***	0.0171***
		(0.000343)	(0.000452)	(0.000151)	(0.000448)
技术市场环境		0.0598***	0.119***	0.0301***	-0.110***
		(0.00493)	(0.00529)	(0.00177)	(0.00478)

续表

变量	（1）新产品产值	（2）新产品产值	（3）新产品产值	（4）新产品比重	（5）是否有新产品
年份固定效应	N	N	Y	Y	Y
行业固定效应	N	N	Y	Y	Y
省份固定效应	N	N	Y	Y	Y
常数项	-9.023*** (0.0639)	-6.616*** (0.0817)	-67.64*** (3.383)	-3.979*** (1.128)	98.67*** (3.151)
F	8568.9	7758.4	6524.8	4397.5	
R^2_a	0.114	0.127	0.128	0.0900	
N	800287	800287	800287	800287	879501

注：括号内为标准误，本节后面表格相同。

列（3）中控制变量系数显示，企业年龄与新产品产值呈倒"U"形关系，从企业创立初期到第3年间，随着年龄增长，新产品产值逐渐增加，此后出现下降趋势；企业规模、出口比重、利润率、劳动生产率、流动比率、政府补贴、行业新产品比重、技术市场环境均对企业创新活动具有促进作用；资产负债率越高的企业，新产品产值越低，与现有文献结论一致（孔东民等，2017；周开国等，2017）。地区GDP水平对创新产值均具有显著的负向作用，与董晓芳和袁燕（2014）的结论一致。地区分行业平均工资采用各省二分位行业平均工资对数衡量，估计系数在1%显著性水平下为负，与预期不符。为此，本书将地区分行业平均工资变量细分为行业平均工资对数和地区平均工资对数①，结果显示：行业平均工资显著促进企业创新，在固定行业性质、控制行业新产品比重的基础上，有理由认为平均工资水平与创新产值具有正向关系；地区平均工资则阻碍企业创新，说明中国地区间劳动力市场分割仍然比较严重，区域间平均工资差异没有发挥对区域内企业创新的激励作用。

---

① 鉴于篇幅，以行业平均工资对数、地区平均工资对数代表平均工资变量的回归结果没有在文中展示。

三 异质性分析

劳动力工资扭曲程度对企业创新产值具有抑制作用,这种效应在不同类型企业之间是否存在差异?

1. 工资扭曲对不同所有制企业创新的影响

表6-15就工资扭曲对不同所有制性质企业创新进行检验的结果显示,工资扭曲对不同所有制性质企业创新的负向影响呈现国企、民企、外企减弱的特征,即工资扭曲对国企创新的抑制作用最严强、民企次之、外企影响最小,且三组估计系数的差异具有显著性。为进一步分析造成这种现象的原因,采用赫芬达尔法计算行业层面的竞争指数作为市场竞争程度的代理变量,在回归中增加工资扭曲与市场竞争程度的交互项,以考察工资扭曲与企业创新的关系是否受到市场竞争的影响。结果显示,行业市场竞争程度显著减轻工资扭曲对民企创新的负向作用,但不会对国企和外企创新产生激励效应。相较于民企和外企,国企具有准政府组织的性质,天然与政府及其代理机构具有紧密的政治和经济联系(江艇等,2018),可以获得更多的政府支持和保护,可凭借垄断优势获得超额利润(蔡莉和单标安,2013),没有压力投入高风险的创新行为,工资扭曲则更加削弱其创新动力。相反,缺乏政治关联倒逼民营企业在激烈的市场竞争中不断提高生产率、追求创新利润是获得生存和发展空间的必然选择,自身的创新动力促使工资扭曲对民营企业创新的抑制作用低于国有企业。与此同时,进一步验证了外资企业不愿在中国市场上从事创新活动的基本事实。利用劳动力成本优势是外资企业落户的重要因素,在中国知识产权保护薄弱的现实情境中(龙小宁和林菡馨,2018),外资企业由于担心创新成果被模仿的风险和溢出效应,更倾向于将研发创新环节安排在母公司,由此导致劳动力工资扭曲对外资企业创新活动的抑制作用有限。

表6-15　　工资扭曲对不同所有制企业创新的回归结果

Panel A: 回归结果	(1) 国有企业	(2) 民营企业	(3) 外资企业	(4) 国有企业	(5) 民营企业	(6) 外资企业
工资扭曲	-0.461*** (0.0262)	-0.393*** (0.0120)	-0.0714*** (0.0213)	-0.557*** (0.0754)	-0.549*** (0.0364)	0.0428 (0.0870)

续表

Panel A：回归结果	（1）国有企业	（2）民营企业	（3）外资企业	（4）国有企业	（5）民营企业	（6）外资企业
工资扭曲×市场竞争程度				0.100 (0.0734)	0.163 *** (0.0358)	-0.119 (0.0878)
控制变量	YES	YES	YES	YES	YES	YES
F	1870.4	5303.0	827.9	1753.6	4973.0	776.2
R^2_a	0.207	0.128	0.0817	0.207	0.128	0.0818
N	107234	540671	139324	107234	540671	139324
Panel B：不同所有制企业之间工资扭曲系数差异检验						
检验1：国企工资扭曲系数 - 民企工资扭曲系数 = 0						5.69 **
检验2：国企工资扭曲系数 - 外企工资扭曲系数 = 0						129.6 ***
检验3：民企工资扭曲系数 - 外企工资扭曲系数 = 0						159.84 ***

注：本表及本节后面表格中控制变量与基准模型一致。

2. 工资扭曲对不同要素密集型行业创新的影响

借鉴王洁玉等（2013）、许明（2018）对要素投入密集程度的分类方法，将29个制造业细分行业划分为劳动密集型、资本密集型和技术密集型三类子样本，检验工资扭曲影响创新的行业差异。表6-16的回归结果显示，根据要素密集度划分为三类行业子样本后，并不改变工资扭曲这一关键变量估计系数的符号和显著性，即使在劳动密集型行业，工资扭曲的加剧依然阻碍创新产值的提升，表明工资扭曲对企业创新具有显著且稳健的抑制作用。从工资扭曲对不同行业分组的影响看，工资扭曲对技术密集型行业创新产值影响程度最大，资本密集型行业次之，劳动密集型行业影响最小，采用SUR模型的系数差异检验支持工资扭曲在三组样本间差异的显著性。鲁桐和党印（2014）认为，不同行业的创新需求内生于要素密集程度，研发创新对劳动密集型、资本密集型和技术密集型行业的重要性依次上升，三类行业的创新需求、人力资本水平也逐步提高。与劳动密集型行业相比，资本密集型和技术密集型行业创新活动更为复杂，工资扭曲对创新的抑制程度也更严重。

表6–16　工资扭曲对不同要素密集型行业企业创新的回归结果

Panel A：回归结果	(1) 全样本	(2) 劳动密集型	(3) 资本密集型	(4) 技术密集型
工资扭曲	-0.365***	-0.177***	-0.324***	-0.577***
	(0.00959)	(0.0132)	(0.0145)	(0.0237)
控制变量	YES	YES	YES	YES
F	6524.8	1021.8	2046.6	2547.8
R^2_a	0.128	0.0602	0.103	0.193
N	800287	287005	321021	192461
Panel B：不同要素密集型行业之间工资扭曲系数差异检验				
检验1：劳动密集型行业工资扭曲系数 - 资本密集型行业工资扭曲系数 = 0				56.12***
检验2：劳动密集型行业工资扭曲系数 - 技术密集型行业工资扭曲系数 = 0				207.66***
检验3：资本密集型行业工资扭曲系数 - 技术密集型行业工资扭曲系数 = 0				79.44***

四　稳健性检验

1. 考虑价格指数调整因子的稳健性检验

Sharpe等（2017）系统研究了劳动力实际工资－边际产出差距的分解框架，提出居民消费价格指数（CPI）与工业生产者出厂价格指数（PPI）的差异是影响工资扭曲程度的重要因素，原因在于，实证处理过程中，通常采用CPI对劳动报酬进行平减，采用PPI消除工业增加值的价格膨胀，两种价格指数的增长"背离"可能造成工资扭曲的测量误差。由此，本书构建了工资扭曲测度的价格指数调整因子$Price_{Adjust}$ = PPI/CPI，使用$Price_{Adjust}$对价格平减后的劳动力边际产出进行调整，由此得到价格指数调整后的工资扭曲程度。表6–17中列（1）至列（2）分别汇报了以新产品产值对数、新产品比重为被解释变量，以调整后的工资扭曲作为关键解释变量的回归结果，工资扭曲的估计系数均为负，在1%显著性水平下通过检验，与基准回归相差较小，表明控制价格平减指数可能导致的估计偏误后，劳动力工资扭曲与企业创新的负向关系仍然稳健。列（3）至列（4）采用劳动力边际产出与工资性收入的比率衡量工资扭曲程度，进一步为上述实证结果的稳健性提供了证据。

表 6-17　　　　　　　考虑价格指数调整因子的回归结果

变量	(1) 新产品产值	(2) 新产品比重	(3) 新产品产值	(4) 新产品比重
工资扭曲_ 价格指数调整	-0.435*** (0.00939)	-0.137*** (0.00313)		
工资扭曲_ 工资性收入			-0.349*** (0.00951)	-0.109*** (0.00317)
控制变量	YES	YES	YES	YES
F	6406.4	4330.7	6518.4	4389.6
R^2_a	0.129	0.0909	0.128	0.0898
N	779533	779533	800287	800287

2. 克服样本选择偏差的 Heckman 检验

劳动力工资扭曲对企业创新的影响可能受到样本选择偏差的影响，即有远见的、发展状况良好的企业才能保障劳动者权益，同时才会"自我选择"创新。本书采用 Heckman 模型克服样本选择偏差对研究结果的干扰问题，以更准确地估计工资扭曲与企业创新的因果效应。

如果工资扭曲程度较为严重的企业具有某种特征，导致其本身创新产值也较低，这种情况将造成工资扭曲与企业创新的因果系数一部分体现的是样本选择偏差的影响；并且在研究选择的样本企业中有大量新产品产值为 0 的情况，如果企业未统计新产品资料或者存在统计误差，则无法观测到这些企业的真实创新产值，由此造成样本选择偏差。

本书通过 Heckman 模型来克服样本选择偏差，首先分析影响企业创新产值的因素，包括企业年龄、年龄的平方、企业规模、出口比重、利润率、上一期是否有新产品以及企业福利占劳动报酬比重。其中，企业福利包括劳动和失业保险、养老保险、医疗保险、住房公积金以及住房补贴等，通常企业一方的缴费比例有明确规定，但部分发展状况不好或追求短期利润的企业存在不能足额缴纳的问题，或者采用灵活处理的方式应对，因此福利占比在一定程度上可以反映企业发展质量以及是否着眼于长足发展。上一期是否有新产品对当期创新产值具有重要影响，如果上一期新产品给企业带来收益，则当期更有可能继续创新。

表 6-18 汇报了使用 MLE 估计 Heckman 模型的结果。残差协方差

系数在 1% 水平下显著，表明样本的确存在自选择问题，符合模型使用条件；残差相关性显著为负，意味着不可观测因素对企业创新产值是负向选择的，说明 OLS 回归因自选择问题可能高估工资扭曲的影响。与基准回归相比［表 6-14 中列（3）和列（4）］，表 6-11 中列（1）和列（2）以新产品产值和新产品比重为被解释变量的工资扭曲系数分别降低了 18.1% 和 18.5%，表明样本选择问题导致 OLS 回归略微高估了工资扭曲对企业创新的负向影响，但作用程度相差不大，为 OLS 估计系数的稳健性提供了佐证。列（3）和列（4）采用价格指数调整后的工资扭曲程度替换进行回归，仍然支持上述结论。

表 6-18　　　　Heckman 模型克服选择偏差的回归结果

变量	（1）新产品产值	（2）新产品比重	（3）新产品产值	（4）新产品比重
工资扭曲	-0.299*** (0.0106)	-0.0945*** (0.00349)		
工资扭曲_价格指数调整			-0.392*** (0.0102)	-0.121*** (0.00338)
控制变量	YES	YES	YES	YES
选择模型				
企业福利占劳动报酬比重	8.866*** (0.0567)	9.178*** (0.0574)	8.856*** (0.0567)	9.169*** (0.0574)
上一期是否有新产品	1.559*** (0.00820)	1.457*** (0.00869)	1.557*** (0.00821)	1.455*** (0.00869)
企业年龄	32.46*** (0.253)	33.20*** (0.255)	32.50*** (0.253)	33.24*** (0.255)
年龄的平方	-15.49*** (0.119)	-15.84*** (0.119)	-15.51*** (0.119)	-15.85*** (0.119)
企业规模	-0.216*** (0.00152)	-0.232*** (0.00152)	-0.217*** (0.00152)	-0.232*** (0.00152)
出口比重	-0.0549*** (0.00652)	-0.0476*** (0.00655)	-0.0549*** (0.00652)	-0.0476*** (0.00655)

续表

变量	(1) 新产品产值	(2) 新产品比重	(3) 新产品产值	(4) 新产品比重
利润率	-0.0971*** (0.0349)	-0.0513 (0.0350)	-0.0978*** (0.0349)	-0.0518 (0.0350)
常数项	-3.682*** (0.0623)	-3.676*** (0.0629)	-3.689*** (0.0623)	-3.683*** (0.0629)
残差相关性	-0.685*** (0.00370)	-0.628*** (0.00365)	-0.684*** (0.00370)	-0.627*** (0.00366)
残差协方差	1.156*** (0.000940)	0.0428*** (0.000935)	1.155*** (0.000940)	0.0423*** (0.000935)
N	759215	759215	759215	759215

3. 内生性问题处理

理论上，研究中并不能排除企业创新利润导致工资扭曲减轻的反向因果关系，即劳动力工资扭曲对企业创新的影响很可能受到反向因果造成的内生性问题影响。根据租金分享理论，创新是高工资的来源之一，创新型企业通常有更高的平均工资（Reenen，1996），从而降低工资扭曲程度。本书采用工具变量法处理内生性问题对研究结果可能产生的干扰，以便更准确地估计工资扭曲与企业创新的因果效应。

传统的工具变量方法依赖于寻找一个影响企业劳动力工资扭曲程度，同时对创新活动没有任何影响的外生变量，但是与工资扭曲程度相关性较高的可能会通过其他渠道影响企业创新，不受创新活动影响的外生变量与工资扭曲的相关性又可能较弱，寻找一个有效的外部工具变量非常困难，这也是相关文献对工具变量部分争议较大的原因（林炜，2013；赵西亮和李建强，2016）。Lewbel（1997）提出一种不借助外部因素构建有效内部工具变量的方法，张杰等（2011）、高翔等（2018）均采用这种方式构建要素市场扭曲的工具变量，本章也选取 Lewbel（1997）方法尝试建立工资扭曲的工具变量：

LewbelIV =（企业工资扭曲 - 行业层面工资扭曲均值）^{3}

结合本节样本数据，表6-19列（1）汇报了约简型方程的估计结果，以工资扭曲为被解释变量，使用 Lewbel 工具变量作为关键解释变量,其余方程设定均与基准模型一致,乘积的估计系数约为-0.0887,在1%显著性水平下异于零,与相关性分析一致,表明选取的工具变量不存在弱工具变量的问题。

表6-19　　　　　　　　　　基于工具变量的回归结果

变量	(1) 新产品产值	(2) 工资扭曲	(3) 新产品产值	(4) 新产品产值	(5) 新产品比重
	基准模型	约简型	约简型	IV	IV
工资扭曲	-0.365*** (0.0096)		-0.360*** (0.00960)	-0.642*** (0.200)	-0.151** (0.0665)
LewbelIV		-0.0887*** (0.0019)	0.0234 (0.0166)		
控制变量	YES	YES	YES	YES	YES
F	6524.8	69751.2	5921.2		
R^2_a	0.128	0.591	0.125	0.124	0.0872
N	800287	868389	789850	789850	789850
一阶段估计结果					
LewbelIV				-0.0829*** (0.0019)	-0.0829*** (0.0019)
控制变量				YES	YES
F				72853.32	72853.32
R^2_a				0.624	0.624
N				789850	789850

有效的工具变量还需满足外生性假定,工具变量影响被解释变量的唯一渠道是通过与其相关的内生解释变量,排除所有其他可能的影响渠道。即Lewbel工具变量不受创新活动的影响,也不会直接作用于企业创新。表6-19中列(3)约简型方程在基准模型中加入工具变量,考察在固定年份、行业和地区效应,并控制地区经济发展水平、平均工资、行业创新特质等因素的情况下,除内生解释变量工资扭曲外,Lewbel工具变量是否直接影响或通过其他渠道影响企业创新产值。估计结果显示,工具变量的系数并未通过显著性检验,表明不存在工具变量对

企业创新产生作用的其他直接或间接途径，支持工具变量的外生性。

表 6-19 中列（4）和列（5）分别汇报了以新产品产值对数和新产品比重为被解释变量的工具变量估计结果，一阶段回归显示，Lewbel 工具变量对区域内企业的工资扭曲程度在 1% 显著性水平下具有负向影响，并且 F 统计值远大于经验规则（F 统计值为 10），再次印证工具变量不存在弱工具变量的问题。相较于基准模型估计结果，两阶段回归中工资扭曲的解释力分别提高了 76%（新产品产值）和 30%（新产品比重），表明反向因果和遗漏变量问题共同导致 OLS 低估了工资扭曲对企业创新的影响效应。

第四节　劳动力工资扭曲影响企业创新的传导机制分析

现有考察要素市场扭曲对企业创新影响的相关研究，仍停留在基于省级层面的数据对工资扭曲与企业创新相关关系的检验（张杰等，2011；李平和季永宝，2014；戴魁早和刘友金，2016），缺少对工资扭曲影响企业创新的传导机制的实证研究。本节通过对国内外相关研究文献与基础理论的回顾与梳理，识别出工资扭曲作用于企业创新的内在传导机制，并借助中国工业企业数据库，为传导机制的有效性提供最直接的经验证据，揭示劳动力工资扭曲抑制企业创新背后的深层次原因，明确其微观作用机制，为未来深化劳动力市场改革路径的选择提供微观证据，也有助于加深对转型经济体更为一般性的要素市场价格扭曲与创新关系的认识和理解。

一　理论分析与研究假说

国内缺少就劳动力工资扭曲对企业创新影响机制的相关研究。劳动力是企业不可或缺的生产要素，工资扭曲作为劳动力价格和配置效率的重要信号，对企业与劳动者具有双重影响：从企业视角看，当工资水平长期存在不同程度的低估时，企业可以通过劳动力成本优势获得超额利润，可能会刺激企业更倾向于密集使用劳动要素，而不倾向于通过投资高风险的研发创新活动来获取更大的利润空间，降低企业投资研发创新的动力。从劳动者视角看，工资向下扭曲意味着劳动者没有获得与劳动贡献相应的"公平"收入，会促使劳动者特别是具有内在的、强烈流动倾向和流动能力的高素质劳动者不断搜寻扭曲程度较低的工作岗位。与此同时，相对偏低的工资水平也会导致"需求引致创新"的机制失灵。劳动力工资扭曲影响企业创新的传导机制并不唯一，通过对相关文献的研读，本书认为工资扭曲会从扭曲收益效应、人力资本效应和消费需求挤压效应三条路径抑制企业创新。

1. 扭曲收益效应

在劳动力工资持续向下扭曲的背景下，理性的企业家是通过利用成本低于贡献的劳动要素获取超额利润，还是通过投资研发活动提升企业生产率和竞争力来追求创新超额利润？新古典主义经济理论认为，当劳动要素的工资率低于边际产出时，企业将通过减少其他要素投入、扩大相对价格较低的生产要素的使用规模实现利润最大化（Hicks，1932），要素市场扭曲带来的寻租机会削弱或抑制了企业 R&D 投入（张杰等，2011；戴奎早和刘友金，2015）。

劳动力工资扭曲带来的扭曲收益对企业创新的影响主要体现在两个方面。诱致性技术创新理论认为，要素禀赋结构变化将引起要素相对价格变动，诱发要素节约偏向的技术创新活动（Hicks，1932）。生产要素市场对要素资源条件传递出正确的价格信号，是市场自发引致企业技术变迁的必要条件（都阳，2013）。劳动力工资扭曲导致劳动力价格无法准确地反映中国劳动力资源稀缺性的变化，传递出扭曲的价格信号，阻碍劳动力价格变动引致创新需求的作用，削弱市场机制对要素投入和创新资源的配置功能，降低劳动年龄人口逐渐减少对创新的自发促进效应（蔡昉，2010；韩平和吴呈庆，2012）。目前，人口转型导致中国劳动力供给乏力与工资扭曲同时并存，如果劳动力价格无法准确反映劳动力市场供求结构的变化与调整，将阻碍要素禀赋结构、价格机制与企业创新的内在联系，减弱人口转型对产业结构升级、制造业价值链攀升的倒逼效应（杨先明等，2019）。劳动力工资扭曲还将影响企业进入、退出的市场选择机制，给低效率企业提供了生存空间（李鲁等，2016），延缓劳动密集型产业的衰退演化进程。劳动力价格长期处于被低估的状态，还将扭曲市场机制的要素配置功能，形成对劳动密集型行业、劳动密集型生产环节的过度吸引，造成生产活动长期被锁定在附加值较低的低端环节，形成非市场化的资源错配格局，限制企业研发创新活动（罗德明等，2012；张宇和巴海龙，2015）。

熊彼特技术推力理论指出，创新是建立一种新的生产函数，将生产要素和生产条件的新组合引入经济体系，因此创新源于生产者行为的变化（熊彼特，1990）。在劳动力工资向下扭曲的现实环境中，理性的企业家是通过利用成本低于贡献的劳动要素，还是通过投资研发活动提升企业生产率和竞争力来追求超额利润？熊彼特强调外部环境压力对企业创新的重要性，创新作为一种风险行为，短期对失败的容忍和长期的高收益率是促进创新最有效的机制（Ederer et al.，2012）。人为压低劳动力价格造成的工资扭曲给企业提供了依靠成本优势生存和获利的机会，引发企业的技术革新惰性（陈晓华和刘慧，2015），导致企业扩大劳动力要素的使用规模，而不倾向于通过高投入、高风险的研发创新活动追求利润空间。长此以往，将逐渐加剧企业对要素低成本优势的偏好和依赖，更加依靠基于要素投入规模的粗放发展模式，没有动力从事研发创新活动，由此循环衍生并加重劳动力市场扭曲（周一成和廖信林，2018）。此外，劳动力工资扭曲会造成劳动要素配置效率损失，导致企业 R&D 投入产出低效，无法获得市场均衡状态下的创新收益，进而抑制企业创新动力，挤出创新投资。由此，提出研究假说 6-1：

假说 6-1：劳动力工资扭曲产生的扭曲收益阻碍要素禀赋结构、价格机制与企业创新的内在联系，同时削弱企业家的技术推力作用，进而对创新产生抑制效应。

2. 人力资本效应

创新是一种复杂的知识生产活动，人力资本是创新活动的核心要素。在研发投入既定的条件下，高人力资本劳动者对新知识和研究成果的吸收能力更强，更有助于学习新技术，发挥"干中学"效应，更能推动其转化为生产所需的新技术和面向市场的新产品，尤其是先进技术和机器设备快速更新的时代，高人力资本劳动者对企业创新的促进作用更为重要。吴建新和刘德学（2010）实证研究发现，在中国人力资本结构中，只有高等教育学历人力资本对 TFP 具有显著促进作用。高人力资本推动中国制造业价值链升级的关键原因在于促进了技术成果的转化（耿晔强和白力芳，2019）。Nonaka 等（2006）认为，创新的本质在于将内隐性知识转化为外显性知识，人力资本作为分散的、动态的、不规则的内隐性知识的重要载体（张萃，2019），其所具有的稀缺而独特的知识转换能力，在多种创新要素互动演化过程中发挥了不可替代的作用。劳动者的人力资本水平越高，学习、吸收、创造知识的能力越强（Wright and et al.，1994；卢馨，2013），即人力资本积累是促进企业创新活动的核心要素（Earl，2001；Mckelvie and Davidsson，2009；Cinnirella and Streb，2017）。

劳动力工资扭曲为企业提供了通过劳动力成本优势获得利润空间的途径，企业更倾向于密集使用劳动力资源，而不是注重人力资本投资、培训和积累。工资扭曲程度相对更高的企业，对员工吸引力不足、雇用关系不稳定，考虑到员工离职会侵占企业培训投资的部分预期收益，更会造成工资高扭曲企业投资培训在职员工的激励严重缺失（孙早和侯玉琳，2019），不利于形成推动企业创新的人力资本水平。从劳动者角度来看，劳动力工资扭曲会相对地降低平均工资水平，进而降低劳动者的预期收益。当潜在劳动者的预期收益难以弥补自身成本时，更不愿选择高水平的人力资本投资决策（Falvey et al.，2010）。才国伟和刘建雄（2014）的研究发现，中国劳动报酬与人力资本的不匹配加重劳动者的收入风险，阻碍经济体的人力资本积累。此外，工资扭曲相对而言也会挤压低收入劳动者对自身和子代的教育投资，长期来看阻碍人力资本的形成和积累（张锦华和吴方卫，2007；李平和季永宝，2014；钞小静和沈坤荣，2014）。

在社会总人力资本水平给定的情况下，相对报酬结构决定人力资本在不同行业、不同部门和不同企业之间的流动配置。当劳动者的人力资本水平、劳动生产率与企业支付的劳动报酬相匹配时，双方愿意维持雇用关系稳定不变；当劳动报酬低于人力资本和生产率应得的水平时，劳动者将主动寻求转换工作（Mortensen，2011；邵敏和武鹏，2019）。换言之，劳动者倾向于从工资高扭曲企业流向工资低扭曲企业，以获得相对更为合理的劳动报酬，即使在劳动力市场扭曲状态下，也存在趋向于低扭曲方向的劳动力流动。尤其对于稀缺的高技能劳动者，他们在劳动力市场的流动倾向与流动能力更强，在劳动力市场拥有更多就业机会，得不到与劳动贡献相对应的合理报酬时，更可能选择"用脚投票"，导致企业高人力资本流失。由此，提出研究假说6-2：

假说6-2：劳动力工资扭曲可能造成高人力资本流失，降低企业人力资本投资激励，阻碍企业创新产值的提升。

3. 消费需求挤压效应

劳动力工资扭曲通过消费需求效应影响企业创新的逻辑基础在于Schmookler（1966）提出的需求拉力理论。理论上，工资向下扭曲程度越严重，相对而言，劳动者拥有的可支配收入越少，由此挤压消费需求，进而缩小新产品的市场规模，造成"需求引致创新"机制的失灵。一项科学研究发现可能包含很多潜在的发明创造，但是否能够转化为新产品和新技术取决于市场预期收益，只有市场蕴含的消费需求层次和需求规模达到一定程度时，企业家才有足够的激励和意愿增加创新投资，有效市场需求不足将减少企业家的创新活动。

在中国经济转型的发展阶段，依赖高储蓄、高投资和高外部需求的增长模式，在促进经济高速发展的同时，也造成了经济结构不合理、要素价格扭曲、国内需求不足等深层次矛盾。白重恩和钱震杰（2009）指出，中国劳动收入占比与发达国家相比处于较低水平，这很可能是中国消费低迷的重要原因。企业劳动报酬与边际产出的差距是宏观层面劳动收入占比偏低的微观原因（罗知和赵奇伟，2013），工资向下扭曲导致劳动收入水平低于潜在均衡值，劳动者拥有相对更少的可支配收入，理性消费者会选择收紧家庭预算约束，抑制家庭消费需求，一定程度上挤压居民消费支出，造成需求规模和需求层次整体偏低（Foellmi R. et al.，2006），缩小新产品的市场需求，使企业缺乏有效推动创新的市场规模与激励。

邹红和喻开志（2011）为劳动收入占比偏低导致中国总体消费不足提供了来自中国的经验证据。中国农村居民仍以生存型消费为主，对享受型和发展型消费的支付能力有限（陈建宝和李坤明，2013），农民工消费层次仍处于偏低的水平（潘烜等，2013），高帆和汪亚楠（2016）通过对农业部门与非农业部门内部劳动力投入与产出的匹配程度刻画劳动力市场扭曲，实证结果发现劳动力市场扭曲程度的增加，通过城乡收入差距扩大城乡消费差距，在经验上印证了劳动力工资扭曲对居民消费需求的负面影响。Campbell和Mankiw（1991）认为，消费函数既受到持久收入影响，又保持对当期收入的敏感性。劳动力工资扭曲导致居民当前收入相对低于劳动力边际产出，将使持久收入风险增大，降低居民预期收入，导致消费需求低迷（徐长生和刘望辉，2008）。

需求规模和市场范围的扩大是影响创新成功与否的重要因素（范红忠，2007）。高失败率和高固定成本，决定了创新活动本质上是一种高风险投资，只有当市场有效需求规模足够大时，创新投资才能通过市场最终转化为创新收益，分摊新产品的研发成本，补偿企业前期承担的巨大创新失败风险。新产品最终要面对消费者，有效需求规模意味着潜在利润的大小，从根本上决定创新成功概率（安同良和千慧雄，2014）。

需求规模和需求层次是创新发生机制的重要元素（范红忠，2007），需求规模从分摊固定成本、降低市场风险、形成有利的市场结构等方面影响企业创新。首先，创新活动需要企业投入大量资金，只有当市场有效需求规模足够大时，才能分摊新产品的高固定成本，创新投资才能通过市场最终转化为创新收益（Edler and Georghiou，2007）。其次，创新本质上是一种高风险投资，新产品最终要面对消费者，有效需求规模意味着潜在利润的大小，从根本上决定创新成功概率，激发创新动力（安同良和千慧雄，2014）。最后，新技术的应用和推广将伴随市场需求规模扩大而加速，使企业有利可图，吸引大批创新模仿者进入市场，由此打破垄断，创造长期有利的创新环境（Cook and Uchida，2008）。需求层次提高意味着对需求收入弹性高的产品和服务的需求量增加，消费者对高质量、创新性、个性化的产品支付意愿增强，能够为新技术、新工艺、新产品创造有效市场需求（Zweimuller and Brunner，2005）。大量文献从市场需求视角对企业创新动机进行阐释，将市场需求与企业家精神并列为影响创新的最关键因素（杨以文和郑江淮，2013），认为市场需求、技术推力、政策因素是驱动中国企业创新的三大动机（张赤东和王元，2014）。董鹏刚和史耀波（2019）为市场需求对创新数量和创新质量的促进作用提供了来自中国的经验证据。由此，提出研究假说6-3：

假说6-3：劳动力工资扭曲存在对消费需求的挤压作用，缩小新产品的市场需求，导致创新投入转化为创新收益的风险增大，对企业创新活动产生负向影响。

二 传导机制的实证检验

1. 扭曲收益效应的检验

表 6-20 汇报了要素扭曲收益效应的检验结果，采用研究开发费衡量微观企业层面的 R&D 资本投入①，由于工业企业数据库没有提供 R&D 人员信息，因此采用细分行业层面 R&D 人员数据，并以各行业就业人数加权后衡量。考虑劳动和资本是企业最重要的生产要素，劳动力工资扭曲必然影响企业资本投入，在列（2）、列（3）和列（4）分别报告了工资扭曲对资本—劳动比、R&D 资本和 R&D 人员的影响，工资扭曲的估计系数均为负，且在1%显著性水平下异于零，表明在劳动报酬低于劳动贡献的情况下，企业将扩大相对价格较低的劳动要素使用规模，减少对物质资本、研发资本和研发人员的投入。列（5）在基准模型中加入扭曲收益的中介变量，发现 R&D 资本和 R&D 人员能够显著促进企业创新产值提升，但资本—劳动比的提高反而降低创新产值，可能的原因是，如果资本深化进程不能与劳动力素质等因素保持协调同步，资本—劳动比提高过快也会造成效率损失（蔡昉，2017）。相较于基准模型，加入中介变量后，工资扭曲的估计系数从 -0.365 降至 -0.146，Sobel 检验拒绝不存在中介效应的原假设，验证了工资扭曲通过降低研发资本和研发人员投入抑制企业创新的传导路径。

表 6-20　　　　　　工资扭曲的扭曲收益效应检验结果

变量	（1）新产品产值	（2）资本劳动比	（3）RD 资本	（4）RD 人员	（5）新产品产值
工资扭曲	-0.365*** (0.00959)	-0.273*** (0.00263)	-0.602*** (0.0100)	-0.00150*** (0.000154)	-0.146*** (0.0143)
RD 资本					0.460*** (0.00224)
RD 人员					0.308** (0.149)

---

① 工业企业数据库仅报告了 2005—2010 年的研发费数据，因此包含 R&D 资本变量的回归出现样本量减少的现象。

续表

变量	（1） 新产品产值	（2） 资本劳动比	（3） RD资本	（4） RD人员	（5） 新产品产值
资本劳动比					-0.120*** （0.00534）
控制变量	YES	YES	YES	YES	YES
F	6524.8	34497.1	5782.6	18881.7	5177.9
R^2_a	0.128	0.414	0.204	0.287	0.212
Sobel检验			-57.769***	-2.022**	
N	800287	879501	405186	843972	405186

2. 人力资本效应的检验

那么，劳动力工资扭曲是否通过高素质人才挤出渠道影响企业创新？首先，工资扭曲程度的企业间差异是高人力资本流动的基础，根据样本数据，工资扭曲程度的标准差高达3.96，平均而言，相同地区90%分位数的扭曲程度约为10%分位数扭曲程度的6.58倍，即企业间工资扭曲程度分布较为离散，扭曲值差异巨大，为高素质人才的工作搜寻、流动和匹配提供了条件。

表6-21中列（1）和列（2）汇报了工资向下扭曲的人才挤出效应检验结果。由于中国工业企业数据库只汇报了2004年包括职工详细受教育程度的数据，因此在检验人才挤出时仅使用2004年的企业人力资本结构数据，采用大专及以上学历的职工比重代表高人力资本比重。考虑到职工受教育年限也可能对其工资扭曲程度产生反向影响，本书考察2003年之前的工资扭曲数据和企业特征对2004年高人力资本比重的影响［表6-21中列（1）］，能够有效避免反向作用导致的估计偏误。回归结果显示，工资扭曲确实对高素质人才比重产生显著的负向作用，即工资向下扭曲，将挤出企业人力资本素质较高的劳动者，而高素质人才比重上升能推动企业创新产值提高。相比表6-20中列（5），加入高人力资本比重变量后，工资向下扭曲的估计系数进一步下降，由-0.146降至-0.1222［表6-21中列（2）］，支持工资扭曲的人才挤出传导路径。

表 6-21　　工资扭曲的人才挤出效应和需求抑制效应检验

变量	(1)高人力资本比重	(2)新产品产值	(3)消费需求	(4)新产品产值	(5)新产品产值	(6)新产品产值
工资扭曲	-0.0528*** (0.0010)	-0.1222*** (0.0152)	-0.0148*** (0.0005)	-0.0825*** (0.0152)		
高人力资本比重		0.3259*** (0.0337)		0.491*** (0.0336)		
RD 支出		0.4543*** (0.0024)		0.449*** (0.0024)		
RD 人员		0.191 (0.1582)		0.874*** (0.158)		
资本劳动比		-0.1168*** (0.0056)		-0.143*** (0.0056)		
消费需求				2.099*** (0.0331)		
劳动报酬					0.278*** (0.0073)	
资本价格						-0.0129** (0.0053)
控制变量	YES	YES	YES	YES	YES	YES
F	2475.4	4547.61	234660.5	4572.2	6524.7	6494.2
R^2_a	0.209	0.211	0.828	0.220	0.128	0.126
Sobel 检验		-9.515***		-28.495***		
N	168403	373039	878261	373079	800287	808186

注：由于工业企业数据库仅报告了 2005—2010 年各企业的研发费数据，因此导致包含 R&D 资本变量的回归模型中回归样本量减少。

3. 消费需求挤压效应的检验

在验证工资扭曲通过需求挤压效应影响企业创新的传递路径时，本书使用各地区人均消费支出，直接考察工资扭曲的需求挤压效应。结果显示，工资扭曲程度提高 10%，消费需求降低约 0.15%，并且表 6-21 中列（4）在加入消费需求变量后，工资扭曲对创新产值的解释力进一步下降，由 -0.1222 降至 -0.0825，且在 1% 显著性水平下通过检验，说明工资扭曲对企业创新的影响效应有一部分通过消费需求路径实现。

综上所述，劳动力工资扭曲通过降低研发资本和研发人员投入、挤出高素质人才、挤压消费需求三条传导路径作用于企业创新产值。工资扭曲对企业创新的"直接效应"仍然显著［表 6-21 中列（4）］，说明在扭曲收益、人才挤出和需求挤压三条间接渠道之外，工资扭曲本身也直接作用于企业创新，或者可能还有其他未验证的影响渠道。

此外，工资扭曲意味着劳动力得到的实际报酬低于劳动贡献，即企业支付了相较于劳动产出更低的工资成本。那么，合理的工资上涨有助于激励企业投资于创新活动吗？要素市场上，如果提高资本的价格对企业创新又会产生怎样的影响？

表 6-21 中列（5）和列（6）分别检验了劳动力成本和资本价格上升对企业创新产值的影响，以包括各项福利、保险费用的实际工资表示劳动力成本，以金融机构六个月至一年基准贷款利率衡量资本价格，结果显示实际工资提高有助于促进企业创新产值提升，但资本价格上涨则显著阻碍企业创新。姚先国和曾国华（2012）认为，工资既是成本支出，又是劳动收入，合理的工资上涨对企业通过创新提高生产率具有激励效应。为此，在推动劳动报酬与经济增长、劳动报酬与劳动生产率同步提高的同时，有助于降低融资成本和减税降费的公共政策是激励企业创新的重要途径。

第五节　本章小结

本章借助中国家庭追踪调查（CFPS2010）微观调查数据，采用 SFA 方法，测算中国劳动力市场整体工资扭曲程度及省际、行业、所有制、个体特征差异；在对影响劳动力工资扭曲的因素进行实证分析基础上，实证考察中国工资扭曲程度及其差异；其次借助 1998—2012 年中国工业企业数据库，从微观视角就劳动力工资扭曲对企业创新的影响及其作用机理进行实证验证。得出的基本结论如下：

第一，中国整体劳动力市场存在显著工资向下扭曲特征，平均扭曲程度为 33.2%—45.7%；劳动力市场的结构性缺陷、制度障碍和单个劳动力非生产率特征对工资扭曲具有重要引致作用。中国城镇劳动力工资扭曲程度低于整体劳动力市场工资扭曲程度；市场经济改革的深化及《中华人民共和国劳动合同法》的修订和实施有助于缓解劳动力市场工资扭曲程度。劳动力工资扭曲程度存在显著省际差异、区域、行业及所有制差异，市场化程度和经济发展水平较高的省份，工资扭曲程度较低，反之则相反；劳动力市场地区分割，加剧了劳动力资源配置的低效率；由准入条件和流动障碍所致的行业分割，恶化了工资收入的不平等现象；国有和非国有两个劳动力子市场的相对独立性，导致非国有企业工资扭曲程度高于国有企业。中国劳动力市场存在性别歧视与人力资本差异。女性平均工资扭曲程度高于男性，工资扭曲程度随着教育年限提高而降低，低学历比高学历劳动者工资扭曲程度更高；就业市场上低学历男性具有更显著的比较优势，女性教育程度的提高有助于缩小工资收入和工资扭曲程度的性别差异。

第二，考虑性别所致的劳动生产率差异后，男性依然享受劳动力价格扭曲方面的"性别溢价"；好的家庭经济条件、社会资本的积累、地区经济发展水平以及平均工资水平均有助于降低劳动者工资扭曲程度；对第二产业依赖程度提高将加剧劳动力工资扭曲。

第三，中国制造业企业层面的工资扭曲均值约为 3.81，平均而言劳动力边际产出是实际工资水平的 3.81 倍，劳动报酬与劳动贡献存在系统性差异。劳动力工资扭曲对企业创新具有显著抑制作用，工资扭曲程度扩大 10%，导致企业创新产值降低 3.65%；工资扭曲对企业创新的抑制作用呈国企、外企、民企下降特征，工资扭曲对国企创新的抑制程度最高，对外企的抑制作用有限，市场竞争强度有助于减轻工资扭曲对民企创新的不利影响；劳动力工资扭曲对企业创新的抑制程度呈现劳动密集型、资本密集型、技术密集型依次增强的行业特征。

第四，劳动力工资扭曲通过要素配置效应、人才挤出效应和需求挤压效应影响企业创新，工资扭曲程度越高的企业，越缺乏投入研发资本和研发人员进行创新的压力和动力，很难留住高生产率、高创新力的人才，低于劳动贡献的收入水平也将相对挤压劳动者的消费需求，抑制企业创新活动的开展。

第七章

中国最低工资制度影响效应的实证研究

最低工资制度作为劳动力市场一项基本制度，其对国民经济和社会各方面的影响，已在各国最低工资制度实践过程中不断显现，并由此引发了国内外学者对最低工资制度的广泛关注与讨论。最低工资制度作为劳动力市场基本的劳动保障制度，在对劳动者产生收入效应的同时，也对企业生产经营成果及经济社会发展产生深刻影响。本章重点考察最低工资制度对劳动力就业、企业利润率以及劳动收入份额的影响，为地方政府部门通过制定合理的地区、行业最低工资标准，使最低工资制度充分发挥保障劳动者权益、改善收入分配格局、促进企业发展的功效，实现劳动者与企业共赢，促进经济与社会协调发展。

第一节 最低工资制度对中国工业行业就业影响的实证分析

最低工资标准是劳动者在法定工作时间或依法签订的劳动合同约定的工作时间内提供了正常劳动的前提下，用人单位依法应支付的最低劳动报酬。在资强劳弱的格局下，提高最低工资标准可保障劳动者个人及其家庭成员的基本生活，提高低收入群体工资水平，缩小收入差距，改善收入分配格局（张世伟和贾朋，2014）。但是，最低工资标准的提升在产生收入效应的同时，也会通过改变劳动力供求关系影响劳动者就业。就业效应的存在使最低工资制度的合理性受到部分学者的质疑。

目前，关于最低工资制度就业效应的研究大多基于省际面板数据，重点考察最低工资制度的整体就业效应及其区域差异，针对最低工资制度对细分行业就业影响的研究相对不足。考虑到中国正处于新型工业化阶段，各工业行业在要素密集程度、行业规模、国有资本比重等方面存在较大差异，最低工资制度对不同行业就业的影响很可能存在异质性。因此，本节首次采用2001—2016年中国省际工业行业面板数据，基于细分行业视角，对中国最低工资制度的行业就业效应进行全面、细致的实证评估。

一 模型、变量与数据

1. 模型构建

为考察最低工资制度对就业的影响，构建如下计量模型：

$$\ln emp_{ipt} = \alpha_{ipt} + \beta \ln emp_{ipt-1} + \theta \ln m\, w_{ipt} + \partial Y_{ipt} + \gamma X_{it} + \varepsilon_{ipt} \quad (7-1)$$

式（7-1）中，i、p、t分别代表省份、行业、年份；$\ln emp_{ipt}$和$\ln emp_{ipt-1}$分别表示当期和滞后一期的就业人口对数；$\ln m\, w_{ipt}$为行业所在地区最低工资标准的对数；Y_{ipt}是行业层面特征变量集，包括资产负债比 debtass、应收账款占比 accval、总资产报酬率 inproass、资产对数 lnasset、固定资产净值对数 lnfk、国有资本比重 ninvest、平均工资对数 lnvaw；X_{it}是省级层面特征变量集，包括人均GDP的对数 lnrgdp、劳动力人口对数 lnL。ε_{ipt}表示随机扰动项，θ是关注的重点，代表最低工资的就业弹性。

在基于动态面板数据的模型中，实证分析存在内生性可能。解决内生性问题通常采用系统GMM或差分GMM，差分GMM往往存在弱工具变量，故选用系统GMM。广义矩估计采用一阶段估计法存在过度识别问题，采用两阶段估计法则容易导致标准差被严重低估。本书采用一阶段估计结果进行系数统计推断，采用两阶段估计进行模型筛选。

2. 指标选取和数据说明

被解释变量：各省各行业就业人数。数据来自《中国工业统计年鉴》（2001—2003、2005—2016）《中国经济普查年鉴（2004）》。

关键解释变量：实际最低工资标准。由于各省份、直辖市、自治区制定多档最低工资标准，且调整时间不同，本书选用各地区最高档次的最低工资标准，用加权平均法进行计算，得到名义最低工资标准，再以2000年CPI为基期进行平减，最终得到各地区实际最低工资标准。[①] 数据来自中华人民共和国人力资源和社会保障网、各省际单位人力资源和社会保障网以及统计公报。

  控制变量：包括行业和省际层面主要特征变量。本书选择行业资产负债比、应收账款占比、总资产报酬率反映行业经营状况。资产负债比是长期偿债能力的指标，一般情况下，资产负债率越小，长期偿债能力越强；应收账款占比是反映营运能力的指标，衡量资金周转和现金流量状况；总资产报酬率是反映盈利能力的指标，用以评价行业运用全部资产的总体获利能力，是评价行业资产运营效益的重要指标。采用行业总资产和固定资本投入净值反映行业规模状况。总资产较大的行业相较于规模较小的行业有更好的市场表现，能够容纳更多劳动力就业；固定资本投入净值反映行业资本投入情况，通过其与劳动力的互补效应或替代效应影响就业。采用国有资产比重衡量行业国有资本投入状况；采用行业平均工资衡量行业用工成本。省际层面的变量包括各省际单位人均GDP和劳动力人口。各省际单位最低工资的制定需要综合考虑各地区经济发展水平、劳动力人口等因素，这些因素同时影响就业。为避免遗漏变量导致的回归误差，在模型中纳入省际控制变量。

  工业行业经济指标来自《中国工业统计年鉴》（2001—2004、2006—2016），2004年的数据来自《中国经济普查年鉴（2004）》；各省际单位人均GDP来自《中国统计年鉴》（2001—2016）；劳动力人口和各行业平均工资均来自《中国劳动力统计年鉴》（2001—2016）。由于部分工业行业经济指标缺失及行业统计口径调整，本书选取数据完整的23

[①] 例如，天津市2013年最低工资最高是1500元，2014年4月1日调整为1680元，根据加权平均法计算，天津市2014年名义最低工资标准是（1500×3+1680×9）/12=1635元，以2000年为基期，天津2014年CPI是1.368，天津市2014年实际最低工资标准是1635/1.34=1194.8241元。

个工业行业。① 由于西藏自 2004 年才开始实施最低工资制度，且数据缺失严重，研究中剔除了西藏的工业行业样本。②

表 7-1 显示，不同行业就业人数存在显著差异，工业行业就业均值是 92676 人，最小值是广西石油和天然气行业就业人数，最大值是广东通信设备、计算机及其他电子设备制造业就业人数。同时，相同行业不同区域就业人数差异也很大，以 2016 年食品制造业为例，就业量最少的青海仅有 4400 人，就业量最大的河南达到 310700 人。月度实际最低工资标准均值是 636.9158 元，占行业平均工资水平的 32.2%。中国最低工资标准地区差异逐年扩大，2001 年月度名义最低工资标准最高的上海仅比最低的湖南高 260 元；2016 年月度名义最低工资标准最高的上海达到 2190 元，最低的海南仅有 1270 元，相差 920 元。随着经济发展和生活水平的不断提高，最低工资标准调整频率和幅度加大。尤其在颁布与实施《最低工资规定》之后，除了受 2008 年金融危机影响，2009 年最低工资标准未进行调整外，各省际单位至少每三年调整一次最低工资标准，上海、北京等经济发达地区至少每年调整一次最低工资标准，且调整幅度较大。

---

① B06 代表煤炭开采和洗选业，B07 代表石油和天然气开采业，B08 代表黑色金属矿采选业，B09 代表有色金属矿采选业，C13 代表农副食品加工业，C14 代表食品制造业，C15 代表饮料制造业，C16 代表烟草制品业，C17 代表纺织业，C22 代表造纸和纸制品业，C25 代表石油加工、炼焦及核燃料加工业，C26 代表化学原料和化学制品制造业，C27 代表医药制造业，C28 代表化学纤维制造业，C31 代表非金属矿物制品业，C32 代表黑色金属冶炼和压延加工业，C33 代表有色金属冶炼和压延加工业，C34 代表金属制品业，C35 代表普通机械制造业，C36 代表专用设备制造业，C37 代表交通运输设备制造业，C39 代表电器机械和器材制造业，C40 代表通信设备、计算机及其他电子设备制造业。

② B06 代表煤炭开采和洗选业，B07 代表石油和天然气开采业，B08 代表黑色金属矿采选业，B09 代表有色金属矿采选业，C13 代表农副食品加工业，C14 代表食品制造业，C15 代表饮料制造业，C16 代表烟草制品业，C17 代表纺织业，C22 代表造纸和纸制品业，C25 代表石油加工、炼焦及核燃料加工业，C26 代表化学原料和化学制品制造业，C27 代表医药制造业，C28 代表化学纤维制造业，C31 代表非金属矿物制品业，C32 代表黑色金属冶炼和压延加工业，C33 代表有色金属冶炼和压延加工业，C34 代表金属制品业，C35 代表普通机械制造业，C36 代表专用设备制造业，C37 代表交通运输设备制造业，C39 代表电器机械和器材制造业，C40 代表通信设备、计算机及其他电子设备制造业。

表7-1　　　　　　　　　　变量描述性统计结果

变量	样本	均值	标准差	最小值	最大值
就业人数（人）	10683	92676.88	186194	50	3413000
实际最低工资（元）	11040	636.9158	268.4433	105.2541	1520.666
行业实际月平均工资（元）	10107	1980.358	1420.044	190.5697	18021.87
行业固定资产净值（亿元）	10703	1.5292	2.8894	0.00008	43.98549
行业总资产（亿元）	10717	4.7292	9.2533	0.0001	186.7639
应收账款占比	10653	0.133	0.169	-0.1918	9.124
资产负债比	10714	0.6521	8.155	0.005	844.5068
总资产报酬率	10629	0.0629	0.1241	-1.9333	8.13185
国有资本比重	9811	0.2433	0.251	0.00013	0.9999
省际人均GDP（元）	11040	11171.76	7471.096	2693.205	42034.34
省际劳动力人口（万人）	11040	3190.973	1907.475	339.8	8315.771

二　最低工资对工业行业整体及区域就业的影响

表7-2报告了最低工资标准对工业行业就业的整体影响及区域异质性。

表7-2　　　最低工资对工业行业整体及区域就业影响的系统GMM回归

变量	全国	东部	东北部	中部	西部
$lnemp_{t-1}$	0.888***	0.771***	0.858***	0.776***	0.861***
	(63.37)	(12.13)	(15.70)	(11.42)	(35.70)
$lnmw$	-0.259***	0.189**	0.399	-0.358	-0.276***
	(-2.63)	(1.96)	(0.32)	(-1.56)	(-5.39)
$lnvaw$	-0.165***	-0.301***	-0.229***	-0.246***	-0.206***
	(-5.95)	(-3.04)	(-3.08)	(-3.09)	(-5.63)
$lnfk$	-0.309***	-0.057**	-0.479***	-0.291**	-0.368***
	(-8.39)	(-1.96)	(-4.06)	(-2.20)	(-6.26)
$lnasset$	0.442***	0.295***	0.653***	0.524***	0.509***
	(9.85)	(4.82)	(4.87)	(4.00)	(8.03)
$accval$	-0.528***	-0.151	-0.929***	-0.383	-0.843***
	(-5.92)	(-1.58)	(-3.70)	(-1.29)	(-4.84)

续表

变量	全国	东部	东北部	中部	西部
debtass	-0.0001	0.038	-0.285	-0.194	-0.0002*
	(-0.36)	(0.39)	(-1.62)	(-0.60)	(-1.76)
inproass	-0.016	-0.045*	0.312	0.625	0.044
	(-0.12)	(-1.94)	(1.13)	(0.89)	(0.42)
ninvest	0.024	0.078**	-0.041	0.269**	-0.065
	(0.66)	(2.08)	(-0.39)	(2.11)	(-0.79)
lnrgdp	0.018	0.008	0.001	0.029	0.108***
	(0.78)	(0.20)	(0.00)	(0.25)	(2.61)
LnL	0.013	0.030	-0.329**	-0.007	0.006
	(1.47)	(1.47)	(-2.27)	(-0.08)	(0.41)
AR（1）	0.000	0.000	0.000	0.000	0.000
AR（2）	0.297	0.144	0.490	0.328	0.205
Hansen	0.304	0.167	0.296	0.127	0.174
Obs	7096	2122	833	1914	2670

注：①干扰项序列相关检验结果满足 AR（1）的 P 值小于 0.1 且 AR（2）的 P 值大于 0.1，说明存在一阶序列相关，但不存在二阶序列相关；Hansen 统计量的 P 值均大于 0.1，故不能拒绝原假设，模型设定合理；

②*、**和***分别表示在1%、5%和10%的显著性水平下通过检验；括号内数值为 t 值统计量。

③表7-2注释适用于表7-3至表7-11。

表7-2中列（2）全样本估计的结果显示，最低工资每上涨10%，工业行业就业人数在1%水平下显著减少2.59%，表明最低工资制度抑制工业行业整体层面的就业。列（3）至列（6）汇报了不同区域最低工资制度的就业效应①，结果显示最低工资制度的就业效应存在显著区域差异②，东部地区、东北地区、中部地区、西部地区最低工资制度的

---

① 最低工资标准的制定与经济环境、社会环境有很大相关性。不同地区经济发展状况、劳动力人口以及资源禀赋等的客观差异，可能使最低工资制度就业效应表现出区域差异。

② 东部地区包括广东、福建、浙江、江苏、上海、北京、天津、河北、山东和海南共10个省际单位；东北地区包括辽宁、吉林和黑龙江共3个省际单位；中部地区包括湖南、湖北、安徽、江西、河南和山西共6个省际单位；西部地区包括云南、贵州、四川、陕西、甘肃、宁夏、内蒙古、新疆、青海、广西和重庆共11个省际单位。

就业效应由正变为负，正效应依次减弱，负效应依次增强。最低工资制度促进东部地区工业行业就业，最低工资每上涨10%，就业显著增加1.89%；最低工资制度对东北地区、中部地区就业无显著影响；最低工资显著抑制西部地区就业，最低工资每上涨10%，西部地区就业显著减少2.76%。上述回归结果表明，最低工资制度的就业效应与经济发达程度密切相关，经济发展程度越高，市场开放程度越大，在地方保护主义减弱的同时，区域经济市场化程度逐渐提高，市场化程度的差异带来不同地区的企业竞争力存在显著差异。通过观察现实情况发现，东部地区市场化程度最高，东北地区和中部地区次之，西部地区最低[①]，即市场开放程度不断扩大的地区，经济竞争力也逐渐加强，经济发达地区市场化程度较欠发达地区更高，工业行业经济竞争力更强。提高最低工资标准，劳动力要素成本上升，东部地区的工业行业相对其他地区具有较强的竞争力，可以缓解劳动力成本增加带来的压力，同时东部地区最低工资高于其他地区，能吸引更多劳动力向东部流动就业。相比之下，西部地区市场开放程度低，行业竞争力弱，行业自身易受最低工资制度冲击，劳动力成本上升带来的利润空间缩小，易使行业削减雇用人数。东北地区就业未受最低工资影响，可能与东北地区国有企业相对集中，以及国有企业在中国承担稳定就业的职能有关。

表7-3 《中华人民共和国劳动合同法》实施前后各区域最低工资就业效应的系统GMM回归

	变量	东部	东北	中部	西部
《中华人民共和国劳动合同法》实施前	lnmw	0.153** (2.04)	-0.105 (-0.53)	-0.083 (-0.82)	-0.014 (-0.15)
	控制变量	YES	YES	YES	YES
	AR (1)	0.002	0.000	0.061	0.000
	AR (2)	0.515	0.405	0.140	0.394
	Hansen	0.124	0.202	0.815	0.139

---

① 王小鲁：《中国分省份市场化指数报告（2016）》，樊纲：《中国市场化指数——各地区市场化相对进程2009年报告》。

续表

	变量	东部	东北	中部	西部
《中华人民共和国劳动合同法》实施后	lnmw	0.109 (0.75)	0.198 (0.94)	-0.293*** (-3.54)	-0.391*** (-2.58)
	控制变量	YES	YES	YES	YES
	AR（1）	0.000	0.000	0.000	0.000
	AR（2）	0.880	0.840	0.632	0.277
	Hansen	0.558	0.118	0.231	0.111

表7-3显示的是《中华人民共和国劳动合同法》实施前后不同区域最低工资的就业效应。① 2008年金融危机导致全球经济低迷，为控制金融危机对就业的影响，引入产值滞后项（丁守海，2010）。估计结果显示，实施《中华人民共和国劳动合同法》后，最低工资制度对东部地区、中部地区、西部地区就业的冲击明显强于实施前，对东北部地区就业无显著影响。说明《中华人民共和国劳动合同法》的出台对最低工资制度的监管平台起到完善作用，东部地区、中部地区、西部地区最低工资制度执行力度的加强使其对就业的影响得到强化，但强化最低工资制度的外部监管环境对东北地区的就业无明显冲击。可能的原因：东北地区作为中国的老工业基地，聚集了众多的国有企业，国有企业相对于非国有企业能更好地贯彻国家政策，自觉遵守最低工资制度，实施《中华人民共和国劳动合同法》前后最低工资制度的就业效应无显著变化。

三 最低工资对不同特征工业行业就业的影响

1. 基于不同行业特征分组的最低工资就业效应

根据要素密集程度、行业规模、国有资本比重三个特点，将工业行

---

① 2008年实施《中华人民共和国劳动合同法》，从工作环境、法定劳动时间、劳动薪酬、劳动合同订立等维度，保障劳动者权益，约束资方行为，使最低工资制度的执行更加规范化。例如，《中华人民共和国劳动合同法》第17条、第74条和第85条分别对劳动者工作时间、休息休假、劳动报酬、加班费用、社会保险等做出明确规定，并列入劳动部门监督范围，避免企业通过延长工作时间、减少福利等方式规避最低工资带来的劳动成本上涨行为。第82条对劳动合同做出强制约定，将劳动合同作为政府监督最低工资制度执行情况的法律凭据之一。此举强化了最低工资制度的执行环境，可能进一步影响最低工资制度的就业效应。

业划分为不同的子样本，进一步考察最低工资制度在不同特点行业的就业效应。要素密集度分组借鉴韩燕等（2008）、赵文军等（2012），将工业行业样本分为劳动密集型行业组与资本密集型行业组。① 行业规模的分组借鉴赵文军等（2012），首先分别计算23个工业行业的平均资产，取其中位数，如果某个行业的平均资产大于中位数，则该行业是平均规模较大的行业，否则是平均规模较小的行业。② 国有资本比重同样采用行业规模分组方法，分为国有资本较高组和国有资本较低组。③

表7-4 基于要素密集度分组的最低工资就业效应基本回归结果

变量	（1）劳动密集型	（2）资本密集型	（3）劳动密集型	（4）资本密集型	（5）劳动密集型	（6）资本密集型
$L.\text{lnemp}$	0.995***	0.952***	0.891***	0.601***	0.986***	0.605***
	(282.64)	(55.51)	(34.62)	(8.13)	(54.15)	(5.90)
$\text{ln}mw$	0.002	-0.167***	0.080	-0.537***	0.015	-0.581***
	(0.07)	(-2.97)	(1.10)	(-4.25)	(0.23)	(-3.10)
控制变量	YES	YES	YES	YES	YES	YES
AR（1）	0.000	0.000	0.000	0.000	0.000	0.000
AR（2）	0.371	0.750	0.834	0.116	0.863	0.280
Hansen	0.158	0.198	0.184	0.340	0.184	0.109
Obs	4408	4875	3556	4540	2340	2378

表7-4是依据要素密集度分组的基本回归结果。列（1）和列（2）仅考虑最低工资制度对不同要素密集度行业就业的影响，结果显示最低工资对劳动密集型行业就业无显著影响，对资本密集型行业就业产生显著抑制作用。列（3）和列（4）加入行业特征和省际控制变量

---

① 劳动密集型行业包括：B06、B07、B08、B09、C13、C14、C15、C16、C17、C22、C31、C34，资本密集型行业包括：C25、C26、C27、C28、C32、C33、C35、C36、C37、C39、C40。

② 平均规模较小的行业包括：B08、B09、C13、C14、C15、C16、C17、C22、C25、C27、C28、C34，平均规模较大行业包括：B06、B07、C26、C31、C32、C33、C35、C36、C37、C39、C40。

③ 国有资本较低的行业包括：C13、C14、C15、C17、C22、C28、C27、C31、C34、C35、C39、C40，国有资本较高的行业包括：B06、B07、B08、B09、C16、C25、C26、C32、C33、C36、C37。

后，发现最低工资对劳动密集型行业就业的影响仍然不显著，对资本密集型行业就业显著为负。此外，考虑到中国最低工资标准从 2009 年增长幅度和调整频率大幅增加①，为保证最低工资上涨与就业关系的精准性，本书识别了 2008 年后的样本。列（5）和列（6）列示了该子样本的估计结果，关键解释变量的显著性和估计值均与列（3）和列（4）一致。可见，最低工资制度会显著减少资本密集型行业雇用人数，对劳动密集型行业雇用量影响不明显。主要原因是：在中国工业化进程中，工业各行业资本密集度的提升伴随机械化程度提高，资本对劳动力的替代更加普遍。最低工资标准提升激励资本密集度高的行业资本化加深，劳动密集型行业因受资本和管理能力等因素限制，行业资本化受到约束，企业生产活动依然依赖劳动力而进行。

表 7-5 汇报了最低工资制度对规模不同行业组的就业影响效应。列（1）和列（2）仅考虑关键解释变量的影响，列（3）和列（4）为加入控制变量后的回归结果，列（5）和列（6）为利用最低工资快速上涨时期的子样本进行回归的结果。各回归结果中，最低工资对就业的影响方向与显著性均保持一致，即最低工资制度对规模较小行业的就业有显著的负向影响，对规模较大行业的就业有显著的正向影响，最低工资每提高 10%，平均规模较小行业组的就业减少 3.88%，平均规模较大行业组的就业增加 2.19%。主要原因是：一方面，规模与边际生产率正相关，在一定范围内，规模扩大伴随的边际生产率提高带来单位产品利润空间扩大，规模较大的行业相对于规模较小的行业更有价格优势。另一方面，最低工资标准提高时，规模较大的行业具备更强的效率改进能力，规模较小的行业则面临资金、技术、微薄利润等方面的约束。

表 7-5　　基于行业规模分组的最低工资就业效应基本回归结果

变量	(1) 规模较小	(2) 规模较大	(3) 规模较小	(4) 规模较大	(5) 规模较小	(6) 规模较大
$L.\text{lnemp}$	0.998*** (44.68)	0.981*** (168.75)	0.904*** (36.72)	0.929*** (68.52)	0.871*** (28.43)	0.948*** (71.22)

---

① 2008 年金融危机之前，最低工资年增长速度约为 8%；金融危机之后，最低工资年增长速度上升至 16%。调整频率由 2008 年前的平均 0.5 次/年上升至 0.8 次/年。

续表

变量	(1) 规模较小	(2) 规模较大	(3) 规模较小	(4) 规模较大	(5) 规模较小	(6) 规模较大
ln*mw*	-0.197*** (-2.81)	0.051*** (2.65)	-0.388*** (-4.72)	0.219*** (2.73)	-0.374*** (-3.97)	0.119*** (2.93)
控制变量	YES	YES	YES	YES	YES	YES
AR (1)	0.000	0.000	0.000	0.000	0.000	0.000
AR (2)	0.771	0.333	0.920	0.298	0.577	0.483
Hansen	0.556	0.402	0.142	0.141	0.115	0.145
Obs	4531	4758	3060	4389	2432	2317

表7-6报告了最低工资制度对国有资本比重不同行业组的就业影响效应。列（1）和列（2）未加入任何控制变量，列（3）和列（4）考虑行业特征和省际影响因素，列（5）和列（6）是利用最低工资标准快速调整阶段的样本。各回归结果均显示，最低工资制度抑制国有资本较低的行业就业，对国有资本较高行业的就业影响不显著。主要原因是：国有资本比重较高的行业聚集有较多的国有企业，最低工资对国有企业冲击不明显；国有资本比重较低的行业组拥有较多的民营企业和外资企业，劳动力成本增加可能导致民营企业和外资企业亏损破产、工人失业，也可能迫使民营企业和外资企业转移至劳动力成本更加低廉的越南、柬埔寨等国家，这与近年来在中国的外资企业纷纷转移至东南亚的现象一致。

表7-6 基于行业性质分组的最低工资就业效应基本回归结果

变量	(1) 国有资本低	(2) 国有资本高	(3) 国有资本低	(4) 国有资本高	(5) 国有资本低	(6) 国有资本高
L.ln*emp*	1.002*** (302.56)	1.02*** (29.17)	0.831*** (37.85)	0.793*** (7.30)	0.828*** (39.56)	0.831*** (32.93)
ln*mw*	-0.068*** (-2.60)	-0.023 (-0.55)	-0.132*** (-5.90)	-0.020 (-0.19)	-0.142*** (-5.64)	-0.077 (-1.20)
控制变量	YES	YES	YES	YES	YES	YES
AR (1)	0.000	0.000	0.000	0.000	0.000	0.000

续表

变量	(1) 国有资本低	(2) 国有资本高	(3) 国有资本低	(4) 国有资本高	(5) 国有资本低	(6) 国有资本高
AR (2)	0.434	0.391	0.219	0.403	0.147	0.738
Hansen	0.824	0.155	0.822	0.208	0.543	0.293
Obs	4293	4614	3788	3929	2739	2035

2. 稳健性检验

按照人均资本从低到高五等份划分不同资本密集度行业，最低工资与分组变量交叉项的回归系数反映最低工资对各组样本的影响。

表7-7中，列（1）是按照人均资本分组的回归结果，伴随人均资本的提高，最低工资制度对就业的影响效应由促进变为抑制，促进作

表7-7　　　　　　基于要素密集度分组的稳健性检验结果

变量	重新分组	最低工资最小值的对数		最低工资最大值的对数	
	(1) 人均资本五等份	(2) 劳动密集型	(3) 资本密集型	(4) 劳动密集型	(5) 资本密集型
$\ln mw$	0.110*** (3.87)	0.035 (1.02)	-0.392*** (-5.98)	0.070 (1.58)	-0.528*** (-3.65)
$\ln mw \times q$ (20%—40%)	-0.050*** (-17.24)				
$\ln mw \times q$ (40%—60%)	-0.088*** (-18.20)				
$\ln mw \times q$ (60%—80%)	-0.130*** (-18.71)				
$\ln mw \times q$ (80%—100%)	-0.194*** (-19.38)				
控制变量	YES	YES	YES	YES	YES
AR (1)	0.000	0.000	0.000	0.000	0.000
AR (2)	0.276	0.802	0.114	0.826	0.120
Hansen	0.332	0.467	0.417	0.261	0.477
Obs	8964	3556	4540	3556	4540

用依次减弱，抑制作用依次增强。主要原因：一是人均资本不断提高意味着资本不断深化，资本的集聚效应促进资本生产效率提高。最低工资提高导致劳动力成本增加，资本要素相对价格降低以及资本集聚效应带来的资本生产率提高，促进企业倾向于增加资本投入。随着人均资本提高，资本与劳动力替代关系趋强，由此引致对劳动力需求减少。二是在资方主导型劳动力市场，人均资本较低的行业，工人议价能力较弱，由此导致劳动者边际产品价值高于工资，提高最低工资会促进就业增加。反之，人均资本较高的行业，工人具有较强的议价能力，劳动者边际产品价值接近工资，提高最低工资会导致失业。佐证前文劳动密集型行业和资本密集型行业的回归结果，资本投入越多，最低工资对就业的抑制作用越强。为减少指标测量偏误，研究中分别采用最低工资最小值和最大值的对数作为关键解释变量最低工资的替换指标进行稳健性检验。列（2）至列（3）、列（4）至列（5）是分别采用最低工资最小值的对数、最低工资最大值的对数作为关键解释变量的估计结果，最低工资反应系数的符号和显著性程度均与表7-4的估计结果一致，说明按照要素密集度分组得到的估计结果具有较强的稳健性。

研究中分别用资产总额和固定资产额衡量行业规模，表7-5采用的是资产总额进行规模分组的回归结果。为提高结论的可靠性，进一步按照固定资产额重新划分规模较小的行业和规模较大的行业。此外，还通过改变最低工资计算方法进行稳健性检验。表7-8列示的稳健性检验结果与表7-5的回归结果一致，即最低工资制度会显著减少规模较小行业的雇用人数，增加规模较大行业的雇用人数。

表7-8　　　基于规模分组的最低工资就业效应稳健性检验

变量	按固定资产额重新分组		最低工资最小值对数		最低工资最大值对数	
	（1）规模较小	（2）规模较大	（3）规模较小	（4）规模较大	（5）规模较小	（6）规模较大
lnmw	-0.389*** (-5.07)	0.266*** (3.56)	-0.351*** (-4.14)	0.114*** (2.78)	-0.356*** (-4.52)	0.111*** (2.48)
控制变量	YES	YES	YES	YES	YES	YES
AR（1）	0.000	0.000	0.000	0.000	0.000	0.000

续表

变量	按固定资产额重新分组		最低工资最小值对数		最低工资最大值对数	
	(1) 规模较小	(2) 规模较大	(3) 规模较小	(4) 规模较大	(5) 规模较小	(6) 规模较大
AR (2)	0.332	0.457	0.902	0.292	0.733	0.292
Hansen	0.198	0.132	0.220	0.138	0.344	0.112
Obs	3085	4301	3060	4035	3060	4035

表7-9中的列（1）至列（2）、列（3）至列（4）和列（5）至列（6）分别是采用最小二乘法、最低工资最小值的对数、最低工资最大值的对数作为关键解释变量进行稳健性检验的估计结果。对比表7-6和表7-9发现，更换模型估计方法、调整核心解释变量统计口径，对模型核心解释变量 $lnmw$ 估计系数的影响方向和显著性水平均无影响，说明表7-6的估计结果具有稳健性。

表7-9 基于行业性质分组的最低工资就业效应稳健性回归结果

变量	更换模型估计方法		最低工资最小值对数		最低工资最大值对数	
	(1) 国有资本低	(2) 国有资本高	(3) 国有资本低	(4) 国有资本高	(5) 国有资本低	(6) 国有资本高
$lnmw$	-0.091*** (-5.21)	-0.003 (-0.17)	-0.112*** (-3.77)	-0.029 (-0.85)	-0.146*** (-5.83)	-0.052 (-1.43)
控制变量	YES	YES	YES	YES	YES	YES
AR (1)			0.000	0.000	0.000	0.000
AR (2)			0.158	0.834	0.166	0.597
Hansen			0.581	0.158	0.680	0.162
R^2	0.9866	0.9826				
Obs	5205	3929	3788	3829	3788	3829

3. 细分行业视角最低工资制度的就业效应分析

通过行业分组，发现不同特征的工业行业最低工资制度的就业效应存在显著差异。进一步通过细分行业视角，考察不同行业最低工资就业效应的特点。

表7-10的回归结果显示，最低工资制度存在抑制就业、促进就业和对就业无显著影响三种情况。最低工资制度显著抑制就业的程度从大到小依次是：黑色金属矿采选业（B08），食品制造业（C14），金属制品业（C34），普通机械制造业（C35），有色金属冶炼及压延加工业（C33），化学纤维制造业（C28），专用设备制造业（C36），电气机械及器材制造业（C39），饮料制造业（C15），农副食品加工业（C13），医药制造业（C27）。上述11个工业行业回归结果符合竞争性理论模型，最低工资上涨导致行业雇用人数减少。最低工资每上涨10%，黑色金属矿采选业就业人数显著减少6.57%，该行业属于规模较小的行业，其就业易受最低工资制度的冲击；食品制造业，金属制品业，饮料制造业和农副食品加工业的规模和国有资本比重均低于工业行业中位数，属于规模较小且国有资本比重较小的行业；普通机械制造业和电器机械及器材制造业属于资本密集度高但国有资本比重小的行业；有色金属冶炼及压延加工业和专用设备制造业人均资本远高于工业均值，资本要素集中；化学纤维制造业和医药制造业属于资本密集、规模小且国有资本较低行业。上述行业回归结果说明，最低工资制度对就业的抑制作用主要集中在资本密集度高、行业规模小、国有资本比重小的行业。最低工资制度带来资本要素相对价格下降，高资本密集度行业面临的融资约束较小，要素替代效应更强。此外，最低工资上涨产生的成本效应，会导致规模较小行业单位产品成本增加较快，从而压缩行业利润，挤压行业生存空间；最低工资制度带来的劳动成本上涨，使国有比重较低行业中的私人资本和外资转移或者退出中国劳动力市场，引致对劳动力的需求减少。

表7-10　2001—2016年按工业细分行业最低工资制度就业效应的系统GMM回归结果

行业编号	lnmw	控制变量	AR（1）	AR（2）	Hansen	Obs
B06	-0.192	YES	0.071	0.848	0.696	177
B07	-0.303	YES	0.005	0.347	0.889	265
B08	-0.657***	YES	0.002	0.331	0.889	237
B09	-0.251	YES	0.006	0.784	0.795	294

续表

行业编号	lnmw	控制变量	AR（1）	AR（2）	Hansen	Obs
C13	-0.206***	YES	0.016	0.192	0.627	406
C14	-0.567***	YES	0.021	0.890	0.864	258
C15	-0.239***	YES	0.000	0.220	0.878	199
C16	0.172	YES	0.022	0.274	0.467	294
C17	0.025	YES	0.032	0.183	0.687	386
C22	0.244	YES	0.004	0.815	0.320	326
C25	0.153	YES	0.016	0.532	0.650	411
C26	0.207**	YES	0.041	0.190	0.804	418
C27	-0.175***	YES	0.000	0.300	0.287	321
C28	-0.354***	YES	0.059	0.735	0.730	390
C31	-0.089	YES	0.000	0.151	0.774	256
C32	0.688***	YES	0.015	0.206	0.532	262
C33	-0.415***	YES	0.002	0.162	0.774	259
C34	-0.529***	YES	0.005	0.905	0.442	250
C35	-0.472***	YES	0.020	0.152	0.426	168
C36	-0.295***	YES	0.088	0.962	0.563	334
C37	-0.310	YES	0.015	0.774	0.866	200
C39	-0.247**	YES	0.068	0.478	0.318	236
C40	0.440	YES	0.007	0.189	0.591	312

表7-10显示，最低工资制度对部分工业行业就业存在显著正向影响。最低工资提高10%，化学原料及化学制品制造业（C26）和黑色金属冶炼及压延加工业（C32）就业分别增加2.07%和6.88%。在买方垄断条件下，工人工资低于劳动力市场出清工资，平均劳动成本曲线与边际成本曲线发生分离，提高最低工资能增加就业。化学原料及化学制品制造业和黑色金属冶炼及压延加工业属于规模较大的行业，行业规模甚至达到工业行业平均水平的3倍。最低工资制度提高劳动力成本，规模较大行业不仅能够抵抗成本上涨的压力，而且由于工资更接近边际产品价值，能吸纳更多劳动力就业。

表7-10显示，最低工资制度的就业效应也存在不显著的情况。当劳动力市场处于完全竞争和买方垄断之间时，最低工资对就业的影响不

显著。其中，煤炭开采和洗选业（B06），石油和天然气开采业（B07），有色金属矿采选业（B09），烟草制造业（C16），均属于劳动密集型和国有资本占比较高的行业。纺织业（C17），造纸及纸制品业（C22），非金属矿物制品业（C31），属于劳动密集型行业。石油加工炼焦及核燃料加工业（C25）和交通运输设备制造业（C37）属于国有资本占比较高的行业。最低工资制度对劳动密集型及国有资本占比较高的行业就业影响不显著。劳动密集型行业对劳动力的依赖性强、资金获取能力弱、延长工作时间等因素，导致最低工资制度的就业效应不显著。国有资本较高行业因职能性质、资源优势、政策优势等因素，导致最低工资制度对其就业的冲击不显著。通信设备、计算机及其他电子设备制造业（C40）具备资本密集、规模大和国有资本高三重性质，资本对劳动力的替代效应和垄断对劳动力的吸纳效应相互作用，致使最低工资制度的就业效应不显著。

综合多种方法对表7-10的回归结果进行稳健性检验，表7-11列示了稳健性检验结果。对比表7-11和表7-10的回归结果发现，剔除模型控制变量、变换模型估计方法、替换指标度量方式后，关键解释变量lnmw系数的方向及显著性水平均无改变。这说明表7-10的回归结果具有较好的稳健性。

表7-11　　　综合多种方法的最低工资就业效应稳健性检验

稳健性检验方法	行业编号	lnmw	控制变量	AR（1）	AR（2）	Hansen	Obs
剔除控制变量的GMM检验	B06	-0.017	NO	0.013	0.431	0.561	223
	B07	-0.108	NO	0.003	0.955	0.479	317
	B08	-0.404***	NO	0.014	0.273	0.883	244
	B09	-0.121	NO	0.014	0.383	0.567	295
	C13	-0.089***	NO	0.003	0.446	0.286	406
	C14	-0.123***	NO	0.015	0.986	0.151	403
	C15	-0.093***	NO	0.000	0.496	0.604	200
	C16	0.033	NO	0.032	0.199	0.645	294

续表

稳健性检验方法	行业编号	lnmw	控制变量	AR（1）	AR（2）	Hansen	Obs
采用差分的 GMM 检验	C17	0.823	YES	0.024	0.657	0.893	242
	C22	0.149	YES	0.002	0.740	0.731	378
	C25	0.345	YES	0.056	0.554	0.511	381
	C26	0.446**	YES	0.098	0.114	0.749	341
	C27	-0.340***	YES	0.070	0.702	0.790	378
	C28	-0.622**	YES	0.000	0.362	0.680	416
用营业利润率指标进行检验	C31	-0.117	YES	0.014	0.905	0.380	200
	C32	0.743***	YES	0.000	0.565	0.800	420
	C33	-0.273***	YES	0.011	0.983	0.762	313
	C34	-0.544***	YES	0.007	0.618	0.377	251
	C35	-0.483***	YES	0.025	0.132	0.508	229
	C36	-0.282***	YES	0.071	0.643	0.424	288
	C37	-0.265	YES	0.022	0.820	0.651	211
	C39	-0.312**	YES	0.057	0.544	0.125	334
	C40	0.439	YES	0.023	0.469	0.137	236

注：其他未列示的回归结果与表 7-10 研究结论相一致，因篇幅有限，未能逐一列示。

第二节 最低工资制度对中国企业利润率影响的实证分析

自 1994 年最低工资制度在中国实施以来，在各地最低工资标准持续上升的同时，部分地区最低工资标准呈现较大幅度上涨。最低工资标准的上调，在保障劳动者基本收入水平的同时，会通过影响企业劳动力成本与劳动生产效率影响企业利润率水平。最低工资制度的政策目标是保障劳动者的基本收入，但如果最低工资标准上调对企业利润率造成较大负面影响，则最低工资制度的负效应最终会传导到劳动者就业与工资水平上，使本应受到政策保护的弱势劳动者群体难以进入劳动力市场，违背最低工资政策立法的初衷。那么，伴随最低工资标准不断提升，最低工资制度是否对企业利润率造成负面影响？如果产生负面影响，最低工资制度又是如何影响企业利润率的？

国外学者从国别视角就最低工资制度对企业利润率的影响进行了研究，国内现有文献主要集中在最低工资制度对劳动者就业、平均工资以及生产效率的影响方面。劳动者就业、平均工资和劳动生产率会通过影响企业收入和企业成本影响企业利润率水平，但直接研究最低工资制度对企业利润率影响的文献极其匮乏，目前尚缺乏最低工资制度对企业利润率影响机制的相关研究文献。本节借助2004—2013年中国工业企业数据库和全国277个地级市最低工资标准数据，就最低工资制度对企业利润率的影响及其作用机理进行实证研究，就最低工资制度对不同区域、不同所有制以及不同资本密集程度企业利润率影响的异质性进行实证考察，为最低工资制度对企业利润率的影响提供一个微观视角的新解读。

一 模型、数据与变量

1. 模型设定

为考察最低工资制度对企业利润率的影响，设立如下计量模型：

$$P_{it} = \alpha_0 + \alpha_1 MW_{jt} + \alpha_2 X_{it} + \varepsilon_{ijt} \qquad (7-2)$$

式（7-2）中，P_{it}表示第i个企业第t年的利润率，MW_{jt}表示企业所在的j市在第t年的最低工资标准，X_{it}表示反映企业自身特征与外部因素的控制变量集，包括企业年龄及年龄的平方、企业规模、资产负债率、费用率、平均工资、融资能力、政府补贴、出口状况等。ε_{ijt}为随机误差项，包含企业所在市市级层面的固定效应和企业层面的固定效应，也包含企业所在市市级层面和企业层面随时间变化的不可观测值。系数α_1反映最低工资标准提升对企业利润率的影响。

最低工资制度对企业利润率的影响具有异质性。处于不同地区、不同所有制以及资本密集度不同的企业，最低工资标准对企业利润率的影响可能存在差异性。因此在就最低工资标准对企业利润率的总体影响进行分析后，本书进一步采用分样本回归考察最低工资制度对企业利润率影响的异质性。为检验最低工资制度对企业利润率影响的稳健性，本书使用成本利润率代替销售利润率、增加宏观控制变量、使用双重差分法①等方法进行稳健性检验。由于本节重点考察最低工资制度对企业利润率影响的政策效应,为此建立如下双重差分模型:

$$P_{it} = \beta_0 + \beta_1 MW_{jt} + \beta_2 Time + \beta_3 diff + \beta_4 X_{it} + \varepsilon_{ijt} \quad (7-3)$$

式(7-3)中,P_{it}表示第i个企业在第t年的利润率,MW_{jt}表示企业所在的j市在第t年提升最低工资标准与否,Time 表示时间虚拟变量,diff 表示最低工资标准提升与时间的交乘项,其系数β_3表示最低工资标准提升对企业利润率的净影响;X_{it}表示其他影响企业利润率的因素,即控制变量;ε_{ijt}表示随机误差项。

如果最低工资制度对企业利润率有影响,那么其影响机理如何?本书采用中介效应模型考察最低工资制度对企业利润率的影响机理。根据 Baron 和 Kenny (1986) 提出的中介效应检验方法,设立如下检验方程:

$$P_{it} = \beta_1 + c\, MW_{jt} + X_{it} + \mu_{ijt} \quad (7-4)$$
$$F_{it} = \beta_2 + a\, MW_{jt} + \mu_{ijt} \quad (7-5)$$
$$P_{it} = \beta_3 + c'MW_{jt} + b\, F_{it} + X_{it} + \mu_{ijt} \quad (7-6)$$

其中,P_{it}表示第i个企业在第t年的利润率,MW_{jt}表示企业所在的j市在第t年的最低工资标准,X_{it}表示控制变量集,F_{it}表示中介变量,μ_{ijt}表示随机误差项。

若式(7-4)中的回归系数 c 显著,说明最低工资制度与企业利润率之间显著相关;若式(7-5)中的回归系数 a 显著,说明最低工资制度与中介变量之间显著相关;若式(7-6)的回归系数 b 显著,且式(7-6)中的c′明显小于式(7-4)中的 c 时,说明中介变量影响企业利润率。若 a 或者 b 不显著,则说明最低工资制度对企业利润率的影响不是通过中介变量实现的。若式(7-4)、式(7-5)、式(7-

---

① 双重差分方法是基于自然实验的一种分析方法,在经济学中主要用于对政策效应进行评估,即估计某项政策对实施对象带来的净影响。其分析思路是:将样本分为两个组,其中一组是实施了政策的对象组(实验组);另一组是没有实施政策的组别(控制组)。通过实验组和控制组在政策实施前后的信息,分别测算实验组与控制组在政策实施前后某一指标的变化量,并计算两组该变化量之间的差值,从而获得政策实施对实验组的净影响。本节双重差分方法是对经济发展水平相当、经济发展模式相似、外部环境差异较小的企业所在市,通过其在某一年调整最低工资与否这一"准自然实验",考察最低工资标准提升是否影响企业利润率。

6)中的回归系数同时满足上述三个条件,则至少表明存在"部分的"中介效应。

2. 数据来源

根据研究需要,本节使用的企业数据来自2004—2013年的中国工业企业数据库①,样本覆盖所有国有企业以及规模以上的非国有企业。该数据库包含采矿业、制造业、水电气生产及供应业等行业的相关企业,包含企业代码、企业地址、设立年份、所有制性质、隶属关系、从业人员等在内的企业基本信息,也包含企业利润、资产、负债、所有者权益、工业产值等在内的企业财务信息。针对中国工业企业数据库存在的样本匹配混乱、指标缺失和异常等问题,借鉴聂辉华(2012),对样本进行如下处理:①剔除从业人员、总资产、销售额缺失的样本企业;②剔除职工人数小于8人的样本企业;③剔除总资产小于流动资产、总资产小于固定资产或者是累计折旧小于当期折旧的样本企业;④剔除2004—2011年销售额低于500万元,2012—2013年销售额低于2000万元的不符合规模以上企业要求的样本企业;⑤剔除实收资本小于等于0的样本企业。在上述基础上,进一步剔除计量方程涉及的关键解释变量的离群值。为保持样本的连续性,研究中仅保留存续时间大于等于6年②的企业。

由于中国没有统一的最低工资标准数据来源,通过浏览各省各地区的人力资源与社会保障网站、政府网站等进行收集整理,共收集到2004—2013年全国277个地级市政府公布的最低工资标准数据。企业所在地区宏观经济变量,主要从中国经济与社会发展统计数据库中获取,包含各企业所在市地区GDP以及各企业所在市职工平均工资水平。最后通过企业所在地和年份将两个数据库进行合并,得到最终样本约26.58万个。

3. 变量选取

被解释变量:企业利润率(*profit*)。采用中国工业企业数据库中的

---

① 中国最低工资制度自2004年起全面实施,中国工业企业数据库最新数据仅公布到2013年。

② 目前使用该数据库进行研究的文章中,大部分认为该数据库2009年之前的数据更加真实可靠,因此研究中为保留更可靠的数据,保留了存续期间至少6年的样本企业。

利润总额与主营业务收入的比值衡量，同时使用成本利润率（$profit1$）进行稳健性检验。

关键解释变量：企业所在的各代表市公布的月度最低工资标准（$mwage$），单位为百元。

中介变量：为识别最低工资制度对企业利润率的影响机制，研究中引入劳动力工资成本率与劳动生产率两个可能的中介变量。①工资成本率（$cost$）。采用样本企业单位主营业务收入所需支付的工资表示，工资成本率=（就业人数×平均工资）/主营业务收入。工资成本率越高，说明企业单位营业收入所需支付的劳动力成本越高，在其他条件一定的情况下，企业盈利能力越低。②劳动生产率（$radio$）。采用企业销售产值与企业员工人数的比值衡量，单位为十万元/人。

控制变量：根据经济理论和相关研究文献，选择影响企业利润率的企业特征和城市特征作为控制变量。企业层面控制变量包括：①企业年龄（age）。企业年龄度量企业自设立起的经营年限，众多相关研究均将其作为控制变量。企业年龄=统计当年的年份-企业设立的时间+1。②企业规模（$scale$）。企业资产反映企业规模的大小，企业资产越多，规模越大，采用企业资产总额的自然对数衡量。③资产负债率（dar）。资产负债率是衡量企业负债水平和风险程度的重要指标，对企业利润率具有重要影响，采用企业负债总额与企业资产总额的比值衡量。④费用率（$expr$）。费用率反映企业在生产经营和销售过程中的费用支出，采用销售费用、管理费用与财务费用之和与主营业务收入的比值衡量。⑤平均工资（$salary$）。采用企业应付职工薪酬总额与企业员工人数的比值衡量，单位为千元/月。耿晔强（2018）认为，人均工资水平可以反映企业的技术密集度，人均工资越高，表明企业雇用的劳动力掌握的劳动技能越高，企业竞争力越强，企业利润率较高。⑥融资能力（$finance$）。借鉴孙灵燕（2011），采用利息支付衡量外部融资能力，利息支付越多，表明外源融资成本越低，外源融资能力越强。⑦政府补贴（gov）。将政府补贴设置为虚拟变量，享受政府补贴设置为1，否则为0。⑧出口（$export$）。将出口作为虚拟变量处理，存在出口设置为1，否则为0。考虑各地政府最低工资标准的制定会充分考虑当地的经济发展水平、人口状况、职工平均工资等因素，这些因素也会对企业利润率产生一定的影响。借鉴马双（2012），城市层面的宏观控制变量选择企业所在市 GDP（lngdp）、企业所在市总人口（lngdp）和企业所在市职工年平均工资（lnwage）。在实证过程中，进一步控制时间效应、地区效应和行业效应。

表7-12显示，销售利润率的均值为3.43%，标准差为3.61%，说明不同企业利润率存在较大差异；成本利润率略高于销售利润率，但差异不明显；最低工资标准的均值为764元，标准差为291.71，不同地区最低工资标准差距明显；样本企业平均年龄为8.8年，部分企业由于刚刚成立，经营年限较短，部分企业历史悠久，经营年限较长；样本企业平均资产负债率为57.88%，平均费用率为7.17%，企业平均工资约为1167.8元/月，高于样本企业平均最低工资标准。

表7-12　　　　　　　　样本企业各变量的描述性统计

变量	样本	均值	标准差	最小值	最大值
销售利润率（profit）	265799	3.4284	3.6070	-9.9178	17.6076
成本利润率（profit1）	265799	4.0623	4.2505	-4.2189	16.1670
最低工资（mwage）	265799	7.6400	2.9171	2.6	16
企业年龄（age）	265799	8.7907	4.4147	1	21
企业规模（scale）	265799	9.4693	0.9065	4.0943	11.4909
资产负债率（dar）	265799	0.5788	0.2505	0.0300	1.1502
费用率（expr）	260450	0.0717	0.0458	0.0044	0.2005
融资能力（finance）	265799	0.7208	0.4486	0	1
政府补贴（gov）	265799	0.1079	0.3103	0	1
出口参与（export）	265799	0.2737	0.4459	0	1
劳动生产率（ratio）	233000	2.7772	1.9509	0.4392	9.1497
工资成本率（cost）	265721	0.0759	0.0508	0.0118	0.2316
市 GDP（lngdp）	265799	7.4245	0.8927	3.9227	9.6484
市总人口（lnpop）	265799	6.1790	0.4827	2.8685	7.0800

二　最低工资制度对企业利润率影响的实证分析

1. 基准回归分析

表7-13中列（1）和列（2）是利润率方程的混合 OLS 估计结果。

列（1）未添加任何控制变量，列（2）在列（1）的基础上添加企业层面的控制变量，估计结果均表明，最低工资标准提升在1%的显著性水平下对企业利润率具有显著负向影响。列（3）与列（4）是分别使用随机效应模型和固定效应模型的估计结果，最低工资标准对企业利润率的负向影响仍然显著，但在消除企业固定效应和企业所在市级固定效应后，最低工资标准的提升对企业利润率的负向影响增大。

表7-13　最低工资对企业利润率影响的基准回归结果

变量	（1）混合OLS	（2）混合OLS	（3）随机效应模型	（4）固定效应模型
$mwage$	-0.2908*** (0.0057)	-0.0700*** (0.0057)	-0.1686*** (0.0086)	-0.2058*** (0.0134)
age		0.0398*** (0.0063)	0.0558*** (0.0077)	0.0629*** (0.0097)
age^2		-0.0024*** (0.0003)	-0.0031*** (0.0004)	-0.0030*** (0.0004)
$scale$		0.2486*** (0.0086)	0.4632*** (0.0129)	0.7624*** (0.0194)
dar		-4.7199*** (0.0284)	-3.5054*** (0.0390)	-2.5441*** (0.0489)
$expr$		-5.9807*** (0.1573)	-7.5410*** (0.2132)	-8.2690*** (0.2585)
$finance$		0.5227*** (0.0152)	0.2793*** (0.0173)	0.1606*** (0.0195)
gov		-0.1826*** (0.0216)	-0.0031 (0.0232)	0.1010*** (0.0255)
$export$		-0.4435*** (0.0155)	-0.3131*** (0.0201)	-0.1813*** (0.0246)
$constant$	5.6067*** (0.0836)	4.8454*** (0.1096)	2.9940*** (0.1670)	-1.0047*** (0.4418)
R^2	0.025	0.140	0.201	0.062
样本量	265799	260450	260450	260450

注：***、**和*分别表示在1%、5%和10%的显著性水平下显著；括号内为稳健标准误。上述回归均控制了时间、地区和行业效应。表7-12至表7-14的相关说明相同。

各控制变量的回归结果与预期基本一致。企业规模、融资能力、平均工资对企业利润率具有显著正向影响；资产负债率、费用率、政府补贴和出口对企业利润率具有显著负向影响；企业年龄对企业利润率的影响呈倒"U"形，在企业成立初期，企业利润率随企业年龄增大而增加，当企业发展到一定程度后，企业利润率随企业年龄增大而下降。列（4）中政府补贴对企业利润率的影响由混合 OLS 模型中的负变为正，说明固定效应模型对混合 OLS 模型中存在的偏误有一定的修正作用。经过 Hausman 检验，最后选择固定效应模型作为基准模型。

2. 内生性问题

虽然单个企业的行为无法对政府行为产生影响，但若最低工资标准对当地企业利润率的影响较大，那么政府在制定最低工资标准时，将会充分考虑最低工资标准对企业发展的不利影响。与此同时，最低工资标准的制定在很大程度上会受到企业所在地经济发展水平、职工平均工资、住房公积金、失业率等可观测和不可观测因素的影响，企业所在市级层面可观测和不可观测的因素也会对企业利润率产生影响，因此最低工资标准可能具有内生性。

本书首先按照常规方法，选取最低工资的滞后一期（$L.mwage$）作为最低工资标准的一个工具变量。当期最低工资均是在滞后一期最低工资的基础上进行调整的，两者具有相关性，而滞后一期最低工资标准的制定不受当期企业利润的影响，满足与随机误差项不相关的条件。其次，参考孙楚仁等（2013），采用企业所在地的省份除企业所在地外其他地区平均最低工资滞后一期（$L.wage$）作为最低工资的另一个工具变量。同一省份其他城市的最低工资标准越高，越可能使各地级市政府相应制定较高的最低工资水平，但同一省份其他地级市政府在制定最低工资标准时，很少会考虑本地单个企业的经营状况。在此基础上，使用 2SLS 方法解决内生性问题。

表 7-14 汇报了使用工具变量的两阶段估计结果。列（1）和列（2）分别是以滞后一期最低工资和该地区所在省份除该地区外其他地区平均最低工资的滞后一期为工具变量的估计结果，一阶段 F 检验说明工具变量满足基本要求，二阶段估计结果均表明最低工资制度提升会显著降低企业利润率。列（3）是同时将滞后一期最低工资和该地区所

在省份除该地区外其他地区平均最低工资的滞后一期作为工具变量的两阶段估计结果，最低工资制度对企业利润率仍具有显著负向影响。一阶段 F 检验表明工具变量满足基本要求，过度识别检验 P 值为 0.8621，不能拒绝工具变量外生的原假设。可见，在考虑内生性问题后，最低工资标准提升将显著降低企业利润率的结论仍然成立。

表 7-14 最低工资制度对企业利润率影响的工具变量回归结果

	Panel A：工具变量回归结果		
	（1）	（2）	（3）
mwage	-0.3953*** (0.0430)	-0.4212*** (0.0808)	-0.4000*** (0.0337)
控制变量	YES	YES	YES
R^2	0.042	0.050	0.042
样本量	177520	227550	177520
P of Overid Test			0.8621
	Panel B：一阶段估计结果		
L. mwage	0.3329*** (0.0032)		0.6197*** (0.0049)
L. wage		0.0019*** (0.0000)	-0.0048*** (0.0001)
控制变量	YES	YES	YES
F 统计量（p-value）	0.0000	0.0000	0.0000
样本量	177520	227550	177520

3. 异质性检验

本书采用分区域、不同所有制、不同资本密集程度三种方法就最低工资制度对企业利润率的影响进行分样本估计，考察最低工资标准提升对企业利润率可能存在的异质性影响。

表 7-15 的回归结果显示，最低工资标准提升对各区域企业利润率均具有负向影响，但影响程度存在区域差异。最低工资标准对东部地区、西部地区和东北地区企业利润率均具有显著负向影响，但影响程度呈东部、西部、东北部递减特征，对中部地区企业利润率的负向影响不

显著。东部地区的企业起步较早,发展较快,民营企业数量众多,执行最低工资标准较早,且最低工资标准远高于其他地区,最低工资标准的提升加大了企业的人力成本负担,导致企业盈利空间进一步压缩,企业利润率伴随工资成本率上升而下降。东北地区企业利润率受最低工资标准的影响最小,与东北地区是传统的老工业基地,国有企业所占比重高,企业职工工资标准大都在最低工资标准以上,最低工资标准的提升对企业工资成本影响较小有关。

表7-15　不同地区最低工资制度对企业利润率影响的回归估计结果

变量	东部	中部	西部	东北
mwage	-0.2108*** (0.0154)	-0.0568 (0.0396)	-0.2102** (0.0892)	-0.1418* (0.0735)
控制变量	YES	YES	YES	YES
R^2	0.134	0.126	0.055	0.085
样本量	212734	25459	10159	12098

注：①因部分地区使用工具变量估计存在过度识别问题,分区域回归采用固定效应模型进行估计;回归时均控制了时间、地区和行业效应。
②***、**和*分别表示在1%、5%和10%的显著性水平下显著;括号内为稳健标准误。

由于不同所有制企业规模大小、技术水平、金融支持等差异较大,企业采用的生产方式存在较大差异,最低工资制度对不同所有制企业利润率的影响可能存在差异。在考虑最低工资标准对国有企业和非国有企业利润率的影响时,借鉴平新乔(2003)、张功富和张晓慧(2017),将国有资本和集体资本之和占实收资本的比重大于50%的企业归为国有企业,低于50%的企业归为非国有企业。表7-16中列(1)和列(2)显示,最低工资制度对国有企业利润率的负向影响不显著,对非国有企业利润率具有显著负向影响。可能的原因：国有企业员工工资水平相对较高,大多高于最低工资标准,雇用人员受最低工资标准提升的影响较小,面对最低工资上调,国有企业的就业以及平均工资水平不会发生较大变动。非国有企业整体而言工资水平较国有企业低,且主要为劳动密集型企业,劳动力成本在总成本中所占比重较高,最低工资标准提升会带来劳动力成本的大幅度上涨,企业利润率受最低工资标准的影响较大。

企业的资本与技术密集度反映一个企业内资本和劳动的配比关系，资本技术密集度高的企业，研发力度更大，技术水平更高，创新能力更强（林炜，2013），具备更强的资本利用能力，对资本依赖性更大，更可能以资本代替劳动。采用企业固定资产净值与年平均从业人员的比值衡量资本技术密集度，借鉴 Lu（2010），若企业的资本密集度处于整体样本企业资本密集度的前50%，则该企业为资本技术密集型企业，否则为劳动密集型企业。表7-16中列（3）和列（4）的回归结果显示，无论资本技术密集型企业还是劳动密集型企业，最低工资制度均与企业利润率显著负相关，且最低工资制度对劳动密集型企业利润率的负向影响大于资本技术密集型企业。可能的原因：一是资本技术密集型企业相较于劳动密集型企业更容易满足银行贷款要求，面临较小的融资约束（康志勇，2013），劳动力成本上升带来的资本要素相对价格下降，将导致资本密集型企业增加资本投入，以降低最低工资标准上调带来的劳动力成本上涨冲击；劳动密集型企业面临资金约束和运用能力等方面的限制（李艳虹和刘栖，2015），面对最低工资上涨，通过资本替代劳动以减缓劳动力成本上升冲击的空间有限。二是相对于资本技术密集型企业，劳动密集型企业雇用的劳动力数量更多，劳动力成本在总成本中所占比重更大，最低工资提升带来的成本上升效应更大，对其利润率的影响更大。

表7-16 不同所有制和资本密集度企业最低工资制度对企业利润率影响的估计结果

变量	（1）国有企业	（2）非国有企业	（3）劳动密集型	（4）资本技术密集型
mwage	-0.1553 (0.4443)	-0.4059*** (0.0313)	-0.4918*** (0.0523)	-0.4602*** (0.0522)
控制变量	YES	YES	YES	YES
R^2	0.021	0.043	0.035	0.038
一阶段F统计量	0.0000	0.0000	0.0000	0.0000
P of Overid Test	0.3577	0.9996	0.7313	0.4723
样本量	3825	172157	79325	83540

注：***、**和*分别表示在1%、5%和10%的显著性水平下显著；括号内为标准误。上述回归均控制了时间、地区和行业效应。表7-17和表7-18的相关说明与表7-16相同。

4. 稳健性检验

本书采用双重差分、更换被解释变量、控制地区宏观经济变量三种方法对基准回归模型进行稳健性检验。

各省市最低工资标准调整的频率大致为每两年一次，借鉴马双（2012），选取福建省和广东省及其部分地级市作为双重差分估计的样本。在2006—2007年，2007年福建省提升了最低工资标准，广东省（除深圳市外①）继续沿用2006年的最低工资标准。福建和广东两省地域相近，经济发展模式相似，均以出口加工贸易为主，外部环境差异较小，具有一定的可比性。表7-17中列（1）以2006—2007年福建省和广东省两省的企业为样本进行双重差分估计，结果显示最低工资标准与时间交乘项（diff）的系数在10%的统计水平下显著为负，最低工资标准提升对企业利润率的净影响为-0.198，最低工资标准上涨，企业利润率显著下降。列（2）以2006—2007年广东省广州市和福建省厦门市两代表市的企业为样本进行双重差分估计，结果显示最低工资标准与时间交乘项（diff）的系数在1%的统计水平下显著为负，最低工资标准提升对企业利润率的净影响为-0.773，最低工资标准上涨，企业利润率显著下降。

表7-17　基于双重差分的最低工资对企业利润率影响稳健性检验

	2006—2007年双重差分检验		双重差分时效性检验	
	（1） 福建与广东	（2） 广州与厦门	（3） 2006—2007年	（4） 2011—2012年
diff	-0.1980** (0.1110)	-0.773*** (0.2940)	-0.4660* (0.2560)	-0.2740* (0.1660)
控制变量	YES	YES	YES	YES
R^2	0.065	0.093	0.099	0.041
控制组	8375	1096	1148	627
实验组	4988	362	937	634
样本量	13363	1458	2085	1261

---

① 深圳市最低工资标准单独制定与实施，不执行广东省的最低工资标准，因此就广东省最低工资制度对企业利润率的影响进行分析时剔除深圳市。

进一步以同一省际单位内部不同代表市的企业为样本进行双重差分估计。在2006—2007年，深圳市最低工资标准由2006年的810元提升到2007年的850元，2007年广州市未进行最低工资标准调整，仍执行2006年780元的最低工资标准。广州与深圳两市同属广东省境内，经济发展模式、经济发展水平、外部环境基本一致。表7-17中列（3）以2006—2007年广东省的广州市和深圳市内的企业为样本进行估计，最低工资标准与时间交乘项（diff）的系数在10%的统计水平下仍显著为负，最低工资标准上涨，企业利润率显著下降。为验证最低工资制度对企业利润率影响的时效性，本书进一步对2011—2012年广东省广州市和深圳市内的企业样本进行估计。2011—2012年，深圳市最低工资标准由2011年的1320元提升到2012年的1500元，2012年广州市没有调整最低工资标准，仍执行2011年1300元的最低工资标准。列（4）以2011—2012年广州市和深圳市内的企业作为样本进行双重差分估计，结果仍支持最低工资标准提升导致企业利润率显著下降的结论，表明基准模型具有稳健性。

表7-18　　更换被解释变量与控制企业所在地地区宏观经济变量的稳健性检验

	（1）	（2）	（3）	（4）
mwage	-0.2384*** (0.0159)	-0.4713*** (0.0400)	-0.1861*** (0.0133)	-0.3089*** (0.0337)
lngdp			2.0482*** (0.0954)	1.8516*** (0.1177)
lnpop			-1.2201*** (0.0781)	-0.9918*** (0.0969)
控制变量	YES	YES	YES	YES
R^2	0.072	0.034	0.064	0.046
样本量	260450	177520	260450	177520
第一阶段F检验		0.0000		0.0000
Sargan检验（P值）		0.5541		0.0604

表 7-18 中，列（1）是以成本利润率为被解释变量的估计结果，发现最低工资制度对企业利润率的影响在 5% 的水平下显著负相关。列（2）是以成本利润率为被解释变量，采用工具变量两阶段估计的结果，发现最低工资制度对企业利润率的影响在 1% 的水平下仍显著为负，第一阶段的 F 检验表明工具变量与内生变量之间具有相关性，过度识别检验的 P 值为 0.5541，说明工具变量不存在过度识别的问题。为控制宏观因素对企业利润率的影响，将企业所在地级市 GDP、总人口和职工年工资收入纳入模型，列（3）加入宏观控制变量，最低工资对企业利润率的影响方向和显著性均未发生变化，但负向影响程度略有降低，即忽视地区宏观条件的影响会高估最低工资制度对企业利润率的影响结果。列（4）在列（3）的基础上进行工具变量两阶段估计，发现最低工资标准提升会显著降低企业利润率，第一阶段的 F 检验表明工具变量与内生变量之间具有相关性，过度识别检验的 P 值为 0.0604，说明工具变量不存在过度识别问题。其他控制变量与基准模型比较，除影响系数的大小略有差异外，影响方向与显著性基本一致，说明基准模型得出的最低工资标准与企业利润率显著负相关的结论具有稳健性。

三 最低工资制度影响企业利润率的机制检验

根据相关文献，本书主要探讨最低工资制度影响企业利润率的企业工资成本率路径和企业劳动生产率路径。

1. 最低工资制度的工资成本率影响路径检验

为验证最低工资制度对企业利润率影响中工资成本的作用，研究中采用工资成本率衡量企业的工资成本状况，最低工资标准提升影响企业工资成本率，进而影响企业的利润率。

表 7-19 汇报了工资成本率路径的估计结果。列（1）是不包含中介变量工资成本率的固定效应模型，回归结果显示最低工资制度与企业利润率显著负相关。列（2）是最低工资对中介变量工资成本率的回归模型，结果显示最低工资制度与工资成本率显著正相关，最低工资标准提升，导致单位营业收入的工资成本增加。列（3）是同时包含最低工资和工资成本率的固定效应模型，估计结果显示工资成本率对企业利润率存在显著负向影响。列（3）与列（1）比较，列（3）中最低工资的估计系数有所下降。

表 7-19　最低工资、劳动力成本与企业利润率的中介效应检验

	（1）	（2）	（3）
mwage	-0.2058*** （0.0134）	0.0019*** （0.0002）	-0.2019*** （0.0134）
cost			-2.2177*** （0.2392）
控制变量	YES	YES	YES
F	377.65		361.45
R^2	0.060		0.065
Sobel test			-6.635***
样本量	260,450	260,388	260,388

注：***、** 和 * 分别表示在1%、5%和10%的显著性水平下显著；括号内为稳健标准误。

为进一步检验中介效应，Sobel（1982）提出通过检验系数乘积检验中介效应，其原假设为"不存在中介效应"，若拒绝原假设，则认为存在显著的中介效应。经计算，在最低工资、工资成本率与企业利润率这一中介效应模型中，Sobel检验的值为 -6.635，在1%的显著性水平下通过检验，说明工资成本率这一中介效应的确存在。最低工资标准提升，企业所需支付给劳动者的工资增加，企业劳动力成本上升，企业利润率相应地降低（邓曲恒，2015）。

2. 最低工资制度的劳动生产率影响路径检验

表 7-20 汇报了最低工资、劳动生产率与企业利润率关系的检验结果。列（1）不包含中介变量的劳动生产率固定效应模型，估计结果显示最低工资制度与企业利润率显著负相关，影响系数为 -0.2058。列（2）最低工资对中介变量劳动生产率的回归系数为 0.0300，说明最低工资标准提升会显著提高企业劳动生产率。列（3）同时包含最低工资和劳动生产率的固定效应模型估计系数为 0.0869，劳动生产率与企业利润率显著正相关，劳动生产率提高能显著改善企业利润率。列（3）与列（1）对比，最低工资制度的影响系数显著下降（-0.1952），这与最低工资标准提升会显著提高劳动生产率［列（2）］，以及劳动生产率提高对企业利润率具有促进作用［列（3）］有关。综合列（2）和

列（3）的结果，说明最低工资标准提升带来的劳动生产率提高缓解了最低工资标准提升对企业利润率的负向影响。最低工资制度的实施，企业不得不支付不低于最低工资标准的员工工资，由此带来企业工资成本上升，为节约劳动力成本，企业可能通过削减员工数量，特别是解雇低技能劳动力以提升企业整体劳动生产率，缓解最低工资标准提升造成的工资成本上升的压力，由此缓解最低工资标准上升对企业利润率的负向影响。

表7-20 最低工资、劳动生产率与企业利润率的中介效应检验

	（1）	（2）	（3）
mwage	-0.2058*** (0.0134)	0.0300*** (0.0020)	-0.1952*** (0.0137)
ratio			0.0869*** (0.0059)
控制变量	YES	YES	YES
F	377.65		282.08
R²	0.060		0.054
样本量	260,450	233,000	227,668

注：***、**和*分别表示在1%、5%、10%的显著性水平下显著；括号内为稳健标准误。

综上所述，最低工资制度对企业利润率的影响是成本效应与生产率效应共同作用的结果。一方面，最低工资制度通过提高企业工资成本率降低企业利润率；另一方面，最低工资制度通过提高企业劳动生产率缓解最低工资标准上升对企业利润率的负向影响。

第三节 最低工资制度对中国劳动收入份额影响的实证分析

最低工资制度作为一项能直接调节收入分配差距、改善收入分配格局、维护低收入群体基本权益的公共政策，对劳动收入份额的影响主要体现在两个方面：一是最低工资标准的实施将直接改变劳动力要素的价格，提升劳动收入份额；二是最低工资标准的变动会通过影响企业生产

要素投入决策和雇用决策,影响用人单位对劳动力的需求,进而对劳动收入份额产生影响。本节借助 2011—2012 年中国工业企业微观数据库,采用双重差分模型,从企业微观角度就最低工资制度的收入分配效应进行实证评估。

一 模型、变量与数据

1. 模型设定

为考察最低工资制度的收入分配效应,本书构建如下双重差分模型:

$$Y_{ijt} = \alpha_0 + \theta_1 Time_t + \theta_2 Treat_{ij} + \theta_3 Inter_{ijt} + \gamma X_{ijt} + \varepsilon_{ijt} \quad (7-7)$$

式(7-7)中,Y_{ijt} 表示 j 地区 i 企业在时间 t 的劳动收入份额。$Time_t$ 为时间虚拟变量,当观测时间为 2012 年时取值为 1,否则为 0。$Treat_{ij}$ 用来区分实验组与对照组,当被观测值 i 企业在实验组取值为 1,若 i 企业在对照组取值为 0。$Inter_{ijt}$ 为 $Time_t$ 与 $Treat_{ij}$ 的交互项,其系数 θ_3 为实验自变量对实验因变量的影响效果,即政策效应。若 $\theta_3 > 0$,表明政策对被解释变量具有正向影响;若 $\theta_3 < 0$,说明政策效应是负向的;如果政策不出现,即最低工资标准没有变化,则 θ_3 的期望值为 0。X_{ijt} 为影响劳动收入分配的控制变量集。ε 为随机误差项。

2. 变量选择

被解释变量:劳动收入份额(Y)。以企业工资占比衡量企业层面的劳动收入份额,采用当年企业应付工资总额占企业营业收入总额的比重表示。

关键解释变量:最低工资制度(mwage)。设置为虚拟变量,如果最低工资标准变化取值为 1,否则取值为 0。

控制变量:包括微观层面代表企业特征的控制变量和宏观层面代表企业所在地经济社会发展的控制变量两类。微观层面的控制变量包括:①企业职工人数(yworker),用企业全部从业人员年均人数表示,单位:人。②企业总资产(tasset),采用企业资产总额衡量,单位:10 万元。③存货占比(stock),采用企业存货占营业收入的比重表示。④产品盈利(profit),采用企业营业利润占营业收入的比重表示。⑤资产负债比(ratio),采用企业总资产占企业总负债的比重表示。⑥企业所有制性质(soe),是否国有企业。设置为虚拟变量,采用国家资本与集体资本之和占企业实收资本的比重表示，若比重大于50%，取值为1，否则取值为0。宏观层面的控制变量包括：企业所在代表市的GDP（gdp）、总人口（$population$）及职工年均工资（$ewage$），分别用代表市辖内GDP、辖内总人口和辖内职工平均工资衡量，单位分别为亿元、千万人和万元/人。

3. 数据来源

微观数据来自2011—2012年中国工业企业数据库。该数据库收集了全国各省、市、县、镇所有国有、民营以及混合所有制等各类企业的工资总额、年末从业人数、企业资本构成情况、企业经营状况以及财务状况等方面的信息，信息量大，指标较为完整。宏观数据为企业所在地（代表市）政府制定的最低工资标准及该代表市的宏观经济变量。最低工资标准选取2011年和2012年江苏省和广东省各代表市政府制定的最低工资标准。最低工资数据通过浏览当地人力资源与社会保障局网站、相关政策法规以及统计公报收集整理。每年是否调整最低工资标准由当地政府根据当年经济社会发展情况决定，因此最低工资标准并非每年都会调整。2012年江苏省和广东省均进行了最低工资标准调整，但调整后的最低工资标准自2012年7月1日起开始执行，因此江苏省和广东省在2012年实际上实行了两种最低工资标准，本书用2012年最低工资标准调整前后的均值作为2012年的最低工资标准。其他宏观控制变量包括2011—2012年江苏省和广东省各代表市GDP、总人口、职工平均工资、年末从业人数，数据来自2011—2012年《中国城市统计年鉴》。

第三章就最低工资标准的现状分析发现，不同省份内部各代表市、同一省份内部不同代表市最低工资标准存在明显差异。本书选择广东省和江苏省的代表市作为最低工资制度省际之间实验的对照组和实验组，选择广东省内部的广州市和深圳市分别作为最低工资制度省际内部实验的对照组和实验组，分别就最低工资制度的收入分配政策效应进行实证检验。通过企业所在地变量生成ID与年份变量，并将企业微观数据与企业所在代表市最低工资标准及宏观变量数据进行合并，筛选出既有企业微观变量数据又有企业所在地最低工资标准及宏观变量的样本构成研究样本，并对研究样本进行缺漏值和离群值剔除处理，最终获得用于广东省和江苏省之间各代表市最低工资制度收入分配政策效应的样本为

133884 个，用于广东省内部广州市和深圳市最低工资制度收入分配政策效应的样本为 17989 个。表 7-21 是各变量的描述统计结果。

表 7-21　　　　　　　　　变量的描述统计结果

	变量名	样本量	均值	最大值	最小值
广东省和江苏省代表市	企业工资占比（income）	133884	6.6768	23.6085	0.0039
	企业职工数（yworker）	133884	217.9026	682	10
	企业总资产（tasset）	133884	1875.234	26800	28
	存货占比（stock）	133884	8.1023	0.3280	37.5177
	产品盈利（profit）	133884	3.8788	16.0505	-8.6109
	最低工资（mwage）	133884	0.49	1	0
	代表市 GDP（gdp）	133884	50.4345	124.2344	4.8070
	职工平均工资（awage）	133884	47.4338	67.5150	26.9292
	代表城市总人口（population）	133884	531.7	991	106
	国有企业（soe1）	133884	0.278	1	0
	资产负债比（ratio）	133884	176.9858	376.0191	4.1667
	变量	样本量	均值	最大值	最小值
广州市和深圳市	企业工资占比（income）	17989	12.0831	38.9510	0.0014
	企业职工数（yworker）	17989	280.3338	903	12
	企业总资产（tasset）	17989	49.5046	300.4430	2.0146
	存货占比（stock）	17989	13.4037	51.2049	0.0381
	产品盈利（profit）	17989	1.3091	9.0652	0.0650
	最低工资（mwage）	17989	0.36	1	0
	代表市 GDP（gdp）	17989	1.2597	1.3551	1.1515
	职工平均工资（awage）	17989	59.5431	67.5149	55.1422
	代表城市总人口（population）	17989	509.1593	822	267.9001
	国有企业（soe1）	17989	0.29	1	0

注：产品盈利最小值为负，说明当年该企业亏损。

二　对照组选择的可行性检验

1. 省际之间对照组选择的可行性检验

基于采用双重差分分析时对照组选择应满足的条件，本书选择 2011 年和 2012 年江苏省和广东省（深圳市除外）的相关数据。江苏省和广东省同属于东部地区,经济发展水平与发展模式、区位优势较为接近,2012年江苏省普遍提高了最低工资标准,广东省2012年没有进行最低工资标准调整。具体情况见表7-22。

表7-22　　2011年和2012年江苏省和广东省月度最低工资标准

单位:元、%

省份	代表市	2011年	2012年	涨幅
江苏省	南京市、无锡市、常州市、苏州市、南通市、镇江市	1140	1320	15.79
	徐州市、盐城市、扬州市、连云港市	930	1100	18.28
	淮安市、泰州市、宿迁市	800	950	18.75
广东省	广州市	1300	1300	0
	珠海市、东莞市、佛山市、中山市	1100	1100	0
	汕头市、惠州市、江门市	950	950	0
	韶关市、茂名市、梅州市、揭阳市、汕尾市、云浮市、河源市、阳江市、湛江市、清远市	850	850	0

资料来源:根据广东省和江苏省人力资源与社会保障局官方网站收集整理。表7-23同。

表7-22显示,2012年,江苏省各代表市月度最低工资标准均有明显提高,涨幅均在15%以上,广东省(除深圳市外)各代表市最低工资标准均没有发生变动。本书将江苏省作为最低工资制度政策效应的实验组,将广东省作为最低工资制度政策效应的对照组。

为更严格控制江苏省与广东省(除深圳市外)各代表市之间除最低工资标准变化以外的其他差异,首先,对江苏省和广东省(除深圳市外)各代表市进行总体均值检验。其次,根据各省内设置的最低工资标准档次,对江苏省和广东省各代表市进行分组均值检验。表7-23是最低工资标准对照组与实验组分组情况。

表7-23　　最低工资上调代表市与对照市分组

最低工资标准上调代表市	2011年最低工资标准	最低工资标准调整对照市
南京市、无锡市、常州市、苏州市、南通市、镇江市	1140元(一档)	广州市、珠海市、东莞市、佛山市、中山市

续表

最低工资标准上调代表市	2011年最低工资标准	最低工资标准调整对照市
徐州市、连云港市、盐城市、扬州市	930元（二档）	汕头市、惠州市、江门市
淮安市、泰州市、宿迁市	800元（三、四档）	韶关市、茂名市、梅州市、揭阳市、汕尾市、云浮市、河源市、阳江市、湛江市、清远市

本书选取2011年江苏省和广东省（除深圳市外）各代表市的GDP、职工平均工资、城市总人口、就业规模和人均GDP五个指标进行省际各代表市总体和分组别的均值检验。若实验省份（江苏省）和对照省份（广东省）在最低工资标准变化前各指标相差不大，则认为选择的对照组可信度较高。总体均值检验结果如表7-24所示。

表7-24　　江苏省和广东省各代表市总体均值检验结果

变量	原假设H_0：$diff=0$（P值）
GDP（gdp）	0.2789
城市总人口（$population$）	0.1161
人均GDP（$vgdp$）	0.1264
职工平均工资（$ewgage$）	0.0895
就业规模（$worker$）	0.7879

表7-24中，将广东省各代表市作为对照组，对江苏省和广东省各代表市GDP、职工平均工资、城市总人口、就业规模、人均GDP进行的整体均值检验结果显示，在5%的显著性水平下均值检验P值均大于0.05，表明当原假设为H_0：$diff=0$时，无法拒绝原假设，说明广东省和江苏省各变量之间不存在显著差异。选择广东省作为江苏省的对照组具有可行性。

进一步地，根据最低工资标准设置的档次，对广东省和江苏省各代表市分别进行分组，并对最低工资各档次组对应的代表市分别进行均值检验。

表 7-25 中按江苏省和广东省（除深圳市外）各代表市各档次最低工资标准分组进行局部均值检验的结果显示，除第三档次最低工资标准代表市 GDP 与人均 GDP 变量的均值检验 P 值略低于 0.05 外，其他各档次内各代表市 GDP、人均 GDP、职工平均工资、城市总人口及就业规模均值检验的 P 值均显著大于 0.05。即除第三档次最低工资标准所对应的各代表市 GDP 和人均 GDP 略有差异外，其余档次最低工资标准代表市局部均值检验结果 P 值均显著大于 5%，表明无法拒绝原假设。说明选择广东省（除深圳市外）作为江苏省的对照组考察最低工资标准对劳动收入份额影响的政策效应具有可行性。

表 7-25　江苏省、广东省按最低工资标准档次分组对应的代表市均值检验结果

变量	原假设 H_0：$diff=0$（P 值）		
	一档	二档	三档
GDP（gdp）	0.9798	0.0563	0.0492
城市总人口（$population$）	0.2053	0.1000	0.0681
人均 GDP（$vgdp$）	0.9294	0.7927	0.0412
职工平均工资（$ewgage$）	0.8899	0.6496	0.0708
就业规模（$worker$）	0.8075	0.8853	0.5584

2. 广东省内部对照组的选择

广东省深圳市 2012 年月度最低工资标准由 2011 年的 1320 元提高到 1500 元，广州市 2012 年没有进行最低工资标准调整。广州市和深圳市同属于广东省内，地理位置邻近，经济发展模式、外部发展环境相似。选择广东省的深圳市和广州市分别作为同一省份内部不同代表市之间最低工资政策效应评估的实验组和对照组具有可行性。

三　最低工资制度对劳动收入份额影响的实证分析

利用双重差分模型 7-7，分别对广东省和江苏省各代表市、广东省内部广州市和深圳市最低工资制度对企业层面劳动收入份额的影响进行回归分析，回归结果如表 7-26 所示。

表 7-26　　　　　　　　　双重差分的回归结果

解释变量	被解释变量：企业层面的劳动收入分配份额			
	(1)	(2)	(3)	(4)
交互项（diff）	0.559*** (3.02)	0.449** (2.06)	0.592*** (2.92)	1.568*** (3.52)
企业职工数（yworker）		0.00119*** (4.79)	0.0138*** (4.84)	0.00859*** (4.60)
企业总资产（tasset）		-0.398*** (-3.57)	-0.215*** (-2.96)	-0.125*** (-3.96)
存货占比（stock）		0.0511*** (4.07)	-0.171 (-1.43)	0.0187 (0.31)
产品盈利（profit）		-0.176*** (-13.72)	-0.159*** (-14.22)	-0.146** (-2.43)
国有企业（soe1）		-0.736*** (-9.35)	-0.757*** (-10.46)	-1.925*** (-4.95)
市 GDP（gdp）			-0.207* (-1.73)	0.1007 (0.11)
平均工资（awage）			0.0146*** (17.35)	-0.0120 (-0.11)
总人口（population）			-0.299*** (-8.63)	-0.00401 (-1.63)
常数项	0.598*** (3.02)	9.755*** (31.16)	5.637*** (17.47)	15.38*** (2.77)
样本值（N）	133884	133884	133884	17989

注：*、**和***分别表示在10%、5%和1%显著性水平下显著；括号内为 t 值，下同。

表 7-26 中列（1）是江苏省和广东省（除深圳市外）仅考虑最低工资标准的双重差分回归模型，结果显示以时间与最低工资标准乘积作为交互项的回归系数在 1% 显著性水平下正向相关，说明江苏省最低工资标准对劳动收入份额具有显著正向影响。列（2）在列（1）的基础上考虑企业层面控制变量的双重差分回归模型，结果显示以时间与最低工资标准乘积作为交互项的回归系数在 5% 统计水平下正向显著，影响系数为 0.449，江苏省最低工资标准对劳动收入份额具有显著正向影响的结论仍然成立。列（3）在列（2）的基础上加入宏观控制变量进行回归的结果显示，时间与最低工资标准交互项的系数在 1% 的水平显著

为正，说明剔除影响江苏省劳动收入份额的其他微观和宏观因素后，最低工资标准提高仍会显著提高企业层面的劳动收入份额。列（3）在加入所有控制变量后，最低工资标准的回归系数较列（2）更显著，本书以列（3）作为最低工资制度对劳动收入份额影响的基准模型。

控制变量的回归结果与理论预期基本一致。企业规模与劳动收入份额显著正相关，但影响程度较小；企业总资产、产品盈利、国有企业性质均与企业层面劳动收入份额显著负相关。国有或集体控股资本越多，企业层面的劳动收入份额越低，可能与国有或集体控股企业资本占比高，企业规模大，企业发展偏向资本密集型和技术型密集型有关。企业所在市职工平均工资与劳动收入份额显著正相关，即企业所在地职工平均工资上涨会引起企业层面劳动收入份额增加；企业所在市GDP和人口规模与企业层面劳动收入份额显著负相关，说明企业层面的劳动收入份额随企业所在市经济发展出现下降，与李稻葵等（2009）得出的经济发展与劳动收入份额呈"U"形演进规律的结论一致。企业所在地总人口增长带来的劳动力供给增加，使企业更容易雇用到劳动力，劳动者在工资市场的议价能力下降，对劳动收入份额产生消极影响。

为更好地验证最低工资制度对企业层面劳动收入份额的影响，进一步在广东省内选取经济发展水平相当、社会发展模式相似、地理位置相近的深圳市和广州市进行最低工资制度的分配效应检验。相对于省外实验，选择同属广东省内的深圳市与广州市，有助于更好地控制除最低工资制度以外的其他因素对收入分配的影响。基于深圳市2012年最低工资标准上涨的"准自然实验"，选取广东省内的广州市与深圳市进行双重差分估计。

表7-26中列（4）对广东省内的广州市和深圳市进行双重差分的回归结果显示，最低工资标准和年份的交互项回归系数仍在1%统计水平下正向显著，最低工资标准上涨能显著提高企业层面的劳动收入份额，回归系数（1.568）显著高于广东省与江苏省的回归系数（0.592），说明在同一省际单位内部，最低工资标准的调整对收入分配的影响更大。

四 稳健性检验

表7-26从同一区域不同省份之间、同一省份内部不同代表市之间

就最低工资制度对企业层面劳动收入份额进行双重差分的结果均显示，最低工资制度对企业层面的劳动收入份额具有显著正向影响。为验证结论的稳健性，进一步在表 7-26 中列（3）基准回归模型的基础上，采用增减控制变量、替换解释变量以及局部地级市回归三种方法，对列（3）的结果进行稳健性检验，如表 7-27 所示。

表 7-27　　　　　　　　稳健性检验结果

解释变量	被解释变量：企业层面的劳动收入份额			
	（1）	（2）	（3）	（4）
交互项（diff）	0.589*** (2.91)	0.556*** (2.82)	0.542*** (2.69)	1.044*** (6.64)
企业职工（yworker）	0.0119*** (4.78)	0.0104*** (4.05)	0.0151*** (7.03)	0.0106** (2.46)
企业总资产（tasset）	-0.334*** (-3.24)	-0.197*** (-3.32)		-1.50*** (-2.71)
资产负债比（ratio）			0.0961*** (10.33)	
存货占比（stock）		-0.0907 (-0.75)	-0.0361*** (-7.97)	0.0347 (0.88)
产品盈利（profit）	-0.161*** (-14.40)	-0.160*** (-14.19)	-0.141*** (-13.19)	-0.137*** (-7.77)
国有企业（soe1）	-0.771*** (-10.97)	-0.598*** (-8.25)	-0.900*** (-13.20)	-1.040*** (-12.19)
市 GDP（gdp）	-0.224* (-1.85)	0.0106 (0.09)	-0.446*** (-3.73)	-3.262*** (-7.98)
平均工资（awage）	0.0145*** (17.36)	0.0125*** (14.65)	0.0145*** (17.51)	0.0482*** (32.53)
总人口（population）	-0.298*** (-8.62)	-0.303*** (-9.09)	-0.258*** (-7.53)	0.329 (0.12)
常数项	5.696*** (18.02)	28.93*** (7.80)	4.822*** (15.08)	-9.241*** (-12.17)
样本值（N）	133884	133884	133884	42541

表 7-27 中，列（1）和列（2）分别是在表 7-26 列（3）基准回归基础上剔除存货占比和加入行业固定效应控制变量的稳健性检验，结果显示各变量回归系数的方向与显著性与基准回归结果基本一致，交互项的系数仍在 1% 统计水平下显著为正，说明最低工资对企业层面劳动收入份额仍具有显著正向影响。列（2）在加入行业固定效应后交互项的回归系数变小，说明最低工资调整对劳动收入份额的影响具有显著行业差异。列（3）在基准回归模型基础上，用企业资产负债比替代企业总资产进行稳健性检验，结果表明各解释变量回归系数的方向与显著性与基准回归结果基本一致，交互项与企业资产负债比的回归系数均在 1% 显著性水平下正向相关，说明最低工资对企业层面的劳动收入份额仍具有显著正向影响。列（4）选取江苏省和广东省第二档最低工资标准对应的市①进行局部样本双重差分回归，结果表明各解释变量回归系数的方向与显著性与基准回归结果基本一致，最低工资制度对企业层面劳动收入份额的影响系数为 1.044，较表 7-26 中列（3）基准模型的回归系数（0.592）明显增大，说明在经济发展水平相似的地区，最低工资标准提高对劳动收入占比的影响更大。

第四节 本章小结

本章利用中国 2001—2016 年 23 个工业行业的省际面板数据，采用系统 GMM 估计方法，就最低工资制度的就业效应进行实证分析；借助 2004—2013 年中国工业企业数据库，从微观视角就最低工资制度对企业利润率的影响及其作用机制进行实证检验；就 2011—2012 年中国工业企业数据库，就最低工资制度对企业层面劳动收入份额的影响进行实证评估。得出如下基本结论：

第一，最低工资制度对工业行业整体就业具有显著负向影响，最低工资标准的上涨将显著减少工业行业整体就业人数。最低工资制度显著促进东部地区工业行业就业，对东北地区、中部地区工业行业就业影响

---

① 最低工资标准第二档包括江苏省徐州市、连云港市、盐城市、扬州市和广东省汕头市、惠州市、江门市。

不显著，对西部地区工业行业就业具有抑制作用；强化《中华人民共和国劳动合同法》外部监管环境，最低工资制度对东部地区、中部地区和西部地区就业存在显著冲击，对东北地区就业的影响不明显。最低工资制度会显著减少资本密集型行业、规模较小行业和国有资本占比较低行业的雇用人数，增加规模较大行业雇用量，对劳动密集型行业和国有资本占比较高行业的就业影响不显著。

第二，最低工资制度与企业利润率显著负相关，最低工资标准提升10%，企业利润率将显著下降1.686%。最低工资标准对东部地区、西部地区和东北地区企业利润率均具有显著负向影响，但影响程度呈东西东北部递减特征，对中部地区企业利润率的影响不显著。最低工资制度对非国有企业利润率具有显著负向影响，对国有企业利润率的负向影响不显著；最低工资制度对资本技术密集型企业与劳动密集型企业利润率均具有显著负向影响，但对劳动密集型企业利润率的负向影响大于资本密集型企业。最低工资制度对企业利润率的影响是企业工资成本效应与企业劳动生产率效应共同作用的结果，最低工资标准提升在通过提高企业工资成本率显著降低企业利润率的同时，通过提高企业劳动生产率提高企业利润率，进而缓解最低工资标准提升对企业利润率的负向影响。

第三，最低工资制度对企业层面劳动收入份额具有显著正向影响，最低工资标准上涨10%，企业层面的劳动收入份额将提高5.92%；在经济发展水平相似的地区，提高最低工资标准对改善收入分配所发挥的积极作用更大。最低工资制度对企业层面收入分配效应的改善作用存在行业差异，制定与实施不同的行业最低工资标准，有助于更好地发挥最低工资制度的收入分配效应，形成合理的行业间收入分配格局。

第八章

劳动争议对中国劳动收入份额影响的实证研究

伴随改革开放以来中国经济的快速发展，中国劳动争议数量持续攀升。1998—2016年，劳动争议仲裁机构受理的劳动争议案件从93649件扩张至828410件，年均增长率达12.9%，高于同期GDP增速。值得注意的是，大量的劳动争议纠纷案件可通过企业劳动争议调解委员会、基层人民调解组织等成功调解而不再进入劳动争议仲裁程序。这就意味着中国劳动争议纠纷总规模将更为惊人。根据《中国人力资源和社会保障年鉴》统计数据，2015年中国各类劳动争议调解仲裁机构全年共处理争议案件172.1万件。在这些劳动争议案件中，绝大部分劳动争议案件由劳动者提出，劳动者申诉劳动争议案件的主要目的是维护自身的经济利益，提高劳动报酬比重。[①] 这就引发了随之而来的疑问：中国劳动争议能否提高劳动收入份额？事实上，自20世纪90年代中期以来，中国劳动收入份额呈持续下降趋势（魏下海等，2013；林志帆和赵秋运，2015；张琪等，2012）。这催人进一步联想到，如果中国劳动争议增加并不能提高劳动收入份额，原因何在？遗憾的是，既有文献更多地针对劳动争议的特点（程延园和王甫希，2012；徐晓红，2009）、劳动争议处理制度的有效性（庄文嘉，2013；岳经纶和庄文嘉，2014）等方面展开讨论，缺乏对劳动争议产生的经济影响的实证研究。

[①] 劳动报酬是产生劳动争议的最主要原因，以劳动报酬为争议类型的案件占立案受理案件的比重从2000年的30.8%上升至2016年的41.7%。

中国劳动争议纠纷案件处理体系为"三调一裁二审"模式,一个劳动争议案件如果走完全部程序即便不延期也需要一年的时间,多则需要五六年时间(徐晓红,2009;徐丽雯,2014)。期限冗长的劳动争议处理程序、调查取证的高成本以及可能的高额经济赔偿,无疑加大了企业的解雇成本。考虑到劳动报酬是引发劳动争议的最重要原因,劳动争议频发将使企业的雇用成本面临上升压力。而有关解雇成本和雇用成本增加对就业产生的影响,学术界对此进行了广泛的理论推导和实证检验。雇用成本的增加将引发要素相对价格变动,此时,理性决策的企业将倾向于使用成本较低的其他要素替代成本较高的劳动要素(J. R. Hicks,1932)。解雇成本的增加一方面会降低解雇率,另一方面也会减少企业的职位创造(T. Mortensed,2006)。因此,劳动争议很可能会对就业产生消极影响(H. Fraisse,2011)。

鉴于上述分析,本书认为,劳动争议增加将引发要素相对价格变动,使企业倾向于选择利用资本替代劳动,产生资本深化现象,而资本深化被视为导致劳动收入份额下降的重要原因(魏下海等,2013;林志帆等,2015)。因此,本章利用1998—2016年中国省际面板数据,就中国劳动争议频发对经济发展中资源配置方式,进而对劳动收入份额的影响进行实证考察,弥补现有实证文献忽视了中国劳动争议扩张所产生的经济影响之不足,并为中国过度资本深化与劳动收入份额持续下降的特征事实提供一个新的解释。

第一节 理论模型与研究假说

首先建立理论模型对劳动争议增加、资本深化与劳动收入份额的关系进行推导。选择有要素增强系数的常替代弹性(CES)生产函数,即:

$$Y = \left[\theta (A_K K)^{\frac{\sigma-1}{\sigma}} + (1-\theta)(A_L L)^{\frac{\sigma-1}{\sigma}} \right]^{\frac{\sigma}{\sigma-1}} \quad (8-1)$$

其中,Y表示产出,K表示资本,L表示劳动;A_K、A_L分别表示资本增强型与劳动增强型技术进步,并假定其在短期内保持不变;θ表示分布参数($0 \leq \theta \leq 1$),σ表示要素替代弹性。

企业选择最佳的资本与劳动组合以最大化其利润π,可表示为:

$$\max_{K,L} \pi = Y - rK - wL \qquad (8-2)$$

其中，r、w 分别为资本和劳动的实际要素价格。企业利润最大化的一阶条件为：

$$\frac{\partial \pi}{\partial K} = \theta A_K^{\frac{\sigma-1}{\sigma}} K^{-\frac{1}{\sigma}} [\theta(A_K K)^{\frac{\sigma-1}{\sigma}} + (1-\theta)(A_L L)^{\frac{\sigma-1}{\sigma}}]^{\frac{1}{\sigma-1}} - r = 0 \qquad (8-3)$$

$$\frac{\partial \pi}{\partial L} = (1-\theta) A_L^{\frac{\sigma-1}{\sigma}} L^{-\frac{1}{\sigma}} [\theta(A_K K)^{\frac{\sigma-1}{\sigma}} + (1-\theta)(A_L L)^{\frac{\sigma-1}{\sigma}}]^{\frac{1}{\sigma-1}} - w = 0$$

$$(8-4)$$

综合式（8-3）和式（8-4），可得：

$$\frac{r}{w} = \left(\frac{\theta}{1-\theta}\right) \left(\frac{A_K}{A_L}\right)^{\frac{\sigma-1}{\sigma}} \left(\frac{K}{L}\right)^{-\frac{1}{\sigma}} \qquad (8-5)$$

将式（8-5）进行转化，可得：

$$\frac{K}{L} = \left(\frac{w}{r}\right)^{\sigma} \left(\frac{A_K}{A_L}\right)^{\sigma-1} \left(\frac{\theta}{1-\theta}\right)^{\sigma} \qquad (8-6)$$

对劳均资本求其关于 w/r 的偏导，可得：

$$\frac{\partial(K/L)}{\partial(w/r)} = \sigma \left(\frac{w}{r} \cdot \frac{A_K}{A_L}\right)^{\sigma-1} \left(\frac{\theta}{1-\theta}\right)^{\sigma} > 0 \qquad (8-7)$$

根据前文相关文献梳理可知，劳动争议增加会提高劳动要素的相对价格，而劳均资本 K/L 与要素相对价格 w/r 正相关。由此，提出待检验假说8-1。

假说8-1：中国劳动争议增加将促使企业选择利用资本替代劳动，劳均资本增加，产生资本深化现象。

在生产函数规模报酬不变且市场完全竞争条件下，要素价格将等于其边际产出，劳动收入份额 LS 可表示为：

$$LS = \frac{wL}{Y} = \frac{wL}{wL + rK} = \frac{1}{1 + \left(\frac{r}{w}\right)\left(\frac{K}{L}\right)} \qquad (8-8)$$

将式（8-5）代入式（8-8），劳动收入份额 LS 可表示为：

$$LS = \frac{1}{1 + \left(\frac{\theta}{1-\theta}\right)\left(\frac{A_K}{A_L} \cdot \frac{K}{L}\right)^{\frac{\sigma-1}{\sigma}}} \qquad (8-9)$$

对劳动收入份额求其关于 K/L 的偏导，可得：

$$\frac{\partial LS}{\partial (K/L)} = \frac{-\left(\frac{\theta}{1-\theta}\right)\left(\frac{\sigma-1}{\sigma}\right)\left(\frac{A_K}{A_L}\right)^{\frac{\sigma-1}{\sigma}}\left(\frac{K}{L}\right)^{-\frac{1}{\sigma}}}{\left[1+\left(\frac{\theta}{1-\theta}\right)\left(\frac{A_K}{A_L}\cdot\frac{K}{L}\right)^{\frac{\sigma-1}{\sigma}}\right]^2} \quad (8-10)$$

可以看出，$\frac{\partial LS}{\partial(K/L)}$的正负号取决于要素替代弹性$\sigma$。既有绝大多数文献指出，中国要素替代弹性$\sigma$大于1（林志帆等，2015；白重恩和钱震杰，2010），此时，$\frac{\partial LS}{\partial(K/L)}<0$，即资本深化将使劳动收入份额下降。因此，根据复合函数求导的链式法则，综合式（8-7）和式（8-10），可得：

$$\frac{\partial LS}{\partial(w/r)} = \frac{\partial LS}{\partial(K/L)}\cdot\frac{\partial(K/L)}{\partial(w/r)} < 0 \quad (8-11)$$

据此，提出假说8-2和假说8-3。

假说8-2：中国劳动争议增加将使劳动收入份额下降。

假设8-3：资本深化是劳动争议影响劳动收入份额的重要传导机制。

第二节 劳动争议对劳动收入份额影响的实证分析

一 模型构建与变量选择

1. 模型构建

根据第一节的推导，本书需要证明劳动争议增加会通过资本深化的途径影响劳动收入份额。为了能够有效地识别该传导机制，借鉴张杰等（2016）采用的中介效应检验方法，构建如下模型：

$$deepen_{it} = \alpha_0 + \alpha_1 dispute_{it} + \eta Z_1 + \varepsilon_{it} \quad (8-12)$$

$$LS_{it} = \beta_0 + \beta_1 dispute_{it} + \varphi Z_2 + \mu_{it} \quad (8-13)$$

$$LS_{it} = \delta_0 + \delta_1 dispute_{it} + \delta_2 deepen_{it} + \lambda Z_2 + \upsilon_{it} \quad (8-14)$$

其中，i表示地区，t表示年份；$deepen$表示反映资本深化程度的劳均资本指标；$dispute$表示反映地区劳均劳动争议案件数的指标；LS表示反映地区劳动收入份额的指标；Z_1和Z_2分别表示可能会对地区资本深化程度和劳动收入份额产生影响的控制变量集；ε、μ和υ均表示随机扰动项。

首先对计量模型（8-12）进行回归，检验劳动争议是否会对劳均资本产生影响，如果回归系数α_1显著为正，意味着中国劳动争议增加将促进劳均资本上升，产生资本深化现象，对应提出的研究假说8-1。其次对计量模型（8-13）进行回归，检验劳动争议是否会对劳动收入份额产生影响，如果回归系数β_1显著为负，意味着中国劳动争议增加将降低劳动收入份额，对应提出的研究假说8-2。最后对计量模型（8-14）进行回归，在控制劳均资本的情况下检验劳动争议对劳动收入份额产生的影响，如果回归系数δ_1与系数δ_2均显著为负，且回归系数δ_1与系数β_1的数值相比有所下降，这就意味着资本深化在劳动争议对劳动收入份额的影响中发挥了部分中介作用。如果回归系数δ_2显著为负，而系数δ_1不再显著，这就意味着资本深化在劳动争议对劳动收入份额的影响中扮演了完全中介作用。这两种情况均能验证提出的研究假说8-3。

2. 变量选择说明

本书重点关注的变量定义如下：

（1）被解释变量，劳动争议。采用劳均劳动争议案件数（dispute）衡量。本书使用的劳动争议案件数包括各地区劳动争议仲裁机构受理的劳动争议案件和各地区基层工会参与劳动争议案件。由于中国各省际单位就业规模之间存在巨大差异，单纯比较劳动争议案件的绝对数量没有意义，研究中采用地区劳均劳动争议案件反映劳动争议密度，采用中国各省份劳动争议案件数与地区就业人员的比率表示，标识为$dispute_1$。考虑到现阶段中国农业部门主要以家庭为作业单位进行生产，劳动争议发生的频率较低。因此本书进一步采用中国各省份劳动争议案件数与第二产业和第三产业就业人员的比率来定义劳动争议密度，标识为$dispute_2$。

（2）关键解释变量，劳动收入份额（LS）。使用劳动者报酬占GDP的比重表示。由于GDP核算方法在2004年发生了调整，个体经济业主的所得由原来的劳动报酬划归至营业利润，因此利用个体经济从业人员数对2004年及后续年份的数据进行调整，计算公式为：

$$劳动收入份额\ LS = \frac{\frac{劳动者报酬}{总就业人员 - 个体经济就业人员} \times 总就业人员}{GDP}$$

(8-15)

可能影响资本深化的控制变量集Z_1所包含的变量定义如下：

（1）中介变量：劳均资本存量（deepen），中国各省份劳均资本采用地区资本存量与地区就业人员的比例衡量。参考张军等（2004）采用永续盘存法以1952年为基期对各省的物质资本存量进行核算。

（2）对外开放程度（trade），经济开放增强了资本要素的流动性，有助于弥补中国相对稀缺的资本资源，带来资本要素的积累。此外，进出口活动可通过进出口学习效应或干中学效应，诱发有偏的技术进步，造成资本对劳动力的替代。但同时，根据赫克歇尔—俄林的资源禀赋贸易模型，对外开放使一国使用充裕要素的行业进一步扩张，可能导致中国进出口企业被锁定在劳动密集型行业。因此，有必要在回归模型中将对外开放程度加以控制，分别采用进出口额占GDP比重（$trade_1$）和出口额占GDP比重（$trade_2$）两个指标进行衡量。

（3）市场竞争程度（market），市场竞争程度是影响企业生产决策的重要因素，采用规模以上工业企业数量的自然对数反映市场竞争程度。

（4）国有经济比重（soe），一方面，不同于民营企业的利润最大化目标，国有企业承担着扩大就业、维护社会稳定等责任，因此不同所有制类型企业的资本劳动比存在明显差异。另一方面，国有企业的资本密集度相对较高，且融资约束更低，这就意味着国有企业的资本深化可能更为严重。采用国有及国有控股工业企业主营业务收入占规模以上工业企业主营业务收入的比重衡量地区所有制因素的影响。

（5）金融发展（finance），金融市场发育程度关乎企业的融资成本和融资渠道，融资歧视、信息不对称等金融市场扭曲会严重阻碍民营企业和中小企业资本替代劳动的生产决策。因此，金融发展被广泛认为是影响资本深化程度的重要因素。采用金融机构年末贷款余额与存款余额的比率衡量地区金融发展水平。

（6）工资水平（wage），工资变动将引发要素相对价格变动，进而诱使企业倾向于使用成本相对较低的其他要素替代成本相对上升的要素。以1998年为基期，利用消费者价格指数对在岗职工平均工资进行调整以得到实际工资，再对其取自然对数，对工资因素加以控制。

可能影响劳动收入份额的控制变量集Z_2所包含的变量定义如下：

（1）产业结构（industry），既有研究指出，中国三大产业内部劳动收入份额存在显著差异，第一产业和第三产业比重提高将对劳动收入份额产生正向影响，工业化进程被视为中国劳动收入份额呈现下降趋势的重要原因之一。采用第二产业增加值占 GDP 的比重衡量地区产业结构。

（2）固定资产投资比重（invest），资本报酬的取得离不开资本的投入，因此在模型中控制固定资产投资对劳动收入份额的影响，采用固定资产投资占 GDP 的比重衡量。

（3）政府干预（gov），劳动收入份额往往会受到政府管制的影响，政府对市场的干预会影响资本和劳动的谈判能力，使经济利益在厂商和劳动者之间进行重新分配。采用地方政府财政支出占 GDP 的比重反映地区政府干预程度。

（4）人力资本（edu），人力资本是解释劳动收入份额变动的一个重要因素。采用人均受教育年限作为人力资本的代理变量。令小学、初中、高中和大专及以上受教育年限分别为 6 年、9 年、12 年和 16 年，人均受教育年限用各类受教育程度人口比重分别乘以相应受教育年限，然后加总求和得到。

本书选取 1998—2016 年中国 31 个省、自治区、直辖市的相关数据作为研究对象。其中，计算资本存量所需数据来源于《中国国内生产总值核算历史资料（1952—1995）》、历年《中国统计年鉴》。劳动争议案件数据来自历年《中国劳动统计年鉴》。各省际单位就业人员及第二产业和第三产业就业人员数来自历年各省际单位统计年鉴。金融机构年末存贷款余额数据来自历年《中国金融年鉴》。规模以上工业企业数量、国有及国有控股工业企业主营业务收入、规模以上工业企业主营业务收入数据来自历年《中国工业经济统计年鉴》。[①] 其余数据来自历年《中国统计年鉴》。表 8-1 列示了样本观测值的描述性统计。

[①] 1998 年国有及国有控股工业企业主营业务收入数据缺失，采用 1997 年与 1999 年的平均数补齐。

表 8-1　　样本描述性统计（样本量=589）

变量	变量说明	平均值	最小值	最大值	标准差
Panel A：核心变量的描述性统计					
$deepen$	劳均资本存量（万元/人）	2.977	0.046	25.495	3.607
$dispute_1$	劳动争议数与就业人员比率（件/万人）	11.679	0.330	77.115	12.937
$dispute_2$	劳动争议数与第二、第三产业就业比率（件/万人）	18.005	1.292	84.628	14.331
LS	劳动收入份额（%）	51.836	32.991	75.763	7.458
Panel B：控制变量集Z_1的描述性统计					
$trade_1$	进出口额占GDP比重（%）	29.936	3.190	172.185	37.726
$trade_2$	出口额占GDP比重（%）	15.499	1.483	90.534	18.048
$market$	规模以上工业企业数的自然对数	8.483	4.025	11.072	1.327
soe	国有经济比重（%）	48.182	9.589	94.327	21.685
$finance$	金融机构年末贷存比（%）	75.882	23.275	138.919	15.533
$wage$	在岗职工实际平均工资的自然对数	9.896	8.591	11.374	0.614
Panel C：控制变量集Z_2的描述性统计					
$industry$	第二产业增加值占GDP比重（%）	44.805	19.262	59.046	8.310
$invest$	固定资产投资占GDP比重（%）	57.766	7.666	138.617	24.011
gov	财政支出占GDP比重（%）	20.971	5.676	137.916	16.701
edu	人均受教育年限（年）	8.155	2.948	12.304	1.305

二　实证结果分析

1. 第一步骤的回归检验

首先进行第一步骤的回归检验，即对计量模型（8-12）进行回归。表8-2中列（1）和列（2）报告了仅控制地区效应和时间效应的情况下，使用不同代理变量的劳动争议对资本深化作用的检验结果。劳均劳动争议变量的回归系数分别为0.1135和0.0771，且在1%的统计水平下显著，说明地区劳均劳动争议案件数越多，地区资本深化程度越高。列（3）和列（4）加入了可能影响劳均资本存量的其他控制变量，包括地区对外开放程度、市场竞争程度、国有经济比重、金融发展和工资水平，劳均劳动争议变量的回归系数分别调整为0.0946和0.0596，且

表 8-2　中国劳动争议对资本深化影响的检验结果

变量	(1)	(2)	(3)	(4)	(5)	(6)	(7)	(8)
$dispute_1$	0.1135*** (0.0077)		0.0946*** (0.0080)		0.0927*** (0.0079)			
$dispute_2$		0.0771*** (0.0068)		0.0596*** (0.0068)		0.0581*** (0.0067)		
$L.dispute_1$							0.0827*** (0.0083)	
$L.dispute_2$								0.0522*** (0.0070)
$trade_1$			−0.0249*** (0.0048)	−0.0246*** (0.0051)	−0.0487*** (0.0085)	−0.0492*** (0.0089)	−0.0254*** (0.0051)	−0.0270*** (0.0053)
$trade_1$			−0.6351*** (0.1673)	−0.7941*** (0.1743)	−0.5010*** (0.1681)	−0.6567*** (0.1751)	−0.6120*** (0.1811)	−0.7400*** (0.1868)
$market$								

续表

变量	(1)	(2)	(3)	(4)	(5)	(6)	(7)	(8)
soe			0.0233*** (0.0079)	0.0320*** (0.0083)	0.0248*** (0.0079)	0.0334*** (0.0082)	0.0258*** (0.0084)	0.0344*** (0.0086)
finance			0.0076 (0.0066)	0.0133* (0.0069)	0.0061 (0.0065)	0.0119* (0.0067)	0.0099 (0.0073)	0.0140* (0.0076)
wage			2.9240*** (0.7099)	3.1768*** (0.7477)	2.4438*** (0.7035)	2.7012*** (0.7405)	3.3302*** (0.7348)	3.5128*** (0.7634)
常数项	4.5595*** (0.2513)	0.3224 (0.2304)	−21.9101*** (6.5285)	−24.0512*** (6.8733)	−18.6517*** (6.4724)	−20.8379*** (6.8101)	−26.3607*** (6.8062)	−27.9480*** (7.0669)
地区效应	控制	控制	控制	控制	控制	控制	控制	控制
时间效应	控制	控制	控制	控制	控制	控制	控制	控制
R^2	0.7433	0.7079	0.7730	0.7496	0.7753	0.7525	0.7642	0.7459
观测值	589	589	589	589	589	589	558	558

注：*、**和***分别表示在10%、5%和1%的统计水平下显著；括号内数值为标准误。

劳动争议对资本深化的正向作用在1%的统计水平下显著。列（5）和列（6）替换对外开放变量的衡量指标进行回归分析，劳均劳动争议变量的回归系数基本保持不变，劳动争议扩张对资本深化的促进作用依然成立。

一个很自然的担忧是，劳动争议扩张对资本深化的促进作用可能是潜在的逆向因果关系作用的结果。即在那些劳均资本存量较高的地区，资本逐步替代劳动就业，由此造成的就业的不确定性以及劳资双方力量的失衡，容易引发劳资冲突。为克服劳动争议与资本深化可能存在的逆向因果关系，研究中对劳均劳动争议变量采用滞后一期的处理方式，回归结果见列（7）和列（8）。劳均劳动争议变量滞后期的回归系数有所减小，但依然显著为正，验证了地区劳均资本存量随劳动争议增加而上升的趋势显著且稳健。以上一系列检验结果为研究假说 8-1 提供了支持证据，中国劳动争议增加将促使企业选择利用资本替代劳动，劳均资本上升，产生资本深化现象。

表 8-2 给出了各控制变量对地区资本深化的影响。可以发现，对外开放变量的回归系数在各方程中均显著为负，且出口额比重回归系数的绝对值大于进出口额比重回归系数的绝对值。中国对外开放会抑制资本深化的回归结果与张杰等（2016）的研究结论一致，低成本劳动力比较优势使中国出口企业现阶段更倾向于采取劳动密集型的生产方式。反映市场竞争程度的变量回归结果显示，市场竞争程度提高可降低资本深化程度，这与中国劳动要素禀赋优势密不可分，市场竞争度越高的地区，企业要素投入结构更容易与自身要素禀赋特征相匹配。国有经济比重变量的回归系数在各方程中均显著为正，说明地区资本深化程度随国有经济比重的提高而增强，这可以从国有企业能够获取更多的融资支持和更偏向于资本密集型生产方式得到解释。金融发展变量的回归系数在各方程中均为正，且在部分方程中通过显著性检验，说明金融体系的融资支持对企业资本形成具有重要作用。工资变量的回归系数均显著为正，表明劳动价格的上升将制约企业对劳动力的雇用选择，在一定程度上佐证了所设定回归方程的合理性。

2. 第二步骤和第三步骤的回归检验

分别对计量模型（8.13）和模型（8.14）进行回归估计。由于劳动收入份额数值介于 0 与 1 之间，因变量的受限分布可能导致 OLS 回归结果产生偏误，此时使用专门针对受限因变量的 Tobit 模型进行回归分析。

表 8-3 中的列（1）和列（2）报告了仅控制地区效应和时间效应的情况下，中国劳动争议通过资本深化这一中介传导机制对地区劳动收入份额影响效应的检验结果。列（1）中劳均劳动争议变量的回归系数为 -0.1368，在 1% 的统计水平下显著，说明劳均劳动争议案件数越多的地区，劳动收入份额越低。当将劳均劳动争议变量和劳均资本变量同时引入模型后，劳均资本变量对劳动收入份额的影响系数（-0.6304）显著为负，且在 1% 的统计水平下显著，说明资本深化对劳动收入份额具有显著抑制作用，中国资本和劳动要素之间呈现替代关系。引入资本深化变量后，劳均劳动争议变量的回归系数未通过显著性检验，这说明资本深化在劳动争议对劳动收入份额的作用中发挥了完全中介效应。列（3）和列（4）加入了可能影响劳动收入份额的其他控制变量，包括地区第二产业比重、固定资产投资比重、财政支出比重和人均受教育年限，列（3）中劳均劳动争议变量与劳动收入份额显著负相关，列（4）中劳均劳动争议变量失去统计显著性，劳均资本变量与劳动收入份额显著负相关，验证了完全中介效应。类似地，替换劳均劳动争议变量的衡量指标，列（5）和列（6）的回归结果同样呈现上述分析逻辑，中国劳动争议的增加可以通过资本深化这一中介传导机制对地区劳动收入份额产生抑制效应。列（7）和列（8）是采用劳均劳动争议变量滞后一期所得的回归结果，各变量系数的符号和显著性均未发生本质性改变，表明回归结果具有稳健性。以上基于不同角度的回归结果均表明，中国劳动争议增加将使劳动收入份额显著下降，资本深化在劳动争议对劳动收入份额的作用中发挥了完全中介效应，由此验证了研究假说 8-2 和假说 8-3。

从控制变量的回归结果看，第二产业产值比重在各方程中均与劳动收入份额显著负相关，说明工业化进程对劳动收入份额具有抑制作用，与理论预期完全一致。固定资产投资比重的回归系数未通过显著性检验，可能与固定资产投资存在时滞效应有关。政府干预变量的回归系数在多数方程中显著为正，地方政府财政支出对劳动收入份额有弱促进作

表8-3 中国劳动争议通过资本深化对地区劳动收入份额影响的检验结果

变量	(1)	(2)	(3)	(4)	(5)	(6)	(7)	(8)
$dispute_1$	-0.1368*** (0.0228)	-0.0142 (0.0336)	-0.0606** (0.0262)	0.0037 (0.0315)				
$dispute_2$					-0.0803*** (0.0202)	0.0214 (0.0220)		
$L.dispute_1$							-0.0690** (0.0278)	-0.0102 (0.0315)
$deepen$		-0.6304*** (0.1294)	-0.3482*** (0.0330)	-0.5396*** (0.1214)	-0.3421*** (0.0349)	-0.8068*** (0.0896)	-0.3594*** (0.0336)	-0.4635*** (0.1210)
$industry$				-0.3591*** (0.0326)		-0.3690*** (0.0328)		-0.3686*** (0.0332)
$invest$			0.0019 (0.0202)	0.0016 (0.0198)	0.0438** (0.0194)	0.0212 (0.0184)	0.0167 (0.0198)	0.0196 (0.0195)
gov			0.0150 (0.0231)	0.0491** (0.0240)	0.1037*** (0.0196)	0.1013*** (0.0184)	0.0161 (0.0233)	0.0476** (0.0240)

续表

变量	(1)	(2)	(3)	(4)	(5)	(6)	(7)	(8)
edu			-1.9074*** (0.3480)	-0.9951*** (0.3991)	-2.4664*** (0.3039)	-1.3064*** (0.3742)	-2.1101*** (0.3331)	-1.2899*** (0.3924)
常数项	60.3116*** (1.2664)	62.5444*** (1.3052)	90.8043*** (3.8885)	84.5262*** (4.0774)	67.0722*** (2.4635)	73.0401*** (2.4030)	91.1469*** (4.0011)	84.9335*** (4.2695)
地区效应	控制	控制	控制	控制	控制	控制	控制	控制
时间效应	控制	控制	控制	控制	控制	控制	控制	控制
Log. L	-1953.888	-1942.258	-1818.304	-1808.590	-1854.930	-1816.9828	-1719.158	-1711.913
观测值	589	589	589	589	589	589	589	589

注：*、**和***分别表示在10%、5%和1%的统计水平下显著；括号内数值为标准误。

用，这可能与政府干预增强了劳动者的议价能力有关。值得注意的是，人力资本变量在各方程中均显著为负，人均受教育年限的提高会对劳动收入份额产生负向影响，与魏下海等（2013）、林志帆和赵秋运（2015）等的研究结果一致。可能的解释是，人力资本的提高既能提高工资收入，又能提高非工资收入，当教育溢价的资本收益份额高于劳动收入份额时，人力资本与劳动收入份额负相关。

三 稳健性检验

为了进一步检验资本深化在劳动争议对劳动收入份额的作用中扮演了完全中介效应的角色，本节从不同角度进行稳健性分析。

外商直接投资的不断流入对中国劳资关系产生了巨大冲击（李向民和邱立成，2009），且已有文献表明，外商直接投资对劳动收入份额具有显著负向影响。很自然地联想是，中国劳动争议增加对劳动收入份额的负向影响，有可能反映的是外商直接投资对劳动收入份额的作用。为验证资本深化是劳动争议影响劳动收入份额的唯一途径，本书将中国各省际单位外商直接投资额占 GDP 的比重（fdi）引入模型进行中介效应检验，回归结果如表 8-4 中列（1）至列（3）所示。列（1）表明，劳均劳动争议的回归系数显著为负，劳动争议增加会抑制劳动收入份额提高。列（2）引入外商直接投资变量后，外商直接投资变量的回归系数为 -0.0250，且在 1% 的统计水平下显著，表明外商直接投资的扩张对劳动收入份额具有显著抑制作用；劳均劳动争议的回归系数由 -0.0593 调整为 -0.0622，系数差异检验的 P 值为 0.7231，不存在显著差异，表明劳动争议对劳动收入份额的负向影响并不是外商直接投资作用的结果。进一步引入劳均资本变量的回归结果见列（3），此时，劳均资本变量显著为负，劳均劳动争议变量失去统计显著性，再次表明资本深化在劳动争议对劳动收入份额的作用中扮演了完全中介效应。

表 8-4 稳健性检验结果

变量	(1)	(2)	(3)	(4)	(5)	(6)	(7)
$dispute_1$	-0.0593** (0.0286)	-0.0622** (0.0281)	0.0130 (0.0307)	-0.0547** (0.0283)	0.0154 (0.0307)	0.0382 (0.0412)	
$dispute_2$							0.0296 (0.0428)

续表

变量	(1)	(2)	(3)	(4)	(5)	(6)	(7)
$deepen$			-0.6491***		-0.6300***		
			(0.1195)		(0.1205)		
$dispute_1 \times deepen$						-0.0076***	
						(0.0025)	
$dispute_2 \times deepen$							-0.0064***
							(0.0025)
fdi		-0.0250***	-0.0292***	-0.0239***	-0.0284***	-0.0269***	-0.0266***
		(0.0051)	(0.0050)	(0.0051)	(0.0050)	(0.0051)	(0.0052)
$union$				-0.0042*	-0.0026	-0.0042*	-0.0041*
				(0.0023)	(0.0023)	(0.0023)	(0.0023)
$industry$	-0.3482***	-0.3875***	-0.4073***	-0.3980***	-0.4132***	-0.4322***	-0.4258***
	(0.0330)	(0.0333)	(0.0327)	(0.0337)	(0.0331)	(0.0352)	(0.0352)
$invest$	0.0019	0.0075	0.0081	0.0138	0.0120	0.0079	0.0101
	(0.0202)	(0.0198)	(0.0193)	(0.0200)	(0.0196)	(0.0200)	(0.0200)
gov	0.0150	0.0222	0.0644***	0.0303	0.0682***	0.0420*	0.0399*
	(0.0231)	(0.0227)	(0.0235)	(0.0231)	(0.0237)	(0.0232)	(0.0232)
edu	-1.9074***	-1.6364***	-1.4928***	-1.7263***	-1.5820***	-1.4494***	-1.4658***
	(0.3480)	(0.3455)	(0.3975)	(0.3479)	(0.4044)	(0.3567)	(0.3600)
常数项	90.8043***	89.6048***	81.8484***	89.9401***	82.2836***	88.8150***	88.8143***
	(3.8885)	(3.8185)	(3.9907)	(3.8118)	(4.0038)	(3.7992)	(3.8144)
地区效应	控制	控制	控制	控制	控制	控制	控制
时间效应	控制	控制	控制	控制	控制	控制	控制
$Log.L$	-1818.304	-1806.410	-1792.022	-1804.708	-1791.352	-1800.010	-1801.316
P值		0.7231		0.1136			
观测值	589	589	589	589	589	589	589

注：*、**和***分别表示在10%、5%和1%的统计水平下显著；括号内数值为标准误。

劳资关系与工会组织高度相关，处于弱势地位的劳动者可通过加入工会来维护自身权益，即借助于工会这一集体发声机制来表达不满。魏下海等（2013）的研究显示，工会带来劳动收入份额的下降。因此，中国劳动争议增加有可能会通过提高工会参与率的途径对劳动收入份额产生负向影响。采用中国各省际单位工会会员人数占地区就业人数的比重衡量工会参与率（union）进行回归，发现列（4）中工会参与率变量的回归系数显著为负，劳均劳动争议的回归系数由 -0.0622 下降为 -0.0547，但系数差异检验结果显示在10%的统计水平下未通过检验，不存在显著差异，表明劳动争议对劳动收入份额的负向影响并不是工会参与的作用结果。列（5）引入劳均资本变量后，劳均资本变量显著为负，劳均劳动争议变量失去统计显著性，资本深化的完全中介效应仍然成立。表8-4中列（6）和列（7）报告了包含劳均劳动争议变量和劳均资本变量交互项的回归结果。劳均劳动争议变量的回归系数未通过显著性检验，劳均劳动争议与劳均资本交互项的回归系数分别为 -0.0076 和 -0.0064，均在1%的统计水平下通过显著性检验，进一步为资本深化在劳动争议对劳动收入份额的作用中扮演完全中介效应提供了佐证。

第三节　本章小结

本章在推导出劳动争议对劳动收入份额影响的理论模型基础上，利用1998—2016年中国省际面板数据，就劳动争议、资本深化与劳动收入份额三者的关系进行实证检验，得出如下基本结论：

第一，劳动争议对中国劳动收入份额具有显著负向影响，表现为劳均劳动争议案件数的提高，中国劳动收入份额显著下降，即劳均劳动争议案件提高将显著降低劳动收入份额。

第二，劳动争议增加促使企业选择利用资本替代劳动，劳均资本存量上升，产生资本深化现象，由于现阶段中国资本和劳动更多地表现为替代关系，因此，劳动争议上升带来的资本深化会对劳动收入份额产生显著抑制作用。

第三，资本深化在劳动争议影响劳动收入份额中发挥了完全中介效应。

第九章

多重角色定位下的工会对和谐劳动关系的作用研究

随着劳动争议纠纷案件的逐年增加，充分发挥工会组织对劳动争议纠纷的预防、防范和协调作用，构建和谐劳动关系的呼声日益高涨。习近平总书记在党的十九大报告中明确提出："完善政府、工会、企业共同参与的协商协调机制，构建和谐劳动关系。"根据2009年修正的《中华人民共和国工会法》，参与企业的劳动争议调解工作是工会的权利和义务。不同于其他市场经济国家自下而上的工会组建方式，中国工会是中国共产党领导的职工自愿结合的工人阶级的群众组织，且基层工会对企业存在较强的依附性和从属性。这就要求工会同时代表政府、企业和职工三方利益，不仅是职工权益的维护者，也是社会稳定的维护者，还是企业生产的管理者，兼具维权、维稳和经济建设三重职能（乔健，2008；陈维政等，2016）。中国工会非单一利益驱动和边界模糊化，使其在改善劳动关系方面的有效性受到质疑。一方面，由于政府、企业和职工三方主体利益的不一致，工会可能无法在平衡三方利益间找到均衡点以同时满足多方的利益要求，造成主体间的力量失衡，容易引发劳动争议。另一方面，工会所扮演的多重角色使其与党组织、职工代表大会、协会团体、人力资源部门等组织普遍存在职责关联性，导致企业工会责任边界含混不清，缺位和不作为问题制约了工会职能作用的发挥。因此，中国工会的多重角色定位以及各项职能的履行，对和谐劳动关系的构建到底发挥怎样的作用，亟待进行理论分析和实证检验。

既有对工会效应进行实证评估的研究，主要聚焦于工会改善劳动权益和提升企业绩效等方面，目前尚无文献就工会在构建和谐劳动关系方面的作用效果提供系统性的经验证据，特别是基于大样本微观数据的证据。本章突破既有研究侧重于从单一维度讨论工会职能的局限性，遵循工会职能承担到工会职能耦合的思路，在对工会的多重角色定位及其对构建和谐劳动关系的内在机理进行理论探讨的基础上，利用2012年和2016年中国劳动力动态调查数据（CLDS），从劳动者微观个体视角，就多重角色定位下的工会职能履行对构建和谐劳动关系的作用予以检视。基于大样本微观数据的实证分析，不仅避免了分省宏观数据和企业层面数据可能存在的加总谬误，而且为多重角色定位下的工会在构建和谐劳动关系方面的有效性提供了最直接的经验证据。

第一节 理论分析与研究假说

中国制度背景下，工会承担着来自政府、企业和职工三方主体的角色期望，且不同角色所赋予的工会职能间存在内在耦合关系。通过整合相关理论和研究成果，本节遵循工会职能承担到工会职能耦合的思路，探讨工会对劳动关系的影响，提出多重角色定位下的工会对构建和谐劳动关系的分析框架。

一　工会的维权职能及其对和谐劳动关系的作用

《中华人民共和国工会法》明确规定，中华全国总工会及其各工会组织代表职工的利益，依法维护职工的合法权益是工会的基本职责。成熟市场经济国家中的工会，通过垄断面孔和集体协商面孔来改善劳动权益（Freeman and Medoff，1984）。但由于中国存在大量的农村富余劳动力以及缺乏对罢工权的明确认可，工会很难作为劳动力市场卖方垄断组织，来为职工谋取高于市场竞争水平的垄断工资（李明和徐建炜，2014），这一方面维持了企业自由配置资源的灵活度，另一方面也使抑制游行、停工、静坐等群体性劳动冲突的发生成为常态。

中国工会组织更多的是以集体协商面孔来代表职工的利益，即"通过平等协商和集体合同制度，协调劳动关系，维护企业职工劳动权益"。[①]

---

① 《中华人民共和国工会法》（2009年修正）。

常凯（2013）指出，中国劳动关系正由个别劳动关系调整向集体劳动关系调整转型，以工会为代表的劳动者集体或团体与雇主就劳动条件、劳动标准以及有关劳资事务进行协商交涉。工会通过签署集体工资协议和劳动合同以改善职工福利的观点已得到相关经验研究的支持（姚洋和钟宁桦，2008；李龙和宋月萍，2017）。在资强劳弱格局下，治理克扣拖欠工资、提高职工工资率、缩短劳动时间和保障劳动安全卫生条件等劳动权益的维护，不仅可改善收入分配状况，提高职工满意度，还可制约资方的任意侵权行为，使劳资力量失衡状况得到部分矫正，有助于改善劳动关系。

那么，工会践行维权职能会不会引发职工的过度维权、非理性维权，从而引发新的劳资冲突呢？中国工会在代表职工利益的同时，也扮演着维护企业利益的角色。因此，工会对职工劳动权益的维护是有选择性的，积极保障职工的底线型劳动权益，而对增长型劳动权益效果甚微（孙中伟和贺霞旭，2012）。《中国劳动统计年鉴》显示，2000—2016年，劳动争议仲裁机构立案受理案件中，劳动者胜诉比例从58.1%下降至34.5%，用人单位和劳动者双方部分胜诉的比例则由30.7%上升为54.3%。在通过申诉所获取的利益相对有限的情况下，职工过度维权、非理性维权，只会促使企业倾向于采用资本替代劳动，导致劳动收入份额的下降，反而会得不偿失。

二 工会的维稳职能及其对和谐劳动关系的作用

中国工会是在中国共产党的领导下建立起来的群众组织，工会组建工作属于党建工作范畴。工会实行自上而下的垂直管理模型，全国总工会是各级地方总工会和各产业工会全国组织的领导机关，地方总工会是当地地方工会组织和产业工会地方组织的领导机关。工会干部尤其是工会领导干部往往由上级委派或指定，且全国总工会主席与许多地方总工会主席兼任党和政府职务（游正林，2010）。因此，中国工会是国家治理体系的重要组成部分，"是党联系职工群众的桥梁和纽带，是国家政权的重要社会支柱"。[①] 工会的维护社会秩序、增强政治稳定职能在《关于进一步做好职工队伍和社会稳定工作的意见》（2010）、《全国工

[①] 《中国工会章程》（2013年修改）。

会维稳工作暂行规定》（2012）等系列文件中得到有力的印证。

为防止职工经济诉求政治化和企业内部矛盾社会化，工会组织经常会选择性地介入一些涉及范围较大、案情较为复杂的案件，并在党委、政府的统一领导下，对集体性劳动争议和群体性事件采取现场沟通协商和强制驱散为主的强制性压制策略（Cai，2008；Chen and Tang，2013；岳经纶和庄文嘉，2014）。压制职工抗争的威权主义式的刚性维稳措施，使大量劳动纠纷"调而不解"。正因为如此，中国从中央到地方都倾向于推行柔性的调解机制，包括工会在内的多元调解者以主动防范、积极干预的方式介入纠纷处置。此时，纠纷的处置既不受制于法官律师的漫长庭审，也不依赖于军队警察的暴力镇压，而是依托于多元调解者的柔性调解（庄文嘉，2013；岳经纶和庄文嘉，2014）。

工会的柔性调解可通过其双向传送功能实现，坚持"预防为主、基层为主、调解为主"的原则，既从上至下把相关政策思想贯彻落实到基层，又从下往上听取和反映职工群众的意愿和要求。在从上至下方向上，工会对职工进行思想文化宣导，即组织和教育职工以国家主人翁态度对待劳动，参与管理国家事务、管理经济和文化事业、管理社会事务，从而提高职工思想政治觉悟，维护社会稳定（王永丽和郑婉玉，2012；胡恩华等，2016）。此外，工会参与直接涉及职工切身利益的法律、法规、规章的起草或修改工作，并引导、激励、督促企业遵守现有劳动法律法规，以及建立更加规范和正式的劳资关系体制，对资方滥用权力起威慑效果，进而促进劳资关系和谐稳定（孙中伟和贺霞旭，2012）。

面对劳动关系主体的复杂化、形式多样化和利益诉求多元化等新特征，近年来工会应对劳动纠纷的方式开始从"堵"向"疏"转变（庄文嘉，2013），强调从下往上听取和反映职工群众的意愿和要求，重视搭设畅通有效的职工建言通道来主导疏导劳资冲突，把矛盾化解在基层、解决在萌芽状态。工会通过恳谈会、座谈会等制度，畅通职工意见表达渠道，给职工提供发泄不满情绪、表达利益诉求的机会，将职工的意见和建议统一收集并提出解决意见，加强了劳动关系矛盾排查预警，及时有效地避免矛盾的激化。例如，2010年中国铁路兰州局集团工会建立了《工会民情民意恳谈会制度》，截至2017年，共召开1400多场

"民情民意恳谈会",虚心听取职工意见建议,会诊解决了2.3万多项民生难题。① 工会以第三方身份构建劳资双方沟通平台,增进了双方的理解和相互尊重,有助于形成和谐、共赢的劳资关系。

三 工会的经济建设职能及其对和谐劳动关系的作用

中国工会对企业存在较强的依附性和从属性,具体表现在:第一,工会经费的最主要来源是企业、事业单位、机关和其他社会组织按全部职工工资总额的2%向工会拨缴的经费或者建会筹备金(游正林,2010;陈维政等,2016);② 第二,企业、事业单位、机关工会委员会的专职工作人员的工资、奖励、补贴,由所在单位支付;第三,企业工会干部大多为企业的中高层管理人员,如企业经理、人力资源管理者等(Tsui,2009)。③ 因此,有别于某些成熟市场经济国家中工会牵制甚至对抗资方的职能,中国工会肩负经济建设职能。根据《中华人民共和国工会法》,工会动员和组织职工积极参加经济建设,努力完成生产任务和工作任务。工会组织职工开展群众性的合理化建议、技术革新、发明创造、新产品开发等技术创新活动,引导职工提出有关改进和完善企事业单位生产技术和经营管理的办法和措施,使职工充分参与企业的生产管理,依靠职工促进企业提高自主创新能力;工会广泛开展劳动竞赛活动,大力弘扬劳模精神,充分发挥劳模示范引领作用,激发职工工作热情,激励职工在实践中不断地完善自己,为企业的可持续发展创造良好的内部环境;工会还通过组织职业技能培训来深化全国职工素质工程,教育职工学习新知识、掌握新技能,不断提高职工技术业务能力和科学文化素质,促进企业生产效率的提升。

职工参与企业经济建设的积极性、主动性和创造性的提高,有助于强化职工对企业的情感承诺、持续承诺和规范承诺(崔勋等,2012),从而降低职工的离职意愿,提高职工内在工作满意度,建立职工与企业的长期稳定合作关系。积极劳动关系氛围可带来企业绩效的进一步提高

---

① 资料来源:中国全国总工会网(http://www.acftu.org/)。
② 工会经费的其他来源包括:会员缴纳的会费;工会所属的企业、事业单位上缴的收入;人民政府和企业、事业单位、机关和其他社会组织的补助;其他收入。
③ 乔健(2008)针对1811名企业工会主席的问卷调查发现,78.9%的工会主席在企事业单位兼任了行政管理职务。

(李贵卿和陈维政，2010；单红梅等，2014），激励职工共同做大企业这块"蛋糕"。"蛋糕"做大的根本目的是能分到更多的"蛋糕"。工会组织职工参与企业经济建设，不仅有利于企业"蛋糕"做大，也有助于职工在分"蛋糕"过程中拥有更大的话语权。这是因为，工会践行经济建设职能，使企业与职工更加重视教育和培训，职工技能得到提升，职工的议价能力增强，通过改善职工福利最终提升职工满意度。

四 工会职能耦合及其对和谐劳动关系的作用

中国工会肩负维权、维稳和经济建设三重职能，且不同职能间存在内在耦合关系。很显然，工会的维稳工作与组织经济建设的过程具有内在一致性。工会的维稳努力对企业生产秩序至关重要；同时，通过动员职工生产积极性可维护劳动关系的和谐稳定。事实上，维权与维稳、维权与经济建设职能之间同样具有内在一致性。

《中华人民共和国工会法》规定："工会在维护全国人民总体利益的同时，代表和维护职工的合法权益。"根据此规定，工会的维权职能被限制在维护全国人民总体利益的前提下（陈维政等，2016）。一方面，工会维权职能是维稳职能的基础和前提，以维权促维稳。只有不断加强维权机制建设，维护好职工的基本权益，才能够从基层大幅度减少劳动纠纷发生的概率及严重性程度，大力发展和谐劳动关系，保障职工队伍和社会的稳定。另一方面，工会维稳职能是维权职能的保障。中国工会并不以组织职工罢工的方式进行维权，而是通过参与立法、推动集体合同与民主管理制度等方式参与维权。因此，工会在维权时需要党委的领导、政府的重视和社会各方的支持。从协调各方利益、实现社会和谐的高度，形成党委领导、政府重视、各方支持、工会运作、职工参与的社会化维权格局（游正林，2010）。

根据《中国工会章程》，中国工会的工作原则是"促进企事业发展、维护职工权益"。《中华人民共和国工会法》也指出，在企业、事业单位发生停工、怠工事件时，工会不仅"应当代表职工同企业、事业单位或者有关方面协商，反映职工的意见和要求并提出解决意见"，而且应该"协助企业、事业单位做好工作，尽快恢复生产、工作秩序"。这反映出工会的维权职能与经济建设职能并重。工会强调劳资合作，而非劳资对立，劳资关系从阶级之间的对立逐步走向管理之中的协调（冯同庆，2010）。工会努力在企业内部形成积极劳动关系氛围、企业绩效提升与职工权益改善的良性循环，推动劳资双方机制共建、效益共创、利益共享，实现维权职能与经济建设职能的相互平衡、相互推动。

孙中伟和贺霞旭（2012）指出，在面对国家要维护稳定、企业要生产动员、职工要维护权益时，工会呈现出稻草人特征，利用稻草人特有的象征机制来协调、兼顾三方利益。王永丽和郑婉玉（2012）则将跨界理论应用于工会实践，认为工会作为嵌入型团队，其核心任务是与政府、企业和员工等利益相关者展开跨界行为，以促进工会跨界职能履行并实现劳资双方共赢。可以看出，工会的维权职能、维稳职能与经济建设职能是三位一体的辩证统一关系。工会巧妙地将以上三种职能结合在劳动关系调整中，使职工、企业和政府符合利益一致假设，积极建立规范有序、公正合理、互利共赢、和谐稳定的劳动关系。

图9-1简要概括了多重角色定位下的工会对和谐劳动关系构建的分析框架。

基于上述理论分析，本书提出如下假说，并在下文中依次进行验证。

假说9-1：工会参与有利于和谐劳动关系的构建。

假说9-1a：工会维权职能的履行可促进和谐劳动关系的构建。

假说9-1b：工会维稳职能的履行可促进和谐劳动关系的构建。

假说9-1c：工会经济建设职能的履行可促进和谐劳动关系的构建。

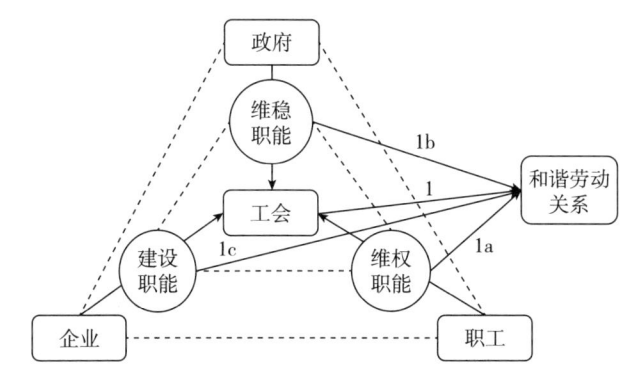

图9-1 多重角色定位下的工会对和谐劳动关系构建的分析框架

第二节　工会参与对和谐劳动关系影响的实证分析

一　模型、数据与变量

1. 模型选择

本书采用微观个体劳动者数据进行回归分析，为多重角色定位下的工会在构建和谐劳动关系方面的有效性提供最直接的经验证据。考虑到企业设立工会和职工参与工会可能遵循一定的选择机制（魏下海等，2013；李明和徐建炜，2014；李龙和宋月萍，2017），客观观察到的职工是否参与工会活动本身是一种自我选择行为，并非随机分配的结果。因此，本书建立干预效应模型（Treatment-effects Model）进行估计。干预效应模型可表达为如下两个方程：

$$HLR_i = \beta_0 + \beta_1 union_i + \Psi X_i + \varepsilon_i \quad (9-1)$$

$$T_i^* = \alpha_0 + \gamma Z + \theta X_i + \tau_i，如果 T_i^* > 0，则 union_i = 1，否则 union_i = 0 \quad (9-2)$$

其中，回归方程（9-1）中，HLR 为反映个体劳动关系和谐情况的指标。$union$ 为反映个体工会参与情况的指标。X 为包括劳动者个体特征、劳动者所属企业类型、行业类型、所在地区与时间的虚拟变量在内的其他控制变量。

选择方程（9-2）中，T_i^* 为连续型潜变量。Z 为影响职工的工会参与选择，但一般不影响单个职工劳动关系和谐情况的工具变量。

2. 数据与变量说明

本书使用的数据来自中山大学社会科学调查中心开展的中国劳动力动态调查（CLDS）。CLDS 已完成 2012 年全国基线调查、2014 年追踪调查和 2016 年追踪调查。由于 CLDS（2014）中涉及劳动争议情况的调查数据尚未公开，因此本书采用 2012 年与 2016 年数据进行分析。CLDS 的样本覆盖了中国 29 个省直辖市自治区（除港澳台、西藏、海南外），调查对象为样本家庭户中的全部劳动力。在抽样方法上，采用多阶段、多层次与劳动力规模成比例的概率抽样方法。CLDS（2012）完成对中国 303 个村居、10612 个家庭以及 16253 个劳动力个体的问卷调查。采用轮换追踪方式，CLDS（2016）完成对 401 个村居、14226

个家庭以及21086个劳动力个体的问卷调查,既有追踪样本,又有新增样本。其中,劳动力个体问卷对雇员、雇主、自雇非体力工作者等的个体工作情况进行了访问。雇员调查所涵盖的劳动力劳动争议及工会参与信息,为本书进行实证分析提供了数据支持。

(1)被解释变量,和谐劳动关系(HLR)。本书采用职工是否发生劳动争议进行直接度量,若过去两年里职工没有遇到过劳动报酬不合理、拖欠工资与强制加班等方面的劳动争议,表明该职工拥有较为和谐的劳动关系,HLR取值为1,反之取值为0。第三章的现状分析发现,经济利益矛盾是产生劳动争议、造成劳动关系不和谐的最主要原因。2016年,以劳动报酬为争议类型的案件占劳动争议仲裁机构立案受理案件的41.7%。因此,采用劳动报酬不合理、拖欠工资与强制加班方面的劳动争议数据进行检验和分析具有代表性。

(2)关键解释变量,职工的工会参与。考虑到部分企业工会组织从未或很少开展过工作,被批评为"挂牌"工会、"空壳"工会(常凯,2013),本书根据职工去年是否参加企业的工会活动($union$)来定义职工工会参与,以使对工会效应的评估更能客观地反映实际情况。孙中伟和贺霞旭(2012)研究发现,中国工会具有正向溢出效应,不仅保障会员的权益,也保障非会员的权益。因此,为增强稳健性,本书衡量工会参与的另一指标为职工所在企业是否设立工会($union^*$)。既有文献一般采用省区工会密集度作为企业工会组建或职工工会加入的工具变量。[①] 如姚洋和钟宁桦(2008)采用地区基层工会组织数与地区企业法人单位数的比值作为企业建立工会的候选工具变量;魏下海等(2013)以各省区的工会会员人数除以总就业人数来刻画工会密度;李明和徐建炜(2014)以职工所在城市相同行业的工会化率作为职工加入工会的工具变量。沿着这一思路,本书采用各省区工会会员人数占总就业人数的比重($unioniv$)作为职工工会参与的外生工具变量。

(3)控制变量,参考已有文献并考虑数据可得性,本书选用的控制变量包括:职工性别($gender$),男性取1,女性取0;职工户籍($hukou$),农业户口取1,否则取0;政治面貌($status$),中共党员或民

[①] 李明、徐建炜:《谁从中国工会会员身份中获益》,《经济研究》2014年第5期。

主党派取1，群众取0；是否有专业技术资格证书（certif），获得专业技术资格证书取1，否则取0；受教育年限（edu），未上过学为0年，小学为6年，初中为9年，普高、职高、技校和中专为12年，大专为15年，大学本科为16年，硕士为19年，博士为23年；工作年限（exper），工作年限根据职工实际年龄减去6，再减去受教育年限得到。此外，研究中还控制了职工所属企业类型、所属行业类型、所在地区与时间的虚拟变量。企业类型包括：党政机关、人民团体、军队、国有、集体事业单位；国有、集体企业；民营、私营企业；外资、合资企业；个体工商户；其他。行业类型包括：农林牧渔业；第二产业；生产性服务业；公共性服务业。

表9-1对主要变量的统计情况进行了说明。CLDS（2012）中雇员样本总计为4439个，在剔除缺失变量数据后，剩余4153个观测样本。CLDS（2016）中雇员样本总计为5440个，在剔除缺失变量数据后，剩余5058个观测样本，因此总样本量为9211。根据职工是否参加企业的工会活动对样本进行分组，2012年，工会参与组职工与非工会参与组职工拥有和谐劳动关系的比重分别为57.75%和56.62%，2016年分别为74.19%和71.28%，和谐劳动关系比重有所上升，且工会参与组与非工会参与组在劳动关系方面的差异在10%的统计水平下显著。但工会参与组在户口性质、政治面貌、受教育年限等方面显著有别于非工会参与组，因而尚不能认为职工劳动关系和谐情况的差异是由其是否参与工会活动造成的。

表9-1　　　　　　　　　　　主要变量统计性描述

变量	2012年			2016年		
	工会参与组	非工会参与组	T统计量	工会参与组	非工会参与组	T统计量
HLR	0.5775	0.5662	-0.6284	0.7419	0.7128	-1.7760*
gender	0.5951	0.5736	-1.2093	0.5987	0.5515	-2.6122***
hukou	0.1549	0.6479	30.2557***	0.7885	0.4067	-21.9667***
status	0.3480	0.0989	-19.6980***	0.3341	0.1182	-16.7049***
certif	0.6353	0.2780	-21.7089***	0.5727	0.2502	-19.8905***

续表

变量	2012 年			2016 年		
	工会参与组	非工会参与组	T 统计量	工会参与组	非工会参与组	T 统计量
edu	12.9206	9.4794	-25.0800***	13.9414	10.6219	-25.5149***
exper	21.4157	22.5266	2.4865***	20.4804	23.5957	6.8084***
样本数	1020	3133		922	4136	

注：*、**和***表示两组均值分别在10%、5%和1%的显著性水平下存在差异。

二　工会参与对和谐劳动关系影响的实证分析

1. 基准回归分析

表9-2中列（1）是对职工是否具有和谐劳动关系的哑变量的 Probit 回归结果，工会参与变量的估计系数为正，并在5%的水平下显著。列（2）加入可能影响职工劳动关系的其他控制变量，包括职工性别、户籍、政治面貌、是否拥有专业技术资格证书、受教育年限和工作年限，同时还在模型中控制了职工所属企业类型、所属行业类型、所在地区与时间变量，工会参与变量的估计系数仍显著为正。列（3）将 Probit 模型估计系数转换为边际效应，估计结果显示，职工参与工会活动使职工具有和谐劳动关系的概率提高2.26%。列（4）和列（5）分别汇报了基于最大似然估计和两步法的干预效应模型估计结果。列（4）中，干预效应模型中的两个随机误差项的相关系数 ρ 为-0.1877，且在1%的显著性水平下异于0，说明工会参与二值变量是内生的，采用干预效应模型更为合理。列（5）的 lambda 系数同样显著为负，进一步证明职工参与工会活动是负向选择的。处理方程中，工会参与工具变量的回归系数分别为0.0825和0.0844，并通过了10%的显著性检验，表明地区工会化率越高，所辖范围内的职工参与工会活动的可能性也越高，符合预期。另外，在控制一系列可能影响职工工会活动参与的因素的条件下，男性职工与女性职工在工会活动参与方面无显著差异，中共党员或民主党派、拥有专业技术资格证书、教育年限较高和工作年限较长的职工更热衷于参与工会活动，相比非农业户口职工，具有农业户口的职工工会活动参与率更低。各变量的系数方向与显著性与现有文

献研究结论一致，由此在一定程度上佐证了本书所设定计量方程的合理性。

表9-2　　工会参与对和谐劳动关系作用的基准回归结果

变量	(1)-HLR Probit	(2)-HLR Probit	(3)-HLR Probit	(4)-HLR TE-mle	(5)-HLR TE-twostep	(6)-HLR TE-mle	(7)-HLR TE-twostep
$union$	0.0734** (0.0335)	0.0634* (0.0381)	0.0226* (0.0135)	0.1702*** (0.0464)	0.2477*** (0.0681)		
$union^*$						0.1246*** (0.0509)	0.2492*** (0.0836)
$gender$		-0.1626*** (0.0283)	-0.0579*** (0.0100)	-0.0582*** (0.0101)	-0.0583*** (0.0102)	-0.0597*** (0.0102)	-0.0613*** (0.0104)
$hukou$		0.1569*** (0.0275)	0.0558*** (0.0097)	0.0600*** (0.0100)	0.0632*** (0.0103)	0.0576*** (0.0100)	0.0625*** (0.0106)
$status$		0.0271 (0.0420)	0.0096 (0.0149)	-0.0068 (0.0157)	-0.0151 (0.0167)	0.0052 (0.0151)	-0.0009 (0.0158)
$certif$		-0.1833*** (0.0330)	-0.0652*** (0.0117)	-0.0821*** (0.0128)	-0.0905*** (0.0140)	-0.0818*** (0.0139)	-0.0999*** (0.0171)
edu		0.0225*** (0.0052)	0.0080*** (0.0019)	0.0038* (0.0022)	0.0017 (0.0026)	0.0039 (0.0026)	-0.0006 (0.0036)
$exper$		0.0076*** (0.0014)	0.0027*** (0.0005)	0.0021*** (0.0005)	0.0018*** (0.0006)	0.0022*** (0.0006)	0.0015** (0.0007)
企业效应		控制	控制	控制	控制	控制	控制
行业效应		控制	控制	控制	控制	控制	控制
地区效应	控制	控制	控制	控制	控制	控制	控制
时间效应	控制	控制	控制	控制	控制	控制	控制
				处理方程	处理方程	处理方程	处理方程
$unioniv$				0.0825* (0.0496)	0.0844* (0.0501)	0.1068** (0.0463)	0.1152** (0.0468)
$gender$				0.0142 (0.0350)	0.0128 (0.0351)	0.0448 (0.0311)	0.0439 (0.0311)
$hukou$				-0.1381*** (0.0347)	-0.1326*** (0.0347)	-0.1230*** (0.0301)	-0.1185*** (0.0301)

续表

变量	(1)-HLR Probit	(2)-HLR Probit	(3)-HLR Probit	(4)-HLR TE-mle	(5)-HLR TE-twostep	(6)-HLR TE-mle	(7)-HLR TE-twostep
$status$				0.2451*** (0.0436)	0.2477*** (0.0436)	0.1015** (0.0434)	0.0995** (0.0434)
$certif$				0.3663*** (0.0362)	0.3678*** (0.0362)	0.4083*** (0.0336)	0.4091*** (0.0336)
edu				0.1339*** (0.0069)	0.1337*** (0.0069)	0.1302*** (0.0060)	0.1300*** (0.0060)
$exper$				0.0177*** (0.0018)	0.0176*** (0.0018)	0.0165*** (0.0016)	0.0165*** (0.0016)
企业效应				控制	控制	控制	控制
行业效应				控制	控制	控制	控制
地区效应				控制	控制	控制	控制
时间效应				控制	控制	控制	控制
准R^2	0.0220	0.0362	0.0362				
ρ				-0.1877*** (0.0570)		-0.2058*** (0.0644)	
$lambda$					-0.1325*** (0.0392)		-0.1698*** (0.0493)
观测值	9211	9211	9211	9211	9211	9211	9211

注：*、**和***分别表示系数在10%、5%和1%的显著性水平下显著；括号内为标准误。为节省篇幅省略了常数项的回归结果。

列（4）和列（5）的回归方程中，工会参与虚拟变量的回归系数分别为0.1702和0.2477，且均在1%的统计水平下显著，这确认了职工的工会活动参与有助于构建和谐劳动关系，假说9-1成立。对比Probit模型估计结果，在各个控制变量的估计系数绝对值基本保持不变或者有所减少的情况下，干预效应模型中工会参与虚拟变量的估计系数绝对值显著增大，这说明由于存在样本选择导致了内生性问题，未考虑内生性问题得到的估计结果低估了工会参与对和谐劳动关系构建的积极作用。列（6）和列（7）是以职工所在企业是否设立工会衡量工会参与所得到的估计结果。此时，处理方程中工会参与工具变量的系数大小和显著性增加，表明相比职工是否参加工会活动，地区工会密度与企业是否设立工会的相关性更高。回归方程中，企业工会设立变量的回归系数依然在1%水平下显著为正。

控制变量中，男性职工具有和谐劳动关系的概率显著低于女性。可能的原因是：女性在劳动力市场处于竞争劣势（王维国和周闯，2014），且女性职业发展期望低于男性，当女性职工劳动权益受到侵害时，更容易做出独自忍受或直接退出劳动力市场的决定，利用工会、法律、劳动仲裁等制度表达诉求的意识相对较低。相比农业户口和未获得专业技术资格证书的职工，拥有非农业户口和资格证书的职工更可能发生劳动争议，进而影响和谐劳动关系，这与两者在维权意识、议价能力上的差异有关。议价能力越高，劳动力伸张利益诉求的机会越大。在控制一系列可能影响劳动关系的因素的条件下，职工政治面貌对职工劳动关系无显著影响。受教育年限变量的回归系数为正，但在干预效应模型中大多未通过显著性检验。这在一定程度上反映出教育对劳动力市场的分割，且不同教育分割市场普遍存在资强劳弱的情况，即便是高教育层次劳动力，在劳资谈判中仍处于弱势地位。职工工作年限的增加可显著提高职工具有和谐劳动关系的概率，原因在于，根据工龄工资制度，企业倾向于在早期阶段给职工支付较低的工资，而在后期支付高于边际生产率的工资，因此，随着工作年限的增加，职工满意度得到提升。另外，职工工作年限的增加意味着职工年龄的增大，工作流动性将会下降，因劳动争议变换工作的成本提高，劳动关系更为稳定。

2. 稳健性检验

考虑到劳动力个体的异质性，表9-3和表9-4中工会参与的正效应可能包括了劳动者个体特征对劳动关系的潜在影响。为更干净地识别工会参与本身的影响，本书在模型中增加可能的遗漏变量。职工与企业订立的劳动合同确立了劳动报酬和劳动条件等标准，劳动合同制度的实施，有助于建立符合市场经济体制要求的劳资关系规范体系。表9-3中工会参与与和谐劳动关系的正相关，有可能源于是否签订劳动合同的差异。为排除这一可能，研究中对职工是否订立劳动合同（contract）加以控制，签订书面劳动合同为1，否则赋值为0。同等条件下，劳动力身体健康可以获得更高的报酬，具有更高的工作和生活满意度。本书对劳动力身体健康状况（health）加以控制，健康状况分为五个等级：1 非常不健康、2 比较不健康、3 一般、4 健康、5 非常健康。此外，雇员是否有直接下属在一定程度上可反映劳动力能力水平，劳动力的能力对其谈判力量有重要影响，进而决定在劳动关系中的发声权，因此，本书在模型中控制雇员是否有直接下属（director）的影响，有直接下属赋值为1，否则为0。

表9-3　　　　工会参与对劳动关系作用的稳健性检验结果

变量	(1)-HLR TE-twostep	(2)-HLR TE-twostep	(3)-HLR TE-twostep	(4)-HLR TE-twostep	(5)-HLR TE-twostep	(6)-HLR TE-twostep	(7)-HLR TE-twostep
union	0.2380*** (0.0686)	0.2596*** (0.0679)	0.2452*** (0.0680)	0.2496*** (0.0684)	0.2392*** (0.0687)		
union*						0.2395*** (0.0838)	0.0541 (0.1003)
contract	-0.0122 (0.0108)			0.0096 (0.0107)			
health		0.0475*** (0.0060)		0.0481*** (0.0060)	0.0482*** (0.0060)	0.0477*** (0.0060)	0.0476*** (0.0067)
director			-0.0467*** (0.0139)	-0.0494*** (0.0138)	-0.0496*** (0.0138)	-0.0472*** (0.0138)	-0.0648*** (0.0169)
固定合同					-0.0139 (0.0111)	-0.0089 (0.0112)	-0.0232* (0.0125)
永久合同					0.0126 (0.0196)	0.0276 (0.0197)	0.0470 (0.0288)
其他控制变量	控制	控制	控制	控制	控制	控制	控制
lambda	-0.1257*** (0.0397)	-0.1393*** (0.0391)	-0.1290*** (0.0392)	-0.1304*** (0.0395)	-0.1258*** (0.0397)	-0.1627*** (0.0495)	-0.0676 (0.0574)
观测值	9211	9211	9211	9211	9211	9211	7269

注：*、**和***分别表示系数在10%、5%和1%的显著性水平下显著；括号内为标准误。为节省篇幅省略了其他控制变量、常数项和处理方程的回归结果。

表9-3中列（1）至列（3）报告了分别控制劳动合同、健康状况、是否有直接下属的回归结果，工会参与变量的回归系数均显著为

正。劳动合同变量未通过显著性检验，健康状况变量的回归系数符合预期显著为正，是否有直接下属变量的回归系数符合预期显著为负。与表9-2中列（5）中的0.2477这一工会参与变量估计系数相比，在同时加入可能的遗漏变量后，表9-3中列（4）工会参与变量的回归系数基本保持不变。替换劳动合同变量，将职工进一步分为没有签订书面劳动合同、签订固定时段合同和签订永久合同三种类型，设置虚拟变量后对方程进行回归得到的结果见列（5）。同没有签订书面劳动合同的虚拟变量相比，代表签订固定时段合同的虚拟变量与代表签订永久合同的虚拟变量仍未通过显著性检验。列（5）中，工会参与变量的回归系数只有微小变动。

表9-3中列（6）和列（7）是采用企业是否设立工会衡量工会参与所得到的回归结果。与表9-2中列（7）中的0.2492这一工会参与变量估计系数相比，在同时加入可能的遗漏变量后，表9-3中列（6）工会参与变量的回归系数基本保持不变。值得注意的是，列（7）剔除职工在过去一年参加了企业工会活动的样本，此时工会参与变量回归系数在10%的统计水平下未通过检验，说明企业单纯设立工会而没有组织工会活动的"挂牌"工会、"空壳"工会，并不能有效地促进劳动关系的改善。工会效应的发挥是以工会实践为前提的，缺乏职工真正参与、与基层职工脱节的工会，很难在和谐劳动关系构建中发挥其实际作用。综上所述，职工工会参与对和谐劳动关系的积极影响相当稳健。

3. 异质性检验

表9-4提供了不同分组样本中工会参与对劳动关系的回归结果。

表9-4 工会参与对劳动关系作用的异质性检验结果

变量	(1)-HLR 未订立 合同组	(2)-HLR 订立合同组	(3)-HLR 东部	(4)-HLR 中西部	(5)-HLR 2012年	(6)-HLR 2016年
union	0.1469*** (0.0478)	0.2140*** (0.0553)	0.1532*** (0.0441)	0.2030*** (0.0580)	0.2012*** (0.0749)	0.1292** (0.0635)
其他控制变量	控制	控制	控制	控制	控制	控制

续表

变量	(1) – HLR 未订立合同组	(2) – HLR 订立合同组	(3) – HLR 东部	(4) – HLR 中西部	(5) – HLR 2012年	(6) – HLR 2016年
ρ	-0.2260*** (0.0548)	-0.2040*** (0.0634)	-0.1746*** (0.0494)	-0.2120*** (0.0682)	-0.2052** (0.0910)	-0.1746** (0.0814)
P值	0.130		0.170		0.260	
观测值	4835	4376	5572	3639	4153	5058

注：*、**和***分别表示系数在10%、5%和1%的显著性水平下显著；括号内为标准误。为节省篇幅省略了其他控制变量、常数项和处理方程的回归结果。

表9-4显示，无论订立劳动合同组，还是未订立劳动合同组，工会参与对劳动关系都有显著促进作用。虽然在未订立合同组工会参与变量回归系数的绝对值要小于订立合同组，但该系数差异在10%的显著性水平未通过检验。分别在东部与中西部样本中，在2012年与2014年样本中，工会参与变量的估计系数均显著为正，工会参与可显著促进劳动关系改善，且作用程度在分组样本中无显著差异。

第三节 工会参与对和谐劳动关系影响机制的实证检验

在得出工会参与可促进和谐劳动关系构建这一结论后，本书进一步回答工会参与通过何种路径促进和谐劳动关系的构建。通过前文的分析，本书认为，工会维权、维稳与经济建设职能的履行均可促进劳动关系的改善。本节分别从工会的维权职能、维稳职能和经济建设职能三个方面进行实证检验。

一 工会维权职能的实证检验

首先检验职工工会参与对劳动权益的影响。在2015年中共中央国务院出台的《关于构建和谐劳动关系的意见》中，劳动报酬和休息休假权是职工最基本的劳动权益。本书采用职工工资率的自然对数（lnwage）和月工作小时数的自然对数（lnhour）两个指标度量劳动权益。职工工资率即小时工资，通过年工资性收入除以全年工作小时数得到，全年工作小时数根据全年工作月数、每月平均工作天数、每天平均工作小时数算出。为剔除异常值，对职工工资率进行 2.5% 的双边缩尾处理，再取其自然对数得到 lnwage* 变量。采用干预效应模型两步法得到的回归结果见表 9-5。

表 9-5　　　　　　　　　　工会维权职能的检验结果

变量	(1) - lnwage TE - twostep	(2) - lnwage TE - twostep	(3) - lnwage* TE - twostep	(4) - lnwage* TE - twostep	(5) - lnhour TE - twostep	(6) - lnhour TE - twostep
union	0.8642*** (0.1134)		0.8389*** (0.1041)		-0.2511*** (0.0550)	
union*		0.5284*** (0.1370)		0.5624*** (0.1260)		-0.1779*** (0.0599)
其他控制变量	控制	控制	控制	控制	控制	控制
lambda	-0.3732*** (0.0653)	-0.1953** (0.0809)	-0.3638*** (0.0600)	-0.2203*** (0.0744)	8.9254* (5.5504)	0.2947*** (0.0412)
观测值	9211	9211	9211	9211	9211	9211

注：*、** 和 *** 分别表示系数在 10%、5% 和 1% 的显著性水平下显著；括号内为标准误。为节省篇幅省略了其他控制变量、常数项和处理方程的回归结果。

表 9-5 显示，在控制劳动力个体特征、企业效应和地区效应等因素的情况下，工会参与可显著提高职工工资率并缩短工作时间。本书得出的工会参与可切实改善劳动权益的结论，与近年来涌现的一系列有关中国工会效应的研究结论相一致（姚洋和钟宁桦，2008；杨继东和杨其静，2013；李明和徐建炜，2014；李龙和宋月萍，2017）。姚洋和钟宁桦（2008）使用工会密度和工会普遍性两个工具变量解决企业是否设立工会的内生性问题后，估计出的工会对工资率自然对数和月工作小时数自然对数的影响系数分别为 0.302 和 -0.221。类似地，杨继东和杨其静（2013）估计出的工会对工资率自然对数的影响系数为 0.505。本书采用企业设立工会衡量工会参与得到的工会效应与姚洋和钟宁桦（2008）及杨继东和杨其静（2013）的估计值相当，且职工参加工会活动对劳动权益的改善作用更大。

进一步地，实证检验工会参与对劳动权益的改善能否有效促进劳动关系的改善。采用干预效应模型两步法得到的回归结果见表 9-6。

表9-6　工会维权职能对劳动关系作用的检验结果

变量	(1)-HLR TE-twostep	(2)-HLR TE-twostep	(3)-HLR TE-twostep	(4)-HLR TE-twostep	(5)-HLR TE-twostep	(6)-HLR TE-twostep	(7)-HLR TE-twostep
union	0.2053*** (0.0688)	0.2007*** (0.0688)	0.2122*** (0.0685)	0.2008*** (0.0686)	0.1980*** (0.0687)		
union*						0.1759** (0.0834)	0.1744** (0.0834)
lnwage	0.0393*** (0.0063)			0.0184*** (0.0070)		0.0220*** (0.0072)	
lnwage*		0.0459*** (0.0069)			0.0239*** (0.0079)		0.0276*** (0.0079)
lnhour			-0.1076*** (0.0130)	-0.0896*** (0.0148)	-0.0859*** (0.0149)	-0.0898*** (0.0148)	-0.0858*** (0.0150)
其他控制变量	控制	控制	控制	控制	控制	控制	控制
lambda	-0.1111*** (0.0396)	-0.1091*** (0.0396)	-0.1160*** (0.0395)	-0.1108*** (0.0396)	-0.1095*** (0.0396)	-0.1320*** (0.0492)	-0.1314*** (0.0492)
观测值	9211	9211	9211	9211	9211	9211	9211

注：*、**和***分别表示系数在10%、5%和1%的显著性水平下显著；括号内为标准误。为节省篇幅省略了其他控制变量、常数项和处理方程的回归结果。

表9-6中列（5）在未控制职工工资率和工作时间的情况下，工会参与对劳动关系的影响系数为0.2392。通过在模型中加入劳动权益变量，发现表9-6中工会参与变量估计系数的绝对值有所下降。具体来看，列（4）和列（5）中，在同时控制职工工资率和工作时间的情况下，工会参与变量回归系数分别调整为0.2008和0.1980，下调幅度为16.05%和17.22%。替换工会参与衡量指标仍可得到类似结论。表9-6中职工工资率变量的回归系数显著为正，月工作小时数变量的回归系数则显著为负，表明职工工资率的提高与工作时间的缩短可有效促进劳动关系的改善。综合表9-5和表9-6的结果，可以发现，职工工会参与对劳动关系的促进作用部分通过提高劳动权益而发挥作用，验证了假说9-1a：工会维权职能的履行可促进劳动关系的改善。

二 工会维稳职能的检验

为检验工会维稳职能的履行对劳动关系的影响,需要寻找一个合适的工会维稳活动衡量指标。如前文所述,近年来中国工会通过搭设畅通有效的职工建言通道来主导疏导劳资冲突,工会是职工发表意见、表达诉求的重要渠道。因此,本书使用职工自评的表达意见机会的满意度衡量工会维稳职能的履行,职工意见表达满意度越高,工会的桥梁和纽带作用越明显。对工作中表达意见机会的满意度($commu$)分为五个等级:1 非常不满意、2 不太满意、3 一般、4 比较满意、5 非常满意,提供了该信息的样本数量为 8606。

表 9-7 报告了工会参与、意见表达满意度与劳动争议的中介效应模型估计结果。为进行对比分析,列(1)是剔除缺失意见表达满意度样本后的回归结果,职工工会活动参与依然显著促进了劳动关系的改善。采用有序 Probit 模型对工会参与和意见表达满意度关系的回归检验结果见列(2)至列(6),职工参与工会活动能使职工对于意见表达机会"非常不满意"、"不太满意"和"一般"的概率分别下降 0.26%、0.68% 和 1.44%,使职工感觉"比较满意"和"非常满意"的概率分别上升 1.73% 和 0.65%,工会参与能够显著提高职工意见表达的满意度。列(7)是同时包含工会参与和意见表达满意度的两步法回归结果。其中,工会参与变量和意见表达满意度变量的回归系数均显著为正,但对比列(1)的回归结果,工会参与变量回归系数的绝对值并没有显著减少。可能的原因在于,在估计职工意见表达满意度对劳动关系的作用时遇到了内生性问题,即劳资关系紧张的职工更易对意见表达机会不满。

表 9-7　　工会维稳职能履行及其对劳动关系影响的中介效应模型检验结果

变量	(1) - HLR	(2) - $commu$	(3) - $commu$	(4) - $commu$	(5) - $commu$	(6) - $commu$	(7) - HLR
	TE - twostep	Oprobit - 1	Oprobit - 2	Oprobit - 3	Oprobit - 4	Oprobit - 5	TE - twostep
union	0.2157 ***	-0.0026 *	-0.0068 *	-0.0144 *	0.0173 *	0.0065 *	0.2351 ***
	(0.0732)	(0.0014)	(0.0036)	(0.0080)	(0.0094)	(0.0036)	(0.0729)
commu							0.0593 ***
							(0.0064)

续表

变量	(1) - HLR	(2) - commu	(3) - commu	(4) - commu	(5) - commu	(6) - commu	(7) - HLR
	TE - twostep	Oprobit - 1	Oprobit - 2	Oprobit - 3	Oprobit - 4	Oprobit - 5	TE - twostep
其他控制变量	控制	控制	控制	控制	控制	控制	控制
准R^2		0.0318	0.0318	0.0318	0.0318	0.0318	
观测值	8606	8606	8606	8606	8606	8606	8606

注：*、**和***分别表示系数在10%、5%和1%的显著性水平下显著；括号内为标准误。为节省篇幅省略了控制变量、常数项和处理方程的回归结果。

考虑到劳动关系紧张的职工更有可能对企业意见表达机会不满，为克服这一内生性问题以验证工会的维稳工作是工会作用的路径，本书参考姚洋和钟宁桦（2008）的思路建立递归联立方程组。具体来说，通过工会参与的合适工具变量来剥离出与职工意见表达满意度不相关的那部分"工会"变量，再以这部分"工会"变量作为"意见表达满意度"变量的工具变量来估计其对劳动关系的作用。采用三阶段最小二乘法（3sls）对该联立方程组估计的结果汇报在表9-8中。工会模型中，工会参与工具变量显著为正，并且类似前文的分析，相比职工是否参加工会活动，地区工会密度与企业是否设立工会的相关性更高；意见表达满意度模型中，"工会"变量显著为正，并且类似前文的分析，相比企业设立工会，采用职工参加工会活动衡量工会参与所估计得到的工会效应更大；劳动关系模型中，"意见表达满意度"变量显著为正，表明职工意见表达满意度的提高确实有助于和谐劳动关系的构建。由此，本书建立了工会作用于和谐劳动关系的第二条路径，工会通过搭设畅通有效的职工建言通道构建和谐劳动关系，即工会维稳职能的履行有助于劳动关系的改善，假说9-1b得到验证。

表9-8　　工会维稳职能履行及其对劳动关系作用的联立方程模型检验结果

变量	3sls			3sls		
	(1) - union	(2) - commu	(3) - HLR	(4) - union*	(5) - commu	(6) - HLR
unioniv	0.0275**			0.0381***		
	(0.0120)			(0.0138)		

续表

变量	3sls			3sls		
	(1) – union	(2) – commu	(3) – HLR	(4) – union*	(5) – commu	(6) – HLR
union		0.6024*** (0.1287)				
union*				0.1608* (0.1608)		
commu			0.1542*** (0.0339)			0.1569*** (0.0339)
其他控制变量	控制	控制	控制	控制	控制	控制
观测值	8606	8606	8606	8606	8606	8606

注：*、**和***分别表示系数在10%、5%和1%的显著性水平下显著；括号内为标准误。为节省篇幅省略了控制变量和常数项回归结果。

三　工会经济建设职能的检验

接下来，继续考察工会能否通过提高企业绩效来改善劳动关系。工会主要通过向上反馈职工提出的合理化建议、开展劳动竞赛等活动来提高职工参与企业经济建设的积极性、主动性和创造性，进而促进企业生产效率的提升。遗憾的是，CLDS缺乏对企业经营状况等信息的统计。在无法获取职工所属企业经营信息的情况下，本书采用地区层面的工会经济建设评价指标，分别使用地区已实施的合理化建议数增长率（$propg$）和开展劳动竞赛的基层工会数增长率（$emulg$）反映地区工会践行经济建设职能的变动情况，通过构造包含工会参与和工会经济建设交互项的计量模型，对工会通过履行经济建设职能改善劳动关系这一作用路径进行检验。参照Brown和Mergoupis（2011）给出的含有交互项干预效应模型的步骤进行回归，检验结果见表9-9。

表9-9　工会经济建设职能履行对劳动关系作用的检验结果

变量	(1) – HLR	(2) – HLR	(3) – HLR	(4) – HLR	(5) – HLR	(6) – HLR
	TE – twostep	TE – twostep	TE – twostep	TE – twostep	TE – twostep	TE – twostep
union	0.2412*** (0.0683)	0.2049*** (0.0723)	0.2295*** (0.0692)	0.1953*** (0.0731)		

续表

变量	(1)-HLR TE-twostep	(2)-HLR TE-twostep	(3)-HLR TE-twostep	(4)-HLR TE-twostep	(5)-HLR TE-twostep	(6)-HLR TE-twostep
union × propg	0.0393* (0.0223)	0.0422* (0.0254)				
union × emulg			0.2164* (0.1249)	0.2155* (0.1255)		
union*					0.2000** (0.0915)	0.1994** (0.0916)
union* × propg					0.0243 (0.0200)	
union* × emulg						0.0987 (0.1061)
lnwage*		0.0193** (0.0082)		0.0189** (0.0082)	0.0234*** (0.0082)	0.0232*** (0.0082)
lnhour		-0.0896*** (0.0157)		-0.0900*** (0.0157)	-0.0894*** (0.0157)	-0.0895*** (0.0157)
commu		0.0552*** (0.0064)		0.0553*** (0.0064)	0.0540*** (0.0064)	0.0542*** (0.0064)
其他控制变量	控制	控制	控制	控制	控制	控制
lambda	0.1294*** (0.0392)	0.1187*** (0.0416)	0.1285*** (0.0392)	0.1189*** (0.0416)	0.1464*** (0.0540)	0.1484*** (0.0540)
观测值	9211	8606	9211	8606	8606	8606

注：*、**和***分别表示系数在10%、5%和1%的显著性水平下显著；括号内为标准误。为节省篇幅省略了控制变量、常数项和处理方程的回归结果。

表9-9中列（1）引入工会参与和地区已实施的合理化建议数增长率的交互项后，工会参与变量的回归系数依然显著为正，交互项系数显著为正，与工会变量的系数符号相同，表明地区工会反馈并实施的合理化建议数的增加会放大工会参与对和谐劳动关系构建的正向作用。列（2）中，同时纳入职工工资率、工作时间以及职工意见表达满意度变量，工会参与变量的回归系数由0.2412降至0.2049，交互项系数为

0.0422，在10%的显著性水平下通过检验，表明工会通过组织职工提出合理化建议强化了工会参与对和谐劳动关系的促进作用程度。列（3）和列（4）分别是替换工会经济建设评价指标、引入工会参与和地区开展劳动竞赛的基层工会数增长率的交互项后的回归结果，交互项和工会参与变量的系数均显著为正，再次表明工会参与企业经济建设的程度会影响工会对劳动关系的作用效果。假说9-1c成立，工会经济建设职能的履行有利于改善劳动关系，工会践行经济建设职能是工会构建和谐劳动关系的重要路径。

表9-9中列（5）至列（6），采用职工所在企业是否设立工会来衡量工会参与。此时，工会参与变量依然显著为正，但在统计意义上的显著性有所减弱。交互项系数分别为0.0243和0.0987，但未通过显著性检验。原因在于，一方面，部分企业工会组织为"挂牌"工会、"空壳"工会，没有充分发挥工会的效用。另一方面，使用地区层面的工会参与企业经济建设作为企业层面的代理变量，很可能存在系统性低估偏误。

第四节 本章小结

和谐劳动关系是全面建成小康社会的内在要求，是构建社会主义和谐社会的重要基础，是实现职工和企业共赢发展的必然选择。多重角色定位下的中国工会，在化解劳资冲突、构建和谐劳动关系方面发挥着重要作用。本章在就多重角色定位下的工会对和谐劳动关系的影响进行理论分析的基础上，首次利用2012年和2016年中国劳动力动态调查数据（CLDS），实证考察工会参与对构建和谐劳动关系的影响及其作用路径，得出如下基本结论：

第一，在采用干预效应模型克服职工工会参与自选择带来的内生性问题后，职工的工会参与可显著促进和谐劳动关系发生的概率，替换主要变量和控制可能的遗漏变量因素，估计结果仍高度稳健。

第二，相比企业设立工会，采用职工参加工会活动衡量工会参与所估计得到的工会效应更大，并且企业单纯设立工会而没有组织工会活动的"挂牌"工会、"空壳"工会并不能有效地促进劳动关系的改善。即工会效应的发挥以工会实践为前提，缺乏职工真正参与、与基层职工脱节的工会很难发挥其实际作用。

第三，采用中介效应模型、递归联立方程组、引入交互项等方法的传导机制分析发现，工会对和谐劳动关系的积极作用通过其维权、维稳和经济建设职能的履行而实现。中国工会巧妙地将维权、维稳与经济建设三重职能结合在劳动关系调整中，通过改善职工工资率、劳动时间等劳动权益，搭设畅通有效的职工建言通道，以及共同做大企业"蛋糕"，使职工、企业和政府符合利益一致假设，从而建立规范有序、公正合理、互利共赢、和谐稳定的劳动关系。

第十章

提升中国劳动力市场效率的对策

本章根据对经济新常态下中国劳动力市场效率研究得出的基本结论，结合中国经济社会发展实际，就提高中国劳动力市场效率的相关对策进行探讨。

第一节 提高劳动力有效需求

劳动力市场有效需求的构筑是解决就业民生、提高劳动力市场效率的关键，各级政府与各相关职能部门，必须花大力气提高经济社会发展对劳动力的有效需求，提高中国劳动力市场需求综合评价指数，增强中国劳动力市场供需协调性。

一 增强经济发展创造就业岗位能力

就业创造的根本在于经济发展，保持较快的、持续稳定的经济增长速度是解决就业问题的关键。一方面，各级政府必须在稳增长、调结构、推进供给侧结构性改革中，寻求更加多元的增长动力，促进中国经济平稳增长。另一方面，各级各部门必须充分认识经济新常态下经济增速减缓对就业的深刻影响，适应经济增速换挡这一新常态，保持经济发展战略上的平常心态，破除唯 GDP、唯增长速度论英雄、以经济增长速度目标代替或代表就业目标的陈旧观念，根据经济发展新常态下的就业形势和特点，树立就业优先的发展战略。在制定经济发展规划、确定经济发展速度、制定经济发展战略时，把扩大就业作为经济社会发展的优先目标，将稳增长、保就业作为经济运行合理区间的下限。

第一，选择有利于就业增长的经济发展方式，摸准经济发展带动就业的新方位、新动能，在保持必要经济增长速度的基础上，提高经济增长的就业弹性，使既定的经济增速能拉动更多的就业。

第二，把就业优先战略与稳增长、促改革、调结构、惠民生结合起来，让就业优先战略与宏观经济政策协调配合，使经济健康发展的过程成为就业持续扩大的过程，实现经济发展与扩大就业良性互动。

第三，积极调整财政支出结构，实施有利于促进就业的财政政策。通过小额担保贷款、财政贴息、减（免）税降费等措施积极扶持劳动者自主创业、自谋职业，通过定额税收减免、优惠贷款等措施鼓励企业吸纳失业人员就业。财政政策以改善就业状态为目标，积极主动地应对改善就业状态中的各种不确定性，化解其中的风险。

第四，各级政府应把就业效应作为评估宏观经济运行状况的重要依据之一，建立并落实就业工作目标责任制，通过实行更加明确有效的目标责任制，落实就业民生之本的工作任务，使就业真正成为经济发展的重要出发点和落脚点。

二 统筹协调产业政策与就业政策

产业政策的调整既要与资源禀赋结构所决定的比较优势相符合，又要顺应经济发展和经济新常态下中国劳动力市场的变化，促进经济增长与扩大就业联动、结构优化与就业转型协同，大力发展吸纳就业能力强的产业，促进产业政策与就业政策有效衔接。

1. 大力发展战略性新兴产业

战略性新兴产业具有市场需求前景大、就业机会多、带动系数大、综合效益好等特点，对就业的作用可表现为就业创造、就业带动和就业结构升级。

第一，战略性新兴产业创造就业。战略性新兴产业作为前沿产业，其广阔的发展前景对就业具有较高的吸引力。应紧紧把握全球科技革命和产业变革重大机遇，深入实施创新驱动发展战略，不断优化政策组合，大力发展新一代信息技术、高端装备、新材料、生物、新能源汽车、新能源、节能环保、数字创意等战略性新兴产业，拓展产业发展新空间，创造就业新领域。

第二,战略性新兴产业带动就业。战略性新兴产业具有产业融合功能,其发展需要周边产业的支持和上下游产业环节的拓展,可通过和其他产业关联度的不断提高构建多层次的产业链,在带动其他产业发展的同时,带动就业增加;应加快新产品、新服务产业化进程,持续释放战略性新兴产业吸纳就业的潜力,特别是战略性新兴产业发展对高端人才需求快速增长的潜力;通过体制机制创新,推进战略性新兴产业与传统产业的协同发展,提升人才与战略性新兴产业发展需求间的协调度和匹配度,实现战略性新兴产业发展与就业提升的良性互动。

第三,战略性新兴产业升级就业结构。战略性新兴产业对前沿技术的深度开发和广泛应用,需要大量可以提供产业技术更新、商业模式创新的技术人才与企业家人才;对生产生活方式的改造,需要大量适应现代经济社会发展的专业人才。应实施战略性新兴产业创新领军人才行动,聚焦重点领域,依托重大项目和重大工程,建设一批创新人才培养示范基地,依托专业技术人才知识更新工程,培养一大批经济社会发展急需的高层次紧缺人才和骨干专业技术人才,促进劳动力需求结构的高端化发展,推动就业结构的升级。

2. 大力发展劳动密集型制造业

第一,推动劳动密集型制造业转型升级。一是实施制造业重大技术改造升级工程,加快新一代信息技术与制造业的深度融合,提高产品科技含量和附加值,推动传统制造业由生产型向生产服务型转变,延伸制造业产业链条,创造新的就业需求,增加新的就业岗位。二是鼓励制造业企业增加服务环节投入,发展个性化定制服务、全生命周期管理、网络精准营销和在线支持服务等,鼓励优势制造业企业"裂变"专业优势,通过业务流程再造,面向行业提供社会化、专业化服务,扩大就业需求。三是同步推进产业结构调整和劳动者技能转换,在转型发展中增强吸纳就业的能力。

第二,优化劳动密集型制造业发展布局。一是完善产业转移指导目录,建设国家产业转移信息服务平台,创建一批承接产业转移示范园区,引导东部地区产业向中西部和东北地区有序转移,支持承接产业转移示范区建设,推动东中西部制造业协调发展,增强经济持续稳定增长动力,形成劳动力市场的持续有效需求。二是落实完善中西部地区外商投资优势产业目录，支持中西部地区利用外资发展壮大外向型产业集群，引导劳动者到重点地区、重大工程、重大项目、重要领域就业，挖掘中西部地区就业新的增长点。三是按照新型工业化的要求，改造提升现有制造业集聚区，推动产业集聚向产业集群转型升级，建设一批特色和优势突出、产业链协同高效、核心竞争力强、公共服务体系健全的新型工业化示范基地，创造更多需求岗位，提供更多就业机会。

3. 大力扶持中小企业发展

中小企业大多为劳动密集型企业，大部分劳动力在中小企业就业，是一个世界性的经验规律。政府、金融机构等相关部门应积极支持中小企业发展，为中小企业发展创造平等竞争的环境，拓展劳动力需求的空间。

第一，加大对中小企业的财税支持。一要发挥国家中小企业发展基金作用，带动地方、创业投资机构及其他社会资本投资成长型中小企业；加强体制机制创新，引导各类社会资金支持中小企业"专精特新"发展。二要各级财政统筹安排各类中小企业发展资金，支持中小企业公共服务体系等市场薄弱环节；发挥财政资金杠杆作用，建立促进中小企业发展的市场化长效机制；继续完善促进中小企业发展的政府采购政策。三要加强中小企业现有税收优惠政策支持，统筹研究有利于中小企业发展的税收政策，加强政策储备。

第二，加强对中小企业的融资保障。一要大力发展中小金融机构及普惠金融，推动互联网金融规范有序发展；鼓励设立各类中小企业基金，引导股权投资机构为中小企业提供融资支持；创新和扩大中小企业债券、信托、票据发行方式和规模；推进中小板、创业板、新三板和区域股权交易市场等发展；促进形成金融机构充分竞争市场格局，增加融资供给，便利中小企业融资选择及获取。二要优化融资环境，推动形成中小企业融资政策体系，加强和深化各级中小企业主管部门与银行业金融机构合作；推动银行业金融机构创新适合中小企业特别是小微企业需求的金融产品和服务，推动开展供应链融资；建立和完善小微企业信贷风险补偿机制，扩大中小企业贷款规模和比重。三要推进中小企业信用担保体系建设，推动设立国家融资担保基金，推进建立产权纽带关系，推动中小企业信用担保代偿补偿机制建设，鼓励和支持担保机构扩大低收费中小企业担保规模。四是推进中小企业信用体系建设，依托全国信用信息共享平台，推动建立中小企业信用信息共享机制；鼓励各类平台畅通与银行业金融机构间的信用信息渠道，便于金融机构对中小企业进行评级及授信；鼓励各类信用服务机构提供有效服务，为中小企业融资提供便利。

第三，加强对中小企业的服务支撑。贯彻落实《中小企业促进法》，切实发挥法律对中小企业的保障和促进作用；推动建立跨部门政策信息发布平台，为中小企业提供便捷服务；鼓励各类服务机构通过多种形式，为中小企业提供专业化服务；推动建立中小企业维权机制，规范市场主体交易行为，防止大企业违约拖欠中小企业货款。

4. 加快发展现代服务业

相比工业部门，服务业的劳动力需求弹性更大。各级各部门应加快发展生产性服务业和生活性服务业，不断拓展服务业发展广度和深度，使服务业成为扩大劳动力需求的重要渠道。

第一，加快发展生产性服务业。一要大力发展面向制造业的信息技术服务，提高重点行业信息应用系统的方案设计、开发、综合集成能力；鼓励互联网等企业发展移动电子商务、在线定制、线上到线下等创新模式，积极发展对产品、市场的动态监控和预测预警等业务，实现与制造业企业的无缝对接，创新业务协作流程和价值创造模式，提供更多的就业岗位。二要加快发展研发设计、技术转移、创业孵化、知识产权、科技咨询等科技服务业，发展壮大第三方物流、节能环保、检验检测认证、电子商务、服务外包、融资租赁、人力资源服务、售后服务、品牌建设等生产性服务业，提高生产性服务业对制造业转型升级的支撑能力，扩大生产性服务业对劳动力的有效需求。

第二，加快发展生活性服务业。一是鼓励发展就业容量大、就业门槛低的家政护理等生活性服务业。扩大市场准入范围，落实降税减费等扶持政策，促进服务业中小企业加快发展，培育特色产业集群，带动更多就业。二是营造公平开放的市场环境，鼓励服务业中小企业利用电商平台等多种方式开拓市场，促进服务业中小企业融入全球产业链和价值链，在发展壮大中持续拓展就业空间。三是综合运用差别化存款准备金率、再贷款、信贷政策导向效果评估等多种货币政策工具，引导金融机构开展应收账款融资、动产融资、供应链融资等创新业务,优化小微企业融资环境。四是鼓励符合条件的金融机构在依法合规、风险可控的前提下,发行小微企业金融债券和小微企业相关信贷资产证券化产品,进一步盘活存量资产,加大小微企业信贷投放力度,有效增强小微企业创造需求的能力。

5. 加快发展现代农业

第一,推进农业、林业产业链和价值链建设,着力构建现代农业和林业产业体系、生产体系、经营体系,推动粮经饲统筹、农林牧渔结合、种养加一体、第一、二、三产业融合发展,建设一批加工园区和一批农村产业融合发展示范园、先导区,发展壮大吸纳农民就业的新市场主体,为职业农民就业创造更多机会。

第二,完善政策支持体系,积极发展农业生产性服务业、农产品深加工和储运,推动发展"互联网+现代农业",大力发展农产品电子商务、休闲农业、创意农业、森林体验、森林康养和乡村旅游等新业态,加快培育专业大户、家庭农场、农民合作社、农业企业等新型农业经营主体,有效扩大职业农民就业规模。

三 实现技术进步和就业增长的"双赢"

第一,积极应对技术进步对就业的破坏效应。在技术进步导入期,核心产业规模有限,对相关产业的扩散作用不足,技术进步对就业的破坏效应较为明显。此阶段,应引导社会群众正确认识智能制造的大趋势,形成全社会对智能制造和工业机器人发展的正确认识。目前,机器人等技术的快速应用主要替代低技能的简单劳动力,但同时衍生出诸如设备维护保养、机器人二次开发、二手设备交易、机器人应用培训等新的岗位需求。[①] 必须建立针对不同失业人群的失业救助制度和完善积极的就业援助制度,鼓励与企业合作建立就业培训制度、企业用工奖励制度等,重点加强对中低端劳动力的再培训服务和公共服务岗位的提供,完善职业技能培训体系,全面促进劳动力素质结构的优化,增强劳动力

---

① 根据《制造业人才发展规划指南》预测,到2020年,高档数控机床和工业机器人相关领域的人才缺口将达300万人,如果再加上服务机器人、人工智能研发领域的人才需求,人才缺口的规模会更庞大。

对技术变革的适应性。

第二，积极扩大技术进步的就业创造效应。在技术进步进入拓展期和成熟期后，核心产业规模迅速扩大，对相关产业的扩散效应逐步显现，会创造出大量新增就业岗位。从长期影响看，围绕人工智能和机器人技术产生的新兴产业将创造大量就业机会。[①] 应加快完善科技成果转化运行机制，建立完善科技成果信息发布和共享平台，健全以技术交易市场为核心的技术转移和产业化服务体系，建立统计监测分析，强化就业服务，促进技术进步就业创造效应的形成和释放，实现技术进步和就业增长的"双赢"。

四 稳定和促进外向型就业岗位

第一，积极参与和推动国际产业合作，贯彻落实丝绸之路经济带和21世纪海上丝绸之路等重大战略部署，加快推进与周边国家互联互通基础设施建设，深化产业合作，提高有效吸纳劳动力就业的能力。

第二，扩大服务业对外开放，鼓励文化、旅游、教育、建筑、中医药、设计研发等服务出口，促进服务外包，加快转型升级，合理布局一批吸纳就业能力强的客服中心和支持中心等服务企业，推动服务贸易创新发展，创造更多外向型就业岗位。

第三，创新加工贸易模式，推动产业合作由加工制造环节为主向合作研发、联合设计、市场营销、品牌培育等高端环节延伸，稳定机电、高新技术和劳动密集型产品出口，提升出口产品附加值，确保外贸领域就业稳定。

第四，全面实施准入前国民待遇加负面清单管理制度，简化外商投资相关程序，保护外商投资合法权益，积极引导外资更多投向中西部和东北地区，发展壮大外向型产业集群，更好发挥外资企业拉动就业的积极作用。

第五，加强对境外投资合作引导，健全对外投资合作服务保障体系，鼓励支持企业开展对外投资合作，创造更多外向型就业机会。

[①] 根据《"十三五"国家战略性新兴产业发展规划》，到2020年，战略性新兴产业增加值占GDP比重达到15%，形成新一代信息技术、高端制造、生物、绿色低碳、数字创意5个产值规模10万亿元级的新支柱产业，并在更广领域形成大批跨界融合的新增长点，平均每年带动新增就业100万人以上。

第二节　增加劳动力有效供给

为缓解人口转型造成的劳动力供给和人口红利约束，必须全面提升劳动力质量，挖掘劳动力供给潜能，积极开发和有效利用现有人力资源，增加劳动力有效供给。

一　增加劳动力供给数量

1. 扎实实施全面两孩政策，延续人口总量势能优势

实施全面两孩政策是促进人口长期均衡发展的重大举措，有利于优化人口结构，增加劳动力供给，减缓人口老龄化压力。一要加快推进国家人口基础信息库和人口健康信息化建设，加强人口变动情况调查，科学预测出生人口变动趋势，建立出生人口监测和预警机制，密切关注生育水平过高和过低地区人口发展态势，加强分类指导，因地制宜、综合施策。二要科学评估经济增长和社会发展对生育行为的影响，做好全面两孩政策效果跟踪评估，密切监测生育水平变动态势，做好政策储备，完善计划生育政策。三是地方政府应综合评估本地人口发展形势、计划生育工作基础和政策实施风险，科学制订实施方案，确保政策平稳落地。四要同步制定与完善优生优育全程服务、计划生育奖励制度、家庭发展等相关配套政策措施。

2. 充分发掘人口性别红利，增加女性劳动力有效供给

中国高等教育的发展使受过高等教育的女性数量不断增加，甚至超过了男性，但中国女性劳动参与率呈不断下降趋势。在推进经济高质量发展过程中，应通过倡导性别平等，积极激励女性，尤其是接受了高等教育的女性更多参与劳动力市场，提高女性劳动参与率和女性在工作中的技能，释放女性工作潜能，充分挖掘性别红利，增加女性劳动力的有效供给。

第一，制定和完善相关法律。积极推动国家层面制定出台《反就业歧视法》，并修改《就业促进法》《劳动保障监察条例》等现有法律中不利于女性就业的有关规定，对就业性别歧视定义、罚则、法律救济途径作出具体规定，切实从源头上遏制各种侵害女性平等就业的行为。

第二，加大公共托幼服务体系建设。政府应积极推动公共服务领域

的供给侧改革,多方联合发力,改善子女看护和婴幼儿学龄前教育等公共服务水平,切实平衡女性生育与工作的矛盾,促进女性尤其是女性流动人口的劳动参与。

第三,建立健全常态化监管机制。构建政府主导,工商、税务、民政、劳动保障等部门协同监管体系,将企业遵守各项女性就业和特殊保护政策的情况纳入企业劳动保障诚信征信系统;帮助女性掌握就业性别歧视的表现形式、投诉渠道和救济途径,提高女性自我保护和依法维权意识,畅通就业女性维权渠道。

第四,倡导全社会公平就业理念。加大男女平等基本国策的宣传,使全社会真正认识到女性人力资源的重要性,强化主流媒体的宣传和监督,帮助用人单位全面理解和正确执行女性就业权益和劳动权益的相关规定,努力营造两性平等就业的良好社会环境。

3. 推进农村劳动力转型就业,提升农村劳动力有效供给能力

第一,推动农村劳动力转型就业,培育新型职业农民。面向现代农业发展,构建有效的新型职业农民培育制度体系,加快推动传统农民成为新型职业农民,建立高素质现代农业生产经营者队伍;持续推进农业富余劳动力进城务工并稳定生活,落实农业转移人口就业扶持政策,实施新生代农民工职业技能提升计划,健全职业培训、就业服务、劳动维权"三位一体"的工作机制;凝聚政府与市场合力,建设一批返乡创业园区和县乡特色产业带,为外出务工人员返乡创业创造条件。

第二,引导农村劳动力就地就近就业,盘活农村闲置劳动力。推动重点镇等有潜力的乡镇加快发展,实施特色小镇高质量发展工程,做大做强产业支撑,实现产镇融合、镇村融合,提升服务能力,促进农业转移人口就地就近城镇化;支持引导社会资本发展城乡融合典型项目,促进城乡要素资源跨界配置与产业发展有机融合,带动农村劳动力就地就近就业,盘活农村闲置劳动力。

第三,加强区域间劳务协作,促进农村贫困劳动力有效输出。按照政府推动、市场主导的原则,加强区域间和区域内劳务协作,建立健全劳务输出对接机制,提高劳务输出组织化程度;输出地要摸清富余劳动力底数,因人因需提供技能培训和就业服务,输入地要根据贫困劳动力的基本情况和就业意愿,有针对性地收集合适岗位,动员企业参与,实现人岗对接，促进贫困劳动力有效输出。

第四，加快农业转移人口市民化。积极推进以人为核心的新型城镇化，推动农民工逐步实现平等享受城镇基本公共服务和在城镇落户，使更多农民工成为有技能的新型产业工人和平等享受权益的新市民，成为现代产业工人的重要供给者。包括推进城镇基本公共服务常住人口全覆盖，进一步做好为农民工服务的工作，公办义务教育学校要普遍对农民工随迁子女开放；完善社区卫生计生服务网络，将农民工纳入服务范围；统筹规划城镇常住人口规模和建设用地面积，将解决农民工住房纳入住房发展规划；等等。

第五，支持返乡下乡创业。大力实施乡村振兴战略，加快实施乡村促进就业创业行动，鼓励各类人才返乡下乡就业创业；统筹发挥各类创业引导资金作用，引导金融机构创新金融服务体制机制，对农村"双创"园区（基地）和公共服务平台等项目提供信贷支持，以返乡下乡人才流带动资金、信息等更多要素回流；加快培育返乡创业特色产业集群，大力发展吸纳就业能力强的产业，推动返乡下乡创业主体做大做强，不断拓宽农村劳动力就业创业空间。

4. 提高低龄老年人劳动参与

第一，渐进式延迟退休年龄。一是政府应合理选择延迟退休的实施方案和实施时间，提前若干年预告，为在职职工留有一定的时间做好相关准备。二是我国女性法定退休年龄低于男性，而平均预期寿命高于男性，因此，延迟退休改革可女性先行，再逐步扩展到男性。三是渐进式延迟退休政策应秉承"小步慢走，渐进到位"的原则，以一年提高几个月的迈小步方式，用较长的一段时间逐步完成平滑过渡，最大限度地降低延迟退休就业挤出的不利影响。四是由于不同行业对从业人员的智力、体力和经验要求不尽相同，决定了不同劳动群体的职业生涯存在显著差异[1]，在逐步推行延迟退休政策时，应借鉴国际经验实行有弹性的机制。

---

[1] 相比从事建筑和矿产业体力劳动者，从事科教文卫工作劳动者、高级管理人员以及工程技术人员由于具备丰富的工作经验和专业的技术知识，可以适当延迟退休年龄，做到人尽其才，避免人力资源的浪费。

第二，积极开发老年人力资源。一是发挥政府的导向作用。政府应出台促进老年人再就业的激励政策①，完善劳动保障体系，保障老年人再就业的合法权益。二是发挥市场的主导作用。完善老年人劳动力市场，为老年高技能人才安排合适的岗位，最大限度地促进其人力资源的发挥；实施科学用工机制，针对老年人生理及心理特点，应当适时推行弹性时间工作制、远程办公制等；有组织、有针对性地对老年劳动力开展培训，使老年人职业技能与劳动力市场需求相匹配，以更好地适应社会发展的要求。三是强化老年人的意识。积极推广"老有所为"的观念，引导老年人保持老骥伏枥、老当益壮的健康心态和进取精神，鼓励老年人积极参与家庭发展、互助养老、社区治理、社会公益等活动，继续发挥余热并实现个人价值。

二 提高劳动者素质与能力

1. 全面提高劳动者的素质

第一，推进义务教育高位优质均衡发展。提升学前教育普惠水平，推动义务教育向高位优质均衡发展，全面提升特殊教育水平，加强对困难群体困难地区的精准帮扶，加快发展民族教育，进一步扩大教育公平受益面；推进区域教育协调发展，科学规划、分类指导、统筹推进东部、中部、西部和东北地区教育发展；优化城乡基层教育布局，统筹推进县域内城乡义务教育一体化改革发展；完善城乡义务教育经费保障机制，统筹城乡教育资源配置，向乡村和城乡接合部倾斜；大力提高乡村教育质量，推进城镇义务教育公共服务常住人口全覆盖，巩固和均衡发展九年义务教育，加快缩小县域内城乡教育差距。

第二，加快教育结构调整。加快建立高等学校分类体系，统筹研究型、应用型、复合型等各类人才培养；充分发挥行业组织作用，建立专业设置、学生就业与重点产业人才需求相衔接的预测预警机制；鼓励不同层次、类型的高校牢牢把握人才需求变化方向，引导高校结合学校定位和办学特色，增设经济社会发展和民生改善急需专业，更新升级传统专业，优化人才培养结构；加强服务行业发展的特色人才培养；鼓励具

---

① 例如，依靠税收政策鼓励雇主雇用和挽留更多的老年人、对工作的老年人提供税收优惠、出台老年人创业的优惠政策等。

备条件的地方普通本科院校向应用型转变，培养更多技术技能型人才；建设一批高水平的职业院校和骨干专业，加快培育大批具有专业技能与工匠精神的高素质劳动者和人才；完善顶层设计，研究制定规范发展继续教育的政策制度。

第三，深化教学改革。推动职业院校、本科高校与行业企业共同实施全流程协同育人，共同开展教育教学、组织质量评价；建立全国高校继续教育质量报告制度，强化高校继续教育责任主体意识，加强事中事后监管；深化专业、课程、教材体系改革，加强教材规划、管理和审查，推动课程内容与职业标准、教学过程与生产过程有效对接，及时调整、更新教学内容和教学方式，强化实践教学；建立和完善现代学校制度，支持职业院校、本科高校自主聘用有丰富实践经验的人员担任专兼职教师，加快建设"双师型"教师队伍；制定实施企业参与职业教育的激励政策、有利于校企人员双向交流的人事管理政策，落实学生实习政策，全面推进现代学徒制试点工作，深入推进职业教育集团化办学，推动学校与企业合作建设一批共建共享的实训基地。

2. 提升新增劳动力的质量

经济新常态下，中国经济将逐渐向形态更高级、分工更精细、结构更合理演进，经济发展方式将逐渐向依靠持续的知识积累、技术进步、劳动力素质提升转变，应着力培养具有国际竞争力的创新型、应用型、高技能、高素质大中专毕业生和技能劳动者，提高新增劳动力的供给质量。

第一，加快完善国民教育体系，不断提高基本公共教育服务均等化水平，逐步普及高中阶段教育，并迈入高等教育普及化门槛，进一步提高劳动年龄人口平均受教育年限，全面提高教育质量，提升大中专毕业生的就业创业能力。

第二，优化人才培养机制，促进人才培养链与产业链、创新链有机衔接，在更高层次提升人才培养与劳动力需求的匹配效率。

第三，深入推进协同育人，深化产教融合、校企合作，大力培养应用型人才和技术技能人才。

第四，全面提升高校创新人才培养能力，建设一批世界一流大学和一流学科，深化高校创新创业教育改革，增强毕业生社会责任感、创新精神和实践能力。

第五，实施高校毕业生就业创业促进计划，建立涵盖毕业生校内校外各阶段、求职就业各环节、创新创业全过程的服务体系。

3. 提高劳动者职业技能

第一，完善职业技能培训需求指导。建立技能培训与产业需求变化联动预警机制，探索建立重点产业职业技能培训需求指导目录制度，加大对指导目录内培训项目的补贴力度；建立国家职业资格目录清单管理制度；构建科学设置、规范运行、依法监管的国家职业资格框架和管理服务体系，增强职业技能培训的针对性和有效性。

第二，扩大职业技能培训规模。推动职业培训转型升级，把有需求的城乡全体劳动者全部纳入职业培训范围；实施高技能人才振兴计划和专业技术人才知识更新工程，突出"高精尖缺"导向；以新生代农民工职业技能提升计划、未就业高校毕业生技能就业行动等系列计划为主要抓手，落实贫困家庭子女、未升学初高中毕业生、失业人员和转岗职工、退役军人等群体免费职业培训政策，基本消除劳动者无技能从业现象；组织实施化解过剩产能企业职工、高校毕业生、新生代农民工等重大专项培训计划。

第三，创新职业培训方式。充分鼓励各类企业和培训机构广泛开展职业培训，形成以企业为主体、职业院校和培训机构为基础、社会多方参与的大培训格局，动员各类优质资源向职业培训聚集；推行"校企双制、工学一体"的技工培养模式，继续开展企业新型学徒制试点，推广"慕课"等"互联网+职业培训"模式；加快开发职业培训包，推行更加便利化的时间安排，最大限度地方便劳动者接受职业培训。

第四，研究建立终身职业技能培训制度。建立健全以企业、职业院校和各类培训机构为依托，以就业技能培训、岗位技能提升培训和创业培训为主要形式，覆盖全体、贯穿终身的培训体系。

第五，健全劳动者技能提升激励机制。提高技术工人待遇，定期开展高技能人才评选表彰活动；完善技能人才与同等学力、职称人员享受平等待遇政策，落实积分落户、招聘录用、岗位聘任、职务职级晋升、职称评定、薪酬、学习进修、休假体检等待遇，全面加强技能人才激励工作。

第六，完善职业技能培训补贴制度。建立职业培训补贴资金的正常增长机制，适时提高职业培训补贴标准，吸引具备更高培训水平和能力的机构承接政府职业培训任务；健全职业培训补贴激励机制，根据培训成本、市场需求、项目课程难易度等确定培训补贴的标准，简化补贴申请程序。

4. 促进劳动者人力资本积累

第一，大力发展继续教育，强化企业在职工培训中的主体作用，完善以就业技能、岗位技能提升和创业为主的培训体系，持续提升企业职工劳动技能和工作效能。

第二，提升劳动者健康素质，全面开展职业健康服务，落实职业健康检查制度，加强职业病防治。

第三，支持大龄劳动力就业创业，加强大龄劳动力职业培训，提高就业技能和市场竞争力，避免其过早退出就业市场。

第三节　推动实现更充分就业

充分就业既是微观家庭实现收入最大化所追求的理性预期，也是政府宏观调控的重要政策目标。

一　使创新创业成为扩大就业的主阵地

1. 加快形成有利于劳动者参与创业的环境

第一，培育大众创业意识。鼓励科技、教育、文化等专业人才转变观念，发挥知识和技术优势，成为创业的引领者；支持大中专毕业生转变择业观念，自立自强，成为创业的生力军；研究实施留学人员回国创业创新启动支持计划，吸引更多境外高端人才来华创业创新；大力支持农民工等人员返乡下乡创业；引导城镇失业人员等其他各类人员以创业促就业；引导高校开展创业创新训练计划，激发大学生创业创新动力。

第二，丰富并落实创业政策。不断完善创业就业政策体系，狠抓政策落实完善，督导地市和区县尽快出台本地化的操作办法，落实促进高校毕业生、退役军人、残疾人、登记失业人员等群体创业的税费优惠政策；加大对初创企业的场地支持、设施提供、房租减免、住房优惠等政策扶持力度，降低创业成本。

第三,简化创业手续。继续深化行政审批制度改革、收费管理制度改革、商事制度改革,优化政府服务,降低市场准入门槛和制度性交易成本,激发市场活力,破除制约劳动者创业的体制机制障碍。

第四,拓宽创业投融资渠道。积极推进投贷联动试点,探索符合科创企业发展需求的金融服务模式,促进更多科技人才就业创业;规范发展区域性股权市场,为创业企业提供直接融资服务;管好用好创业担保贷款,合理增加贴息资金投入,扩大担保基金规模;鼓励金融机构充分依托互联网信息技术,通过大数据、交叉信息验证等方式,提升网络平台和小微企业创业主体贷款的便捷性和可获得性。

第五,做大做强创业孵化平台。统筹规划、合理布局,建设一批各具特色、高水平的区域、高校和科研院所、企业"双创"示范基地,提升创业服务能力;推广新型孵化模式,加快发展众创空间,建设一批创业孵化基地和创业园区,提供项目开发、创业指导、融资等"一条龙"服务,支持劳动者成功创业;建设小微企业创业创新基地,形成线上与线下、孵化与投资相结合的开放式综合服务载体,为小微企业创业兴业提供低成本、便利化、全要素服务;推动乡村旅游创客示范基地建设;打造"预孵化+孵化器+加速器+稳定器"的梯级孵化体系,为创业主体提供专业化、差别化、定制化指导服务,促进创业企业加快发展。

第六,加强创业培训。建立健全课堂教学、自主学习、结合实践、指导帮扶、文化引领融为一体的创业创新教育培训体系,开发针对不同创业群体、不同阶段创业活动的创业培训项目;推广"慕课"等"互联网+"创业培训新模式,大规模开展开放式在线培训和远程公益创业培训。

2. 支持灵活就业和新就业形态

第一,支持新兴业态发展。鼓励发展"互联网+创业",支持"自组织、自激励、自就业"的创业模式,支持发展共享经济下的新型就业模式;加快完善风险控制、信用体系、质量安全等政策法规,促进社会资源通过共享实现高效充分利用,加快发展共享经济等新经济形态,催生更多微经济主体,培育更多跨界融合、面向未来的就业创业沃土,开发更多新型就业模式;符合条件的可享受灵活就业、自主创业扶持政策,引导和支持更多劳动者参与共享经济下的就业创业活动。

第二，完善适应新就业形态特点的用工和社会保障等制度。从业者与新兴业态企业签订劳动合同的，企业要依法为其参加职工社会保险，其他从业者可按灵活就业人员身份参加养老、医疗保险和缴纳住房公积金，探索适应灵活就业人员的失业、工伤保险保障方式；加快建设"网上社保"，为新就业形态从业者参保及转移接续提供便利。

3. 提升创业带动就业能力

第一，打通"创业—创新—经济和就业增长点"培育链条，统筹产业链、创新链、资金链和政策链，大力支持培育一批吸纳就业能力强的创新型创业企业。

第二，鼓励大型互联网企业、行业领军企业通过网络平台向各类创业创新主体开放技术、开发、营销、推广等资源，打通科技和经济结合通道，加强创业创新资源共享与合作，切实将人才和科技优势转化为产业和经济优势。

第三，不断提升公共创业服务能级，拓展公共创业服务新领域，积极引入社会力量，加强与各类创业孵化、创业投资、培训咨询等专业机构的合作对接。

第四，通过整合资源、多元服务主体共同发力，满足创业者多层次、多元化、不断增长的服务需求，打造覆盖全方位、全流程服务链的"创业生态圈"，将创业和就业结合起来，释放创业带动就业的"倍增效应"。

二 破除妨碍劳动力社会性流动的体制机制弊端

1. 完善人口流动政策体系，建立统一的劳动力市场

中国劳动力市场面临的问题是劳动力供给总量过剩，但结构性短缺。这与中国劳动力市场存在的城乡分割、地区分割、行业分割、所有制分割等多重分割，使劳动力流动受阻密切相关。因此，应加快建立统一开放、竞争有序的劳动力市场，打破城乡、地区、行业、所有制分割和身份、性别歧视，完善市场运行规则，规范招人用人制度，消除影响平等就业的制度障碍，增强劳动力市场灵活性，促进劳动力在城乡、地区、行业、企业之间的自由流动，有效提高劳动力的配置效率。

第一，进一步加快户籍制度改革。一要强化中央政府的统筹。在地区独立决定户籍制度的背景下，中央政府应加强统筹协调，平衡地区间

户籍制度改革过程中的支出不平衡问题，充分调动地方政府改革积极性，对支出压力较大、外部性较强、跨省农民工在城市定居作用重要的领域，中央政府应通过补助，从财政上保障户籍制度改革的顺利进行。二要进一步调整户口迁移政策。充分考虑当地经济社会发展水平、城市综合承载能力和提供基本公共服务的能力，实施差别化落户政策；全面放开建制镇和小城市落户限制，有序放开中等城市落实限制，合理确定大城市落户条件，严格控制特大城市人口规模。三要建立居住证制度。保障居住证持有人享有国家规定的各项基本公共服务和办事便利；鼓励地方各级政府根据本地实际不断扩大对居住证持有人的公共服务范围并提高服务标准，居住证发放与管理上覆盖常住人口，将居住证与就业服务、保障公共教育、社会保障、保障性住房、基本医疗、福利救助等基本公共服务权利挂钩，稳步推进城镇基本公共服务覆盖全部常住人口，增强基本公共服务对人口集聚和吸纳能力的支撑。四要推动户籍制度改革和农民土地财产权制度改革的配套实行。顺利推进户籍制度改革，必须在土地制度改革等方面协同并进，深化农民集体产权制度改革，加快落实农民土地财产权、农民宅基地财产权，提高农民的财产性收入，增强农业转移人口融入城市的能力。

第二，消除劳动力市场行政垄断和行业分割。坚持深化垄断行业改革、城市公共事业、社会事业体制改革，积极探索包容创新的"放管服"改革，打破行政性垄断，消除行业、所有制分割，废除妨碍统一劳动力市场和公平竞争的各种规定和做法，消除非公有制经济依法使用生产要素的隐性体制障碍，消除对非公有制经济在行业准入、融资、税务等方面的歧视；树立各类所有制平等的观念，营造各类所有制主体公平参与市场竞争的体制环境。

2. 建立完善的劳动力中介市场

第一，大力发展人力资源服务业。一要加强劳动力就业服务体系建设。充分发挥市场在劳动力配置中的决定性作用，面向多样化、多层次人力资源服务需求，鼓励各类人力资源服务机构提供专业化、规范化、标准化优质高效的人力资源服务；拓宽劳动者获得职业信息的渠道，降低搜寻匹配成本；支持通过兼并、收购、重组、联盟、融资等方式，重点培育一批有核心产品、成长性好、竞争力强的人力资源服务企业集团,发挥大型人力资源服务机构的综合性服务功能;鼓励发展有市场、有特色、有潜力的中小型专业人力资源服务机构,积极发展小型微型人力资源服务企业。二要增强人力资源服务创新能力。强化科技支撑,鼓励发展新兴服务业态,开发服务产品,拓展服务内容,创新服务方式,提升人力资源服务供给水平;鼓励人力资源服务企业设立研发机构,加强人力资源服务理论、商业模式、关键技术等方面的研发和应用,丰富服务渠道和服务模式;引导人力资源服务企业细化专业分工,向价值链高端延伸,鼓励人力资源外包、高级人才寻访、人才测评、人力资源管理咨询等新兴业态快速发展。三要加强人力资源服务业管理。加快人力资源服务标准化建设,深入推进人力资源服务机构诚信体系建设,健全诚信管理制度;建立人力资源市场信息共享和综合执法制度,充分利用信息跟踪、市场巡查、受理投诉举报等监管手段,加大监管力度。

第二,提高公共就业服务能力。一要推进公共就业服务均等化。完善就业失业登记管理办法,保障城镇常住人员享有与本地户籍人员同等的劳动就业权利,落实均等化的普惠性就业服务制度。二要提高公共就业服务的针对性。细分服务对象,根据去产能过程中需安置职工、高校毕业生、农村转移劳动力、就业困难人员等不同群体及企业招聘用工中的不同特点和诉求,提供有针对性的就业信息、职业指导和政策咨询;对一些失业集中、矛盾突出的群体、企业和地区以及一些用工大户,要倡导主动服务,甚至可以组织专业化团队提供定制服务。三要用好公共就业服务信息化。推动以"互联网+"为代表的新技术、新手段在就业管理和服务领域的广泛运用,实现岗位信息发布、就业创业服务、就业政策实施等各项就业工作的全程信息化;推进区域间的信息共享与对接,抓紧打造覆盖全体劳动者就业失业信息的统一监测平台、互联互通全国岗位信息的统一招聘平台,全面提升就业工作的管理服务能力,提高就业形势分析研判的准确性和可靠性,及早发现异常情况和潜在风险并适时发布预警信息。

三 加强重点群体的就业保障能力

1. 稳妥做好化解过剩产能中的职工安置工作

第一,地方政府应主动协调有关部门,全面摸清涉及企业及职工基本情况;厘清企业与职工间的工资、社保、经济补偿等债权债务关系,算好职工安置可能涉及的欠费欠薪、经济补偿、再就业等方面的资金大账,争取地方政府和财政等部门的支持,确保职工安置经费的落实。

第二,指导企业和职工在充分协商的基础上,因地制宜、因企施策、因人而异,制订包括企业内部挖潜、转岗就业创业、内部退养、公益性岗位托底帮扶等在内的切实可行、积极稳妥的职工安置方案。

2. 促进高校毕业生等青年群体多渠道就业

第一,拓展高校毕业生就业领域。实施就业促进计划和创业引领计划,着力支持科技含量高的智力密集型产业特别是战略性新兴产业、现代服务业以及各类新业态、新模式加快发展,开发更多适合高校毕业生的高质量就业岗位;提供多渠道的资金支持,组建创业专家服务团队,提供开业指导、项目开发、场地支持、跟踪服务等全方位扶持;组织多种形式的创业交流和辅导活动,更好满足毕业生的创业需求,提升其创业水平和能力。

第二,引导和鼓励高校毕业生到基层就业。统筹实施大学生村官、农村教师特岗计划、"三支一扶"计划、志愿服务西部计划和农技特岗计划等专门项目,夯实基层就业渠道;结合创新公共服务方式和政府购买服务,开发一批基层公共管理和社会服务领域就业岗位,引导和鼓励高校毕业生到城乡基层、中西部地区、中小微企业就业;健全基层服务保障机制,畅通流动渠道,拓展扎根基层高校毕业生职业发展通道。

第三,增强高校毕业生就业服务能力。公共就业人才服务机构和基层服务平台做好未就业毕业生的信息服务工作;注重运用"互联网+就业"模式,加强就业市场供需衔接和精准帮扶,根据未就业毕业生的需求,制订个性化求职就业方案,加大就业见习力度;对就业困难的高校毕业生,尤其是农村贫困、少数民族、长期失业的毕业生,提供"一人一策"的专项帮扶。

第四节 推动实现更高质量就业

党的十八大报告提出:"要推动实现更高质量的就业。"在宏观层面,更高质量就业就是国家通过实施更加积极的就业政策,创造平等就业机会,使就业机会更充分,就业质量更高;就是劳动者素质更高,就业能力更强，更适应结构转型对就业岗位的新要求；就是优化就业环境，完善收入分配制度，努力实现居民收入增长与国民经济发展同步增长。在微观层面，高质量就业就是就业更稳定，就业机会更均等，劳动者技能层次更高，劳动关系更和谐，工资福利待遇水平更平等。

一 完善收入分配制度

1. 在经济增长的同时实现居民收入同步增长

提高劳动收入份额，实现经济增长与居民收入的同步增长，改善初次分配和再分配同等重要。

第一，在初次分配中，需要构建与新时代中国特色社会主义建设相适应的新型分配关系体系，不断完善收入分配制度，坚持按劳分配为主体、多种分配方式并存的制度，把按劳分配和按生产要素分配结合起来，处理好政府、企业、居民三者的分配关系，使市场在发挥资源配置的决定性作用的同时，释放出促进社会公平的积极作用，促进收入分配更合理、更有序。拓宽居民劳动收入和财产性收入渠道，支持劳动者以知识、技术、管理、技能等创新要素按贡献参与分配。实行股权、期权等中长期激励政策，让职工通过利用资本市场分享到合理的资本收益，并加快建立国有企业经营性资本收益向居民转移的机制，实现企业利润向居民财产性收入转化。

第二，在再分配过程中，政府应通过税收、劳动立法和执法、转移支付、社会保障和其他基本公共服务供给等公共政策途径，合理规范收入分配秩序并调节初次分配结果，缩小收入分配差距，让经济增长的果实更好地惠及全体国民，不断增强人民群众的获得感和幸福感。重点是改革个人所得税，充分发挥个人所得税调节收入差距的功能，建立综合和分类相结合的个人所得税制度，提高个人所得税起征点，并降低工薪所得税税率，减轻居民税费负担。

2. 在劳动生产率提高的同时实现劳动报酬同步提高

现行经济运行过程中，一个普遍现象是劳动者工资低于其边际产出，劳动力市场工资向下扭曲。这既不利于调动劳动者的主动性和积极性，降低了劳动生产率，也会抑制劳动者的人力资本投资，对劳动力供给质量和配置效率产生消极影响。长远来看，劳动报酬偏低会对企业发展造成损害，在劳动生产率提高的同时实现劳动报酬的同步提高，实际上是一个"双赢"行为。

第一，破除妨碍劳动力、人才社会性流动的体制机制弊端，实现劳动力要素价格市场化；形成反映人力资源市场供求关系和企业经济效益的工资决定机制和正常增长机制，保证劳动者的工资水平与劳动生产率之间紧密联系，对于暂时遇到经营困难的企业，可指导其采取协商薪酬、灵活工时等稳定就业岗位。

第二，充分利用税收杠杆，通过加薪减税等方式，指导企业在效益增长的基础上稳步提高职工工资水平。

第三，改革国有企业工资总额确定办法，完善工资与效益联动机制，分类确定工资效益联动指标；全面实行国有企业工资总额预算管理，合理确定工资总额预算周期，强化工资总额预算执行；完善国有企业内部工资总额管理制度，深化企业内部分配制度改革，规范企业工资列支渠道。

3. 加强以最低工资制度为主的工资宏观调控体系建设

第一，加快推进最低工资和工资支付保障立法，提高最低工资制度等的法律约束力，从源头上保障劳动者基本劳动报酬权益。

第二，探索建立最低工资评估机制，按保基本、差别化、可持续原则指导各地合理调整最低工资标准，对最低工资标准调整可能产生的收入分配效应、劳动力供给效应、就业效应和企业利润效应等进行充分评估，确保在充分发挥最低工资制度积极作用的同时，规避最低工资标准大幅度增加可能导致的消极影响。

第三，积极推动行业最低工资标准的制定，改变目前单纯以地区划分最低工资标准类别的做法，根据企业所处行业的不同特点，制定有差别的最低工资标准，化解现行最低工资标准抑制部分行业发展的问题。

第四，进一步明确最低工资标准统计口径，统一不同地区最低工资标准统计口径，解决各地对于最低工资标准是否包含个人缴纳的社会保险费和住房公积金的规定不尽一致的问题，从而提升不同地区最低工资标准的可比性。

第五，规范和细化工资价位和行业人工成本信息，健全分行业、分职位的人力资源市场价位信息制度；推动各地抓紧实施省以下地方政府管理企业负责人薪酬制度改革。

二 完善劳动者权益保护制度

1. 加强劳动者权益保障的法治化

第一,全面推进劳动保障立法工作。当前,中国劳动力市场中出现的问题,部分是由于劳动立法不完善引起的,劳动法律法规存在"法规数量少、立法层次低、法条设置笼统、执法力度弱"等不足。应进一步完善《中华人民共和国劳动法》《中华人民共和国劳动合同法》《中华人民共和国劳动争议调解仲裁法》《中华人民共和国社会保险法》《中华人民共和国职业病防治法》等法律的配套法规、规章和政策,积极推动将基本劳动标准、集体协商和集体合同、企业工资、劳动保障监察、企业民主管理、协调劳动关系三方机制等方面的法律法规列入立法规划,逐步健全劳动保障法律法规体系。

第二,加强对各种劳动法律法规的宣传教育。广泛宣传、普及劳动保障法律法规和规章,提高企业特别是小微企业的法律意识,使依法用工的观念深入企业;充分利用平台进行公益宣传,通过劳动保障法宣传周、劳动者权益保护日等向广大人民群众普及劳动法知识,大力加强劳动保障法律知识教育培训和法律服务,不断提高职工依法维权的意识和能力。

2. 切实维护劳动者合法权益

第一,实施并完善劳动合同制度。贯彻落实好劳动合同法等法律法规,加强对企业实行劳动合同制度的监督、指导和服务,重点提高小微企业以及农民工劳动合同签订率和履行质量;依法加强对劳务派遣的监管,规范非全日制、劳务承揽、劳务外包用工和企业裁员行为,推动落实劳务派遣同工同酬规定;指导企业建立健全劳动规章制度,提升劳动用工管理水平。

第二,推行集体协商和集体合同制度。深入推进实施集体合同制度攻坚计划,以非公有制企业为重点对象,依法推进工资集体协商,不断扩大覆盖面、增强实效性,更好地发挥集体合同对调整劳动关系的基础性作用;加强工资集体协商指导队伍建设和集体协商代表能力建设,推动企业与职工就工作条件、劳动定额、女职工特殊保护等开展集体协商,提高协商水平和协商质量;加强对集体协商过程的指导,依法加强对无正当理由拒绝、拖延集体协商行为的协调和处理,督促企业和职工认真履行集体合同。

第三，依法保障职工基本权益。一是切实保障职工取得劳动报酬的权利。完善并落实工资支付规定，健全工资支付监控、工资保证金和欠薪应急周转金制度，探索建立劳动保障监察与刑事司法联动治理恶意欠薪制度、解决欠薪问题地方政府负总责制度，并落实清偿欠薪的施工总承包企业负责制；依法惩处拒不支付劳动报酬等违法犯罪行为，保障职工特别是农民工按时足额领到工资报酬，努力实现农民工与城镇就业人员同工同酬。二是切实保障职工休息休假的权利。完善并落实国家关于职工工作时间、全国年节及纪念日假期、带薪年休假等规定，把推动落实带薪年休假制度摆在重要位置，督促企业依法安排职工休息休假；加强劳动定额定员标准化工作，指导行业和企业制定实施科学合理的劳动定额定员标准，保障职工的休息权利。三是切实保障职工享受社会保险的权利。认真贯彻实施社会保险法，继续完善社会保险关系转移接续办法，努力实现社会保险全面覆盖，落实广大职工特别是农民工和劳务派遣工的社会保险权益；督促企业依法为职工缴纳各项社会保险费，鼓励有条件的企业按照法律法规和有关规定为职工建立补充保险；引导职工自觉履行法定义务，积极参加社会保险。

3. 健全完善劳动保障监察体制机制

第一，改革完善劳动保障监察执法体制。建立权责统一、权威高效的劳动保障监察执法体制，对用人单位及其他行政相对人违反劳动保障法律法规的行为坚决依法责令改正，对依法应当予以处罚的坚决处罚；依法公布重大劳动保障违法行为，开展用人单位守法诚信评价，在加大对违法行为惩戒的同时，引导用人单位自觉遵守法律法规。

第二，推进劳动保障监察制度建设。完善执法程序和操作流程，创新劳动保障监察执法方式，坚持受理举报投诉和主动监督检查并重，确保劳动保障监察相关工作有效开展；推进劳动保障监察网格化、网络化建设，实行信息化、数据化管理，减少劳动保障监察机构的成本，提高预防和监管的执法效果。

第三，加强劳动保障监察队伍建设。逐步扩大劳动保障监察执法力量，配齐配强工作人员①，加大对劳动保障监察员、辅助性岗位工作人员和劳动保障监察协管员业务培训力度。

第四，加强各个部门之间的协作。完善监察执法与刑事司法衔接机制，建立与相关部门的协同监管机制，建立健全信息共享、案情通报、案件移送等制度，建立多元对话机制和联席会议制度。

三 构建和谐劳动关系

1. 营造构建和谐劳动关系的良好环境

第一，将构建和谐劳动关系工作摆在更加突出的位置。一要健全劳动关系形势动态监测和分析研判机制，定期开展劳动关系形式的分析研判，共同化解劳动关系领域的突出矛盾，防范因经济下行、结构性改革、外部环境不确定性可能引发的劳动关系系统性风险。二要将和谐劳动关系的构建纳入各级政府经济社会发展规划和政府目标责任考核体系，强化考核监督。三要深入推进和谐劳动关系创建活动，丰富创建内容，规范创建标准，完善激励措施，扩大覆盖面，努力形成全方面、多层次的创建局面。四要积极开展构建和谐劳动关系综合试验区（市）建设，结合本地实际大胆探索创新劳动关系工作思路、体制机制和方式方法，为构建中国特色和谐劳动关系创造可复制、可推广的经验。

第二，加强对企业经营者的教育引导。企业经营者要积极履行社会责任，自觉维护职工合法权益，强化对职工的职业技能培训，扩展职工的职业发展空间，加强对职工的人文关怀，注重职工的精神需求和心理健康，加强职业文化建设，弘扬良好的职业行为习惯，营造尊重劳动、尊重工匠的良好氛围。

第三，加强对职工的教育引导。企业职工要有良好的职业道德，增强对企业的责任感、认同感和归属感，认真学习文化知识和岗位技能，自觉遵守企业的各项规章制度，理性合法表达利益诉求、维护自身权益。引导企业和职工树立利益共同体意识，推动企业和职工共同培育合作共赢、共谋发展的理念和文化。

第四，加大构建和谐劳动关系的宣传力度。充分利用各种主流媒体和网络，广泛深入宣传构建和谐劳动关系的重要性和紧迫性，大力宣传

---

① 发达国家劳动保障执法人员与劳动者人数之比达1:8000，中国约为1:20000。

劳动保障法律法规和规章，宣传各地各部门构建和谐劳动关系取得的实际成效和工作经验，宣传企业关爱职工、职工奉献企业的先进事迹和模范人物，营造全社会共同关心、支持和参与构建和谐劳动关系的良好氛围。

2. 充分发挥劳动关系三方协商协调机制的作用

第一，建立健全由政府人力资源社会保障等部门、工会和企业联合会、工商业联合会等企业代表组织组成的劳动关系三方协调机制。推进三方协调机制的组成、机构、职能、原则、运行方式和程序、权利义务关系等方面在立法层面上的具体体现，为三方协调机制的完善提供制度支撑和规则平台，提高三方协调机制的权威性和影响力。完善协调劳动关系三方机制组织体系，探索建立协调劳动关系三方委员会，健全运行机制和工作制度。根据实际需要推动工业园区、乡镇（街道）和产业系统建立三方机制，推行区域性、产业性三方协调，扩大三方协调覆盖面。

第二，调动与协调劳动关系三方的积极性、主动性。劳动关系三方协调机制除处理劳动争议，进行情况沟通、信息交流外，还应扩展三方协商内容，使其涵盖劳动关系调整的整个过程。三方协调机制应主动将劳动立法、劳动标准管理、职业能力建设等涉及劳动关系的难点、热点问题纳入三方协调的内容，共同研究劳动关系领域的重大问题和处理劳动领域的重大事件。

第三，在劳动关系三方机制协调过程中，注重三方力量的均衡，形成导向明确、协调一致的联动效应。一要实现政府职能在劳动关系三方协调机制中的重新定位，减少政府干预，由主导者向协调者转变。二要明确雇主组织在三方协调机制中的作用，增强雇主组织代表性，提高雇主方代表的权威性。三要确保工会的独立性和有效性，工会的职能定位应根据劳动力市场发展需求做出相应的调整，使其能真正代表职工利益并通过工会职能的切实履行来维护职工的合法权益。

3. 不断增强劳动关系矛盾的调解处置能力

第一，加快推进中国劳动关系矛盾的处置从以企业劳动争议调解委员会为中心的单一调解体系转向以基层组织、工会机关、司法部门、劳动部门和法院等多元主体密切合作的大调解体系。通过工会内部的上下联动、法律援助促成和解、劳动仲裁加强庭外调解以及法院鼓励诉前联调等调解机制创新与整合，提升国家对劳动争议的调解能力。

第二，完善劳动争议仲裁机构实体化基本建设，在推进机构实体化进程中，各地要做到真正使办案机构与行政职能相分离，保证办案人员能稳定、工作经费有保障、工作场所能到位，不断提高劳动争议调解仲裁办案质量和效率。

第三，加快调解仲裁信息化建设。进一步加大对调解仲裁办案系统的推广应用力度，切实提高调解仲裁工作信息化水平，实现仲裁办案规范化、监控管理透明化、公共服务便捷化。开发建立办案监测信息上报制度，加强对办案系统使用情况的监测，逐步实现部、省、市三级都能全面、动态地掌握辖区内的争议案件处理情况。通过信息化手段提高统计分析质量，全面动态地反映争议案件处理情况和劳动人事争议风险点状况，为决策提供有力支撑。

第四，加强调解仲裁队伍建设。合理配备调解员、仲裁员队伍，扎实开展劳动人事争议调解员、仲裁员业务培训，提升调解仲裁队伍专业化水平和办案能力，确保案件审理裁决的合法性、公正性。在保证职业化、专业化的劳动争议调解员、仲裁员作为处置劳动争议的主体外，还应聘任一定数量的兼职仲裁员。

第十一章

研究结论与研究展望

本书在对国内外相关理论与研究文献进行系统研读与梳理的基础上，采用理论分析与实证分析相结合、定性分析与定量分析相结合的方法，围绕经济新常态下的中国劳动力市场效率问题进行系统的理论分析与实证研究。在对中国劳动力市场现状进行描述性分析基础上，就经济新常态与人口转型相互叠加对中国劳动力市场供需协调性的影响，劳动力市场多重分割下的工资收入差异及其成因，劳动力工资扭曲及其对企业创新的影响，最低工资制度对劳动者就业与劳资双方收入分配的影响，劳动争议对劳动收入份额的影响，工会参与对构建和谐劳动关系的作用等，进行了实证评估与理论解读。

第一节 研究结论

（1）2005—2016 年，中国整体的经济增长就业弹性稳中偏低，整体经济增长对就业的拉动作用较弱；中国整体及各省际单位第一产业就业弹性为负，第二产业与第三产业就业弹性为正，但第二产业就业弹性呈下降趋势，第三产业就业弹性逐渐上升，第一产业已成为劳动力净流出行业，第二产业对劳动力需求的拉动作用不断减弱，第三产业已成为吸纳劳动力就业的优势产业；工业和服务业内部劳动密集型行业经济增长就业弹性较高，资本与技术密集型行业、垄断性行业经济增长就业弹性较低；东部各省际单位经济增长的就业弹性整体较高，中西部各省际单位经济增长的就业弹性较低；中国不同省际单位就业弹性呈东中西部递减特征，整体而言，经济发达的东部各省际单位经济增长就业弹性较高，经济欠发达的西部各省际单位经济增长就业弹性较低。

（2）1994年以来，中国省际间绝对工资收入差距总体呈逐渐扩大趋势，相对工资收入差距呈先扩大后缩小趋势；各区域内部工资收入差距均呈先增后降趋势，但区域内工资收入差距呈东西中东北部递减特征；中国行业间绝对工资收入差距有继续扩大趋势，行业间相对工资收入差距呈先扩大后缩小趋势。高工资行业多为行政垄断行业、技术或资本密集型行业，行政垄断与国有经济相结合是导致行业工资收入差距扩大的重要原因，工资收入较低的行业多为劳动密集型行业。在垄断与竞争行业之间、不同要素密集型行业之间的工资收入差距中，组内差距对工资收入差距的贡献率均远远高于组间差距。

（3）2007年前中国总体劳动收入份额有一定幅度下降，2007年后整体呈上升趋势；中国各省际单位劳动收入份额及其变动趋势存在较大差异，经济发展水平较低的地区劳动收入份额高但呈下降趋势，经济发达地区劳动收入份额低但呈上升趋势；中国各产业劳动收入份额呈现"一三二"产业递减特征，且各产业劳动收入份额随时间变化较为频繁，20世纪80年代以来，第二产业和第三产业劳动收入份额总体呈波动上升趋势。中国最低工资标准整体上均逐年上涨，但最低工资标准表现出明显的地区差异性，东部经济发达地区及其代表城市最低工资标准远远高于经济欠发达地区及其代表城市最低工资标准。中国劳动争议呈现争议案件数量持续增加、劳动报酬和社会保险成为劳动争议的主要原因、非公有制企业劳动争议案件激增、制造业成为劳动争议的主要行业、经济发展水平较高的地区成为劳动争议主要集中地、仲裁与案外调解成为处理劳动争议的主要方式、劳动者胜诉比重逐渐下降等基本特征。

（4）经济增长、产业结构升级、技术进步、外部环境变化对劳动力需求的影响均具有滞后效应；劳动力需求与经济增长之间存在相互依赖关系；产业结构优化滞后一期和滞后二期均对劳动力需求具有显著正向影响；短期内技术进步对劳动力需求的破坏效应占主导地位，长期内技术进步对劳动力需求的创造效应占据主导地位；短期内，外贸依存度对劳动力需求具有显著正向影响，长期内对劳动力需求产生显著负向影响。经济增速提高短期内对劳动力需求具有明显推动作用，但长期推动作用会减弱;第三产业与第二产业产值比提高,劳动力需求迅速增加,但正向影响逐渐收敛;技术进步首先充分体现为对劳动力需求的破坏效应占主导地位,而后体现为对劳动力需求的创造效应占据主导地位,但创造效应带来的劳动力需求增加随时间逐渐收敛。劳动力需求的波动主要来自自身波动的冲击;经济新常态对劳动力需求的冲击呈经济增长、产业结构、技术进步、外部环境变化依次递减的特征,但经济增速与产业结构优化对劳动力需求冲击的贡献率随时间呈逐步增强态势,技术进步与进出口比重对劳动力需求冲击的贡献率随时间呈逐渐递减趋势。2015—2050年中国将面临劳动力供给规模下降及劳动力供给性别结构性失衡的双重挑战。中国总体劳动参与率、男性劳动参与率与女性劳动参与率均将持续下降,女性劳动参与率低于男性且下降速度较男性更快;中国整体劳动参与率随年龄变化呈倒"U"形,20岁以下、60岁及以上劳动参与率整体最低,中国将面临劳动参与率尤其是青壮年劳动参与率下降的严峻压力;中国适龄总劳动人口、适龄男性劳动人口、适龄女性劳动人口规模均下降,且适龄女性劳动人口下降速度快于男性,未来中国劳动力供给将面临适龄劳动人口规模持续下降与性别结构性失衡的双重挑战。

(5) 1998—2016年,中国劳动力市场供需协调度整体呈先上升后下降的变化趋势,中国劳动力供给综合评价指数大于需求综合评价指数,中国劳动力市场供需协调发展表现为需求滞后型的勉强协调等级。中国东中西部地区劳动力市场供需协调度均呈先上升后下降的变化趋势,但区域劳动力市场供需协调呈东中西部递减特征,经济发达地区劳动力市场供需协调度较高,经济发展水平落后地区劳动力市场供需协调度较低;东部地区和中部地区的劳动力供给综合评价指数始终大于需求综合评价指数,劳动力市场表现为供过于求,西部地区部分年份劳动力供给综合评价指数小于需求综合评价指数,劳动力市场表现为供不应求;随着西部区域劳动力回流和东部产业转移对低端劳动力的挤出,西部地区劳动力供给综合评价指数呈现大幅度上升,西部地区劳动力市场表现为需求损益型的濒临失调状态。中国劳动力市场供需协调度存在显著省际差异,经济发达省份劳动力市场供需协调度较高,经济欠发达省份劳动力市场供需协调度更低;中国大部分省份劳动力供给综合评价指数大于需求综合评价指数，且供需差距出现大幅度上升，表现为劳动力供过于求的结构性失衡现象逐渐加剧。

（6）中国城乡户籍劳动者工资收入存在显著差异，无论何种行业、所有制、职业以及不同职业内部，城市户籍劳动者的工资收入水平均显著高于农村户籍劳动者；城乡户籍劳动者工资收入差异呈东中西部递减特征，经济越发达地区，城乡户籍劳动者工资收入差异越大。中国现阶段城乡户籍劳动者工资收入差异的82.24%由劳动者个体特征差异引起，劳动者受教育水平的差异是引致城乡户籍劳动者工资收入差异的主要原因，贡献了城乡户籍劳动力工资差异的63.08%，但户籍歧视造成的城乡户籍劳动者工资收入差异仍不容小觑。由直接歧视（同工不同酬）引致的城乡户籍劳动者工资差异是造成城乡户籍劳动力工资歧视的主要方面，约占城乡户籍劳动力工资总歧视的89.13%；由就业机会歧视造成的对城乡户籍劳动者工资差异的贡献度较小，但在城乡收入差距已经扩大的背景下，对城市户籍劳动力的"优惠"造成的城乡户籍劳动力工资差异仍应引起高度重视。

（7）中国整体劳动力市场存在显著工资向下扭曲特征，劳动力市场的结构性缺陷、制度障碍和单个劳动力非生产率特征对工资扭曲具有重要引致作用；中国劳动力工资扭曲程度存在显著的城乡、省际、行业、所有制差异，城镇劳动力、市场化程度和经济发展水平较高的省份、垄断性行业以及国有企业，工资扭曲程度更低；女性劳动力工资扭曲程度高于男性，低学历比高学历劳动者工资扭曲程度更高，女性教育程度的提高有助于缩小工资扭曲程度的性别差异，好的家庭经济条件、丰富的社会资本积累、平均工资水平提高均有助于降低劳动者工资扭曲程度，对第二产业依赖程度提高将加剧劳动力工资扭曲。中国制造业企业层面的工资扭曲均值约为3.81，平均而言劳动力边际产出是实际工资水平的3.81倍，劳动报酬与劳动贡献存在系统性差异；劳动力工资扭曲对企业创新具有显著抑制作用，工资扭曲程度扩大10%，导致企业创新产值降低3.65%；工资扭曲对企业创新的抑制作用呈国企、外企、民企下降特征，工资扭曲对国企创新的抑制程度最高，对外企的抑制作用有限，市场竞争强度有助于减轻工资扭曲对民企创新的不利影响；劳动力工资扭曲对企业创新的抑制程度呈现劳动密集型、资本密集型、技术密集型依次增强的行业特征。劳动力工资扭曲通过要素配置效应、人才挤出效应和需求挤压效应影响企业创新,工资扭曲程度越高的企业,越缺乏投入研发资本和研发人员进行创新的压力和动力,很难留住高生产率、高创新力的人才,低于劳动贡献的收入水平也将相对挤压劳动者的消费需求,抑制企业创新活动的开展。

(8)最低工资制度对工业行业整体就业具有显著负向影响,最低工资标准的上涨将显著减少工业行业整体就业人数;最低工资制度显著促进东部地区工业行业就业,对东北地区、中部地区工业行业就业影响不显著,对西部地区工业行业就业具有抑制作用;强化《中华人民共和国劳动合同法》等外部监管环境,最低工资制度将对东部、中部地区和西部地区就业产生显著负向冲击;最低工资制度会显著减少资本密集型行业、规模较小行业、国有资本占比较低行业的雇用人数,增加规模较大行业雇用量,对劳动密集型行业和国有资本占比较高行业的就业影响不显著。最低工资制度与企业利润率显著负相关,最低工资标准提升将显著降低企业利润率;最低工资标准对东部地区、西部地区和东北地区企业利润率均具有显著负向影响,但影响程度呈东部、西部、东北地区递减特征,对中部地区企业的负向影响不显著;最低工资制度对非国有企业利润率具有显著负向影响,对国有企业利润率的负向影响不显著,对劳动密集型企业利润率的负向影响大于资本与技术密集型企业;最低工资制度对企业利润率的影响是工资成本效应与劳动生产率效应共同作用的结果,最低工资标准提升在通过提高企业工资成本率显著降低企业利润率的同时,通过提高企业劳动生产率缓解其对企业利润率的负向影响。最低工资制度对企业层面劳动收入份额具有显著正向影响,最低工资标准的上涨将显著提高企业层面的劳动收入份额,且在经济发展水平相似的地区,提高最低工资标准对改善收入分配更有效;最低工资制度对企业层面收入分配效应的正向影响存在行业差异,制定与实施不同的行业最低工资标准有助于更好地发挥最低工资制度的收入分配效应,形成合理的收入分配格局。

(9)劳动争议对中国劳动收入份额具有显著负向影响,劳动争议案件增加将显著降低劳动收入份额;劳动争议增加促使企业选择利用资本替代劳动,劳均资本存量上升,产生资本深化现象,由于现阶段中国资本和劳动更多地表现为替代关系，因此劳动争议上升带来的资本深化会对劳动收入份额产生显著抑制作用；资本深化在劳动争议影响劳动收入份额中发挥了完全中介效应。

（10）企业职工的工会参与可显著促进和谐劳动关系发生的概率，相比企业设立工会，采用职工参加工会活动衡量工会参与所估计得到的工会效应更大；工会效应的发挥以工会实践为前提，缺乏职工真正参与、与基层职工脱节的工会很难发挥其实际作用，表现为企业单纯设立工会而没有组织工会活动的"挂牌"工会、"空壳"工会并不能有效促进劳动关系的改善；工会对和谐劳动关系的积极作用通过其维权、维稳和经济建设职能的履行而实现，中国工会巧妙地将维权、维稳与经济建设三重职能结合在劳动关系调整中，通过改善职工工资率、劳动时间等劳动权益，搭设畅通有效的职工建言通道，以及共同做大企业蛋糕，使职工、企业和政府符合利益一致假设，从而建立规范有序、公正合理、互利共赢、和谐稳定的劳动关系。

（11）在经济新常态下，提高劳动力市场效率需要增加劳动力有效需求、提高劳动力有效供给、推动实现更充分就业和更高质量就业。增加劳动力有效需求应提高经济发展创造就业岗位能力、统筹协调产业政策与就业政策、实现技术进步和就业增长的"双赢"以及稳定和促进外向型就业岗位；提高劳动力有效供给应在增加劳动力供给数量的同时提升劳动者的素质和能力；推动实现更充分就业应使创新创业成为扩大就业的主阵地、破除妨碍劳动力社会性流动的体制机制弊端以及加强重点群体就业保障能力；推动实现更高质量就业应完善工资分配制度、完善劳动者权益保护制度以及构建和谐劳动关系。

第二节 研究展望

本书涉及内容多，采集数据范围广、层次多，由于统计口径调整并受数据可得性限制，对经济新常态与中国劳动力市场效率的研究只能在可获得数据的时序范围或领域内展开，这不仅导致部分研究内容的数据在时间区间上具有非平稳性，也在一定程度上限制了对中国劳动力市场效率相关问题研究的深化和拓展，这既是本书的遗憾，也是本书的局限。

首先，由于劳动力需求无法直接从统计数据中获取，考虑中国的就业属于需求导向型，本书采用就业作为替代指标，但就业并不等同于需求，由此可能导致对经济新常态下劳动力需求的研究结论存在偏差。

其次，劳动力市场供需协调性是衡量劳动力市场效率问题最直观、最重要的指标，影响因素复杂多元、相互交迭。本书对经济新常态下劳动力市场供需协调性的影响，重点关注经济增速、结构升级、驱动力转换与外部环境变化对劳动力需求的影响，以及人口转型带来的人口年龄结构、性别结构、教育结构、城乡结构变动对劳动力供给的影响，可能存在某些重要因素被遗漏的情况，特别是国际国内突发性因素对劳动力需求与供给带来的冲击效应。

最后，从微观视角构建反映经济新常态的劳动力市场特征函数，能更好地考察劳动力市场匹配效率的状况，受数据可得性限制，未能进行更深入的研究。

随着研究工具、研究方法、研究视角的不断创新，随着各级政府部门与研究单位对微观调研的重视，随着相关微观调研数据的逐渐公开或有偿使用，以此研究为基础，进一步深化对中国劳动力市场效率相关问题进行更深入的研究，不仅非常必要，也将成为可能。笔者将及时关注这一领域的研究进展，并在不断探索中继续深化以下问题的研究。

（1）科学预测与准确研判经济新常态对未来劳动力市场需求规模与需求结构的影响，以及未来劳动力需求规模与需求结构变动对就业规模和就业结构、厂商生产要素配置行为和劳动收入份额等的系统性影响，是后续研究的重要内容。

（2）科学预测人口转型过程中不同年龄段劳动力人口供给规模与供给结构的分化对未来教育、医疗、养老等社会事业供求的直接影响，以及对产业演进与更替、消费结构等的间接影响，是一项非常有价值和意义的工作。

（3）科学判断经济新常态下劳动力转移的关键动力与新趋势，实证评估劳动力转移新趋势对劳动力流入（出）地人口结构、教育、医疗、养老等社会事业的供给与需求产生的深远影响，以及未来劳动力转移新趋势对国家产业集聚与生产力布局、城镇化格局、地区人口结构等的影响，是一项非常重要的后续研究内容。

（4）科学判断与实证评估工会组织、集体工资协商等多种社会组织的发展对工资形成机制的影响，以及中国劳动力市场多层次分割格局对劳动力流动、工资形成、就业匹配等的影响，深入探索并构建符合中国社会、经济和人口条件的有效劳动力市场治理体系及其运行机制，是一项非常重要并具有挑战性的工作。

（5）在企业人力资本构成与产出的微观数据可得基础上，从微观视角深入考察不同人力资本结构的劳动者工资扭曲状况、劳动者流动效应及其对企业创新的影响，也是一项非常具有理论价值和实践价值的研究工作。

参考文献

安同良、千慧雄：《中国居民收入差距变化对企业产品创新的影响机制研究》，《经济研究》2014年第9期。

白重恩、钱震杰：《我国资本收入份额影响因素及变化原因分析——基于省际面板数据的研究》，《清华大学学报》（哲学社会科学版）2009年第4期。

白重恩等：《中国工业部门要素分配份额决定因素研究》，《经济研究》2008年第8期。

白重恩、钱震杰：《国民收入的要素分配：统计数据背后的故事》，《经济研究》2009年第3期。

白重恩、钱震杰：《劳动收入份额决定因素：来自中国省际面板数据的证据》，《世界经济》2010年第12期。

蔡昉等：《户籍制度与劳动力市场保护》，《经济研究》2001年第12期。

常凯：《劳动关系的集体化转型与政府劳工政策的完善》，《中国社会科学》2013年第6期。

陈昊：《婚姻对女性工资的影响：升水还是诅咒？——来自中国家庭收入调查的证据》，《世界经济文汇》2015年第2期。

陈维政等：《中国企业工会角色冲突对工会职能作用发挥的影响和对策研究》，《管理学报》2016年第3期。

陈艳莹、鲍宗客：《行业效应还是企业效应？——中国生产性服务企业利润率差异来源分解》，《管理世界》2013年第10期。

陈宇峰等：《技术偏向与中国劳动收入份额的再考察》，《经济研究》2013 年第 6 期。

程大中：《中国增加值贸易隐含的要素流向扭曲程度分析》，《经济研究》2014 年第 9 期。

程名望等：《市场化、政治身份及其收入效应——来自中国农户的证据》，《管理世界》2016 年第 3 期。

程延园、王甫希：《变革中的劳动关系研究：中国劳动争议的特点与趋向》，《经济理论与经济管理》2012 年第 8 期。

崔勋等：《劳动关系氛围和员工工作满意度：组织承诺的调节作用》，《南开管理评论》2012 年第 2 期。

戴魁早、刘友金：《要素市场扭曲、区域差异与 R&D 投入——来自中国高技术产业与门槛模型的经验证据》，《数量经济技术经济研究》2015 年第 9 期。

戴魁早、刘友金：《要素市场扭曲与创新效率——对中国高技术产业发展的经验分析》，《经济研究》2016 年第 7 期。

戴天仕、徐现祥：《中国技术进步方向》，《世界经济》2010 年第 1 期。

单红梅等：《工会实践对企业绩效影响的实证研究》，《管理科学》2014 年第 4 期。

邓曲恒：《最低工资政策对企业利润率的影响》，《劳动经济研究》2015 年第 4 期。

丁守海：《提高最低工资标准对农民工离职率的影响分析——基于北京市 827 名农民工的调查》，《中国农村观察》2009 年第 4 期。

都阳、曲玥：《劳动报酬、劳动生产率与劳动力成本优势——对 2000—2007 年中国制造业企业的经验研究》，《中国工业经济》2009 年第 5 期。

都阳、王美艳：《中国最低工资制度的实施状况及其效果》，《中国社会科学院研究生院学报》2008 年第 6 期。

樊纲等：《中国市场化指数·各省区市场化相对进程 2011 年度报告》，经济科学出版社 2011 年版。

范红忠等：《就业生命时间、劳动者收入的持久性与我国居民消费率——基于省际职工收入占比和非职工收入占比的面板数据分析》，

《经济学（季刊）》2013年第4期。

范巧：《基于雷布钦斯基定理的行业要素密集性质研究——来自中国工业部门36个主要行业的例证》，《工业技术经济》2012年第9期。

方文全：《中国劳动收入份额决定因素的实证研究：结构调整抑或财政效应?》，《金融研究》2011年第2期。

费舒澜：《美貌者进入了高收入职业吗》，《劳动经济研究》2016年第4期。

冯同庆：《劳资关系理论考察——从对立到协调》，《江苏社会科学》2010年第3期。

付文林：《最低工资、调整成本与收入分配效应的结构差异》，《中国人口科学》2014年第1期。

龚玉泉、袁志刚：《中国经济增长与就业增长的非一致性及其形成机理》，《经济学动态》2002年第10期。

郭丛斌：《二元制劳动力市场分割理论在中国的验证》，《清华大学教育研究》2004年第5期。

郭继强等：《越漂亮，收入越高吗？——兼论相貌与收入的"高跟鞋曲线"》，《经济学（季刊）》2017年第1期。

郭继强等：《双重指数基准矫正下Brown分解方法新改进》，《数量经济技术经济研究》2013年第6期。

郭继强、陆利丽：《工资差异均值分解的一种新改进》，《经济学（季刊）》2009年第4期。

韩燕、钱春海：《FDI对我国工业部门经济增长影响的差异性——基于要素密集度的行业分类研究》，《南开经济研究》2008年第5期。

郝枫、盛卫燕：《中国要素替代弹性估计》，《统计研究》2014年第7期。

郝枫、肖红叶：《要素—产品比价研究：国际经验与历史证据》，《商业经济与管理》2009年第1期。

郝枫：《劳动份额"橄型"演进规律》，《统计研究》2012年第6期。

胡远华、柯慧飞：《最低工资制度对农民工就业和收入的影响》，《商业研究》2012年第11期。

黄先海、徐圣：《中国劳动收入比重下降成因分析——基于劳动节约型技术进步的视角》，《经济研究》2009 年第 7 期。

贾朋、张世伟：《最低工资标准提升的就业效应——一个基于自然实验的经验研究》，《财经科学》2012 年第 5 期。

贾朋、张世伟：《最低工资提升的劳动供给效应：一个基于自然实验的经验研究》，《南方经济》2013 年第 1 期。

姜磊、陈坚：《二元经济转型与劳动收入份额：理论与实证》，《经济社会体制比较》2014 年第 4 期。

姜磊、王昭凤：《中国现代部门劳动分配比例的变动趋势与影响因素——基于中国省际面板数据的分析》，《财贸研究》2009 年第 1 期。

康志勇：《融资约束、政府支持与中国本土企业研发投入》，《南开管理评论》2013 年第 5 期。

李博、温杰：《中国工业部门技术进步的就业效应》，《经济学动态》2010 年第 10 期。

李春玲、李实：《市场竞争还是性别歧视——收入性别差异扩大趋势及其原因解释》，《社会学研究》2008 年第 2 期。

李春玲：《当代中国社会的声望分层——职业声望与社会经济地位指数测量》，《社会学研究》2005 年第 2 期。

李稻葵、何梦杰：《我国现阶段初次分配中劳动收入下降分析》，《经济理论与经济管理》2010 年第 2 期。

李稻葵等：《GDP 中劳动份额演变的 U 型规律》，《经济研究》2009 年第 1 期。

贵卿、陈维政：《合作型劳动关系对企业绩效影响的实证研究》，《当代财经》2010 年第 1 期。

李建民：《中国劳动力市场多重分隔及其对劳动力供求的影响》，《中国人口科学》2002 年第 2 期。

李骏、顾燕峰：《中国城市劳动力市场中的户籍分层》，《社会学研究》2011 年第 2 期。

李龙、宋月萍：《工会参与对农民工工资率的影响——基于倾向值方法的检验》，《中国农村经济》2017 年第 3 期。

李敏、蔡惠如：《工会承诺、组织承诺和员工绩效——被企业所有制类型跨层次调节的中介模型》,《商业经济与管理》2015年第5期。

李明、徐建炜:《谁从中国工会会员身份中获益?》,《经济研究》2014年第5期。

李爽等:《权势的价值:党员身份与社会网络的回报在不同所有制企业是否不同?》,《世界经济文汇》2008年第6期。

林炜:《企业创新激励:来自中国劳动力成本上升的解释》,《管理世界》2013年第10期。

林志帆等:《货币扩张、资本深化与劳动收入份额下降——理论模型与跨国经验证据》,《经济科学》2015年第5期。

林志帆、赵秋运:《金融抑制会导致劳动收入份额下降吗?——来自世界银行2012年中国企业调查数据的经验证据》,《中国经济问题》2015年第6期。

鲁晓东、连玉君:《中国工业企业全要素生产率估计:1999—2007》,《经济学(季刊)》2012年第2期。

陆学艺:《当代中国社会流动》,中国科学文献出版社2004年版。

罗小兰:《我国最低工资标准农民工就业效应分析——对全国、地区及行业的实证研究》,《财经研究》2007年第11期。

罗长远、张军:《劳动收入占比下降的经济学解释——基于中国省级面板数据的分析》,《管理世界》2009年第5期。

罗长远、张军:《经济发展中的劳动收入占比:基于中国产业数据的实证研究》,《中国社会科学》2009年第4期。

吕建军:《论我国劳动力市场的体制性分割与农村劳动力转移》,《湖北社会科学》2002年第9期。

马双等:《最低工资与已婚女性劳动参与》,《经济研究》2017年第6期。

马双等:《最低工资对中国就业和工资水平的影响》,《经济研究》2012年第5期。

马双、甘犁:《最低工资对企业在职培训的影响分析》,《经济学(季刊)》2014年第1期。

马欣欣:《劳动力市场的产业分割——关于垄断行业与竞争行业间工资差异的经验分析》,《中国劳动经济学》2011年第1期。

孟凡强：《劳动力市场多重分割下的城乡工资差距》，《人口与经济》2014年第2期。

孟令国等：《基于PDE模型的中国人口结构预测研究》，《中国人口·资源与环境》2014年第2期。

聂辉华等：《中国工业企业数据库的使用现状和潜在问题》，《世界经济》2012年第5期。

聂胜：《我国经济转型期间的劳动力市场分割：从所有制分割到行业分割》，《当代经济科学》2004年第6期。

庞念伟等：《城镇就业市场上劳动力工资扭曲程度测度》，《南方经济》2014年第8期。

钱晓烨、迟巍：《国民分配初次分配中劳动收入份额的地区差异》，《经济学动态》2011年第5期。

乔健：《在国家、企业和劳工之间：工会在市场经济转型中的多重角色——对1811名企业工会主席的问卷调查》，《当代世界与社会主义》2008年第2期。

卿石松、田艳芳：《家庭劳动是否降低工资收入——基于CHNS的证据》，《世界经济文汇》2015年第4期。

卿石松、郑加梅：《"同酬"还需"同工"：职位隔离对性别收入差距的作用》，《经济学（季刊）》2013年第2期。

冉光和、曹跃群：《资本投入、技术进步与就业促进》，《数量经济技术经济研究》2007年第2期。

邵敏、包群：《外资进入是否加剧中国国内工资扭曲：以国有工业企业为例》，《世界经济》2012年第10期。

邵敏、黄玖立：《外资与我国劳动收入份额——基于工业行业的经验研究》，《经济学（季刊）》2010年第4期。

盛丹、陆毅：《国有企业改制降低了劳动者的工资议价能力吗?》，《金融研究》2017年第1期。

盛仕斌、徐海：《要素价格扭曲的就业效应研究》，《经济研究》1999年第5期。

石涛、张磊：《劳动报酬占比变动的产业结构调整效应分析》，《中国工业经济》2012年第8期。

孙楚仁等：《最低工资与中国企业的出口行为》，《经济研究》2013年第2期。

孙楚仁等：《最低工资一定会影响企业的出口吗?》，《世界经济》2013年第8期。

孙瑜、梁潇杰：《基于扎根理论的员工劳动关系满意度质性研究》，《社会科学战线》2017年第2期。

孙中伟、贺霞旭：《工会建设与外来工劳动权益保护——兼论一种"稻草人机制"》，《管理世界》2012年第12期。

孙中伟、舒玢玢：《最低工资标准与农民工工资——基于珠三角的实证研究》，《管理世界》2011年第8期。

唐东波、王洁华：《贸易扩张，危机与劳动收入份额下降——基于中国工业行业的实证研究》，《金融研究》2011年第9期。

唐东波：《全球化与劳动收入占比：基于劳资议价能力的分析》，《管理世界》2011年第8期。

田丰：《城市工人与农民工的收入差异研究》，《社会学研究》2010年第2期。

王丹枫：《产业升级、资本深化下的异质性要素分配》，《中国工业经济》2011年第8期。

王德文等：《农村迁移劳动力就业与工资决定：教育与培训的重要性》，《经济学（季刊）》2008年第4期。

王光新、姚先国：《中国最低工资对就业的影响》，《经济理论与经济管理》2014年第11期。

王美艳：《转轨时期的工资差异：歧视的计量分析》，《数量经济技术经济研究》2003年第5期。

王宁、史晋川：《中国要素价格扭曲程度的测度》，《数量经济技术经济研究》2015年第9期。

王舒鸿：《FDI、劳动异质性与我国劳动收入份额》，《财经研究》2012年第4期。

王维国、周闯：《城镇居民就业性别差异的分解及区域比较》，《统计研究》2014年第2期。

王永进、盛丹：《要素积累、偏向型技术进步与劳动收入占比》，

《世界经济文汇》2010年第4期。

王永丽、郑婉玉：《双重角色定位下的工会跨界职能履行及作用效果分析》，《管理世界》2012年第10期。

王智波、李长洪：《好男人都结婚了吗？——探究我国男性工资婚姻溢价的形成机制》，《经济学（季刊）》2016年第2期。

魏下海等：《工会是否改善劳动收入份额？——理论分析与来自中国民营企业的经验证据》，《经济研究》2013年第8期。

魏下海等：《人口年龄结构变化与劳动收入份额》，《南开经济研究》2012年第2期。

魏下海、董志强：《城市商业制度环境影响劳动者工资扭曲吗？——基于世界银行和中国工业企业数据的经验研究》，《财经研究》2014年第5期。

翁杰、徐圣：《最低工资制度的收入分配效应研究——以中国工业部门为例》，《中国人口科学》2015年第3期。

翁杰：《中国农村劳动力转移与劳动收入份额变动研究》，《中国人口科学》2011年第6期。

肖红叶、郝枫：《中国收入初次分配结构及其国际比较》，《财贸经济》2009年第2期。

谢嗣胜、姚先国：《农民工工资歧视的计量分析》，《中国农村经济》2006年第4期。

徐丽雯：《我国劳动争议处理制度存在的问题与完善之策》，《北京行政学院学报》2014年第2期。

徐世勇等：《中国工人罢工的四方层级解决机制：基于案例研究的一种新诠释》，《管理世界》2014年第4期。

徐晓红：《劳资关系与经济增长——基于中国劳资关系库兹涅茨曲线的实证检验》，《经济学家》2009年第10期。

杨翠迎、王国洪：《最低工资标准对就业：是促进，还是抑制？——基于中国省级面板数据的空间计量研究》，《经济管理》2015年第3期。

杨继东、杨其静：《工会、政治关联与工资决定——基于中国企业调查数据的分析》，《世界经济文汇》2013年第2期。

杨继东、章逸然：《政治身份与收入差距——基于中国社会综合调查数据的研究》，《世界经济文汇》2016年第4期。

杨俊、邵汉华：《资本深化、技术进步与全球化下的劳动报酬份额》，《上海经济研究》2009年第9期。

杨振兵、张诚：《〈劳动合同法〉改善了工资扭曲吗？——来自中国工业部门的证据》，《产业经济研究》2015年第5期。

姚先国等：《农民工工资歧视与职业隔离——来自浙江省的证据》，《管理学家》2008年第3期。

姚洋、钟宁桦：《工会是否提高了工人的福利？——来自12个城市的证据》，《世界经济文汇》2008年第5期。

叶静怡等：《市场、社会行动与最低工资制度》，《经济研究》2014年第12期。

叶林祥等：《中国企业对最低工资政策的遵守——基于中国六省市企业与员工匹配数据的经验研究》，《经济研究》2015年第6期。

游正林：《60年来中国工会的三次大改革》，《社会学研究》2010年第4期。

岳经纶、庄文嘉：《国家调解能力建设：中国劳动争议"大调解"体系的有效性与创新性》，《管理世界》2014年第8期。

张车伟、张士斌：《中国初次收入分配格局的变动与问题——以劳动报酬占GDP份额为视角》，《中国人口科学》2010年第5期。

张杰等：《要素市场扭曲抑制了中国企业R&D?》，《经济研究》2011年第8期。

张杰等：《中国制造业部门劳动报酬比重的下降及其动因分析》，《中国工业经济》2012年第5期。

张杰等：《出口对劳动收入份额抑制效应研究——基于微观视角的经验证据》，《数量经济技术经济研究》2012年第7期。

张军等：《最低工资标准提高对就业正规化的影响》，《中国工业经济》2017年第1期。

张军等：《中国省际物质资本存量估计：1952—2000》，《经济研究》2004年第10期。

张莉、李捷瑜：《国际贸易、偏向型技术进步与要素收入分配》，

《经济学（季刊）》2012年第2期。

张明志等：《工资扭曲对中国企业出口的影响：全球价值链视角》，《经济学动态》2017年第6期。

张庆昌、李平：《生产率与创新工资门槛假说：基于中国经验数据分析》，《数量经济技术经济研究》2011年第11期。

张世伟、贾朋：《最低工资标准调整的收入分配效应》，《数量经济技术经济研究》2014年第3期。

张天华、张少华：《中国工业企业全要素生产率的稳健估计》，《世界经济》2016年第4期。

张展新：《劳动力市场的产业分割与劳动力人口流动》，《中国人口科学》2004年第2期。

张旭昆、寿菊萍：《工资集体协商的工资负效应分析》，《社会科学战线》2019年第12期。

赵瑞丽等：《最低工资与企业出口持续时间》，《世界经济》2016年第7期。

赵文军、于津平：《贸易开放、FDI与中国工业经济增长方式——基于30个工业行业数据的实证研究》，《经济研究》2012年第8期。

周明海：《中国劳动收入份额变动分解和机理研究》，《劳动经济研究》2012年第3期。

周晔馨：《社会资本是穷人的资本吗？——基于中国农户收入的经验证据》，《管理世界》2012年第7期。

庄文嘉：《"调解优先"能缓解集体性劳动争议吗？——基于1999—2011年省际面板数据的实证检验》，《社会学研究》2013年第5期。

Acemoglu and Daron, "Good Jobs versus Bad Jobs", *Journal of Labor Economics*, No. 1, 2002.

Acemoglu and Daron, "Labor and Capital Augmenting Technical Change", *Journal of the European Economic Association*, No. 1, 2003.

Acemoglu and Daron, "Directed Technical Change", *Review of Economic Studies*, No. 4, 2010.

Aghion and P. Howitt, "Growth and unemployment", *Review of Eco-*

nomic Studies, No. 61, 1994.

Ahn T., *Minimum Wages and Positive Employment Effects in General Equilibrium*, North Carolina: Duke University Press, 2005.

Alatas, Vivi, et al., "The Impact of Minimum Wages on Employment in a Low Income Country: An Evaluation Using the Difference – in – Differences Approach", *Social Science Electronic Publishing*, No. 2, 2003.

Alfred Kleinknecht and C. W. M. Naastepad, "The Netherlands: Failure of a neo – classical Policy Agenda", *European Planning Studies*, No. 8, 2005.

Andrés and Ham, "The Consequences of Legal Minimum Wages in Honduras", *World Development*, No. 102, 2018.

Becker and G. S., *Human Capital: A Theoretical and Empirical Analysis with Special Reference to Education*, New York: National Bureau of Economic Research, 1975.

Becker and G. S., *The Economic of Discrimination*, Chicago: The University of Chicago Press, 1957.

Bentolila, Samuel, et al., "Explaining Movements in the Labor Share", *Contributions in Macroeconomics*, No. 1, 1999.

Bhaskar V., Alan Manning, et al., "Oligopsony and Monopsonistic Competition in Labor Markets", *The Journal of Economic Perspectives*, No. 2, 2002.

Blanchard, Olivier, et al., "Macroeconomic Effects of Regulation and Deregulation in Goods and Labor Markets", *Quarterly Journal of Economics*, No. 3, 2003.

Blanchard, Olivier J., et al., "The Medium Run", *Brookings Papers on Economic Activity*, No. 2, 1997.

Brandt, Loren, et al., "Creative Accounting or Creative Destruction? Firm – level Productivity Growth in Chinese Manufacturing", *Journal of Development Economics*, No. 1, 2012.

Brown Charles, "Chapter 32 Minimum Wages, Employment, and the Distribution of Income", *Handbook of Labor Economics*, No. 2, 1999.

Brown, Charles, et al., "The Effect of the Minimum Wage on Employment and Unemployment", *Journal of Economic Literature*, No. 2, 1982.

Brown, Graham K., et al., "Treatment Interactions with Non – Experimental Data in Stata", *Stata Journal*, No. 11, 2010.

Brown, Randall S., et al., "Incorporating Occupational Attainment in Studies of Male – Female Earnings Differentials", *Journal of Human Resources*, No. 1, 1980.

Brown, Murray, et al., "A Measure of Technological Employment", *Review of Economics & Statistics*, No. 4, 1963.

Cai and Yongshun, "Local Governments and the Suppression of Popular Resistance in China", *China Quarterly*, No. 193, 2008.

Card and David, "Using Regional Variation in Wages to Measure the Effects of the Federal Minimum Wage", *Industrial & Labor Relations Review*, No. 1, 1992.

Chen M. S., et al., "Employee and Union Inputs into Occupational Health and Safety Measures in Chinese Factories", *Social Science & Medicine*, No. 7, 2004.

Cobb, Charles W., et al., "A Theory of Production", *American Economic Review*, No. 1, 1928.

Collin and Douglas, *Getting Income Shares Right*, Department of Economics Working Papers, 2002.

Cotton and Jeremiah, "On the Decomposition of Wage Differentials", *Review of Economics & Statistics*, No. 2, 1988.

Cuong N V., "Do Minimum Wage Increases Matter to Firm Profitability? The Case of Vietnam", *Journal of International Development*, No. 1, 2013.

Dickens R., Manning A., et al., Minimum Wages and Wage Inequality: Some Theory and an Application to the UK, *Working Paper*, 2012.

Diwan I., *Debt as Sweet: Labor, Financial Crises and the Globalization of Capital*, The World Bank, 2012.

Draca Mirko, Stephen Machin, et al., "Minimum Wages and Firm

Profitability", *American Economic Journal: Applied Economics*, No. 1, 2011.

Elias, V. J., *Sources of Growth: Study of Seven Latin American Economies*, San Francisco: ICS Press, 1992.

Flinn and Christopher J., "Minimum Wage Effects on Labor Market Outcomes under Search, Matching, and Endogenous Contact Rates", *Econometrica*, No. 4, 2006.

Freeman R. and Medoff J., "The Impact of Collective Bargaining: Illusion or Reality?", *NBER Working Paper*, 1982.

Freeman, Richard B., et al., "What Do Unions Do?", *Administrative Science Quarterly*, No. 3, 2002.

Gramlich, Edward M., et al., "Impact of Minimum Wages on Other Wages, Employment, and Family Incomes", *Brookings Papers on Economic Activity*, No. 2, 1976.

Harasztosi, Peter, et al., "Who Pays for the Minimum Wage?", *Working Paper*, 2015.

Hicks J. R., *The Theory of Wages*, London: Macmillan, 1932.

Huang, P. Loungani, et al., "Minimum Wages and Firm Employment: Evidence from China", *Social Science Electronic Publishing*, No. 14, 2014.

I. B. Kravis, "Relative Income Shares in Fact and Theory", *The American Economic Review* No. 49, 1959.

Karabarbounis, Loukas, et al., "The Global Decline of the Labor Share", *Nber Working Papers*, No. 1, 2013.

Keynes and J. M., "Relative Movements of Real Wages and Output", *Economic Journal*, No. 193, 1939.

Klump, Rainer, et al., "Factor Substitution and Factor – Augmenting Technical Progress in the United States: A Normalized Supply – Side System Approach", *Review of Economics & Statistics*, No. 1, 2007.

Krueger and Alan B., "Measuring Labor's Share", *American Economic Review*, No. 2, 1999.

Krueger, Alan B., et al., "Efficiency Wages and the Inter – Industry Wage Structure", *Econometrica*, No. 2, 1988.

Kumbhakar, Subal C., et al., "The Effects of Match Uncertainty and Bargaining on Labor Market Outcomes: Evidence from Firm and Worker Specific Estimates", *Journal of Productivity Analysis*, No. 1, 2009.

Kuznets S. and Murphy J. T., *Modern Economic Growth: Rate, Structure and Soread*, New Haven: Yale University Press, 1996.

Kuznets S., "Modern Economic Growth: Findings and Reflecting", *The American Economic Review*, No. 3, 1973.

Lang, Günter, "The Difference between Wages and Wage Potentials: Earnings Disadvantages of Immigrants in Germany", *Journal of Economic Inequality*, No. 1, 2005.

Mincer and Jacob, "Schooling, Experience and Earnings", *National Bureau of Economic Research of Columbia University*, 1974.

Morel and L., "A Sectoral Analysis of Labor's Share of Income in Canada", *Working paper of Research Department, Bank of Canada*, 2005.

Mortensen, Dale T., et al., "Technological Progress, Job Creation, and Job Destruction", *Review of Economic Dynamics*, No. 1, 1998.

Neumark, David, et al., "Minimum Wage Effects throughout the Wage Distribution", *Journal of Human Resources*, No. 2, 2004.

Neumark, David, et al., "Employment Effects of Minimum and Subminimum Wages: Panel Data on State Minimum Wage Laws", *Industrial & Labor Relations Review*, No. 1, 1992.

Neumark, David, et al., *Minimum Wages and Employment*, New York: Palgrave Macmillan, 2004.

Neumark and David, "Employers' Discriminatory Behavior and the Estimation of Wage Discrimination", *Journal of Human Resources*, No. 3, 1988.

Ni J., W. G, et al., "Impact of Minimum Wages on Employment: Evidence of China", *Chinese Economy*, No. 4, 2011.

Nidhiya, Menon, et al., "Child Labor and the Minimum Wage: Evidence from India", *Journal of Comparative Economics*, No. 1, 2017.

Oaxaca and Ronald, "Male – Female Wage Differentials in Urban Labor Markets", *International Economic Review*, No. 3, 1973.

Oi W. Y. and Idson T., "Firm Size and Wages", *Handbook of Labor Economics*, No. 2, 2017.

Olley G. Steven and Ariel Pakes, "The Dynamics of Productivity in the Telecommunications Equipment Industry", *Econometrica*, No. 6, 1996.

Pacheco Gail and Vic Naiker, "Impact of the Minimum Wage on Expected Profits", *International Review of Applied Economics*, No. 4, 2006.

Polachek, Solomon W., et al., "The Effects of Incomplete Employee Wage Information: A Cross – Country Analysis", *Research in Labor Economics*, No. 24, 2005.

Radek and Sauer, "The Macroeconomics of the Minimum Wage", *Journal of Macroeconomics*, No. 1, 2018.

Ragan, James F., et al., "Minimum Wages and the Youth Labor Market", *Review of Economics & Statistics*, No. 2, 1977.

Rama Martin, "The Consequences of Doubling the Minimum Wage: The Case of Indonesia", *Industrial and Labor Relations Review*, No. 4, 2001.

Rebitzer, James B., et al., "The Consequences of Minimum Wage Laws Some New Theoretical Ideas", *Nber Working Papers*, No. 56, 1995.

Robinson J., *The Economics of Imperfect Competition*, London: MacMillian and Co. Ltd., 1933.

Robinson J., *The Economics of Imperfect Competition*, London: Macmillan, 1969.

Rodrik and Dani, "Democracies Pay Higher Wages", *Cepr Discussion Papers*, No. 3, 1998.

Romer P. M., "Crazy Explanations for the Productivity Slowdown", *Nber Macroeconomics*, No. 2, 1987.

Saari, M. Yusof, et al., "Estimating the Impact of Minimum Wages on Poverty Across Ethnic Groups in Malaysia", *Economic Modelling*, No. 54,

2016.

Schmookler and Jacob, "Invention and Economic Growth", *Economic History Review*, No. 1, 1966.

Schultz, *Consumption Benefits of Education*, Illinois: University of Illinois Press, 1998.

Shapiro Carl and Joseph E. Stiglitz, "Equilibrium Unemployment as a Worker Discipline Device", *The American Economic Review*, No. 3, 1984.

Solow and Robert M., "Another Possible Source of Wage Stickiness", *Journal of Macroeconomics*, No. 1, 1979.

Solow and Robert M., "A Skeptical Note on the Constancy of Relative Shares", *American Economic Review*, No. 4, 1958.

Stigler and George J., "The Economics of Minimum Wage Legislation", *American Economic Review*, No. 3, 1946.

Sun, Wenkai, et al., "Minimum Wage Effects on Employment and Working Time of Chinese Workers: Evidence Based on CHNS", *Journal of Labor & Development*, No. 1, 2015.

Tsui and A. P. Y., "Labor dispute resolution in the Shenzhen Special Economic Zone", *China Information*, No. 2, 2009.

Xiao, Xiao Yong, et al., "The Impact of Minimum Wage Policy on Wages and Employment in China", *International Conference on Information Management IEEE Computer Society*, 2009.

Yang, Quanhe, et al., "Occupational Attainments of Rural to Urban Temporary Economic Migrants in China, 1985–1990", *International Migration Review*, No. 3, 1996.

Yong, A. T., "One of the Thing We Know That Ain't So: Is US Labor's Share Relatively Stable?", *Journal of Macroeconomics*, No. 1, 2010.

后 记

本书是国家社会科学基金重点项目《多态叠加下的中国劳动力市场新表现与新挑战研究》（项目批准号：15AZD022）重要的支撑性研究成果之一。本项目的研究还得到重庆大学中央高校基本科研业务费科研专项《高质量就业体制机制创新》的经费支持（项目编号：No. 2020CDJSK01TD02）。

本课题由蒲艳萍教授主持完成，专著由蒲艳萍教授主撰、修改并负责最后定稿。北京大学中国社会与发展研究中心邱泽奇教授为课题的申报、团队的组建以及立项后课题的研究，提供了极大的关心、帮助和支持。没有他的鞭策和鼓励，不会有申报书写作过程的痛苦、煎熬和挣扎，不会有得知立项时的担心、苦恼和惶恐，当然也不会有研究遇阻时的坚持、探讨和碰撞，更不会有住笔掩卷后的轻松、兴奋与愉悦。北京大学龚六堂教授、谭娅博士，中国农业大学马红旗博士，重庆市委党校周学馨教授、王燕飞教授，西南政法大学陈刚教授，重庆大学张邦辉教授、刘渝琳教授、曹跃群教授、尹希果教授、丁从明教授、吴永求博士、刘燕博士、文争为博士、龙少波博士，为支持本课题的申报给予了大力支持；重庆大学社会科学处袁文权处长、石磊科长给课题的申报与研究提供了大力支持与帮助；重庆工商大学成肖博士，西安财经学院顾冉博士，重庆大学公共管理学院研究生彭聚飞、张玉珂、李福莉、段卜源、鲍伟、李文怡、龚晓燕等，为项目的研究付出了艰辛的、创造性的劳动，撰写了部分章节的初稿；课题研究报告匿名评审专家对成果出版提出了中肯的修改建议。在此，向他们表示由衷的感谢和诚挚的谢意！

在课题申报和研究过程中，阅读了大量相关研究文献，从中获得了

| 后 记

许多启发、思路和灵感。所引用的主要文献，已在随文注解或参考文献中列出，在此，向众多的文献作者致谢！

在本书付梓之际，感谢中国社会科学出版社刘晓红老师为本书顺利出版付出的辛勤劳动、提供的大力支持和所做的出色工作。

对劳动力市场效率的研究是劳动经济学的经典选题。但是，在中国，相对于劳动力市场供给与需求（就业）的研究而言，劳动力市场效率研究还是一个很新的话题。在中国经济与人口双重转型的大背景下，如何构建科学的劳动力市场效率指标评价体系，准确测度与客观评价中国劳动力市场效率，深入揭示影响中国劳动力市场效率的重要因素，积极寻求提升中国劳动力市场效率的路径，是一项具有重要研究价值且充满挑战性的研究主题。课题组尽管为此付出了艰辛和努力，力图从多层次、多视角对中国劳动力市场效率探讨过程中社会上广泛关注的重点、难点和热点问题进行深入研究与解读，推进对中国劳动力市场效率问题研究的深度和广度；课题组在理论框架、研究视角、研究方法等方面也进行了大量的尝试和创新。但中国劳动力市场效率涉及的问题博大精深，影响中国劳动力市场效率的因素错综复杂、彼此交织、相互叠加。由于能力、精力和条件的限制，研究中难免挂一漏万、顾此失彼，难免存在不足之处。我们真诚地希望能以此抛砖引玉，求教于大方之家，并欢迎感兴趣的读者相互切磋，继续深化对这一领域的研究。

蒲艳萍
2020 年 9 月